战争论

战争中的情报

[英] 约翰·基根（John Keegan）◎ 著

郭伟猛 ◎ 译

江苏凤凰文艺出版社

JIANGSU PHOENIX LITERATURE AND
ART PUBLISHING

图书在版编目（CIP）数据

战争论：战争中的情报 /（英）约翰·基根
(John Keegan) 著；郭伟猛译 . -- 南京：江苏凤凰文
艺出版社 , 2021.3
　　书名原文：Intelligence In War: Knowledge Of
The Enemy From Napoleon To Al-Qaeda
　　ISBN 978-7-5594-3637-5

　　Ⅰ . ①战… Ⅱ . ①约… ②郭… Ⅲ . ①战役 – 军事史
– 世界②情报活动 – 史料 – 世界 Ⅳ . ① E19 ② D526

中国版本图书馆 CIP 数据核字 (2020) 第 258646 号

版贸核渝字（2019）第 123 号

战争论：战争中的情报

[英]约翰·基根（John Keegan） 著　　郭伟猛 译

责任编辑　　孙金荣
策划制作　　指文图书
特约编辑　　王　菁
装帧设计　　周　杰
出版发行　　江苏凤凰文艺出版社
　　　　　　南京市中央路 165 号，邮编：210009
网　　址　　http://www.jswenyi.com
印　　刷　　重庆共创印务有限公司
开　　本　　787毫米 ×1092 毫米 1/16
印　　张　　21
字　　数　　338千
版　　次　　2021 年 3 月第 1 版
印　　次　　2021 年 3 月第 1 次印刷
书　　号　　ISBN 978-7-5594-3637-5
定　　价　　99.80元

江苏凤凰文艺版图书凡印刷、装订错误，可向出版社调换，联系电话 025-83280257

致谢

在我的工作生涯中，我一直试图避免踏入情报界，理由很充分：作为桑德赫斯特皇家军事学院的一名年轻军事历史讲师，曾有人告诉我与情报机构的任何接触，尤其是国外的但也包括本国的情报机构，会招致官方的反对（我本来应当回应我手中没有任何敏感的情报机构感兴趣的信息，但我没有）。之后因为我又先后担任了《每日电讯报》的防务记者和防务版块编辑，我确定与情报机构纠缠不清是不明智的，在这段时间，通过阅读、交流和一些个人观察让我得出结论，一个人如果认为混入情报界就能找到可资利用的联系人的话，他反而可能会被利用并因此而陷入不利境地。我至今依然坚信如此。

不管怎样，可能无法避免的是，由于我的职业生涯始于国防部，又当过记者，然后又成了军事历史学家直至今日，我逐渐认识的情报界人士比我原本打算会面的数量更多。我在桑德赫斯特的学生中有一些成了情报官，其中一个学生还英勇地死于爱尔兰共和军之手。我在桑德赫斯特的一些同事在特种部队中服役，而他们与情报机构更是关系紧密，经常充当后者的执行机构。虽然不大可能，但是学术生涯的确有时让我接触到了情报机构，尽管对方是分析部门而非行动部门。舰队街——1986年我加入《每日电讯报》时，该报的办公室仍在那里——当时，而且现在依然与情报机构有着非正式关系。从一开始，报社就鼓励我去结识那些被称为"联系人"的人。

我被派去会见的第一个联系人也是最为重要的一个联系人，是时任联合情报委员会主席。联合情报委员会负责监督秘密情报局（军情六处）与安全局（军情五处）的工作，这两个机构分别负责英国的对外和对内情报工作。按照安排，我本应在伦敦的某家绅士俱乐部会见我的联系人。不过，没人告诉我哪个人是他。但是我记得小说——约翰·勒卡雷的作品，舰队街的人也将带我去认识他——里说过，一个优秀的特工会坐在房间里一个既可以观察入口，又能通往两个分开的出口的角落。所以，我一到俱乐部就认出了联合情报委员会的主席。

之后我又会见了军情六处的负责人，在过了一段较长的时间后，还见到了军情五处的首脑，斯特拉·里明顿女爵士。我毫不顾忌在此提到她的名字，因为她坚持在退休时出版自己的回忆录——虽然这让她的一些同事感到很恼火。当时我的主编兼好朋友马克斯·哈斯廷斯邀请我参加他与里明顿的晚餐，这可能是为了让里明顿女士认为只是一次普通的社交活动，而不是为了从她嘴里套出一些信息。我很明显地感觉到自己是一个第三者——当然，在交谈中我还是插了几句话。几天后，我被盛怒的马克斯堵在了办公室，"你知道刚刚一个朋友跟我说了什么吗？我们和特拉吃饭的第二天早上，她把就我们的讨论要点写在了发给白厅的电子邮件里。你觉得可能吗？"我的公务员记忆浮现了出来。"这太明显了，"我说，"她这是在进行报复，政府公务员很怕被指控与敌人交往。"

我发现美国的情报机构大多都要更加人性化一些。在一次学术会议上，我偶然碰到了一个和蔼可亲的人，他知道我是个军事历史学家，于是就问我最喜欢军事的哪个方面。"作战序列分析。"我毫不犹疑地回答。战斗序列是一份参与军事行动的单位名单，通常很难整理出来。"是吗？"他说。一会儿之后，我就收到了一条信息，消息里说他正在培训美国政府的公务员，以让他们认识到战斗序列的重要性，并问我是否可以前往华盛顿就这个主题讲一次课。

结果，我去的不是华盛顿，而是弗吉尼亚的兰利。至于所谓的政府公务员，也是中央情报局的分析人员——分析员们负责中情局其他部门的前线情报员所收集的信息。我的讲课很成功。在第二次被邀请去讲课时，我发现被直接带到了中情局总部，而且还有一名官员陪同。中情局对于细节的关注令我印象深刻。"你需要一份通行证。"陪同官员说，然后他就拿出一份文件让我签字——这份文件里包含的我的个人信息比我自己能提供的还要多。"我们要去见局长。"他说，"不过，还要再等一会儿。我们先喝杯咖啡吧。"他带我去了喝咖啡的地方，经营咖啡摊的是一对盲人夫妻。

"现在我们去局长办公室。"他自信满满地起身出发，上了一层又一层楼，而我逐渐开始变得越来越心虚了。过了一会儿，他停下来向一个路人询问。他带着一点尴尬的表情说道："我们走错地方了。"最终，我们到了一个所有的门看起来都一样的地方，在视线的水平位置以下都有一小块名牌——我们到了一个前厅，里面满是肌肉发达的小伙子，他们的腋窝位置衣服隆起，里面应该是手枪。其中一个人开口道："局长在等你。"

我进了前厅隔壁的房间，里面的一个大块头在给我指了一下座位后就开始说话——后来我才知道他就是中情局局长，威廉·卡西。此时，我的直觉告诉我，中情局希望与《每日电讯报》沟通。但问题是，我不太清楚他们想要什么。我把椅子往卡西先生的桌子那边挪了一下，他继续说着话，但我还是听不大清。我继续偷偷向他靠近，这时我才知道卡西局长不是在谈论当前的情报业务，而是在谈论军事历史。他读过我的书，而且还想和我讨论技术问题。不过，他说的话仍然让人很难理解。

最后，他从桌子后面站了起来，这明显是会谈结束的信号。接下来，他从书架里面抽出一本书，在里面写了点什么之后就与我告别了。我发现这本书是卡西自己写的《在何处及如何作战》（Where and How the War Was Fought），这是一本从地理角度讲述北美革命战争的书籍。他在书里的题词里有提到，在编写这本书时曾参考了我的作品。我回到走廊时，还有点理不清头绪。之前陪同我的官员已经在那里等候了，和他在一起的还有另外几个中情局的高级探员。"他说了什么？"这是他们所共同关心的问题。"我不是很了解。"我回答。后来，我听说卡西又被称为"嘟囔者"，他被形容为"美国政府中唯一不需要保密电话的人"。

而我最后一次与情报界的接触则更为复杂，也更为敏感。20 世纪 80 年代，我和当时出版业薪水最丰厚的美国杂志《大西洋月刊》建立了联系。随后，我代表《大西洋月刊》前往仍在内战之中的黎巴嫩。接下来，我又去了巴基斯坦的西北边境省——此时阿富汗与苏联的战争还没停止。我接受这些任务的理由很简单，我要为四个孩子缴纳昂贵的学费，而《大西洋月刊》给我的报酬是每篇文章 1 万美元，拿来交学费绰绰有余。我在《大西洋月刊》的最后一次任务是调查南非的安全状况，此时当地的种族隔离制度已濒临崩溃。

我的任务是由《大西洋月刊》安排的，该杂志在南非有联系人。我很感激《大西洋月刊》的出面，因为我此时仍然是桑德赫斯特皇家军事学院的工作人员。而且，虽然我是在休假期间接受这些任务的，但我依然清醒地意识到在没有获得官方许可（实际上我也没去申请官方许可）的情况下，不应该代表一家外国杂志社前往一个非英联邦成员国家。我被告知在飞机落地之后就能立即与联系人见面，但我马上发现我是唯一一个丢失了行李箱的乘客。我在进行报失之后，就和向导去了比勒陀利亚。在接下来的一周里，除了购买换洗衣物，我还参观了先民纪念馆、第一轻骑兵旅总部和南非国防部——在那里，一位南非海军准将向我介绍了一些情况。此后，我还去了普勒托利亚俱乐部，与南非前国防军事情报局局长杜·托伊特将军吃了顿饭。进餐期间，他漫不经心地问我："你还在桑德赫斯特？"我心里咯噔了一下，我之前一直以为自己只是以一个自由记者的身份在进行这次会面。但是很显然，杜·托伊特将军并不这么想。这么看来，我的行李箱丢失这件事就一点也不简单了。

最终，在离开南非的前一天，我和我的行李箱在约翰内斯堡中央警察局再度重逢了。接下来的几个星期，我渐渐忘记了这次旅途中的怪异之处。大约一两个月之后，国防部的某人给我打电话，问我能否与他共进午餐。可能我没听清楚，但不管怎样，我认为他隶属于国防情报局。在我记录一些自己不甚清楚的事情时，会经常打电话向国防情报局询问，而后者一直十分开放且提供了很多帮助。于是，我同意了会面。

国防部派来的是一个年轻人，他穿着体面，很有礼貌且谈吐得体。不过，在我这代人看来，可能会称他为圆滑。一番寒暄后，我表示自己很高兴能和国防情报局的人会面，因为国防情报局为我提供了很多帮助。此时，他的眉头微微皱了下。很明显，我误会了。"我不是来自国防情报局。"他说。虽然他并没说明自己来自哪里，但却暗示自己来自另一个机构。于是，我立即意识到了他是秘密情报局（军情六处）的人。我很纳闷他为何要见我，但不久之后一切就明朗了。

出人意料的是，他直接告诉我，他了解我的过去，知道我在桑德赫斯特工作过，感觉可以信任我，并且阅读了我在《大西洋月刊》刊发的关于南非的文章——南非是他的任务区，他经常前往那里。我一下子警觉了起来，蹦出一个问题："他们认识你？"他有点不安地回答："他们知道我的一些化名。我希望他们没有掌握所有的情况，因为那得花费 20 年的时间。"在我试图理解他的话时，他继续说道："我发现你在南非的采访记录十分有趣。你觉得你能再去趟那里，并提出更多的问题吗？我会告诉你该问些什么。当然，不会让你白干的。"这让我有点措手不及。最终，午餐结束时，他的告别词是，"你会跟你的主编谈起这次会谈吗？"我回答道："你知道我会的。"当我回到办公室时，马克斯突然对我大吼道，"约翰，别碰这事。你没接受过间谍训练，他们能生吞了你。"对此，我也有同样的看法。

这件事终结了我仅有的一次与秘密世界的深入接触。对于这种分手，我一点也不后悔。因为，我很肯定自己没有为情报界服务的素质和勇气，以及最为重要一点——自信。另一方面，我很庆幸能与有这些素质的几个人见过面。虽然我不会提到他们的名字，但我要说的是，在我陆陆续续与情报界进行接触的过程中所认识的人里，有一个是20世纪著名的变节者。他置身于极大的危险之中，为西方服务——他是一个十分令人着迷的人。然而，我和我的妻子分享了对他的感觉，成功地让她燃起了爱国主义热情。在我和他仅有的一次会面之后，我的妻子说："我喜欢这个人，但是我没法装作不知道他背叛了自己的祖国。我宁愿死，也不愿意当叛徒。"

因此，我首先要感谢我的妻子——我挚爱的苏珊娜。此外，我同样感谢我的孩子和他们的配偶——露西和布鲁克斯·纽马克、汤姆和佩皮、马修和罗丝向我提供的帮助和支持，也感谢他们把自己可爱的孩子带入了我的生活：本杰明、山姆、麦克斯、莉莉、扎卡里和沃尔特。我还要特别感谢我不可或缺的助手林赛·伍德，感谢她和我的出版商安东尼·惠多姆、阿什·格林和威尔·苏尔金的帮助。另外，我对杰出的图片研究员——安妮·玛丽·埃里希和地图绘制大师雷金纳德·皮戈特也心存感激，因为地理是研究军事历史的关键。

在不违反保密规定的前提下，我同样想向艾伦·贾德、约翰·斯嘉丽、萨姆·史密斯、乔治·艾伦、威廉·凯西、比尔·盖茨、珀西·克拉多克、安东尼·杜夫、杰里米·菲普斯和约翰·威尔西致谢。在《每日电讯报》的同事中，我想感谢查尔斯·摩尔、迈克尔·史密斯和凯特·巴登。

最后，让我感谢我的文学经纪人，安东尼·希尔。他在赌马中发了财，成了富有的年轻人。当他从赌马事业中退出后，向作家们提供了帮助，我就是其中心存感激的一员。对于赌马，他有一句话我一直记得——"你知道的永远都不够多。"这可能是对本书最好的诠释。

引言

我写这本书是为了回答一个简单的问题：情报在战争中的用处到底有多大？关于这个话题的著作的数量足以证明情报的重要性。关于德国恩尼格玛密码机、英国布莱切利公园的密码与破译学校、美军对日军密码的破译、为了掩盖真实作战而同时开展的欺骗行动、特工冒着生命危险为破译密码寻找线索或搜寻敌人内部秘密等题材的书籍，不知可以装满多少个书架。而比真实历史更受欢迎的则是同类文学作品。间谍小说是 20 世纪最受欢迎的文学作品之一，而此类作品的大师级作者，从约翰·布坎到约翰·勒卡雷，都凭借着间谍小说名利双收。

间谍小说大师所创造出来的故事氛围，深刻影响了大众对于情报工作的看法。间谍小说中描述的各种引人入胜的间谍技术，如密写、死信箱、特工的控制、"策反"特工变成"双面间谍"、调查、监听和其他众多秘密战线的手段，都是为了展示这些技术而描写的。小说中的"间谍"被塑造成了英雄，或者有时候将他们塑造成了反面英雄，总之是神秘而有魅力的人物；虽然看起来他们参与了某个重要任务，但这与他做了什么无关，只因为他干的是这一行。

值得注意的是，即便在最为出名的少数间谍故事中，主人公的活动与其在一线冒死所要完成的任务也其实并无关系。在约翰·布坎的一本描写一战时发生在土耳其的精彩谍报战的小说《绿斗篷》中，读者其实很难搞清楚"绿斗篷"桑迪最后到底干了什么。他挫败了穆斯林圣战组织对于英国及其盟友的阴谋了吗？还是他成功地打入了敌人的高层？在最好的严肃间谍小说之一《沙之谜》中，厄斯金·柴尔德斯巧妙地想到了德国人可能通过弗里西亚群岛周围的秘密水道入侵英国东海岸，但是故事的结局并没有证明他的那两名爱国的游艇选手的确让英国海军部采取了适当的预警措施。吉卜林的杰出作品《吉姆》，从表面上看是展示了一幅令人难忘的印度生活全景图，但究其本质，却依然还是一个间谍故事——主人公在无意中阻止了一个君主制国家的崛起，但是本书的高潮部分却只是主人公在喜马拉雅边界戏耍几个俄罗斯间谍而已。在约翰·勒卡雷的间谍与反间谍故事中，虽然准确、令人信服地构建出了特工人员的生活，但是在他的作品中几乎没有一部能说明主人公的活动到底导致了何种客观结果。他的主人公们正在参与冷战，但是在经历了各种复杂的阴谋诡计之后，冷战仍在继续。

小说作者或许可以为自己进行辩护，说他呈现的是事实。冷战没有导致军事上的直接冲突，而且两大阵营的情报部门的职责就是确保军事上的摊牌不会发生。他们在玩一局游戏，而游戏的目的就是确保游戏能一直玩下去，而不是谁赢了谁。在没有具体结果的情况下，说情报工作是种空洞的较量应当没有人反对或者对此表示不满。

尽管如此，所有国家建立情报部门的初衷，都是为了防止敌军获得军事优势，而不是反过来为己方获得军事优势。尽管在和平时期，情报部门的工作按部就班，但在战时他们却应当带来胜利。问题是他们的能力如何？他们如何实现，或者为何没有完成使命？

通过间谍小说家之手，大量的情报技术广为人知。其中有一些是正确的，有一些则充满了误导。但是即便像勒卡雷这样亲身经历过情报工作的小说家，也很少完整描述了有效的情报工作的基本组成部分与顺序。这是可以理解的。多数情报工作是枯燥且官僚化的，很难加工成读者喜欢的材料。但是，如果情报工作要起作用，即便最枯燥的工作也是有必要去做的。其中，有五个乏味的基本步骤。

1. **获取情报**。情报是不会自己找上门来的。虽然情报可能就在身边，看似触手可及，但却常常容易被忽略。中情局的一位前局长教导情报分析人员，不要把精力浪费在可以随便从报纸、学术期刊或专业著作中获取的信息上。斯大林时期的俄国采取了一些预防措施，通过限制电话簿和街道地图等日常资料的分发，增加外国特工获取情报的难度。但有一条通用准则就是，对对手有用的信息就可以被称为"秘密"，需要通过秘密手段加以收集。最常见的手法包括各种形式的间谍活动，如今被称为"人力情报"；通过拦截对方的通讯，而且很可能要进行破译才能获得的情报，被称为"信号情报"；通过视觉监视或成像技术，利用飞机或卫星的照相，以及遥感技术来获得情报。

2. **传递情报**。情报收集完毕后，必须交给潜在的用户。传递通常是情报工作中最困难的一个环节，尤其是人力情报的传递。携带情报的特工可能已被监视，面临被监听以及在接头地点被逮捕的风险。另外，情报发送者总是要面临将情报及时发送出去的压力——情报容易因过时或突发事件而变得无用。除非能及时传输情报（最好是"实时"传输情报），以便相关部门采取相应行动，否则情报就会失去价值。

3. **认可情报**。情报需要有人相信。首先，自愿加入情报部门的特工必须建立自身的信誉。其次，特工提供的情报也有可能是对手故意提供的。一方面是，情报人员可能已被策反或者落入对手反间谍部门的控制之中。另一方面是，即便是特工如实提交的情报也可能有误，或者不是事实的全部。虽然通过信号拦截获得的情报或许更可靠，但是它们也可能是假情报——即便不是假情报，它们也只能提供部分真相。美国国务卿亨利·史汀森就曾警告过，阅读一个人的信不等于阅读他的想法。

4. **解读情报**。大多数情报到手时都是零碎的。想要从情报碎片堆里获得完整的真相，就得先拼凑出完整的情报。这一工作常常需要多位专业人士的共同努力——他们也很难依靠单独的线索向其他人说清自己的观点，难以在情报的重要性上有一致的认识。归根到底，要用情报碎片拼凑出完整的情报，需要一个上级人物来提出一个指导性的设想，而这也经常可能会出错。

5. **应用情报**。情报官员是在下属层级工作的，他们必须让决策者、政治领袖和战场指挥官像他们一样相信自己提供的情报素材的可靠性。所谓的黄金秘密——就是那种"纯粹的情报"，能够解答所有疑虑并指引将领或统帅找到解决作战问题的答案——是不存在的。这不仅是因为所有的情报都不能保证自身的完全准确，还因为它们的价值也会随着事件的演变而发生改变。曾于19世纪率领普鲁士取得了对奥地利和法国的辉煌胜利的老毛奇说过，"任何作战计划在接敌5分钟内都会失效。"他可能也会说不管理由如何充分，也没有任何情报评估能完全经受住考验。

本书是一份案例研究合集，始于大航海时代（此时情报工作所面临的最大困难，在于如何在任何时间间隔内获得有价值的信息，并使其发挥作用），终于现代时期（此时各种情报资源十分丰富，但庞大的数量又使得用于评估情报价值的人力资源显得捉襟见肘）。本书的主题是，无论战争中的情报的质量有多可靠，都不足以为胜利指明准确的道路。胜利是一份难以企及的奖品，是用鲜血而不是用情报换来的。对于战士来说，情报只是女仆而不是胜利女神。

目 录

第一章

★

了解敌人

　　马尔伯勒公爵曾写道，"缺乏早期和优质的情报就无法顺利地开展作战。"乔治·华盛顿对此深以为然，"获取优质情报的必要性是显而易见的，无须就此进行过多讨论。"对此，任何有头脑的士兵、水手或飞行员都不会有异议。从最早的时期开始，军事领袖就一直在寻求获得敌人的信息，如敌人的实力、弱点、意图和部署。当亚历山大大帝在还是一个男孩时，就开始代替外出作战的父亲菲利普统治马其顿。令访客印象深刻的是，亚历山大向他们详细询问了各自国家的各种信息：人口的多寡，土地是否肥沃，道路的走向以及是否被河流横穿，城镇、港口和要塞的位置，以及有哪些重要的人物……而这些国家不久就被亚历山大所征服了。年轻的亚历山大所收集的信息，现在被称为经济、地区和战略情报，他积累的知识在他入侵地域广阔、构成复杂的波斯帝国时提供了很大的帮助。亚历山大之所以能取胜，不仅在于他率领了一支效忠于马其顿君主制的、由勇猛的部落战士所组成的部队，还在于他成功地瓦解了波斯帝国，击中了它的弱点并利用了它内部的分裂。

　　分化征服的战略，通常需要依靠对地区情报的掌握，这一战略是许多庞大帝国建立的基础。不过，并非每个帝国都是如此，比如蒙古人就喜欢进行恐吓，利用他们即将到来的流言来瓦解抵抗。如果骗术能增强他们恐怖的名声，那就更好上加好了。1258 年，旭烈兀的部队突然从沙漠中冒出来，直抵巴格达城下。旭烈兀向伊斯兰的精神领袖、穆斯林帝国的统治者哈里发许诺，只要献出巴格达就可免于一死。而哈里发却在投降后被勒死了，然后蒙古大军继续前进。然而蒙古人也是一个大范围活动的部落民族，他们和其他游牧民族一样知晓很多信息，在没有战争时也愿意进行贸易。贸易市场除了货物之外也是重要的信息交流中心，而且劫掠者们通常也会要求开展贸易——如匈奴人之于罗马，维京人也是如此——他们要求可以在定居点的边境设立市场。商贸通常是劫掠的前奏。虽然维多利亚时代通常是先征服再进行贸易，但在大多数时候却是恰恰相反的。

　　对于一个崛起的帝国来说，游牧部落只是癣疥之疾而不是心腹大患，因此他们会采取不同的策略——他们把发放和收回在边境进行贸易和设立市场的许可作为一种专门的边境控制手段。[1] 不过，他们同样会采取积极的"前进"政策。埃及第十二王朝的法老们不仅在埃及和努比亚之间的边境上修筑宽阔的堡垒地带，还组建了一支前沿部队并长期维持活动状态。这支部队的任务是阻止努比亚人入侵尼罗河河谷，同时深入沙漠进行巡逻并报告敌人的行踪。在底比斯保存的一份写在纸莎草纸上的报告记载着"我们发现了 32 个人和 3 头驴子的踪迹"——这份报告虽然已有近 4000 年历史，但看起来却好像是在昨天书写的。

古埃及的边界问题得到了有效控制。狭长的尼罗河谷四周环绕着沙漠，使防御者的负担降低到了最低程度。作为相反的例子，罗马帝国则是强敌环伺，入侵者既可能来自陆地，也可能来自海洋，需要综合使用精心构筑的工事与机动部队来进行防御。在罗马帝国武力的巅峰时期，罗马帝国的统治者偏好积极而非消极的防御策略，他们在前沿后方的战略要地维持着强大的打击力量而不是将其部署在第一线。只有在罗马军队的实力下降，而入侵者因此相对变强时，罗马帝国的边境防御工事才会得到加强。

然而，不管是在上升时期还是在衰弱时期，罗马帝国都为收集情报而投入了巨大的精力。在恺撒征服高卢的过程中，情报的运用起到了和罗马军团的强大战斗力同等重要的作用。恺撒和亚历山大大帝一样，费尽心思收集了高卢的经济和地区情报，而且他对高卢人的民族缺陷，以及虚张声势、朝三暮四、不堪一击和一触即溃等表现做出了冷静而客观的评估。他积极地积累民族志知识，了解各部落的特点和他们之间的分歧，并运用这些知识去击败他们。除了战略情报之外，恺撒还拥有一套发达的战术情报系统，使用中短程的侦察部队在主力前进方向之前 30 公里左右进行侦察，在他发动会战前刺探敌人的领土和兵力部署情况。这是很重要的一个作战原则，而且这些侦察部队可以随时直接面见恺撒。

不过罗马帝国的情报系统并非是由恺撒发明的，而是来自积累了数百年的军事经验。有证据证明，在高卢战争（公元前一世纪）之前这套系统就已存在了，证据显示当时的罗马已经开始用不同的术语来称呼不同类型的侦察部队了：前锋骑兵，在部队前方担任近距离侦察的单位；侦察兵，负责远程侦察的单位；密探，负责深入敌军领土进行侦察的单位。此外，罗马军队也会使用当地的情报员（探子）、战俘、敌方逃兵和绑架来的平民。[2] 恺撒即使不是这套系统的创始人，也有功于将其专业化，并进行了一些重要措施的制度化——其中最重要的是，让侦察兵获得了直接面见指挥官的权利。此外，恺撒本人也会亲自前去探查敌情，虽然有点危险，但却是必要的直接干预。在公元四世纪时，罗马帝国陷入了危机，以至于需要一位（之后有两位，甚至更多）皇帝长期待在军中。而这直接引发了一个偶然事件，导致罗马帝国失去了一位皇帝并逐渐走向衰落和覆灭。公元378年的那个灾难降临之日，虽然罗马皇帝瓦伦斯在阿德里安堡战役中与前锋骑兵保持了密切的联系，而后者也准确地将哥特人的实力和部署报告给了他，但罗马军队仍没有逃脱覆灭的命运。这一系列事件证明了一个深刻而长存的真理："想要在战场和政坛幸存，可不能仅仅依靠情报。"[3]

不过，除非环境变化，否则情报体系也不会出现大的变化，从罗马帝国的巅峰时期往后推五个世纪（公元前一世纪到公元四世纪），大环境几乎没有任何变化。在这一时期，侦察靠的依然是耳朵和眼睛，通讯靠的依然是嘴巴或纸张，情报传输的速度也不会超过最快的马。罗马时期的理论，甚至在一千五百年后依然无法撼动。

罗马帝国体制在公元五世纪时的崩溃，也导致了有组织的情报机构的解散，随之而去的还有情报机构提供的诸如出版情报指导手册和地图等辅助支援（尽管在我们眼中罗马地图很奇怪——他们经常采用路线图而不是二维坐标来显示地形特征，但对于作战指挥官来说，这些地图的失传仍是一个巨大的损失）。令罗马的情报体系雪上加霜的是，罗马的道路体系在逐渐衰败并最终被荒废。罗马的道路是为了进行快速的全天候军事转移而修建的，由罗马军团负责维护——罗马军团不仅是战斗部队，也是工程兵部队。罗马军队的快速消亡导致了罗马运输体系中的关键节点，如桥梁和渡口很快停止了建设。当然，在罗马征服时期罗马的道路体系是不存在的，恺撒不得不依靠向商人和当地人问路并强征向导才穿越了高卢人的领地。但是，罗马的道路在五个世纪里帮助帝国进行了自卫，因此当它们的硬化表面碎裂后，快速进行远距离作战就变得不再现实了。

对于蛮族首领来说，谁继承了罗马帝国无关紧要，只要他们还能在自己的领地维持权力即可。但是在公元八世纪和公元九世纪，加洛林王朝试图重建罗马帝国的疆域时，碰到的第一个阻碍却是没有道路。当加洛林的军队试图穿越在旧罗马帝国疆域之外的德国地区时，这一问题就显得更加严重了。在这些蛮荒之地，既没有道路也无法轻易获得情报。

后世对于中世纪作战所面对的困难的认知，部分来自条顿骑士在公元14世纪试图征服波罗的海沿岸并传播基督教时的经历。条顿骑士是一个十字军组织，他们致力于使普鲁士人和立陶宛人皈依基督教，本身拥有巨大的财富和很高的组织性。他们依托绵延分布在波罗的海沿海的城堡开展行动，这些城堡是他们的庇护所和向欧洲腹地发起十字军远征的出发地。

条顿骑士的主要行动地域之一是东普鲁士到立陶宛之间的一块100英里（1英里约合1.61千米）宽的动荡地带，这是一个由沼泽、湖泊、小河、灌木丛和森林构成的迷宫，几乎难以找到出路。条顿骑士们征募了当地人为侦察兵，以开辟道路和报告敌情。后来，他们的情报被汇总到了一本大约在1384年至1402年之间编成的军事指导手册《立陶宛道路指南》中。书中有一个例子，条顿骑士希望从万德齐奥加拉前往萨莫吉提亚——这两个地方都在现在的考纳斯附近，按今日的路程两地相距大约35英里，但是当时需要沿着小路穿过一片灌木丛，然后再穿过一大片森林，条顿骑士需要在里面清理出一条路。之后，是一片荒原和另一片荒原，然后是第二片森林——"即便是只有十字弓射程这么近的距离，也得自己开辟出道路"。最后，是第三块荒原和第三片森林。穿过这些地带之后，条顿骑士才刚刚站在了真正的荒原面前。

一封描述这一路程的普鲁士侦察兵的信件被复制到了《立陶宛道路指南》中，信中写道："有件事得告知您一下，上帝保佑，盖杜特（人名）和他的小队安全地回来了，他们完成了您交代的所有任务，沿着一条横穿涅曼河并直通立陶宛的路线，在涅曼河靠近我们这一侧，标记出了长达4.5英里的道路。"报告中的口吻令人想起了3000年前刚从努比亚巡逻归来的埃及边境巡逻队。而1941年时，德国北方集团军群向列宁格勒进军时所跨越的，正是信中所描述的地方，德军所遇到的障碍对于条顿骑士们来说一定是再熟悉不过了。[4]

奇怪的是，圣地十字军在11世纪时却没费多大劲就抵达了耶路撒冷。在1394年，条顿骑士团总团长在回应勃艮第公爵菲利普询问第二年是否会发起波罗的海十字军东征时回答道："我无法预测未来的意外事件，尤其是为了参加远征我们不得不以危险的方式独自越过大洋，一路所能指望的几乎只有上帝的意志和处置，以及良好的天气。"虽然换做一位现代的情报官来进行回答，措辞可能会有所不同，但内容肯定会是几乎完全一致的。反过来，圣地十字军却找到了简单得多的办法，要么走海路，要么沿着意大利残存的罗马大道，或者进入东罗马帝国（拜占庭）在南欧的领土——此地有当地政府持续维护和修整的道路。一旦抵达君士坦丁堡，他们又能得到向导和护卫，并沿着旧罗马帝国的军事道路前往托罗斯山脉。但是当他们到了今日的土耳其东部地区后，由于当时此地已经被来自中亚的塞尔柱土耳其移民所入侵，这些十字军会发现当地道路已经年久失修，其他便于行军的设施也差不多如此了——蓄水池被毁、水井干涸、村庄被废弃。这是骑马的游牧民族以掠夺和遗弃的方式摧毁一个文明的乡村的征兆。前往耶路撒冷的最后一段路，比十字军刚离开欧洲时难走百倍。[5]

在西欧本地经历了整个中世纪时代的军队领袖会发现，阻碍发起有效行动的因素一直存在。主要问题是长期缺乏金钱，这使得军队领袖几乎没法招募军队和为军队提供食物与其他补给。在这一时代，转移部队也很艰难——这不仅是因为缺乏全天候可通行的道路网，还因为缺乏足够的情报——统治者无法把部队部署到需要他们的地方去。在公元9世纪维京人入侵时，这一痛楚尤为尖锐。维京人凭借速度极快且十分适航的长船在机动性方面获得了压倒性的优势，能毫无征兆地出现在任何地方，以猛烈的攻击打得防御方措手不及。而且在维京人对基督之地的第二阶段恐怖攻击中，懂得了在他们上岸的地点夺取大量马匹以摧毁和劫掠更深入内陆的地方。根治维京侵掠的特效药是建立海军，但这超出了中世纪君主的能力；而另一个办法就是在斯堪的纳维亚半岛维持一个情报系统，以提供早期的预警——这一任务的复杂性更是远远超出了公元9世纪时王国的能力范围。此外，维京人的领地也不是好奇的陌生人所能待下去的——即便你有钱让人说漏嘴。况且，掠夺比当情报贩子在金钱方面收益更高，而维京人还很享受屠杀的快感。[6]

到了14世纪，后罗马时代的战争条件已经变得十分有利于本地统治者了。压制游牧民族——西边的维京人、南边的撒拉逊人和东边的骑马民族——的需要，刺激了固定防御工事的修建，包括连绵的屏障和城堡链，这些设施巩固了前沿地带，安定了边界，使得贸易得以恢复，而贸易又使国王能够积聚更多的财富来雇佣更多士兵。同样地，金钱还可以用来购买情报和雇佣间谍。间谍可以坦然地混迹于旅行商队中，或者假借宗教使命不受怀疑地来往于各个国家。在英法百年战争中，间谍已经十分普遍了，以至于不属于双方的负责仲裁战场礼节的裁判们需要不遗余力地维护自己公正的名声——虽然英法的大使也这么做了，但显然没多少人相信他们。

到了 14 世纪中叶，英国间谍已经在法国北部和尼德兰建立了庞大的间谍网，用金钱从当地人中获得情报。而法国间谍常常是以英国政府认可的外籍僧侣和旅行修士的身份作掩护，具体的情况现在已经很难了解了。这些间谍的情报的价值，现在同样难以评估了。此外，在通信手段得到改善的时代依然存在的问题是，信息在中世纪仍然难以进行快速传输。道路糟糕，骑马送信不可靠，海洋是天然的障碍，尤其是在英格兰和法国之间。英国国王试图让道路通畅起来。法国北部的维桑港是离多佛最近的港口，是前往英国的常用出发地，这里的渡海费用是有法律规定的。在英吉利海峡的另一边，英国政府出资维持了一支驿马队伍用来传递官方信息。有证据证明，传递信息的报酬很高。1360 年 3 月 15 日，法国攻击温彻斯特的消息被送到了位于雷丁的英国议会。但是没有迹象表明，英国情报部门对此提前发布了预警。[7]

在中世纪，除非距离很短，否则是很难获得实时情报的——它无法快到在敌军动身之前到达。而这种情况，还将持续几个世纪。有时即便在狭小的战场范围内，关键情报也无法传递。例如在吕岑，1632 年 11 月 16 日发生了"三十年战争"中最关键的战役之一，神圣罗马帝国（奥地利人）和瑞典军队在当天日落时各自后撤。此时，瑞典国王古斯塔夫·阿道夫已经被杀了，如果神圣罗马帝国统帅华伦斯坦再度发起进攻，瑞典人可能会一败涂地。然而，双方都没有察觉到对方的动作。第二天瑞典人杀了回来，缴获了神圣罗马帝国因为没有马匹拖曳而留在战场上的火炮，后者因此而失去了一场本来属于他们的胜利。[8]

与"三十年战争"时期的军队相比，18 世纪的欧洲军队已经变得更加专业化了。即便这样，他们也感到难以获得实时情报。不过，腓特烈大帝在 1745 年指挥的霍恩弗里德堡战役却是个例外。在这次战役中，神圣罗马帝国（奥地利人）的军队集中力量试图从普鲁士手里夺回在 1740 年被腓特烈非法占领的西里西亚。虽然腓特烈大帝获得了神圣罗马帝国军队动向的概略报告，但是他需要足够的时间以把军队部署到有利于抵抗的位置上，他需要把对手从四周的山地中引诱到西里西亚的平原上。腓特烈大帝先是安排一个由他掌握的，身处神圣罗马帝国军队总部的意大利双面间谍，让他散布普鲁士军队正在撤退的谣言。然后，腓特烈大帝把军队隐藏在复杂的地形之中等待奥地利人的出现。奥地利人对自己的行踪毫不掩饰，因此当他们进入腓特烈大帝的视线中时，他可以通过观察获得所谓的简单的即时情报。其中，扬尘是一个重要的参照物。"空中有一大片像云一样的灰尘表明敌军的搜粮队就在附近。如果有同样的灰尘出现，但却看不见搜粮队，则表明随军的小商贩和粮秣已经被送往后方而敌军将要开始行动。浓重但孤立的塔状烟尘表明敌军已经开始以纵队形式行军。" 其他的参照物还包括在晴朗的天气下，最远能够在 1 英里外进行辨认的佩剑和刺刀反射的太阳光。与腓特烈大帝同时代的法国元帅德·萨克斯曾写到过"如果（刺刀反射的）光芒向你直射而来，就代表敌军正在向你靠近；而如果这些光芒是散乱和稀疏的，那么就代表敌军正在撤退"。[9]

6 月 3 日，腓特烈大帝的军队已经进入了一处能够控制霍恩弗里德堡前方平地的制高点。临近下午 4 点时，他发现了一片烟尘。透过烟尘，在明亮的阳光下逐渐可见奥地利军队排成了 8 个巨大的纵队向普鲁士军队开来。在夜幕降临时，腓特烈下令在夜间进军。第二天早晨，霍恩弗里德堡战役打响了。

虽然获得了情报方面优势，但腓特烈也赢得并不轻松。奥地利军队不仅拥有人数上优势，还在夜间和盟军一起移动到了普鲁士军队的侧翼。而且一如既往地，拥有火力优势的一方会更容易获得胜利。腓特烈一开始在情报方面取得的先机被抵消了，后来是依靠他在激烈战斗中的敏捷思维和普鲁士士兵的猛烈反击才扭转了战局。[10]

而在之后的战争里，同样的事情也还在继续上演。欧洲军队在欧洲之外的战斗中，尤其是在北美的森林里，就算他们的印第安盟友熟悉这片土地并且还是侦察和奇袭方面的大师，在森林深处他们依然遭遇了惨败。1755 年，布雷多克将军的部队在今日匹兹堡附近的莫农加希拉遭遇到了灾难性的失败，一支庞大英军部队在短短数小时内就被敌人消灭干净了，而这要完全归咎于他们在印第安盟友的指引之下，盲目地踏入了法军在未曾开辟和未经侦察的林地中所设置的陷阱。在这场被双方都称之为"北美战争"的战争中，情报依然占据了重要地位，常常是胜利或失败的根本原因。

而在英军熟悉的欧洲战场上，在法国大革命和拿破仑帝国时期（1792—1805年）的战争中，情报却很少单独带来胜利。即便在1808—1814年的半岛战争中，在葡萄牙和西班牙对阵法军时也是如此。当时的情报虽然可靠，但却因传递得太慢无法带来即时的优势。实际上威灵顿所依靠的情报手段，和公元3世纪时期西庇奥在西班牙对付新迦太基人时没什么两样。威灵顿、恺撒和西庇奥在搜集情报时使用了完全一样的办法，他们最先关注的是掌握当地地形（威灵顿是个杰出的地图和历史文件收藏家）和敌军的特点。至于战术情报的收集——何人在何时位于何地、他有何意图与能力，则是每天、每周和每个月都在进行的。[11]

威灵顿在人数方面占有优势，因为葡萄牙人和西班牙人站在他这一边。作为入侵者的法国人则受人憎恶，而在1808年的暴行之后，则更被人痛恨。威灵顿没必要去寻求情报，情报就会自己蜂拥而来，他的问题是如何从中获取有价值的信息。对他很有启发的例子，同时也可以作为前电器时代情报收集的范例的，是威灵顿自己之前在未被征服的印度作战时运用的情报组织。1799—1804年威灵顿（阿瑟·韦斯利）在印度是代理指挥官。英国通过东印度公司，在西孟加拉邦、孟买和钦奈控制了大量的飞地，但是南亚次大陆的大片土地还控制在当地军阀或部落手里。法国人利用外交手段，以贿赂和直接插手的方式，试图把大多数反英势力拉拢到自己一边。威灵顿指挥的军队规模较小，而且混合了英国人和印度人，主要是对付那些孤立的印度统治者，如蒂普苏丹和海德尔·阿里——这两者都是没落的莫卧儿王朝的封臣，但都能有效地管理自己的军队与国家。

为了获胜，威灵顿需要稳定的最新信息来源，包括近处和远方的，以便预测敌军的活动，获知盟友转变阵营的预警，搜集敌军储存物资、招募士兵和其他准备发动进攻的征兆。获取此类信息来源的传统手段是利用现有的部队或者从当地人中征募组建侦察部队。不过英国人和印度人有资源创造第三种办法，他们接管了之前已经存在的情报系统并让其为自己所用。

印度拥有独特的"哈卡拉"（Harkara，意为信使）体系。因为南亚次大陆幅员广阔，地形复杂，在英国统治印度并修建铁路和主干公路之前，印度境内一直缺乏长距离道路，权力难以超出本地范围。即便16世纪莫卧儿征服者建立了集权统治，印度实际上仍然十分分散。位于德里的莫卧儿王朝依靠下放权力进行统治，要么是任命有权势的地方官员，要么就是与地方权贵通婚，尤其是在印度西部和南部。只有下级的法院定期向上提供事件报告，这套制度才能运作。有两类人负责进行信息的传递：一种是写手，他们通常是印度的高种姓学者；另一种是信使，他们负责快速在远距离之间传递口头的和书面的信息。

随着时间的推移，这套系统衍生出了一个印度独有的产物：简讯——通常是用波斯语书写的，这也是莫卧儿法院的工作语言。简讯使用了高度程序化的语言，基本以一周为周期进行发送。简讯一开始只是官方文件，但是随着写手甚至信使获得了自主权，让它逐渐变成了一种私人报纸。最终它也没变得十分私密，"哈卡拉"可以决定向谁发送简讯，"哈卡拉"体系中的人员身份也变得模糊了，有时是情报搜集者，有时是传递者。同时"哈卡拉"人员还获得了一些独特的权利，除了一定会获得报酬外，还成了法院的某种地方通讯员，而众所周知的是，他们还为远方的另一个权力中心服务。

"哈卡拉"体系之所以能保存下来，因为它对于体系两端的人来说具有不可或缺性，"哈卡拉"人员建立起了自己的独立地位。这是一种令人不安的独立性，模糊或者误导性的新闻可能会导致无辜的人受到惩罚甚至丧命。然而对于"哈卡拉"人员的惩罚却只是针对个人的，并非想要破坏体系本身。在18世纪末英国人逐步取代莫卧儿帝国的统治地位时，印度的政治和军事生活已经深深地扎根于这个体系之中。想要在莫卧儿帝国的权力基础之上重建有效统治的英国人，并没有摒弃这个体系，而是直接将其接管。英国人"在自己的亲自控制下重建了印度古典的情报系统，将博学的婆罗门写手的写作技能与知识和部落与低种姓人结实的身体与长跑技能结合了起来"。[12]

离开了"哈卡拉"，威灵顿是没有办法成为殖民军中的杰出将领的，他的手腕既文明也残暴。而他的继任者也延续了他的做法。直到19世纪中叶电报和印刷报纸到来之后，"哈卡拉"体系才走向消亡。但是即便这样，对长距离信息传递的培训仍然坚持到20世纪20年代，因为印度人对于新闻的巨大需求，以及"哈卡拉"体系相对于官方的独立性，对于南亚次大陆的生活来说是一个独有的优势。有人说印度之所以成为并依然是第三世界最大的和仅有的民主政体，正是因为它的公民对于信息有永不满足的渴求。

实时情报：何事、何故、何处、何时？

"实时"情报最好的定义，可能就是在充足的时间里某人知道了能有效地利用某事的信息，这是现代信息处理的黄金标准。不过，它即便是在威灵顿的时代，经常也不是一个重要军事考虑要素。亚历山大、恺撒、威灵顿在指挥作战时都受到了特定的约束，以现代的眼光来看，就是在任何无法使用传令兵或快马抵达的距离范围内，通讯速度都十分缓慢。据称，最快的"哈卡拉"人员能在 24 小时内跑 100 英里，但是质疑者认为他们最多只能跑 50 英里。现代马拉松参赛者的最好纪录，约为 3 小时跑完 26 英里，这可以作为参照物很好地衡量电气时代之前实时情报的传递速度。电气时代之前的陆军和海军，作战时的情报范围都在 100 英里之内。因此过去的指挥官极其重视战略情报的重要性：敌军的特点、敌军的实力和规模、敌军的位置、敌军作战区域的地形特点，以及更加笼统的，敌军军事组织所能依靠的人力和自然资源。前现代世界的将领正是依靠对于这些因素的猜测来制定计划的。"实时"情报——敌军昨日在何处，此时正在向哪个方向进军，今天敌人可能出现在哪里——都是神秘莫测的信息，几乎很难在真实的战场上获得。最迟到 1914 年，10 个法国骑兵师在德国—法国—比利时试探了差不多两周，都没发现有数百万德军正在开进。1940 年，法国的侦察部队又在同样的地方栽了跟头。战略情报当然是值得拥有之物，但是它很少能带来现实的空间和时间上的优势。为此，还需要其他的一些东西。具体来说是什么呢？如何确保能在关键的问题上——何事、何故、何地和何时——得到有利于己方而非敌军的答案？这就是本书的主题。

获得实时情报的首要因素，就是指挥官拥有比敌军在地面上或水上移动速度快得多的通信手段。直到 19 世纪，通讯的速度比部队的移动速度快得有限。一支军队的行军速度约为每小时 3 英里，而骑马侦察兵的速度大约是他们的 6 倍，但是侦察兵必须在敌军与己方之间折返，所以速度差要减半。而且，在此期间敌军依然还在前进。因此在古代战斗中很难实现突然性是并不奇怪的，除非出现叛变行为或缺乏侦察，或两者皆有之，正如1071年曼齐刻尔特战役时拜占庭军队的遭遇一样。当时拜占庭军队失去了骑兵的掩护，这使得他们的指挥官对于战况一无所知。

曼齐刻尔特战役是一场遭遇战，双方的部队都在同时开进（当时更常见的情况是一支军队撞上了另一支处于防守状态的军队的前哨）。此时，双方都发出了战斗警报——不是像大多数遭遇战一样先出击再后退，而是直接后退并向大部队提供早期预警。例如在滑铁卢战役时，威灵顿的部队对法军来说只是战略上的意外而不是战术上的突然性。当法军接触了英军的前哨后，威灵顿于6月16日在卡特勒布拉打了一场迟滞战，并在两天后撤到了之前已侦察过的，位于滑铁卢的主阵地。

直到最近的几次战争中，在海战中实现突然性与在陆地上一样困难。实际上，海战中的老大难问题就是双方的舰队如何发现彼此。因此海战往往发生在狭窄的水域，或者说"航道"中——这通常是以前发生过战斗的水域。理论上，随着19世纪初旗语编码的发明，一位海军将领如果把船只以目视可见的最大距离（12英里）为间隔来布置队形，如果他的指挥链足够长，那么他可以创建一个覆盖几百英里海面的预警屏障。然而事实上，没有哪位海军将领拥有足够多的船只，而且不管怎样他们也更愿意把船只集中起来，因为船只分散的风险远大于被突袭的风险。能被指挥官召回的船只才能实现突然性，而分散在外进行侦察无法被随时召回的船只则办不到。直到20世纪初电报的发明并在战舰上得到应用，海军将领才能指挥远洋海军。即便如此，旧的习惯依然难以改变，水手们还是喜欢目视可见的信号。

目视当然是最重要也是最直接的获取实时情报的手段。在电报出现之前是这样，在电子视觉显示的时代也是如此。而在两者之间，即从19世纪中叶电报发明到20世纪初无线电出现之前，听觉曾一度成了最重要的情报传输手段。当然，现在它也具有某种同等重要的地位。从战略情报角度来讲，听觉不如以电子通讯传输的书面情报（如传真和电子邮件）重要，而战术情报则讲究直接与快速。在激烈交战时，指挥官与前线或前线与指挥官之间主要是用语音进行通讯，这从公元前57年恺撒在桑布雷河亲自指挥第十军团与内维尔人交战以来就是如此。

恺撒呼喊着百夫长们的名字，并大声鼓舞其他人，改变了战斗的节奏，为罗马人赢得了心理优势，并最终征服了高卢地区。

听觉通讯的黄金时代——伴随着莫尔斯电码的嘀嗒声，以及无线电中传来的人的声音——相对来说是短暂的。它在军事舞台上从19世纪50年代活跃到20世纪末左右。但是这段时间内听觉通讯依然存在着令人遗憾的不足，特别是在第一次世界大战时期，东西线固定的阵地承受着猛烈的炮击，这使得电线经常在战斗开始之初就被炸断了。而此时，不依赖于笨重的电源的紧凑型无线电还未问世。因此，无法实现实时情报传输。指挥官会在短时间内失去和前线的联系，甚至失去与所有部队的联系，而战斗也会朝着混乱的方向发展。

不过，在海上却是另外一种情况。由于使用轮机驱动的战舰能提供足够的电力，1914年时舰队内部以及各分舰队之间使用无线电通讯已经成为标配。不过这也并非完美，由于还无法通过定向无线电传输来排除干扰，一旦舰队行动紧张起来，舰队指挥官依然要依靠旗语来控制分舰队。不管怎样，在1918年时，人们已经清楚地认识到了未来的海军通讯将属于无线电。

不过，无线通话（R/T）与无线通信（W/T）的区别在于前者是用语音广播而后者使用的是莫尔斯密码。无线通话很不安全，因为敌人会和预定的接收者一样方便地听到内容。当然，无线通话也不是不能保密，比如可以使用甚高频进行定向发送，就像反潜护卫队在北大西洋战役时使用的舰船间无线电通话（TBS）系统那样。但是作为安全的通话手段，甚高频无线电通话的有效距离过短。利用无线电波在远距离传送信息的唯一办法是加密，而这实际上是回归了无线电报的途径。因此矛盾的是，无线电语音通讯因为不安全而失去了在战略和战术上的灵活性与即时性。随着20世纪的发展，伴随着雷达、声呐和高频测向等无线电衍生品的兴起，海战的指挥变得越来越电气化了。但是由于需要进行加密和编码，高层级、远程的通信仍然停留在使用莫尔斯码的无线电报上。

无线电报会造成延迟，这也是为什么对通信有着同样要求的陆军和空军而言，在深陷近距离作战时，却没有足够的时间来进行加密或者编码，也不能自由地用无线电通话的原因。因此，战术编码被发明了出来——例如英国陆军的Slidex编码体系——但是即便是使用Slidex也很费时间。在单座战斗机的座舱里，是没法进行任何形式的加密的。因此所有的陆地和空中部队都设立了监听部队——在英军中他们被称为"Y"部队，主要负责监听对手的无线电通话。[13] "Y"部队经常能提供高价值的战地情报。例如，在不列颠战役时，英国的监听站经常能偷听到德国空军机组人员之间在法国机场起飞前的交谈，并以此向英国的雷达网提供早期预警。

不过，"Y"部队只能提供有限和局部的情报。从第一次世界大战开始，重要的无线通信都一直要经过加密和编码，一支军队只有做到能把加密信息当成日常交流的手段，才有与敌人对等交战的机会。主要大国在这方面的能力随着时间的推移而有所变化。例如，英德两国在20世纪长达四五十年的斗争中，德国的海军密码在第一次世界大战时就被破解了，而且再未恢复安全性。英国人靠缴获密码本，以及最主要的是靠在破解方面下功夫，于1914年就复原了德国人的密码本，之后就可以随意阅读德国高层的通讯了。一战结束后，因为在秘密通讯上取得的成就，所以英国人自大地认为自己的密码是不可破解的——其实德国在20世纪30年代就破解了英国的密码，并同时创造了一种机器加密系统，即"恩尼格玛"密码机。这一机器号称能让德国的敌人，即波兰、法国和英国都无计可施。虽然在1939年之前，波兰就成功破解了"恩尼格玛"密码机，但在战争爆发前夕，德国人又改进了自己的加密技术，让波兰人前功尽弃。

除了眼看和耳听，还有其他获取实时情报的办法，特别是通过摄影情报提供的间接目视情报，以及今日的卫星监视；人力情报——或可称之为间谍——在某种场合也能达成同样的效果，也能传递紧急信息。不过，上述两种手段都会出现延迟和缺陷。不管怎样获得的图像，都需要判读——它们通常都很模糊，并因此而导致不同的判读专家得出相反的结论。举例来说，1943年英国对德国佩内明德无人武器工厂的航拍侦察，就并没有发现德国的V-2和V-1导弹。这两种武器在一段时间内没被发现，其中V-2是因为竖立在发射装置上而没被判读员发现，而V-1则是因为在照片上显得太小，直径只有2毫米，所以没被识别出来。然而这些武器的照片证据还相对清晰，并得到了其他情报的支持——这些情报已经提示了判读人员应该寻找什么。他们知道要找的是类似火箭和小飞机的东西——即便这样，他们也未能辨认出近在眼前的证据。当判读员不知道自己要找什么时，对航拍照片的辨认就很困难了：例如"基地"恐怖分子的藏身处、伊拉克非法武装的兵工厂。图像情报已经多到近乎泛滥，在里面寻找有用的信息犹如大海捞针。

而人力情报可能存在不同的限制，如首先是难以与大本营进行有效沟通，其次是无法使大本营相信收到的信息的重要性。人力情报里充斥了太多虚假信息，难以对其实用性进行判断。举个例子，在1973年遭到攻击之前，以色列对外情报局就已经掌握了一个身处埃及高层的特工。由于埃及政府对是否发起进攻犹豫不决，所以这个特工发出的情报前后矛盾，结果当阿拉伯联军真的发起进攻时，以色列军却毫无戒备。不管这个故事真实与否，都说明了有关人力情报的一个亟待解决的问题：特工该如何与后方进行实时通信？对理查德·佐尔格来说，这则是另外一种情况。他不仅身处地方高层，还装备精良，能通过秘密无线电进行通信。他所面对的难题是——当然他自己没意识到——他的话没人听。佐尔格是一名忠诚的共产党员和资深的共产国际特工，在二战之前就成了一个受人尊敬的德国驻东京记者。作为纯正德国人和德国公民，他也被认为是完全忠于德国的，并因此与德国大使馆的关系紧密——从向外交官报送有关日本事务的有用信息，到后来开始协助德国大使起草向柏林提交的报告。因此，在1941年的严峻形势下他能够向莫斯科发送日本不会北上的信息。他在早些时候就发出了令人信服的德国即将入侵苏联的警报，甚至提到了确切日期。6月22日，斯大林还收到了其他方面的情报，其中还有丘吉尔的警告，但和佐尔格的情报一样，它们都被斯大林无视了。开战的想法实在令人不舒服，斯大林更愿意相信他能用包括石油在内的战略资源来收买希特勒。由于得到了日本不会入侵西伯利亚的确切情报，有证据表明6月22日之前斯大林已经把部分部队从西伯利亚撤出了。而佐尔格的情报，被采信的部分看起来也不是关键的战略情报。[14]

二战中其他著名的人力情报组织，如位于德国内部的"红色管弦乐队"和位于瑞士的"露西情报网"，也出于不同原因，而没法传递实时情报。佐尔格几乎是人力情报界独一无二之人，他不仅可以获得高价值的情报，还有能力将情报快速传回大本营。"红色管弦乐队"则是由一群偏左的德国上层人士组成的，由一个拥有双姓的德国空军军官领导，他似乎因为这些"不轨"行为而感到兴奋。他们对于莫斯科而言没什么重要性，而且因为安全意识与安全措施的薄弱，他们很快就被盖世太保一窝端了。而"露西情报网"——实际上只是一个叫罗德福·罗斯勒的人——在战争期间从瑞士向苏联发送的情报，有很大部分是他从对德国媒体的研究中获得的，而其余情报则来自与德国军事情报局有来往的瑞士人。瑞士担心德国会在获得重大胜利后，将自己强行并入第三帝国。虽然德国军事情报局对渗透不在行，但也习惯做情报交换。因此，罗斯勒大概属于那种依靠贩卖情报发财致富的人。[15] 而且不管怎样，他也没有与莫斯科联系的无线电。

　　拥有快速而安全的通讯能力，是实时情报的核心。但是即使在虚构的间谍小说中，无所不能的特工也很少拥有这种便利。真正的特工在试图与接头人联系时——不管是使用死信箱、在平常信件中插入微点照片、与信使直接见面，还是使用无线电发报机，他们都身处巨大的危险之中。真正的特工传记的最终结局，几乎一直都是因为联络失败而暴露。二战时，英国特别行动处在法国的很大一部分特工都是被德国无线电反情报手段所发现的；同样的事情还发生在比利时，这事已经众所周知了——在一段时间内，所有在荷兰空投的特工落地后就会被德国人抓获——德国能够模拟特别行动处的无线电网络。即使反间谍工作进行很松懈，例如在"失踪的外交官"一案中，唐纳德·麦克莱恩的罪行也很快就被确定了，因为他习惯于一周离开华盛顿两次，前往纽约去会见他的苏联上级。[16]

　　实际上，沟通的内在困难是最限制特工的实时有效性的一个因素。作为对比，如果能快速破解敌人自身的加密通讯，根据情报的性质，将会提供高质量的实时情报。

　　因此，军事情报史的"何故、何事、何处、何时"很大部分指的就是信号情报。当然，人力情报也发挥了重要作用，而之后的航拍和卫星监视也是如此。然而，从原则上来说，信号情报本质是对敌人自身的信号进行不受察觉的监听，从而获知敌人对于对手有何种意图与能力，并因此采取应对措施。

　　接下来的案例研究将会支持这一论点（但不是全面支持这一论点），其中一个例子是，德国 1941 年 5 月在克里特的空降行动，被特别选来证明，即便拥有最好的情报，如果防御能力太弱，也无法因情报带来的先手而受益。至于其他例子，例如北大西洋战役强调了非情报因素，反德国 V 型武器作战则强调了航拍与人力情报对于应对威胁的重要性。本书的开头，研究了一个无法通过监听获得信号情报的时代。1798 年纳尔逊在地中海的作战和 1862 年"石墙"杰克逊在谢南多厄河谷的战斗，会使那些对现代情报收集者与解读者期望过高或过低的人好好重新思考自己的观点。

情报是军事行动成功的必要因素，这已经是传统智慧的一部分了。更理智的人会认为，虽然情报很重要，但它不一定能带来胜利。战争中的决策总是妥协的结果，而且在战斗中意志力总是比先知先觉更重要。不同意这一观点的人，可以拿出实例来进行反驳。

参考文献

1.　N. 奥斯丁及 N. 兰科夫著，《探索：罗马时期从第二次布匿战争到阿德里安战役的军事和政治情报》（*Exploratio：Military and Political Intelligence in the Roman World from the Second Punic War to the Battle of Adrianople*），伦敦，1995 年，第 26—27 页，第 209—210 页。

2.　同上，第 9—10 页。

3.　同上，第 246 页。

4.　E. 克里斯汀森著，《北方的十字军东征，1100—1525 年波罗的海和天主教徒的前线》（*The Northern Crusades,The Baltic and the Catholic Frontier,1100—1525*），伦敦，1980 年，第 161—163 页。

5　S. 伦齐曼著，《第一次十字军东征》（*The First Crusade*），剑桥，1951 年，第三卷，第 2 和第 3 章，第四卷第 1 章。

6.　P.孔塔米纳著，《中世纪的战争》（*The War in the Middle Ages*），M. 莫里森译，牛津，1984 年，第 25—30 页，第 219—228 页。

7.　J.R. 阿尔班及 C.T. 奥尔蒙德所著文章《14 世纪的间谍和间谍活动》（*Spies and Spying in the Fourteenth Century*），出自 C.T. 奥尔蒙德所著的《中世纪末的战争、文学和政治》（*War,Literature and Politics in the Late Middle Age*），伦敦，1976 年，第 73—101 页。

8.　T. 巴克尔著，《军事情报与战役，拉伊蒙多·蒙特库科利与三十年战争》（*The Military Intellectual and Battle,Raimondo Montecuccoli and the Thirty Years War*），纽约，1975 年，第 160、第 242 页。

9.　C. 杜飞著，《理性时代的军事经验》（*The Military Experience in the Age of Reason*），伦敦，1987 年，第 186 页。

10.　C.杜飞著，《腓特烈大帝，戎马一生》（*Frederick the Great.A Military Life*），伦敦，1985 年，第 59—64 页。

11.　N. 奥斯丁及 N. 兰科夫的著作，第 15 页。

12.　关于哈卡拉体系及其被英国人控制的过程，参见 C.A. 贝利的《帝国与信息，1780—1870 年印度的情报搜集与社会沟通》（*Empire and Information,Intelligence gathering and Social Communication in India,1780—1870*），剑桥，1996 年，尤其是第 2 章。

13.　"Y"代号的来源已经是个谜。它可能源于第一次世界大战时期，英国炮兵军官用于指代声音测距单位的符号，"Y"的三条杠可能指代一个中央拦截点收到的声波。

14.　对于佐尔格是否影响了苏联的决策，以及他是否得到苏联的信任，参见 F.W. 迪金和 G.R. 斯托瑞的《理查德·佐尔格案》（*The Case of Richard Sorge*），伦敦，1966 年，尤其是第 13 章。同样可以参考沃尔特·拉克尔的《秘密世界，情报的使用与限制》（*A Secret World.The Uses and Limits of Intelligence*），纽约，1985 年，第 236—237 页，第 244 页。佐尔格不管取得了多大成就，都不算是一个十分重要的人物，尽管从性格、个性和经历来说他是那种典型的因为意识形态而志愿在高危环境中工作的特工。佐尔格才智过人，勇气可嘉而且信仰坚定，但实际上毫无疑问效忠的是一个并非自己祖国的国家。

15.　沃尔特·拉克尔著作第 244 页，及第 381 页的脚注 20。

16.　A. 波义尔著《叛国成风》（*The Climate of Treason*），伦敦，1979 年，第 371 页。

第二章

★

追击拿破仑

　　获得准确的情报在风帆时代是一种奢望。当然，准确的情报在任何时代都是不可多得的。在雷达和无线电出现之前，甚至是在卫星侦察出现之前，海洋就是一块迷雾空间。海平线是一道目力无法穿透的障碍，那时候的战舰以 6 节（1 节约合每小时 1.85 公里的时速）左右的速度穿行在波涛中，用这种笨拙的方式让船长的视野扩大到海平线的另一端。而统帅一支舰队的海军上将，则可以把他的战舰和伴随的巡航舰以十几英里的间隔分散布置，以此来扩大自己的监控范围。各舰之间的距离不超过通视的最大距离，这样各舰的桅顶之间才可能进行互相通信。但即便是这样，通报目视发现的新情况也是件毫无章法的工作。1794 年，在光荣的六月一日战役期间，海军上将豪勋爵知道在他附近就有一支有 139 艘商船的法国船队，但依然花了 8 天时间来确定这支船队的行踪并让舰队得以发起进攻。这次拦截作战足以称为经典。本次战斗发生在离陆地 400 英里远的地方，而当时大多数的海战还和以往一样，是发生在距离海岸不到 50 英里的范围之内的。

　　另外，海军上将们都不喜欢将自己的主力舰分散出去执行侦察任务，而是喜欢将它们集中起来以防和敌军不期而遇。舰队指挥官总是需要在搜集信息和掌握火力优势之间进行权衡。一支舰队的攻击力不在于各战舰火力的总和，而是在于舰队队形——首尾相连间隔不过数百英尺的队形。孤立的船只会被拥有数量优势的敌人逐个击破。因此，作为主力舰的侦察兵，相对小巧灵活的巡航舰具有重要意义，它们可以前往并跨越海平线去搜寻敌人。

　　舰队指挥官从来不会认为自己的巡航舰够用。巡航舰具有多种用途，比如可以用于快速运输、劫掠商船和为舰队提供护航。而这些任务，又使得用于侦察和"情报中转"任务的巡航舰的数量长期不足。巡航舰既需要靠近战列线，又要置身于战列线之外。因为旗舰常常被临近的其他主力舰所遮挡，需要巡航舰把命令重复转发给整支舰队。至于巡航舰会不够用这一点，细想起来其实是很没道理的。巡航舰比战列舰要小很多，排水量只有后者的三分之一到四分之一；巡航舰搭载的船员数量也比战列舰少，战列舰上有 800 人左右，而巡航舰上可能只有 120 人；巡航舰的造价也只有战列舰的五分之一。因此，按理说巡航舰的数量是本应更多一些的。可是，实际情况却不是这样的，在 1793 年法国革命战争之初，英国皇家海军配备 100 门到 74 门火炮的一级、二级和三级战列舰总共有 141 艘；而配备 44 门到 20 门火炮的五级和六级巡航舰，却只有 145 艘。[1]到 1798 年，英国皇家海军的巡航舰数量也只增加到了 200 艘。这就不奇怪，为什么地中海舰队总司令纳尔逊会警告说，如果他死了，"那么我的心脏上面一定会刻着给我更多巡航舰"了。

尽管巡航舰主要负责侦察工作，但它们的作用却要受限于当时的信号系统。这当然不是因为旗语——旗语是当时海上主要的通信手段——在远距离上难以分辨，即便使用望远镜也是如此。当时还没有发明能够把旗语进行编排，以用于传输信息的复杂系统。自 17 世纪以来，人们使用着各种约定俗成的办法，例如当时在后桅顶悬挂一面红旗代表下令执行特定的机动动作。到了 18 世纪末，旗语已经有了很大的进步。1782 年，海峡舰队司令官海军上将豪发布了一本编码本，取代了之前的各种编码规则，用三面不同颜色的旗帜就可以表达 999 种不同的信息，用四面旗帜就能表达 9999 种不同的信息。

不过，豪的编码本没有做到双向对照。信号接收者可以通过在编码本里一页一页查找来解读信号的意思，但是发送者却要在发送编码信息之前先弄清他要挂什么旗帜。直到 1801 年，霍姆·波法姆编写的《电报信号或海事词汇》一书问世，信号发送者和接收者才实现了对等。在这之前，一个关键问题一直摆在无数海军军官面前，但只有思维敏捷的波法姆抓住了要害——他的成就可与差不多和身处他同一时代的编纂出同义词库的罗杰相媲美。波法姆分析了语言是如何运作的，发现可以赋予单词一个数字值，然后用一组表示数字的旗帜将其发送出去。例如，数字旗组合"2、1、2"可以表示"缆绳"；加上第四面数字旗 3，就可以表达"能否分给我一条缆绳？"信号发送者先在双向对照编码本里找到"缆绳"一词，再选择合适的旗帜组合；接收者在看到信号后，可去查找"2、1、2、3"，然后得到相关信息。[2]通过使用特殊的标记，这套系统还可以用旗帜表示字母而不是数字，然后可以直接拼出波法姆编码本里面没有的或不常见的单词。也就是说，波法姆的这套系统用 24 面旗帜（其中 10 面可以同时表示字母和数字）和 11 个特殊标记就可以发送 267720 个信号。

波法姆创造的通讯体系一直沿用到今天。但是直到 1798 年，英国皇家海军还在试图努力利用豪上将的单向对照编码本来实现船只之间的流畅通讯。因此，巡航舰为了能够清晰地传递信息，或者为了接收问题与命令而相互靠近，以及向舰队主力靠拢时，需要花费很长时间。舰队统帅的副官若是想要在地中海极度限制能见度的条件下，瞅一眼彩旗就可以合上望远镜并自信地向上级报告信息，还得等上很长的一段时间。

18世纪末的海上力量想要发起海上行动，信号传输的不可靠性还不是一个关键因素。缺乏足够的巡航舰，是更重要的问题。尤其是对霍雷肖·纳尔逊这种像棋手研究棋盘和棋子一样计算着船只和海岸线的相对位置，像瘾君子一样贪婪地吸收各种信息，像金融家时刻准备击败对手一样寻求决胜的机会的海军统帅来说，更是如此。当时，如果波法姆的信号体系能够获得普及，必定会为纳尔逊的寻敌提供帮助。当短短数年后这一切果真变为现实时，纳尔逊热烈地拥抱了它。事实上，历史上最著名的旗语信号，即1805年10月21日特拉法尔加战役开始时的"英格兰希望所有人恪尽职守"，就是用升起8面波法姆信号旗加按字母顺序拼出"职责"一词的方式发出的。

在"特拉法尔加日"，法国与西班牙联合舰队清晰地出现在了纳尔逊的眼中。纳尔逊从1805年5月开始一路追击，在6月横渡大西洋到达西印度群岛，在8月又返回英吉利海峡入口，最后在9月抵达直布罗陀海峡，并一直将加迪斯封锁到10月，直到敌军出海与之交战。纳尔逊一开始犯了不少错误也走了不少弯路，直到法国海军中将维尔纳夫率部由地中海突破直布罗陀海峡驶向大西洋深处之时，纳尔逊才开始有了点把握，认为法军舰队将驶向西印度群岛。特拉法尔加是以战略机动取胜的例证。而从情报战的角度来说，它仍然处于比较普通的水平，起码在后期是这样。

1798年，纳尔逊在刚被晋升为独立指挥官后不久，他就受命率领一支英国海军中队重返英国海军已经退出了近两年的地中海，并在法国海军主力的南方基地土伦港外担任监视任务。英军得到消息称，拿破仑·波拿巴将军指挥的一支陆军正在土伦集结，而法军的运输船也在战列舰的保护下往这里集中，这预示着法国将针对英国发起一次两栖远征行动。对英国来说，主要问题是法军将进攻英国的哪一部分。英国本土？爱尔兰？意大利南部？马耳他？土耳其？埃及？这些目标都在拿破仑所能触及的范围之内，其中一些地方——尤其是马耳他，是向别的目标进发的跳板。在埃及之后则是印度，英国正在此地重建一块足以取代他们于 1783 年失去的北美地区的殖民地。如果拿破仑悄然出海，他的踪迹将消失在地中海之中。除非拿破仑犯下最低级的错误，否则纳尔逊无法发现他的行踪。这种潜在危险使英国监视舰队终日高度紧张，就连纳尔逊也感到忐忑不安。在法军离港之前，他预测法军将前往"西西里、马耳他和撒丁岛"并"一举消灭那不勒斯王国"，但也有可能前往"马拉加并穿过西班牙"入侵英国坚持最久的盟友葡萄牙。当 5 月底法军离开土伦港后，纳尔逊紧追不舍，有时英军走错了方向，有时又走对了方向，有时又落在后面。最后，纳尔逊终于把他的猎物赶到了"地面上"。他数次失去敌人的线索，并因为计算错误而走错了方向。直到 8 月 1 日下午 1 点，在尼罗河三角洲以东，纳尔逊才确信这场持续了 73 天的追击行动业已结束。而这，就是为何这次行动能够成为历史上最为引人注目的情报战之一的原因。

1798 年的战略态势

1798 年，此时的拿破仑还不是 1804 年 5 月之后那个统治欧洲的法国皇帝。这时的他甚至还不是第一执政官，他获得这一身份还得等到 1799 年 12 月。然而，当时的拿破仑已经很有希望成为法兰西共和国的重要政治人物和最杰出的将领了。当时，欧洲一度处在法军的统治之下。在法国大革命时期，第一次反法联盟是由奥地利和普鲁士在 1702 年成立的，之后北意大利和撒丁王国也加入了进来。此后，这一联盟又因为法国向西班牙、荷兰和英国宣战而进一步扩大，但又在 1790 年开始逐渐瓦解。荷兰于 1795 年被法军占领，并重新成立了在法国控制之下的巴达维亚共和国。当年晚些时候，普鲁士、西班牙与法国之间实现了和平；1796 年 8 月，在法国的压力之下，西班牙与英国进入了交战状态，其大西洋和地中海沿岸的港口不再向英国皇家舰队开放，反而为法国海军提供了巨大的便利。

在 1796 年，年轻的统帅拿破仑通过在意大利北部的一系列辉煌的胜利树立了自己的威信。在当年 5 月的洛迪之战中遭遇失利之后，撒丁国王与法国缔结了和平条约，将尼斯港和萨伏伊省割让给了法国。在当年余下的时间里，拿破仑通过卡斯蒂格里翁和阿科拉战役的胜利，又将奥地利的势力赶出了意大利北部。最终，在围绕着曼托瓦要塞机动数周之后，拿破仑于 1797 年 1 月 14 日在里沃利取得了压倒性的胜利。奥地利皇帝向法国求和，双方最终于 10 月在坎波福尔米奥签署了和约。和约中的条款包括在意大利北部建立一个法国的傀儡政权奇萨尔皮尼共和国，以及奥地利将奥属尼德兰（比利时）割让给法国。1798 年 2 月，法国人占领罗马并囚禁了教皇，并于同年 4 月占领了瑞士。

　　拿破仑这一系列征服的结果就是——拒绝求和的英国除了弱小的葡萄牙之外，失去了所有的盟友，也失去了除葡萄牙港口之外的所有欧洲基地。在欧洲大陆上，只有不愿公开站出来的俄国仍在抵抗法国势力。巴尔干、希腊、希腊群岛和叙利亚的统治者，埃及、海盗国突尼斯和阿尔及利亚名义上的宗主土耳其，依然是法国的盟友。根据《坎波福尔米奥条约》，威尼斯共和国被划给了奥地利，但很快又落入了法国之手。此外，丹麦和瑞典的外交政策也屈从于法国。因此，除了那不勒斯王国、葡萄牙和马耳他之外，从北欧到南欧的每一英里海岸都已在法国控制之下了。波罗的海已经完全对英国封闭，大西洋、英吉利海峡和地中海的港口也同样如此。除了直布罗陀以外，英国在欧洲的传统海外基地已经丧失殆尽。1796 年 10 月，英国已经感受到了压力，从 17 世纪中叶开始，在地中海存在了近一个半世纪的皇家海军将要被迫撤回本土。实际上，英国还面临着被入侵的威胁。如果不是海军上将杰维斯于 1797 年 2 月在大西洋圣文森特角海战中击败了西班牙舰队，以及海军上将邓肯于同年 10 月在坎珀当战役中摧毁了荷兰舰队，英国的敌人可能已经足以组建一支联合打击力量横渡英吉利海峡了。

　　尽管通过两次胜利消灭了不少敌军的海上力量，但英国皇家海军还没有足够的把握来应对威胁。1797 年 10 月，拿破仑受命指挥一支"英格兰军"，持续向英国施加压力。另外，英国正确地选择了进攻策略，以逼迫法国来保卫自身利益，而不是以消极等待法国进攻的方式来阻止入侵。而这就需要英国维持数支舰队——一支舰队保卫狭窄的英吉利海峡；一支大西洋舰队负责封锁法国在布雷斯特和罗彻斯特的舰队基地，并监视西班牙在加迪斯的海军残部；几支特遣舰队保卫英国在西印度群岛、好望角和印度的利益；一大批较小的战列舰和巡航舰来保护英国对阵法国的最重要的砝码，即英国的商船队伍。

英国在海上占有优势，在1797年，该国拥有161艘战列舰、209艘四级战舰和巡航舰，而法国和西班牙则分别只有30艘和50艘战列舰。[3]但是法国和西班牙没有必要控制制海权，只要舒服地待在港口里，等英国人不留神时出击一下即可。而英国的大部分舰队却因忙于封锁而损耗着舰船的寿命，剩下的一小部分舰队则在船坞里维修。在任何时候，英国皇家海军都只有三分之二的船只在岗，而封锁与护航任务进一步减少了为特定任务而组建的舰队的规模。邓肯在坎珀当之战时只有16艘船，而荷兰人有15艘船。杰维斯在圣文森特角之战中，更是处于15对27的劣势。另外，法国和西班牙都在以惊人的速度造船，且在组建船员队伍时所遇到的困难更小。由于拥有丰富的人力资源，两国可以用陆军和陆战队士兵来填补海军的编制。虽然这些士兵的经验比不上被强征的英国水手，但他们的积极性却相对较高。不公正的待遇、微薄的薪水、艰苦的海上生活，导致了英国皇家海军的水手们在1797年春季发动了大规模罢工——斯皮特黑德和诺尔"兵变"——这一度使海军上将们惊恐到不敢考虑如何处理违纪问题。没人愿意在失去底层水手的信任时去对抗法国大革命，因此普通水手的待遇很快就得到了改善。

这些调整来得正是时候。到1798年春季，英国皇家海军开始面临新的威胁。英国政府不知道的是，法国的领导层——督政府——已经不再花时间去准备入侵英国了，而是决定给这个岛国对手的战略利益造成另外一种威胁。这一提议正是来自拿破仑，他在2月23日写道："不掌握制海权就试图削弱英国，是一个鲁莽且很难奏效的举动……这样的行动需要冬季的长夜。在4月之后，希望就越来越渺茫了。"[4]作为另一条出路，他建议进攻乔治三世的母国——汉诺威王朝。拿破仑发现了另一种可能性："我们可以通过向黎凡特发起一次远征来威胁印度洋的贸易。"黎凡特，意为太阳升起之地，它位于地中海东岸沿岸、土耳其以南，包含了叙利亚和埃及。埃及不仅是一块传奇之地，也是地中海与红海最接近的地方。法国并没有放弃取代英国成为最能影响莫卧儿王朝的外部力量的希望——尽管过去三十年里法国一直在南亚次大陆的竞争中处于下风。

如果法国能够削弱英国在其主要财富来源地印度的影响力，那么英国又将遭受自美国独立以后的另一次致命打击。

拿破仑很精准地选择了行动的时机。现在，地中海已暂时成了法国的内湖。即便实力受损，法国海军依然可以集中足够的战舰护送一支部队从法国南部港口安全前往尼罗河，而法国连同西班牙和北意大利的商船队则足以担任运输任务。而且抽调本次任务所需的部队，也不会影响到法国对战败国奥地利的控制，以及阻止俄国干预西欧。此外，本次远征也不会受到实质性的阻碍。尽管埃及在法律上是奥斯曼帝国的一部分，但土耳其除了派遣一位总督统治埃及以外，并没有像样的驻军。埃及的权力自13世纪以来一样，实际上是掌握在了马木留克骑兵的手里。马木留克原意为"奴隶"，是阿拉伯人用从中亚购买回来的奴隶训练成的骑兵——他们后来篡权成功并建立了军事政权。尽管作战勇猛，但他们只有10000人左右的规模。而且从战术角度来说，他们的马上仪式在火器时代显得太过招摇了。此外，跟随马木留克骑兵作战的埃及本地步兵也是各自心怀鬼胎。

因此，拿破仑没费什么劲就说服了法国外交部部长查尔斯·德·塔列朗支持把远征埃及作为法国的下一步军事行动。塔列朗列举了一些开战理由，其中令人意外的一条是根据长久以来的法土友好协议，报复苏丹政府"对法国的错误行为"，而更现实的理由则是"入侵埃及很容易"，花费不多且"将带来无尽的好处"。[5]虽然督政府的五人内阁都或多或少地强烈反对远征，但最终却一个一个被劝服。1798年3月5日，他们正式批准了这一计划。

准备工作随之展开。法军把集结地定在土伦港，这里也是13艘战舰的基地——其中九艘战舰配备了74门火炮，三艘战舰配备了80门火炮，还有一艘配备了120门火炮（"东方"号），这支舰队将负责护航和作战任务。法国还下令土伦和临近的港口不再允许商船离港，很快解决了本次远征所需的运输船的问题——这其中一半是法国商船，另一半则来自西班牙和意大利。不过其中适合执行这次任务的船只很少，因为对于这么庞大的一支陆军而言，当时地中海的商船太小了，每艘船能搭载的士兵最多不会超过200人。而且，其中一些船只还需要运载马匹、火炮和辎重。护航船队需要把船只的间距严格控制在一条船缆的长度（200 码，1 码约合 0.91 米）左右，整支船队将分散在 1 平方英里（1 平方英里约合 2.59 平方千米）的范围之内。最终，法国的东征部队规模达到了 31000 人：2.5 万名步兵、3200 名炮手和工兵，以及 2800 名骑兵。然而，法军只带了 1230 匹马上船。拿破仑自信可以在埃及征得足够多的马匹来填补战马和挽马的空缺。这个决定是经过谨慎思考的，因为马匹很难装上船，而且它们不容易在船上安静下来。同时，不管如何精心照料，马匹都容易在海运之中死亡。另外，马匹的饲料也会占用不成比例的船舱空间——这些地方如果用来装人吃的粮食，可供部队两个月之用。拿破仑，或者更准确地说是未来的元帅，当时他最信任的总参谋长贝尔蒂埃已经开始怀疑埃及是否能提供现成的口粮了。法国远征军被分为了 5 个师，其中的军官里有另一位未来的法国元帅拉纳。而海军上将巴拉杰·迪里埃统领的海军队伍中还有海军上将甘托姆（他在特拉法尔加之战前数月给纳尔逊制造了不小的麻烦），以及海军上将维尔纳夫（特拉法尔加之战中纳尔逊那倒霉的对手）。担任法国舰队旗舰"东方"号舰长的是卡萨比昂卡，在之后的尼罗河之战中，他与 10 岁的儿子坚守在"东方"号燃烧的甲板上，直到最后一刻。

纳尔逊失去法国舰队踪迹

5 月 19 日，法国海军上将布鲁耶率法国舰队从土伦港出发，他指挥 22 艘战舰为 130 艘商船护航。这些商船装满了士兵、马匹、火炮、补给和重型设备。这支舰队以每天 37 英里的速度向东行驶，他们将前往科西嘉岛的北角，并在此与来自热那亚的另一支拥有 72 艘船的队伍会合——5 月 21 日，双方顺利碰面了。5 月 28 日，来自科西嘉岛阿雅克肖的一支拥有 22 艘商船的队伍也加入了他们之中。5 月 30 日，最后一支船队，即在 5 月 26 日从意大利本土奇维塔韦基亚出发的 56 艘船也与他们会合了。此时这支联合舰队，除战舰外还拥有 280 艘运输船，它们沿着撒丁岛的东面驶向西西里，并于 6 月 5 日驶过了撒丁岛最南端。

纳尔逊本来可以很容易地应对这一切，但是大海却给他带来了意料之外的麻烦。此时的他还不知道不久之后自己的旗舰将会折断主桅杆，而巡航舰也会被吹散，他本人和船员差点就没能逃过一劫。他拦截法国舰队的方案将会破产，在完成必要的修整并与同伴重新会合之前，已经没有重新控制目标海域的希望了。

5月8日，纳尔逊从直布罗陀出发。他的旗舰是拥有74门火炮的"前卫"号，旗舰的舰长是爱德华·贝瑞，而"猎户座"号（拥有74门火炮，舰长是詹姆斯·索摩赖斯）和"亚历山大"号（拥有74门火炮，舰长是亚历山大·波尔）也在他的舰队中。英国西班牙舰队的指挥官、纳尔逊的上司——海军上将文森特伯爵，已经给纳尔逊调拨了三艘巡航舰："翡翠"号（拥有36门火炮）、"歌舞女神"号（拥有32门火炮），以及一艘单桅帆船"好公民"号（拥有20门火炮）。而且，文森特伯爵为纳尔逊增派的另外10艘74炮战列舰、一艘50炮战舰"利安德"号，以及双桅帆船"麦尔汀"号，也将在稍后加入纳尔逊的舰队。

纳尔逊离开直布罗陀时并非神不知鬼不觉，实际上"亚历山大"号还挨了西班牙海岸炮兵一炮。不管怎样，5月20日他还是在未被发现的情况下抵达了土伦以南70英里处。贝瑞舰长后来在给他父亲的信中写道，"尽管靠近了敌人的港口，但是未被发现而且正好处在拦截敌军的位置上。" [6] 另外，"歌舞女神"号还意外了解到拿破仑已经到了土伦，而且法军的15艘战舰正在准备出海，只是无法知晓它们会在何时出发与前往何处。这一情报使纳尔逊和他的指挥官们稍感安心，因为这说明他们已提前到达了正确的地点。

不过，之后海上就开始刮起了大风，而"前卫"号此前已经升起了它的顶杆——在恶劣天气时这是应该降下来的。5月21日清晨，顶桅被折断了，桅杆顶上的两名水手一人坠海，一人摔死在了甲板上。当天大亮时，"前卫"号的后桅杆与前桅杆也不见了，船首斜桅上也出现了三处裂痕。此时，"前卫"号几乎已经无法操控了，只能在后舷风下行驶——船身与风向成直角，此时风力正接近波佛特分级的12级——而且，船正在被推向科西嘉岛那遍布岩石的西海岸。如果不及时采取措施，它将在那里撞得粉身碎骨。

在这种形势下需要立即采取补救措施——虽然不一定有效。水手们在"前卫"号吱嘎作响的船首斜桅下面安装了一个斜桅帆——这是一种英国海军已经几十年都没用过的古董装置，它成功地让"前卫"号的船艏抬了起来。尽管十分缓慢，但"前卫"号终于在风力作用下转了个圈，开始驶离科西嘉岛。而后在整个上午，随着损坏的桅杆与风帆被切割抛入大海，"前卫"号终于从下风岸转向上风岸。

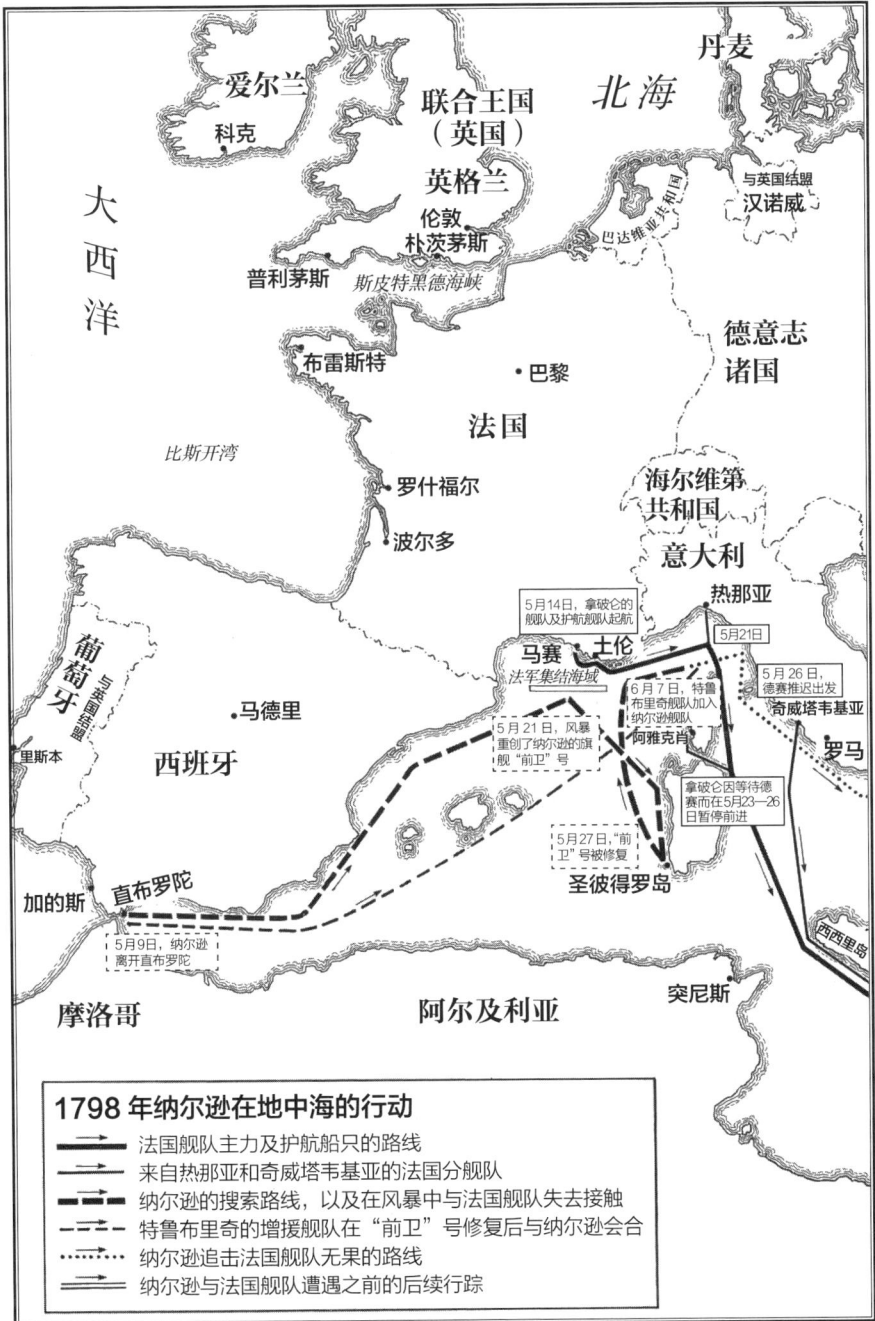

爱尔兰
科克

联合王国
（英国）

北海

丹麦

与英国结盟
汉诺威

英格兰

伦敦
朴茨茅斯
斯皮特黑德海峡

大西洋

普利茅斯

巴达维亚共和国

德意志
诸国

布雷斯特

巴黎

法国

比斯开湾

罗什福尔

波尔多

海尔维第
共和国

意大利

热那亚

5月14日，拿破仑的
舰队及护航舰队起航

马赛 土伦
法军集结海域

5月21日

5月26日，
德赛推迟出发

奇威塔韦基亚

葡萄牙

与英国结盟

马德里

西班牙

5月21日，风暴
重创了纳尔逊的旗
舰"前卫"号

6月7日，特鲁
布里奇舰队加入
纳尔逊舰队

阿雅克肖

罗马

里斯本

拿破仑因等待德
赛而在5月23—26
日暂停前进

5月27日，"前
卫"号被修复

加的斯 直布罗陀

圣彼得罗岛

5月9日，纳尔逊
离开直布罗陀

西西里岛

摩洛哥

阿尔及利亚

突尼斯

1798 年纳尔逊在地中海的行动

➡ 法国舰队主力及护航船只的路线

→ 来自热那亚和奇威塔韦基亚的法国分舰队

▬▬ 纳尔逊的搜索路线，以及在风暴中与法国舰队失去接触

- - - 特鲁布里奇的增援舰队在"前卫"号修复后与纳尔逊会合

······ 纳尔逊追击法国舰队无果的路线

⇒ 纳尔逊与法国舰队遭遇之前的后续行踪

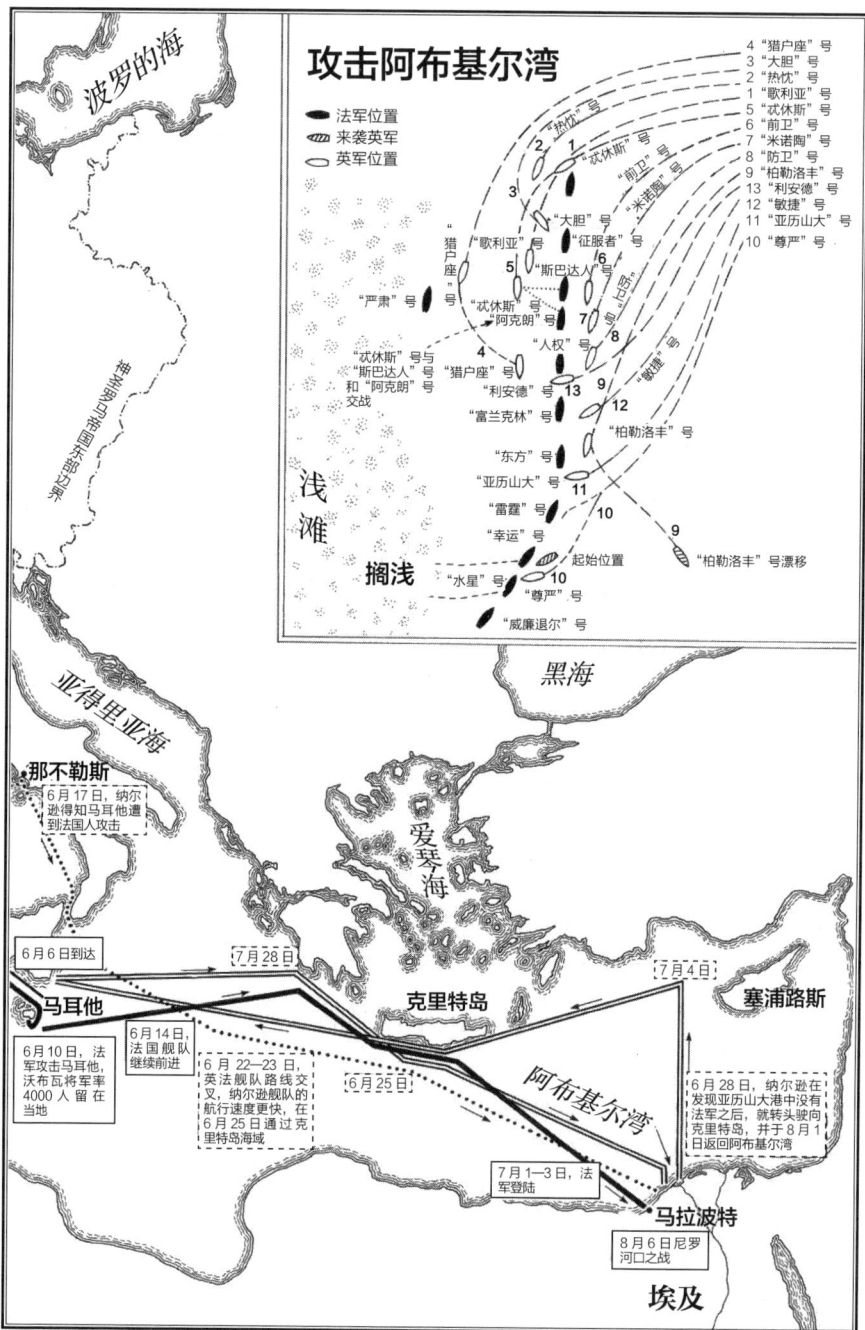

攻击阿布基尔湾

法军位置
来袭英军
英军位置

4 "猎户座"号
3 "大胆"号
2 "热忱"号
1 "歌利亚"号
5 "伏休斯"号
6 "前卫"号
7 "米诺陶"号
8 "防卫"号
9 "柏勒洛丰"号
13 "利安德"号
12 "敏捷"号
11 "亚历山大"号
10 "尊严"号

"热忱"号
"伏休斯"号
"前卫"号
"大胆"号
"征服者"号
"米诺陶"号
"猎户座"号
"歌利亚"号
"斯巴达人"号
"亚历"
"严肃"号
"伏休斯"号
"阿克朗"号
"伏休斯"号与
"斯巴达人"号
和"阿克朗"号
交战
"猎户座"号
"人权"号
"利安德"号
"富兰克林"号
"敏捷"号
"柏勒洛丰"号
"东方"号
"亚历山大"号
"雷霆"号
"幸运"号
"水星"号
"尊严"号
"威廉退尔"号
"歌捷"号
"柏勒洛丰"号漂移
起始位置

波罗的海

神圣罗马帝国东部边界

浅滩

搁浅

黑海

亚得里亚海

那不勒斯

6月17日，纳尔逊得知马耳他遭到法国人攻击

爱琴海

6月6日到达
7月28日
克里特岛
7月4日
塞浦路斯

马耳他

6月10日，法军攻击马耳他，沃布瓦将军率军4000人留在当地

6月14日，法国舰队继续前进

6月22—23日，英法舰队路线交叉，纳尔逊舰队的航行速度更快，在6月25日通过克里特岛海域

6月25日

阿布基尔湾

6月28日，纳尔逊在发现亚历山大港中没有法军之后，就转头驶向克里特岛，并于8月1日返回阿布基尔湾

7月1—3日，法军登陆

马拉波特

8月6日尼罗河口之战

埃及

5 月 22 日，风暴减弱，"亚历山大"号得以通过一条拖缆将"前卫"向南拖航至撒丁岛西海岸。接近傍晚时，风力进一步减弱，撒丁岛和圣彼得罗岛之间的安全水域已进入眼帘。由于依然存在被冲上岸的危险，所以纳尔逊通过信号命令"亚历山大"号脱开缆绳，但却被拒绝了。慢慢地，"前卫"号在 5 月 23 日上午被拖曳至锚地。此事过后，原本对"亚历山大"号的舰长亚历山大·波尔持谨慎看法的纳尔逊，把后者当成了最为器重的顾问。

"前卫"号立即开始进行修理工作，用船上本来就有的备用桅杆和"亚历山大"号与"猎户座"号送来的材料，更换了失去的下桅、中桅和顶桅。四天之后，"前卫"已经可以航行了。第二天，即 5 月 24 日，英国舰队遇到了一艘来自马赛的船。从这艘船上，纳尔逊得知拿破仑的舰队已在 5 月 19 日离开土伦，而且已经处在风暴的路径之外，但是依然无从知晓法军舰队的去向。

因此，纳尔逊决定重返原来的航线而不是一头扎进充满变数的广阔地中海。在大风中，他已经失去了和文森特分配给他的三艘巡航舰之间的联系。为谨慎起见，他认为应该回到出发地，在那里重新集结兵力，收拢巡航舰，并搜寻敌人动向的新情报。6 月 3 日，他回到了土伦外海。6 月 5 日，"麦尔汀"号出现了，还带来了好消息，特鲁布里奇那拥有 10 艘风帆战舰的中队不久就将赶到。"麦尔汀"号的舰长是托马斯·哈代，即纳尔逊在特拉法尔加时说的"亲吻我，哈代"中的哈代，此时他已经是纳尔逊的爱将了。他带来的消息令纳尔逊舰队的士气为之一振。6 月 7 日，特鲁布里奇赶到了，此时纳尔逊已经拥有 13 艘 74 炮战列舰和 1 艘 50 炮战舰，足以击败法国人——如果他能找到法国人话的话。不过，为了找到法国舰队，纳尔逊还需要巡航舰，但巡航舰又在哪呢？

"歌舞女神"号、"翡翠"号和"好公民"号已经在重创"前卫"号的风暴中失散了。"好公民"号降下它的顶桅并摆脱了风暴——它可以全天候航行，航行质量备受推崇。"歌舞女神"号在三个前桅支索断裂后，顶桅和中桅也相继受损。它在风暴最猛烈时独自支撑了两天（5 月 20 和 21 日），但是在 5 月 22 日下午找到了"好公民"号。不过，当时它们处在土伦正南方。而"翡翠"号则被吹到了更南方，也更靠东面，远离了它的两艘姊妹舰，并于 5 月 21 日上午瞥见了在科西嘉外海伤痕累累的"前卫"号。它无法伸出援手，而后两船在混乱中失去了联系。随着天气转好，"翡翠"号的舰长托马斯·沃勒决定驶向西班牙海岸，希望能抢些战利品并搜集信息。不过沃勒的运气差了点，虽然拦截了两艘商船，但是并没有从中得到纳尔逊或拿破仑的消息。不过在 5 月 31 日，他遇到了另一艘英国巡航舰"阿尔克墨涅"号，这是文森特在 5 月 12 日派去追赶纳尔逊的另一艘船，舰长是乔治·霍普。两天前，它还和"歌舞女神"号与"好公民"号在一起。霍普从两艘巡航舰那里得知了风暴的事情，但依然没有得到纳尔逊的消息。沃勒舰长登上了"阿尔克墨涅"号，告诉霍普他见过挣扎中的"前卫"号。后来，这触发了一系列事件并导致纳尔逊在未来两个半月中没有巡航舰可用。

其实，纳尔逊为巡航舰们下达过如果与旗舰失散应如何行动的指示。在除了目视与语音之外再无任何通信手段的 18 世纪，这是很常见也很有用的预防措施，为了重新建立联系，指挥官会预先指定一个会合地点。纳尔逊下达的指令是，如果失散，巡航舰应沿着从土伦以南到巴塞罗那附近的圣塞巴斯蒂安角 60 英里范围内的，一条由西向东的航线来回巡航。如果"超过 10 天没有我的消息，则返回直布罗陀"。这一安排本该奏效。"阿尔克墨涅"号在 5 月 23 日开始沿着这条航线来回跑，并根据指示在北纬 42 度 20 分来回航行。在与"歌舞女神"号和"好公民"号先后碰上后，它继续这样行动。如果它能比规定的计划多航行一天，即 6 月 3 号，纳尔逊很可能会发现它，纳尔逊也是在这一天才到达会合点的。

不过在 5 月 31 日，霍普已经派遣"歌舞女神"号和"好公民"号前去撒丁岛到北非之间搜寻纳尔逊了。6 月 2 日，他碰到了"麦尔汀"号，并从哈代口中得知特鲁布里奇带着 10 艘风帆战舰就在"麦尔汀"号后面不远，也在寻找纳尔逊。此时，总共有四支分散的英国舰队在西地中海，除了搜寻拿破仑之外，也在寻找彼此：纳尔逊正在接近预定的巡航线，"阿尔克墨涅"号和"麦尔汀"号已经在巡航线上了，"歌舞女神"号与"好公民"号正在前往撒丁岛，特鲁布里奇则在所有人的南面焦急地往北赶，希望能碰上大部队。如果霍普把"阿尔克墨涅"号和"好公民"号留在身边，并与"麦尔汀"号留在会合点，他一定能碰上纳尔逊和之后赶到的特鲁布里奇，并就此组成一支由战列舰与巡航舰构成的联合舰队。如果再加上一点小小的运气，他们说不定能在一个月内拦住在地中海缓慢航行的法国舰队，接下来再摧毁法国舰队，并消灭一大部分法国陆军精锐，也并非不可能的事。这样的话，拿破仑就会变成一个失败者，也就不会有后来的马伦哥和奥斯特里茨之战的辉煌胜利了。第一次反法联盟也将因此而复活，法国大革命也将被遏制，法兰西帝国也不会诞生，整个欧洲的未来也将就此改变。

但正如历史上所发生的那样，霍普选择了另一个航向——"翡翠"号对"前卫"号受损情况的报告促使他做了这个决定。他认为"前卫"号在受到如此大的损伤之后，一定会回船坞修理，而附近只有那不勒斯和直布罗陀有这样的条件。去直布罗陀与纳尔逊会合意味着收缩兵力，而这就给了拿破仑的先头部队时间和空间。无论如何，在霍普离开"麦尔汀"号时，哈代告诉过他纳尔逊没有返回直布罗陀。同样，霍普反对去搜寻特鲁布里奇也是个错误的决定，因为特鲁布里奇不久就找到了纳尔逊的舰队。如果霍普能带着巡航舰加入纳尔逊的舰队，后者的侦察力量将得到极大增强。相反的是，霍普做出了一个堪称灾难的决定，带领巡航舰独自去搜寻法国舰队。在派遣"好公民"号和"翡翠"号前往撒丁岛后，霍普又命令"歌舞女神"号前去搜索北意大利港口，同时让"阿尔克墨涅"号在马约卡岛和梅诺卡岛之间巡航，然后前往撒丁岛，再从这里驶向那不勒斯，并在途中收拢派出去的僚舰。如果纳尔逊或者拿破仑的任意一支舰队待在原地的话，这个搜寻模式是没问题的。但是，纳尔逊此时正在巡航线上，而法国舰队一直在往东和往南航行，每过一天双方之间的空当都在不可逆地扩大。如果纳尔逊知道了霍普在干什么，他在痛苦地说出那句"缺少巡航舰"时，语气可能会更加尖刻。

纳尔逊返回了土伦港外的集结地，此时至少有件事能让他宽慰一下，这就是不断有战舰赶来加入他的战斗部队。首先是"麦尔汀"号，接下来特鲁布里奇的 10 艘 74 炮战列舰也在 6 月 7 日下午赶到了。然而天气又再次发生了变化，海面变得平静无风，这样在 6 月 10 日之前，被派出搜寻商船以获得消息的"猎户座"号与"亚历山大"号就没办法赶回与舰队一起开拔了。6 月 10 日后，纳尔逊已经有了 13 艘 74 炮战列舰，以及拥有 50 门火炮的"利安德"号和敏捷的"麦尔汀"号，可以继续追击敌军。但他将要面对问题是，往哪追？

特鲁布里奇已经带来了文森特的命令，命令里面概述了战略态势。纳尔逊需要和必须继续"查清敌军正在土伦和热那亚集结的武装以及他们的可能目标，是向那不勒斯和西西里进攻，还是为了向葡萄牙进军而运送一支军队到西班牙海岸，或者是穿过（直布罗陀）海峡进军爱尔兰"。不过除了这一命令，文森特也批准纳尔逊追击法国舰队"到地中海、亚得里亚海、摩里亚（希腊以南）、希腊群岛的各个角落甚至深入黑海，只要这些地方是法国舰队的目的地"。纳尔逊还可以从"托斯卡纳大公国、两西西里王国（那不勒斯）、奥斯曼帝国领土、马耳他和现在属于德国（奥地利）皇帝的前威尼斯自治领自行获得补给"。他还可以期望得到突尼斯之王、的黎波里（现利比亚）帕夏，阿尔及利亚迪依和奥斯曼帝国三个名义上的实际完全独立的领地的支持。[7]

　　葡萄牙？爱尔兰？那不勒斯？西西里？不管怎样，文森特都没提到埃及。纳尔逊在集结舰队时，所能得出的唯一结论就是拿破仑一定也在集结舰队，这意味着法国战舰会在土伦和热那亚集合。他判断土伦的战舰会前往热那亚进行会合，所以决定前往北意大利海岸搜寻。因此，他实质上是否定了葡萄牙与爱尔兰是法军目标的想法，将重点放在了那不勒斯和西西里。在搜遍科西嘉岛北角后，纳尔逊从厄尔巴岛以南的塔拉莫内湾开始搜索，他认为这里是来自土伦和热那亚的舰队的理想的集合点。"麦尔汀"号已经完成了对塔拉莫内湾的侦察，而且在蒙特克里斯托和吉利奥岛之间巡逻，并没有发现法军的踪迹；在这一时期，纳尔逊仍然相信"6月6日法国部队并没有全部离开热那亚"。[8]第二天，即6月13日，他开始执行自己的主张，率领舰队在厄尔巴岛、皮亚诺萨和蒙特克里斯托诸岛之间航行，这是一段艰苦的路程。如果纳尔逊手头有巡航舰的话，他本可以让巡航舰来执行这个任务，然后让主力舰继续前行的。"麦尔汀"号的航速不足以在完成派遣任务后追上主力舰队。纳尔逊也可以用一艘74炮战列舰去进行侦察，但这又会削弱他的战斗力；在离开直布罗陀时，纳尔逊曾告诉过文森特，他打算"保持大型舰队的完整去对付的，但愿是敌人的更大的战舰"。

　　6月14日，云层稍微消散。在奇维塔韦基亚附近，纳尔逊从一艘突尼斯战舰处得知，该舰在6月10日与一艘希腊战舰交流过信息，后者称"在6月10日，遇见过一支大约有200艘船的法国舰队，就在西西里的西北端，法国舰队当时正在向东航行"。[9]纳尔逊无法通过这个消息来判断法国舰队是在沿西西里的北海岸航行，还是已经经过特拉帕尼并远离了南海岸。如果是前者，法军可能正在前往那不勒斯；如果是后者，法军的目标可能就有很多个。无论如何，拿破仑的部队已经领先纳尔逊接近 300 英里，或者说是 10 天的路程，而且考虑到英国舰队现在缓慢的速度，即便完成了这 300 英里的追赶，在此期间法军又将航行另外 300 英里。本来稍有头绪的前景，又变得更加无法预测了起来。

在这种情况下，纳尔逊决定前往那不勒斯——他的理由很充分。长期担任当地英国大使的威廉·汉密尔顿爵士，已在职 34 年并掌握了重要的情报来源，与地中海中部地区的外交、政治和商业人物有紧密关系。那不勒斯王国，也就是当时的两西西里王国，十分倾向于英国且惧怕法国，因为法军在不久前越过了教皇国的边境。因此，那不勒斯王国可能会向纳尔逊的舰队提供补给与协助。那不勒斯王国的首相，老谋深算的约翰·艾克顿将军曾游历各国，拥有英国男爵爵位且在一定程度上忠于他祖先的国家。所以，纳尔逊希望能在那不勒斯得到情报和物质上的支持。

6 月 15 日，纳尔逊到了那不勒斯外海的蓬扎岛，他派特鲁布里奇乘坐"麦尔汀"号上岸。6 月 17 日，特鲁布里奇登上了蓬扎岛。托马斯·特鲁布里奇是深受纳尔逊信任的下属，已与纳尔逊共事长达 25 年，是一位老练的战舰指挥官。文森特认为他是"英国海军在这一级别有史以来出现过的最杰出的人物"。特鲁布里奇经历过"光荣的 6 月 1 日"和圣文森特角战役，他的指挥风格直截了当。"每当我看到下属好像在犹豫时，"1797 年英国海军四处出现违纪行为时特鲁布里奇道，"我会说这就是暴乱。"特鲁布里奇被带去面见汉密尔顿和艾克顿，他直接挑明了来意。汉密尔顿记录道，"当时我们在一个小时内做的事，比按官方套路一个星期所做的事还要多。现在，我们得知了敌人的位置和实力。"而且，在从艾克顿那里得到了一道让那不勒斯每个港口的总督都要"向英国国王的战舰提供各种补给"的命令后，特鲁布里奇"喜形于色，看起来高兴坏了"。把艾克顿的命令装入口袋后，他立刻上船，于 6 月 18 日返回了舰队。

懂得打仗是一回事，懂得情报相关的事物则是另外一回事。这两个领域需要的人员素质并不一样，很少能见到同时具备以上两种能力的人。英国皇家海军会在 1916 年 5 月 31 日发现"昨日重现"，一位海军军官在日德兰海战的当日上午，向情报参谋问了一个错误的问题。这是一个十分傲慢的问题，这位海军军官既不屑于解释他为何问出这个问题，也不信任密码破解专家。特鲁布里奇并不高傲，他、汉密尔顿和艾克顿相互之间十分投缘，只是他太过直爽了一点。他想为战舰提供补给，这几乎是每个海军军官的第一想法。此外，他还想知道敌人的下落。艾克顿的命令满足了他的第一个需求，而汉密尔顿的确凿情报——法国人要去马耳他——满足了他的第二个需求。难怪特鲁布里奇会笑着离开。

如果不是特鲁布里奇过于坚持自己的看法，他很可能会从汉密尔顿处得到一些模糊的消息。这些消息往往来自模棱两可或泛泛而谈的对话之中，但是很明显，特鲁布里奇对这并不在行。他得到的消息表明，法军的目的地比西西里或马耳他还要远。5月28日，艾克顿告诉汉密尔顿，那不勒斯的法国大使告诉他（艾克顿第一语言是法语，他出生于法国贝桑松），"从土伦启程的伟大远征……真实目的地是埃及。"汉密尔顿对此表示怀疑，并认为这是假消息。因此，尽管他向伦敦的外交部做了汇报，但却既没有告诉特鲁布里奇，也没有在给纳尔逊的信中提到此事。[10]

伦敦掌握的信息

实际上，伦敦方面掌握的信息要比纳尔逊多。英国外交部、海军部和战争部在其他渠道之外，还通过职业特工、领事官员、对英友好或者只是口无遮拦的外国旅行者，以及国外报纸来收集情报。最早在4月24日，外交大臣斯宾塞勋爵就已经提到过"土伦的法国舰队"的目的地是"葡萄牙—那不勒斯—埃及"。根据两天后一个代号为"61' 78' 71"的特工的记述，他"认为"，"以埃及作为目标看起来令人难以置信。" 同时，战争部长兼东印度公司董事会成员亨利·邓达斯向英国海军部通报了一个最近去过法国的美国人的消息，称法国计划入侵英吉利海峡群岛，向爱尔兰派出远征军（大约在8月），并在葡萄牙和波兰发动革命（都是针对奥地利），但法国还有一个"奇怪的关于埃及的计划"——通过埃及做跳板，让400多名法国军官去协助印度蒂普苏丹对抗英国人。

英国海军部在土伦的军备作战区有自己的线人，威廉·戴中尉被派往热那亚出售英国海军局在1796年撤出地中海时留下的3艘运输船。戴中尉通过以往的路线，从陆路穿过德国到达汉堡，再通过海路到达伦敦传送报告，单趟传递时间从 3 个星期到 5 个星期不等，第一份报告认为西班牙将是土伦法军的目的地。但是在 5 月 1 日，当他本人回到伦敦时，带回了地中海东部可能是土伦法军目的地的消息。具体来说，他发现法军船只装载了 4000 个 10 箍桶，而这些桶都没有桶口，他判断法军这么做是为了避免战舰在浅水区抛锚。但是，第一海军大臣推断法军准备用这些桶来通过达达尼尔海峡进入黑海。这反映出了当时的英国海军部有多么缺乏常识，居然认为现代集装箱货轮都能通过的水道，风帆战舰反而过不去。

不过，伦敦其他方面的信息则更优质一些。法国的报纸通常在出版后不到一周就能送达伦敦，里面的内容十分袒露。在 3 月底、4 月和 5 月初，《回声报》《监督者》和《箴言报》都刊发了有关法国政府正在土伦集结部队的材料，内容包括了兵力、补给情况甚至是部队的目的地！法国政府控制下的《箴言报》试图掩盖实情，刻意发布了一些假消息，但是大的趋势还是不会被看错的：一支庞大的舰队正在准备一次远程军事行动。而流言也让细节更加清晰起来。一些将一同参加本次远征的学者开始炫耀，这是无足轻重的聪明人在参与重要事件时容易犯的毛病。矿物学家多勒米厄在写信给哥廷根大学自然历史学教授卢克时，谈到有关埃及、波斯、印度，以及黑海和里海的书籍正被送往土伦，而传言说法军的目标是埃及，目的是为了阻断英国与印度的商业往来。可惜的是，卢克不仅是英王乔治三世的妻子夏洛特女王的家族成员，也是英国外交部的特工——他在 5 月 7 日报告了此事。[11]

不过伦敦方面收到的最有价值的情报，却是通过官方渠道送来的。这条情报的收集方法后来成了间谍小说中的经典情节。英国在意大利北部里窝那的领事乌德利，在当地的英国商人中有一个联络密切的线人琼斯——这个人与整个地中海的其他贸易公司都有着商业来往。琼斯的渠道使他过高估计了土伦法军的规模，但对于法军开拔日期的判断又大致正确，而对法军的目的地和企图的看法却异常准确。他得出结论是：法军的中间停靠地是马耳他，后者届时会向法军投降，然后法军将前往亚历山大（黑海也是一个可能选项），目的是为了送部队上岸并通过陆路行军至波斯湾，或者沿着红海继续航行前去攻击英国东印度公司在印度的产业。乌德利于 4 月 16 日发出的报告，在 5 月 24 日送达了海军部。有段时间内，伦敦对乌德利的情报将信将疑。因为英国本土周围也面临着其他危机，法国可能会发起大规模入侵，葡萄牙可能会陷落，法国可能会和西班牙一起经由已在 5 月爆发叛乱的爱尔兰进攻英国。关于埃及的谣言可能只是个幌子，可能是法国刻意制造的假消息，以掩护土伦法军的真实战略目的。6 月 1 日，英国外交大臣致信印度总督莫宁顿勋爵，"拿破仑最终从土伦出发的目标是进攻爱尔兰，或者在途中占领葡萄牙。"

新来的消息很快纠正了这些误判。一些消息来自法国媒体，更多的和更吸引人的消息则是来自多嘴的学术界。法国占领下的德国法兰克福的媒体报道，法国地质学家福杰斯确认土伦法军正向埃及进军。假如拿破仑知道了这些四处泄露的消息，一定会很后悔带着这么多七嘴八舌的专业人士一起去远征。福杰斯泄露的消息在 6 月 13 日被送达伦敦。6 月 11 日，英国在佛罗伦萨的外交使团送来了一份更加可信的报告：法国将军卡尔博尼已经透露他将要参加这次远征，先是去埃及，然后再前往印度。两天之后，英国外交大臣在写给兄弟的信中提到，"看起来似乎拿破仑的确是要去埃及，而邓达斯（战争部长）好像认为从埃及向印度进攻的计划看起来很不现实。虽然前一个观点让我很震惊，但我仍然对后一个观点表示怀疑。不过，因为拿破仑 23 日时仍然不在土伦（有误），以及文森特爵士最迟在 21 日就肯定已经派出了（特鲁布里奇的）舰队，所以我们真的希望纳尔逊能弄清一切的真相。"[12]

纳尔逊重获法军踪迹

伦敦当然希望如此，但由于它的能力有限，难以告知位于地中海中部的舰队它知道什么或它想知道什么。6 月 13 日，当斯宾塞勋爵在给他的兄弟写情报总结时，纳尔逊尚在第勒尼安海，在科西嘉岛、撒丁岛和西西里岛之间。伦敦已经向印度，以及两地之间的各个据点发出了命令，向苏伊士派出船只，尤其是派给正搭乘 50 炮战舰"豹"号前往印度的约翰·布兰切特准将，以便后者能在红海组建一小支舰队。没人知道布兰切特何时能收到命令。同样也很难估计最新的消息或命令何时能送到纳尔逊手里。文森特还没到加迪斯，他得到的命令是必须留在那里，执行封锁西班牙和警戒直布罗陀海峡的任务。他已经把手上的快船都派出去加入纳尔逊的舰队了，连一艘多的也没有了。虽然他也可以用中立船只传递信息，但是这些船并不多，而且他与伦敦后方的联系也是稀疏与缓慢的；随着时间一周一周地过去，他甚至也不知道纳尔逊在哪。6月中旬以后，直到纳尔逊从那不勒斯派双桅帆船"搬运"号带回通报为止，文森特已经完全失去了和纳尔逊的联系。

反过来，纳尔逊可能从里窝那获得了乌德利的一些信息，因为他的文件里有一封乌德利的信件的复件，很可能是"前卫"号受创后重返土伦集合线的路上获得的。但这封信里只提到了土伦法军的实力，而没说出他们的目的地。6月18日，纳尔逊在离开那不勒斯后不久，却得到了法军正驶向马耳他的确切消息。6月20日，当他身处墨西拿海峡时，英国在墨西拿的领事上船来"告诉我马耳他已经投降的消息"，此时他还没来得及写信给马耳他骑士团的大团长，催促他让全岛进入防御状态，并在这等待他快速赶来支援。

纳尔逊的信到得太迟了。正如乌德利4月26日警告的那样，马耳他已经投降，骑士团已经屈服。这倒没让人感到意外。圣约翰主权军事医院骑士团已不复当年。医院骑士团原本是为了照顾前往圣地的基督教朝圣者中的病患而成立的，在十字军东征期间变成了一个战僧军团，在十字军国家修建并保卫城堡。后来在穆斯林的压力下开始一步一步从耶路撒冷退却，骑士们最终在马耳他落脚，在这里他们发现了新的追求。1565年，在大团长德·拉·瓦莱特带领下，医院骑士团击败了土耳其攻占马耳他并突入西地中海的企图。在接下来的200年中，他们袭击奥斯曼舰队，解放被奴役的基督徒并捕捉土耳其人充当自己的奴隶。在医院骑士团版本的基督信条中，是不存在"爱你的敌人"这一说的。在他们位于瓦莱塔的总部教堂中，历任总团长的灵柩是由戴着锁链、被重负压弯腰的土耳其人青铜像用肩扛着的。

医院骑士团总团长霍姆佩施缺乏瓦莱特的决心。当拿破仑的大军在6月9日迫近时，他迅速与之达成了协议——投降，换取自己的一份养老金，以及重新安置尚在的骑士。真正的抵抗来自普通的马耳他人，尽管他们对于维护医院骑士团腐朽的秩序没有兴趣。6月18日，拿破仑离开马耳他，留下了一个法国统治机构和驻军，宣布进行各种民政和教会改革，当然也搬空了教会的财宝。这是一次典型的拿破仑入侵，尤其是他转化了马耳他人的信仰，后者原本是欧洲最为虔诚的天主教信徒群体之一。如果医院骑士团能强硬一点，并鼓励岛民多坚持一会儿，结果很可能会大不一样。纳尔逊当时只在 100 英里之外，而且正在快速赶来，很可能将处于极大弱势之中的法军逮个正着：拿破仑和法军陆战队此时已经上岸了，但战舰却分散在马耳他周围，从这样来看，法军几乎难逃一劫。

但是，纳尔逊误判了这些迹象。在 6 月 20 日星期三，当他在墨西拿外海向总团长霍姆佩施写信时，承诺将在 22 日抵达马耳他。他也的确做到了，或者说差不多做到了。不过纳尔逊依然坚信西西里才是法国的目标，而马耳他只是实现这一目标的前进基地。因此，这个想法误导了他。他很快就被客观的错误信息所误导。

6 月 22 日一大早，纳尔逊本来承诺了在当天到达马耳他，但实际上却来到了位于帕塞罗角以南，西西里岛东南角以南最靠近这个岛的地方，在这里他很快接连收到了两个不同来源所提供的法军消息。第一个消息来自哈代，他在早上 6 点 25 分从"麦尔汀"号来到了"前卫"号上，报告他拦下了一艘来自拉古萨（现在的杜布罗夫尼克，位于亚得里亚海岸）的双桅帆船，并从中得知了马耳他陷落的消息。第二个消息来自"利安德"号，它在东南偏东方向发现了四艘陌生的船只。

纳尔逊一反常态地决定，向舰长们咨询下一步该如何行动。在特拉法尔加之前的会议上诞生了他为之自豪的"兄弟连"，但是在那次会议上他只是描述了他的意图，只是传达命令而非进行咨询。不过在 1798 年，他早已因果断而闻名。奇怪的是，纳尔逊在 6 月 22 日觉得有必要得到下属们在道德上的支持。当时的势态依然高度复杂。来自拉古萨的双桅帆船已经告知了纳尔逊马耳他上周五就已陷落，而第二天开始，法国舰队在 15 日与 16 日相继拔锚继续航行。现在已经到了 6 月 22 日，纳尔逊必须进行权衡，如果法军舰队前往西西里岛，他们可能已经抵达了，而在此六天期间法军抵达西西里岛的消息也一定会送到纳尔逊手里。既然现在没有消息，法军一定是去了其他地方。考虑到现在的风向是西风，法军最有可能是往东去了，这意味着他们将经达达尼尔海峡进入黑海（但前往埃及也是很有可能的）。这是个令人信服的结论，但他需要确切的证据。

纳尔逊派人去请来的四位舰长都是高级军官且深得他的信任——"猎户座"号的索摩莱斯、"卡洛登"号的特鲁布里奇、"柏勒洛丰"号的达尔比和"亚历山大"号的波尔。在"前卫"号的船舱里，他向下属们表达了如下观点："就这些信息（'陌生的船只'和来自拉古萨的双桅帆船）你们有什么看法？在任何我们已知的情况下，你们相信西西里是（拿破仑的）目的地吗？你们认为我们是该夺回马耳他，还是该前往西西里岛？如果法军安全抵达亚历山大（埃及），那我们在印度的利益可能会受到损失。你们认为我们是不是应该前往埃及？"

舰长们的意见有所分歧。"前卫"号的舰长贝瑞支持前往亚历山大，波尔同意法军目的地是亚历山大的观点，达比也认为法军目的地有可能是亚历山大，索摩莱斯和特鲁布里奇虽强调了保卫亚历山大的重要性，但却没说法军会去哪里。一如既往，他们一起帮助纳尔逊做出了一个决定，一个令人惋惜的决定。

纳尔逊发出了跟随"陌生船只"的命令，然后就收到了一系列报告。在上午5点30分，"卡洛登"号报告"陌生船只"正在逃跑，而且这些船只正处于顺风位置。6点46分，"利安德"号发信号称"陌生船只是巡航舰"，而且"猎户座"号也向"前卫"号重复了一遍该消息，以确认无误。四艘巡航舰已经是一支规模相当大的舰队了，它们很可能是另外一支规模更大的舰队的一部分。侦察部队认为它们可能属于法国舰队的一部分。但是7点之后不久，纳尔逊就下令召回"追击船只"。正如他在船舱中向五位舰长说明的那样，他的想法只有两个：返回西西里岛或者前往马耳他；如果顺风的话，则前往埃及。他没向舰长们提出，甚至自己也没想过把舰队摆成侦察队形，然后一路跟着"陌生船只"去看看对方是否还有其他同伴。"利安德"号的舰长托马斯显然不理解，也无法接受他的上级拒绝追查如此明显的有关敌人位置的线索。8点29分，他发出信号"确认陌生船只是巡航舰"。但是，纳尔逊依然不为所动。"利安德"号、"猎户座"号和"卡洛登"号受命重新加入正以密集队形驶向亚历山大的舰队主力。

这段故事令人想起1942年6月4日清晨，中途岛战役时日本海军大将南云忠一与"利根"号巡洋舰派出的侦察机上的机组人员的交流。南云忠一急切地想知道侦察机发现的到底是什么船只。侦察机第一次报告称他们目视发现了敌人，第二次报告称敌军舰船是巡洋舰和驱逐舰，对南云忠一毫无威胁，只在发出第一次报告几乎一个小时后的第三次报告中提到了"敌军似乎有一艘航母伴随"——这实际上已经是一个严重的威胁了。虽然存在一些差异，但两者的相似之处还是很明显的。在这两个例子中，如果舰队指挥官和侦察部队协调一致，那么敌人可能会被消灭。

如果当时纳尔逊掌握了一个重要信息——拿破仑离开马耳他的实际日期——那可能就会重视侦察船的报告。"拉古萨双桅船"说的是 6 月 16 日，但实际拿破仑直到 6 月 19 日星期二才离开，而在 6 月 22 日英军舰队目击"陌生船只"之时，拿破仑刚刚出海三天。纳尔逊离拿破仑的实际距离，比他猜想的还要近；或许，他本来可能只落后拿破仑 30 英里。22 日当晚，在大雾中，法军听到了敲钟声和信号枪的开火声，这肯定是来自纳尔逊的舰队。但是当日之前英军看到的巡航舰向法军主力发出了警告，后者在航行中保持静默，并以紧密队形寻求互相保护。到天亮时，纳尔逊舰队已经超越法军舰队到了海平线的另一边。一次决定性的遭遇战机会就这样失去了。

来回往复

"拉古萨双桅船"的船长可能弄错了，也可能是被误导了。我们现在不知道他说的是何种语言，可能是意大利语，可能是塞尔维亚—克罗地亚语，可能是另外一种地中海方言。正如阿尔弗雷德·塞耶·马汉在他的《纳尔逊传》里写到的那样，如果纳尔逊亲自审问"拉古萨双桅船"的船长，他可能会得到更多信息。这不仅因为他是个敏锐的审问者，还因为在焦虑之下他的思维会更加清晰，以及因经常处理错综复杂的问题而更具洞察力。但是在哈代登上"前卫"号时，距离他拦下"拉古萨双桅船"已经过了两个小时，这时候已经找不到"拉古萨双桅船"的船长了。风向对纳尔逊十分有利，在接下来的六天里他进展神速，有时在 24 小时内就航行了 150 英里。6 月 28 日，亚历山大已在眼前，纳尔逊整晚都在海岸之外测量水文——英国皇家海军的地中海东部海图很少。然而，令人不安的是，他并没发现法国舰队。而且当第二天早晨哈代通过一条近海的通道回到"麦尔汀"号时，纳尔逊的担忧被证实了。哈代没能找到英国领事。虽然之前纳尔逊曾写信给这位领事，但这封信可能也没有送到，因为领事本人请假了。后来露面的奥斯曼堡垒的指挥官告诉纳尔逊，法国人没来过，而且由于土耳其与法国并没有开战，所以英国舰队不能留在这里，只能在这里补充淡水和补给。纳尔逊没在亚历山大逗留。6月30日周六早上，英军舰队起航了。纳尔逊已经确定自己犯了一个错误，法军已经去了别的地方——最有可能是去了土耳其。四天之后，塞浦路斯出现在英国舰队的右舷，纳尔逊已经进入了安塔利亚湾。

如果纳尔逊有足够的耐心，那么法国舰队就会自投罗网。就在他离开亚历山大25小时后，法国舰队在亚历山大以东抛锚并派部队上岸。这是纳尔逊第二次，可能也是第三，甚至第四次与法军失之交臂。如果不是因为风暴，他可能已经在土伦之外拦住了拿破仑；如果不是因为急于保护那不勒斯，他可能已经在马耳他消灭了法军；如果他没有拒绝跟踪"陌生船只"，他可能已经在6月22日对法军舰队大开杀戒了。哪怕他在亚历山大多待一天，他也几乎肯定能够在尼罗河三角洲消灭法军，或者逼迫其投降。但实际上是，纳尔逊正把胜利果实拱手相让，而拿破仑和他一票未来的常胜元帅——贝尔蒂埃、拉纳、缪拉、达武、马尔蒙——正在为了占领埃及而乘船上岸。

反过来，纳尔逊似乎已陷入癫狂之中，"他焦虑而活跃的大脑，"波尔船长写道，"不许他在同一个地方停留太久。"自己应该去往何处？纳尔逊决定先"扩大搜索到卡拉马尼亚（土耳其南部）海岸"，他在写给威廉·汉密尔顿爵士的信中是这么写的。10天之前他得出的结论是法军往东方去了，这使他坚信如果法军不在埃及，那么他们一定在土耳其苏丹领地内的某个地方。

纳尔逊其实已经看到亚历山大的军事指挥官正在准备作战——"战列舰……正在装上火炮"、"土耳其人正在准备抵抗"，这是他之后在分别写给文森特和威廉·汉密尔顿的信中提到的——但是由于法军没有在那里，他一定是把这些迹象当作了一次奥斯曼全面警戒的一部分。否则，纳尔逊过早地离开亚历山大就只能解释为他在某一个特殊的时刻陷入了精神错乱之中，无法进行正确分析且精神过敏——但这不是他一贯的表现。

7月4日，纳尔逊抵达了安塔利亚湾，当然，他什么都没有看到。然后，他再次向西，先前去与法国舰队的航线会合——如果法军仍在向埃及前进的话——再向南驶向克里特，接下来又向北向希腊本土稍微前进一段，最后再一次返回他已于6月20日去过的西西里岛。在锡拉库萨外海，纳尔逊舰队停下补充淡水和补给，7月20日他分别向妻子、威廉·汉密尔顿和文森特写了三封信。在给妻子的简短的信中，纳尔逊吐露了心声："我没法找到法国舰队……然而没人会说我们不够努力。"对汉密尔顿，他再次长叹"缺乏巡航舰"，因为这是"我所有霉运的根源"，并要求汉密尔顿将他的信件转送给外交部和文森特——当然，比起法国人，他们对于纳尔逊的行踪更是一无所知。在给文森特的信中，纳尔逊复述了自己在"前卫"号受损（他曾在6月29日的信中提到过这一点，但波尔舰长建议他不要发出去）后是如何四处奔走的，并对此做出了解释。此外，他再次提到了缺乏巡航舰的事情，"这导致我无法知晓敌军的活动"。然后，纳尔逊描述了他的计划："如果敌军已经前往君士坦丁堡，为了进入爱琴海入口，我们需要得到敌人的直接消息；如果我在那里一无所获，那么我就将前往塞浦路斯，如果那时敌军在叙利亚或埃及，我一定能在塞浦路斯得到消息。"

然而，在信的末尾纳尔逊又详细述说了"7月1日的一份报告说，有人在坎迪亚（即克里特）外海看见了法国舰队，但是我弄不清具体位置在哪里"。纳尔逊在7月24日离开了锡拉库扎，他在给汉密尔顿的最后一封信中说："没有巡航舰！这可能会又一次导致我们失去法国舰队的行踪。"不管是不是因为巡航舰的缘故，纳尔逊都即将转运了。当7月28日纳尔逊舰队来到希腊本土南部时，他派"卡洛登"号进入科罗内湾（现今的麦西尼亚，是进入伯罗奔尼撒半岛的最大的西部通道），在这里他获知了"四个星期之前曾有人看到敌人的舰队从坎迪亚向东南方向行驶"。这个消息来自一位土耳其总督，他从君士坦丁堡听说了法国人在埃及的消息。"卡洛登"号还带回来了一艘法国双桅帆船，这艘来自塞浦路斯利马索尔的帆船也验证了土耳其总督的话。"亚历山大"号拦下的另一艘商船的船主也进一步确认了这一消息。到此时为止，纳尔逊的舰队在来回往复间已经拦下了41艘商船，如果不是因为法国舰队采用了最有效的反间谍措施，扣留了每一艘在路上碰到的船只，纳尔逊本来还能拦下更多的船。

纳尔逊舰队对科罗内湾的造访，有效地解决了他们的"情报荒"问题。纳尔逊现在有充分的理由认为拿破仑不在希腊的科孚岛（如果法军前往希腊的话，这是最有可能的目的地），不在前往君士坦丁堡的途中，也不在土耳其的南海岸或塞浦路斯。法军很可能已经在叙利亚登陆（当时的叙利亚包含了现今的以色列和黎巴嫩），但若事实果真如此，那么法国舰队离亚历山大会很近，在亚历山大一定能得到法军的消息。因此，纳尔逊于7月29日下令向亚历山大全帆航行，并在接下来的几天内进展神速。7月31日，纳尔逊舰队在24小时内就行驶了161英里，平均时速几乎达到了8节——这对于当时的战列舰来说，已经非常快了。

当英军在8月1日登陆埃及时，再度短暂体验到了6月30日的那种失望的感觉。亚历山大港空空如也，直到英国舰队沿着海岸向东行驶了一小段距离之后，纳尔逊心中的石头才终于落了地。当日下午2点30分，"歌利亚"号前桅顶上的海军军校生发现了阿布基尔湾内密集的桅杆。急于想第一个发送消息的他，直接滑向甲板向船长报告，但却在向"前卫"号发旗语信号时弄断了一根旗帜升降索。因此，后来是"热忱"号第一个向纳尔逊发送了信号——"16艘战列舰在东偏南方向停泊"。

"热忱"号的报告不大准确。由布鲁耶上将指挥的战列舰有13艘，但他还有4艘巡航舰、2艘双桅帆船、2艘炸弹船和一些小炮艇。其中最重要的是13艘重型船只，包括巨大的120炮战舰"东方"号、3艘80炮战舰和9艘74炮战舰。这些船的武备各不一样，有1艘船装备的是18磅炮而非32磅炮，有一些船比较老旧，甚至有的船只已经服役了55年，没有英国战舰坚固。不过在英军方面，曾在特拉法尔加海战中担任纳尔逊旗舰的"胜利"号也已有40岁的高龄了。但不管是舰龄还是武备，都不是制胜的决定性因素。航海技术、驾船技术以及英勇无畏的精神才是制胜的决定性因素。与相对缺乏经验的法国人相比，英国人不管是军官还是水兵，都是海战大师。是否认同革命这一标准，让法国海军损失了众多优秀的军官。此外，法国海军中还有大量人员被征召去补充陆军实力，而陆地上的胜利又削弱了法国海军的求胜意愿。赢得海战，对法国来说不是必需的，但对英国人民和英国海军来说却至关重要。

正如著名历史学家阿瑟·布莱恩特爵士（研究英国在法国大革命和法兰西第一帝国时期的战争中所扮演的角色）在著作中所言的那样，拿破仑从来没见过，因此也无从想象"一艘英国战列舰在战斗中惊人的破坏力"。自 17 世纪以来，英国皇家海军就已经成了凶猛的战争机器。尽管曾在美国独立战争中遭遇败绩，但这也激发了英国海军作为无情杀手的本能。1780—1781 年法国和西班牙获得制海权点燃了英国海军的怒火，在英国皇家海军看来，制海权是它与生俱来的权利。因此自 1793 年英法交恶以来，英国皇家海军一直没有让步，并决心逼迫敌人跪下求饶。而埃及远征的总策划师拿破仑此时已经远离了法国舰队，在埃及腹地击败虚弱的敌人取得了胜利。[①] 如果他没离开多远，他可能会把舰队派往科孚以远离危险——一旦有需要，法国舰队也可以从科孚赶来，同时前往科孚也能对纳尔逊的补给线造成危险。但是，"存在舰队"的定位使法国舰队无所事事，这与拿破仑积极主动的战术思想大相径庭。因此拿破仑命令布鲁耶把舰队留在埃及水域，但要身处亚历山大岸炮的保护下。所以，法国舰队就驻泊在了法军登陆的地方——马拉波特湾，一个十分不理想的停泊地。但亚历山大港是一个复杂的港口，水浅又容易被封锁，因而布鲁耶决定把船只转移到往东 9 英里处的阿布基尔湾。

布鲁耶认为自己把舰队布置到了一个英国人难以——实际上他认为是不可能——发起攻击的地方。法国舰队排成了一个细月牙队形，月牙的弧度凸向阿布基尔城堡，而阿布基尔岛则在舰队右侧，这里与舰队之间是浅水区，陆地在舰队左侧。英国舰队只能从两个方向靠近：从阿布基尔岛南面（但这时刮的是北风），或者从阿布基尔岛和阿布基尔城堡之间的缺口进入。很明显，布鲁耶判断这个缺口无法通行，认为即便英国舰队穿过了缺口，由于缺口后面的水域也很浅，英国舰队无法从他的舰队的任意一边，即法军战列线与阿布基尔岛之间或法军战列线与海岸浅滩之间通过。为了增强防御，布鲁耶命令在已经保持 175 码间

---

① 译注：拿破仑的陆军在 7 月 2 日攻击并占领了亚历山大。之后他率军沿尼罗河而上前往开罗。7 月 21 日，在开罗郊外的金字塔战役中，法军与 6 万名马木留克骑兵及其仆从军开战。法军取得了全面胜利，开罗落入法军之手。之后拿破仑再次率军北上前去占领叙利亚，但法国舰队被歼灭终止了他入侵印度的计划。土耳其为了保卫叙利亚海岸和港口，在英国的支持下发动了一次远征。在阿卡的防线是由英国皇家海军舰队司令悉尼·史密斯指挥的。由于围城部队中爆发了瘟疫，拿破仑撤回开罗，但又在一支英国海军护卫队护送送一支土耳其远征部队抵达阿布基尔湾时，回到了海边。7 月 25 日，拿破仑击败了这支土军，但他在确认法军已经控制了埃及后，又担心自己在国内的地位不保，遂在 8 月 23 日起航返回法国，并最终夺取了权力。最后，留在埃及的法国陆军被英土联军击败，并最终于 1801 年通过条约被遣返回法国。

隔的主要战舰之间，用缆绳相连艏艉，同时还命令把缆绳系在锚索上；缆绳和绳索的另一端则系在绞盘上，这样通过收紧缆绳就可以转动船头或船尾，即便在抛锚时仍可实施有限机动。不过到战斗打响时，仍有船长没有执行这个命令。

不管怎样，法军的阵型也足以击退谨慎的敌人了。但是，英国人既不谨慎也不低调。“歌利亚”号的船长弗利手上有整支舰队里仅有的两份当地海图之一，而且还是比较精确的那一张——图上显示了直到海岸线的水深深度。[13] 更重要的是，弗利迅速对法国舰队的停泊方式做出了判断。纳尔逊很快也会得出相同的结论，他对他的旗舰“前卫”号的舰长贝瑞说：“哪里有可供敌军战舰回旋的地方，哪里就有我们战舰锚定的空间。”[14] 弗利在刚刚穿过阿布基尔城堡和浅滩之间的缺口时就立即明白了这一点，因此指挥“歌利亚”号靠近海岸，以便绕过法国舰队最前面的“格里尔”号，向锚定的法国舰队内部前进。

弗利原本打算靠着“格里尔”号抛锚，在绕过“格里尔”号时向其船头开炮，但是“歌利亚”号的水手把锚索放得太长了。“歌利亚”号停下来时已经深入了法国战列线，正对着“征服者”号和“斯巴达人”号。这个错误并不太致命，后续战舰很快跟了上来——“热忱”号、“大胆”号、“猎户座”号和“忒休斯”号。它们和“歌利亚”号一起，对“格里尔”号进行炮击——每艘经过的英国战舰都在向它倾泻火力，很快“格里尔”号就被摧毁了——“忒休斯”号还停在了能同时向“斯巴达人”号和“阿克朗”号开火的位置；“忒休斯”号的舰长米勒是纽约人，是纳尔逊舰队中两名北美“保皇党”舰长之一。

此时，法国队形的队首正遭到锚定的敌军军舰的猛烈攻击。跟在“忒休斯”之后的“前卫”号选择了另一个方向，向大海而不是岸边驶去，在“斯巴达人”号的另一侧锚定下来，后者因此两面受敌。“米诺陶”号在与“阿克朗”号交战，而它的另一边也受到了炮击。“防御”号停在“人民主权”号对面，但它的另一侧也遭到了“东方”号的炮击。

法军战列线的中央部分是由最重型的战舰组成的，有80炮战舰“富兰克林”号、120炮战舰“东方”号和80炮战舰“雷鸣”号；另外一艘80炮战舰“威廉·退尔”号则在较远处，排在队列倒数第三的位置。当夜幕降临时，英国战舰开始靠近法军队形中央，最前面的是“尊严”号——由于操作不当，它停下来时正好对阵另一艘 74 炮战舰——其后是"柏勒洛丰"号，然后是"亚历山大"号，接下来是"敏捷"号。最后两艘船熟练地停在了"富兰克林"号和"东方"号身后的空隙中，使它们能在猛烈攻击对手的同时避免自己受到严重伤害。"柏勒洛丰"号由于沿着"东方"号的侧面驶过，选择与对手最大的战舰交战，结果遭到了重创和严重的人员损失。在一个小时的战斗内，它的主桅杆和后桅杆被毁，前桅杆也几乎被毁。到 10 点钟时，它的痛苦开始减轻，因为来自"敏捷"号和"亚力山大"号的火力把"东方"号从头到尾"洗了一遍"。它们的确造成了很大杀伤；法军布鲁耶上将受了重伤，但仍坚持留在甲板直到再次被击中后身亡。"东方"号的下层甲板已经挤满了伤员（其中就有舰长卡萨比安卡的儿子），他们还得忙着处理船上的易燃物品。"热忱"号的韦伯利中尉注意到了"东方"号上的火势。"敏捷"号的舰长下令炮手向火焰的底部开火，以阻止法国船员救火。不久后，因为很明显"东方"号的弹药库就要被引爆了，所以旁边的两艘英国战舰砍断锚索后退以保持安全距离。因此"亚历山大"号漂走了，法军的"雷鸣"号、"休卢克斯"号和"水星"号也一样，它们要么再次抛锚，要么就将被困在浅水区域。"敏捷"号此时在"东方"号前面很近的地方，它的船长认为这个位置比较安全，他估计即将到来的冲击波会从船的上方扫过。

　　后来果真如此，巨大的爆炸把成堆的碎木片送上了天。桅杆、绳索和数百具尸体飞到了几百英尺的高空，然后像雨点一样散落在一英里的范围内，九英里之外的亚历山大都听到了爆炸声，整个战役也为此暂停了一会。在一小时又一刻钟之后，双方继续开战，但战场形势已经发生了决定性的变化。"东方"号的消失以及"雷鸣"号因为受重创而向队伍末尾偏移，使法国战列线上出现了一个大缺口。此外，由于"休卢克斯"号和"水星"号上的船员砍断锚索离去以躲避爆炸，又使缺口进一步扩大——即使这两艘船上的船员还在徒劳地开火。因此法国舰队几乎陷入了混乱之中，舰队司令已经阵亡，旗舰已被摧毁，幸存的战舰也被分割成了两块。在前面的舰队里，"格里尔"号上的船员还在英勇作战，它的船长也 20 次拒绝投降，三个小时后敌舰的最后一击，让"格里尔"号严重受损并最终沉没。"征服者"号在又抵抗了一阵子之后，也迎来了最后的时刻。队列中排在第三位的"斯巴达人"号在两个小时后投降了，成了第一艘放弃抵抗的法国战舰，但是此时船上已经有200多人死伤，幸存的人在往外排水以使战舰不至于沉没。一会儿之后，"阿克朗"号也投降了——船上已经有87人阵亡、213人受伤。队列中的第五艘船"人民主权"号，已经漂离了战列线，大概是因为锚索被火炮打断了。依然还在队列里的"富兰克林"号在被点着火四次之后（其中最后一次是被"东方"号的残骸点着的），也已经停止了战斗。到了8月2日早上，法国舰队的阵型是由破碎和战败的前锋、真空的中段和混乱的尾部组成的。"富兰克林"号在"东方"号原来的位置前方下锚，它在大爆炸之后再度开火，但很快也就投降了。在缺口后面，一些法国战舰又坚持抵抗了几个小时。"休卢克斯"号和"水星"号，在砍断锚索后从靠近海岸的地方绕了回来。"威廉·退尔"号上的海军上将维尔纳夫最终决定砍断锚索驶出阿布基尔湾——率领剩余船只逃生的确是他的职责，在他后面跟着"宽宏"号战列舰和巡航舰"正义"号与"戴安"号。他丢下了受伤的"雷鸣"号和"蒂莫莱恩"号——这两艘船继续进行着英勇而没有意义的抵抗，直到8月2日下午还在开火。最终"雷鸣"号降下了旗帜，但是"蒂莫莱恩"号的船员们在把战舰点着后跳海逃生时，依然让旗帜高高飘扬。

纳尔逊获得了压倒性的胜利，这次胜利之彻底，在风帆战舰时代再无一场战斗可以超过它，只有1905年对马海战中的日本海军歼灭俄国舰队的胜利可以与之相媲美。法军的13艘战列舰中，有两艘逃脱、两艘爆炸沉没、九艘被俘或者搁浅。纳尔逊几乎没有损失一艘船。"卡洛登"号在进入战斗时误入浅滩动弹不得，虽然特鲁布里奇对此大为光火，但也于事无补。"柏勒洛丰"号和"尊严"号受伤最重，但最后也存活了下来。纳尔逊这边的伤亡数据是——包括他自己在战斗初期头部受到的严重擦伤——208人阵亡、677人受伤。另一边，法国人有一千多人受伤，而阵亡的人数则有好几千，其中仅"东方"号上就有一千多人阵亡。[15]

这场战斗的特点决定了它的杀伤的规模。双方的战舰紧贴着驻泊，在近距离内相互开火，这对船员造成了可怕的杀伤。而在开阔海域的战斗中，战舰拥有活动自由，则不会导致这么高的伤亡。例如在哥本哈根，1801年纳尔逊打了一场十分类似的海战，对手丹麦的伤亡数字为476人阵亡、559人受伤。在尼罗河河口的海战中，英国皇家海军爆发出了杀手的本能和求胜的意志，法国舰队无人能挡。

但是，法国官兵的斗志昂扬却出乎意料。革命的热情毫无疑问是重要原因之一，拿破仑主义的鼓舞一定也有作用。此外，法国官兵可能还有不甘回到在美国独立战争中实现的海军复兴之前那种传统的自卑状态的心理。而英军水兵的士气高涨的原因很简单。他们认为胜利就是理所当然的。纳尔逊深信没有一个国家能击败英国海军，他会为证明这点而不断战斗下去。另外，纳尔逊舰队被布鲁耶带着兜了近三个月的圈子。最后被堵个正着时，法国舰队就成了纳尔逊和他的手下们发泄被压抑的怒火的对象。

在此期间，英国舰队里没人比纳尔逊更受挫了。他彻夜难眠、茶饭不思，在每封信中咒骂捉弄他的霉运。缺少巡航舰、缺少他认为本该帮助他的人支持，是他信件不变的主题。纳尔逊还开始相信命运站在他的对立面，他一直以来做出的决定都是正确的，只是一些恶灵从中作梗让他的期望落空了。纳尔逊给文森特的信就是他在情绪低落时写的，波尔船长主张不要将那封信寄出去，因为信中罗列了纳尔逊所遇到的种种挫折。这封信是纳尔逊在第一次拜访亚历山大港，发现其中空空如也之时寄出去的。

我能想到的您唯一的反对意见是，"如果没有敌人目的地的确切消息，你不应该走那么远。"我已经准备好了答案——我该从谁那里得知敌人的目的地？那不勒斯和西西里岛的政府要么不清楚情况，要么瞒着我。我该耐心等待，直到得知确切消息吗？如果埃及是法军的目标，那在我得到消息之前，他们可能就已经到了印度。什么也不做使我感到羞愧，因此我根据自己的判断行事，并坚持如此。我在等待大人您的决断（现在的情形让我感到如同身在国内的特别裁判所），而且如果，不论在什么情况下，最后证明我错了，以我们国家的名义，我确实应当被革职。因为在这个时刻，在我知道法国人不在亚历山大时，我依然持之前在帕塞罗角（西西里岛东南角，6 月 21—22 日）时的观点，即无论如何我前往亚历山大都是正确的，我无论如何都坚持这一点。[16]

纳尔逊对自主决断和行动的解释，很难不让人感到同情。在 73 天的追击中，从 5 月 18 日的大风暴到 8 月 1 日与布鲁耶展开战斗的这段时间内，他犯过错误。最突出的就是 6 月 22 日决定不去追击在西西里岛外海看到的法国巡航舰，以及 6 月 29 日明明看到土耳其人在准备战斗却离开亚历山大而去——假使当时他能沉住气等上 24 小时，他可能会赢得史上最为关键的海战。另一方面，根据另一位在场的指挥官撰写的完全关于情报战的论文，纳尔逊的尼罗河口之战其实很难受到指责。他在行动中受到的限制很明显：没有侦察部队（"缺乏巡航舰"）、没有与陆地信息源沟通的手段 [除了亲自靠岸获取，即便从友方（不要忘了汉密尔顿和艾克顿对实情的惜字如金）获得的信息也不能保证其可靠性]、没有渠道与本土基地的情报中心保持联络（从地中海到伦敦之间的单向通信有三至五个星期的延迟，一来一回就要花费双倍时间），以及本土也没有确切的情报。其他的不利因素还包括敌人积极地发起假情报战（操控官方媒体），并不知疲倦地清除泄密隐患（在前往亚历山大的途中，布鲁耶强征了所有遇到的商船）。

因此纳尔逊只能最大化地利用当地的情报来源（尤其是在第一次前往亚历山大的途中，在伯罗奔尼撒审问土耳其官员和在克里特岛外海审问商船船长），但这一努力也因为假情报（法国舰队已在三天前离开马耳他的报告与事实不符）和他自己独到的"见解"而被抵消掉了。

如果在 5 月 18 日的大风暴之后，纳尔逊知道拿破仑已经从土伦出发了，我们能够重构纳尔逊所掌握的当时的战略态势吗？他很早就正确地否定了拿破仑正前往西班牙去入侵葡萄牙，或离开地中海前去进攻爱尔兰的想法。因此在得知法军一定是往东去之后，他不得不猜想拿破仑可能会率领军队在哪里登陆。地中海实际上是两个而不是一个海——地中海中间被西西里岛和突尼斯之间的狭窄海峡隔开，此地只有 200 英里宽。在 1798 年的政治环境下，在海峡以西值得法国占领的地方只有西西里岛和它的母国那不勒斯王国；占领马耳他是另外一个选择，但那也是攻陷西西里或那不勒斯的前奏。海峡以东的目标范围比较广阔，但也并非没法缩小范围。死胡同一样的亚得里亚海可以不用考虑。这里的海域要么在法国，要么在没有和法国开战的奥地利和土耳其的控制之下，都不是法国的敌人。

地中海剩下的部分也是属于土耳其的。按照纳尔逊的估计，法兰西共和国与奥斯曼帝国有着传统的盟友关系，拿破仑决定占领后者的领土并不是为了推翻奥斯曼帝国的统治，而是为了利用这些领土向英国在东方的利益发起攻击。其中一条路线（如果法军穿过达达尼尔海峡前往君士坦丁堡），是经过安纳托利亚高原前往波斯湾。而另外一条路线，是经过亚历山大前往红海，然后再从另外一个方向进入印度洋。不管拿破仑选择哪一条路线，其最终目标都是英国在印度次大陆的宝贵资产。

西西里或那不勒斯（附带马耳他作为次要目标）、君士坦丁堡和埃及，就是在纳尔逊的脑海里交织在一起的三个目标。到了6月22日，当他得知法军在占领了马耳他之后仍在继续前进时，他就不得不说服自己拿破仑的下一个目标是埃及了。因为如果拿破仑要去西西里或那不勒斯，从风向和情报这两方面来看法军都得往回走。从君士坦丁堡去印度次大陆的路线太长，而从亚历山大前往印度的话，则是一片坦途。6月22日，当纳尔逊与手下的舰长们在"前卫"号上开过会之后，他相信自己能在埃及找到法国舰队——他是正确的。只是因为偶然事件和两次判断失误，才让他的情报评估没有结出硕果。

纳尔逊前往尼罗河河口的一路追击，可以与地中海战场116年后的另外一次战斗相比较：法国和英国的地中海舰队试图与德国的战列巡洋舰"格本"号及其护卫巡洋舰"布雷斯劳"号交战，但两艘德国战舰却逃到了土耳其的君士坦丁堡。在经过了一个世纪的技术演变后，当时的追击者的优势已经得到了很大提升，情报几乎可以进行实时传递——如果能确保情报的准确性的话（就这一点而言，1914年的情报也不比1798年的情报好多少），就能减少舰队司令所受到的无益的干扰。此时，追击速度也获得了极大的提高，战舰的速度从8节提高到了24节以上。而另一方面，由于每隔几天就需要补充燃料，因此战舰不能离港口太远或者需要与运煤船会合——与使用风力作为动力的纳尔逊时代相比，战舰的行动自由又少了许多。即便在无风或者风向相反的情况下，风帆战舰的自主性也要强于核动力船只出现之前的机械动力船只。

由"格本"号和"布雷斯劳"号组成的小舰队的指挥官，德国海军上将苏雄从1912年开始就在地中海服役，他利用奥地利的亚德里亚海港口作为基地，并在意大利或西班牙的港口中进行补给。1914年8月4日，苏雄炮击了法国在北非的港口菲利普维尔和博纳，没取得多大战果却提醒了法国地中海战区指挥官拉佩雷尔：德国舰队有能力干扰他把第十九军从阿尔及利亚运往法国。之后，苏雄又向墨西拿海峡（1798 年 6 月纳尔逊在此地与布鲁耶的舰队错过了）前进，试图获取燃煤。在途中，德国舰队遭遇了英国地中海舰队的主力"不倦"号和"不屈"号战列巡洋舰。这两艘英舰得到的命令是阻止敌舰穿过直布罗陀海峡——和1798 年的英国政府担心土伦的法军会入侵爱尔兰一样，1914 年的英国政府也十分重视封锁直布罗陀海峡。

英国舰队的指挥官肯尼迪舰长立即调转了航向，但是由于英国尚未与德国开战（直到当晚午夜），他让英国舰队与德国舰队保持了距离。苏雄赶紧下令全速前进，并成功摆脱了肯尼迪。考虑到英国战舰在海试时曾达到过28节的速度，而"格本"号由于锅炉故障，最高航速被限制在了 24 节甚至是 22 节，这一结果令人难以置信。

而更令人难以置信的是，当苏雄在墨西拿利用"24 小时"宽限期的惯例（1798年纳尔逊第一次抵达亚历山大时获得了同样待遇）补充燃煤时，英国地中海舰队的指挥官，海军上将伯克利·米尔恩爵士把舰队布置得太过分散，让苏雄有了一线生机。虽然米尔恩正确处理了对意大利的中立态度，但却显得过于谨慎了，他把战舰带离了墨西拿海峡，部署在西西里岛西部，以防止德军再次干扰法军的运输部队。米尔恩意识到德舰可能会逃往另一个方向，加入奥地利的亚得里亚海舰队，但是他希望正在希腊以西海域的另一支下属舰队——欧内斯特·特鲁布里奇海军司令的四艘装甲巡洋舰能堵住这条路线。但是他又向特鲁布里奇（纳尔逊手下的特鲁布里奇的后代）传达了英国海军部的一个警告，不要攻击"敌军优势舰队"。

此时，英国海军部的部长是温斯顿·丘吉尔，他的原意是要米尔恩不要与奥地利或者意大利的无畏舰交战——意大利已经签署了奥德意三国同盟条约（此时它还未脱离）。不幸的是，米尔恩和特鲁布里奇把这个指示当成了不要与单舰实力十分强大的"格本"号发生战斗。因此，特鲁布里奇把跟踪"格本"号的任务交给了轻巡洋舰"格洛斯特"号。虽然"格洛斯特"号一直在勇敢地发起进攻，但无奈火力与"格本"号实在相差太大。然后特鲁布里奇又派出了轻巡洋舰"都柏林"号，但后者甚至都没找到"格本"号。特鲁布里奇清楚地知道苏雄的意图：他从"格洛斯特"号得知，苏雄正向希腊和爱琴海驶去。他估计得没错，德舰要么会继续如此航行，要么会回头转向亚得里亚海并加入奥地利海军。由于担心自己老旧的巡洋舰可能会遭遇"格本"号并被碾压，特鲁布里奇叫停了追击行动，然后就撤离了。

　　这个判断失误的后果是灾难性的，而海军部发来的误导指示又把米尔恩的决定所带来的后果进一步放大和恶化了。尽管在 8 月 6 日夜间，米尔恩就知道了法国人已经采取措施以阻止苏雄干扰部队运输，自己可以全力追击德舰，但他仍然决定要在马耳他为"不倦"号补充燃料。然后，他在马耳他从英国海军的希腊分遣队那里得知，苏雄已经在 8 月 8 日进入了爱琴海（他也在那里补充燃煤）。因此，米里恩就有机会追上德舰了。然而几乎在同一时刻，英国海军部发来的指示说奥匈帝国已经向英国宣战了——这个消息其实有误，奥匈帝国直到 8 月 12 日才向英国宣战。因此米尔恩认为当前的首要任务是警戒亚得里亚海出口，防止奥匈帝国的无畏舰进入地中海或从地中海返回。随后，海军部又发出了一系列相互矛盾的命令和错误信息。直到 8 月 9 日，米尔恩才收到了清晰的指令"前去追击已在 8 月 7 日通过马塔班角（希腊南部）驶向东北方向的'格本'号"。

　　1798 年 6 月 22 日晚，纳尔逊所知的拿破仑离开马耳他的时间，实际上有三天的误差。当时纳尔逊一如既往地，仍然以最快的速度前进。而米尔恩则纠结于苏雄可能已经折返准备重新攻击法国在北非的港口，或进入亚得里亚海，或向直布罗陀前进，甚至侵掠亚历山大与苏伊士运河的各种可能性，并没有加快前进速度。因此，苏雄在爱琴海不受打扰地活动了 60 个小时，并最终于 8 月 10 日在达达尼尔海峡入口抛锚。米尔恩此前认为达达尼尔海峡已被布雷，任何战舰都无法通过，因此在得知"格本"号和"布雷斯劳"号已被土耳其人引导进入君士坦丁堡后大为震惊。因为根据外交惯例，这两艘德舰将成为土耳其海军的一部分，而这也导致了奥斯曼帝国被卷入了世界大战并站在了德国和奥匈帝国一方。[17]

　　通过严格的比较可以发现，纳尔逊对拿破仑的追击优于米尔恩对苏雄的追击，即便纳尔逊在利用情报方面出现了更多的延迟和中断也是如此。因为纳尔逊没有受到海军部的干扰，而后者在 1914 年两次误导了前线指挥官；伦敦的高层及其与前线之间的中间机构都没有干涉纳尔逊，因此尽管纳尔逊自己犯了一些错误，但却没有被其他人所误导。虽然 1914 年的海军部在情报的数量和准确性方面胜过了 18 世纪时的英国政府，且可通过无线电和下属进行即时沟通，而不用通过信使或通信船耗费几个星期来传递信息，但是 1914 年的英国海军部却先向米尔恩发送了一道模糊的命令——避免与优势敌军接触，从而使米尔恩在本可以与"格本"号交战时选择了脱离——之后又向他传达了奥匈帝国已经参战的错误信息，而此时离奥匈帝国的正式宣战还有五天的时间，因此米尔恩在本该全速向爱琴海前进时，又转过头来向亚德里亚海前进。

米尔恩似乎也缺乏纳尔逊的那种能抓住关键点的决断能力。1798 年 6 月 22 日，当纳尔逊得知拿破仑已占领马耳他并向下一个目的地前进时，他抛开了一切让他分心的顾虑——西班牙？葡萄牙？爱尔兰？——并正确地认定，法军将前往亚历山大。他的推断是，埃及和埃及后面的印度才是具有最高战略价值的目标，因此在印度登陆才是土伦法军跨过地中海中部的理由。

而米尔恩则与纳尔逊相反，在与"格本"号脱离接触后，他继续被德舰可能进入亚得里亚海、攻击法国运输队，以及前往爱琴海等各种可能性搞得晕头转向。而在 1798 年 6 月 22 日之后，纳尔逊就再也没有陷入过与米尔恩类似的困境了。虽然一开始在埃及没有找到拿破仑也曾令纳尔逊焦虑万分，但却没让他怀疑自己的推断。而反观米尔恩，他似乎一直就没有严谨的思维。

从尼罗河河口之战可以看出，纳尔逊不仅擅于鼓舞士气，还决策果断、坚毅果敢、谋略深远，具有敏锐的战场直觉、革命性的创新精神和一流的情报分析能力，以及奋不顾身的战斗精神。因此，纳尔逊堪称有史以来人们公认的最为伟大的海军上将，即便在别的时代，纳尔逊的能力依然可以让他成为海战大师。

参考文献

1. 杰弗里·贝内特著，《统帅纳尔逊》（*Nelson the Commander*），伦敦，1972 年，第 59 页。

2. 休·波普汉姆著，《狡猾的家伙》（*A Damned Cunning Fellow*），圣·奥斯特里尔，1991 年，第 8 页。

3. 杰弗里·贝内特著作，第 61—62 页。

4. 布莱恩·拉威利著，《纳尔逊与尼罗河口之战》（*Nelson and the Nile*），查塔姆，1998 年，第 9 页。

5. C. 容基耶尔著，《远征埃及》（*L'Expedition d'Egypte*），巴黎，1900 年，第 1 卷，第 96—98 页。

6. H. 尼古拉斯著，《纳尔逊的信件往来》（*Dispatches and Letters of Nelson*），伦敦，1845 年，第 3 卷，第 17 页。

7. 同上，第 26 页。

8. 同上，第 29 页。

9. 同上，第 13 页。

10. 同上，第 30 页。

11. 布莱恩·拉威利《纳尔逊与尼罗河口之战》，第 124 页。

12. M. 杜飞著，《英国海军情报与 1798 年拿破仑的埃及远征》（*British Naval Intelligence and Bonaparte's Egyptian Expedition of 1798*），于 1998 年 8 月 3 日刊载于杂志《水手警报》（*Mariner's Mirror*），第 84 期第 283 页。

13. 同上第 285 页。

14. 布莱恩·拉威利著，《纳尔逊与尼罗河口之战》，第 125 页。

15. 乔治·P.B. 奈什著，《海军记录协会》（*Navy Record Society*），1958 年，第 100 期，第 407—409 页。

16. 阿尔弗雷德·塞耶·马汉著，《纳尔逊传》（*Life of Nelson*），波士顿，1900 年，第 1 卷，第 332 页。

17. 史蒂夫·E. 马菲奥著，《最高机密》（*Most Secret and Confidential*），安纳波利斯，2000 年，第 264 页。

第三章

---★---

本地情报：谢南多厄河谷之战

1798 年，纳尔逊在地中海深受蒙蔽并经常被误导，这至少两次导致了他处于严重的劣势——尽管他在实力上处于上风。纳尔逊十分了解自己所在的战场的地理条件，并在机动选择极为有限的情况下，做出了继续追击敌军的决定。虽然这一切都以纳尔逊的胜利而告终，但他的胜利是本可以更加彻底和全面的，如果他在数个关键时刻做出了完全不同的决定的话。地中海是一个环绕着重要战略地区的封闭海区，在最佳的条件下，一支舰队的指挥官就可以完全统治整个地中海。

1862 年，纳尔逊的地中海之战出现了某种意义上的翻版，只不过战场从海上转移到了陆地上。"石墙"托马斯·杰克逊同样是在一个封闭的战略要地作战（弗吉尼亚的谢南多厄河谷），也一直在蒙蔽和误导他的敌人——他的口头禅就是"一直蒙蔽和误导"——尽管他的部队通常弱于追击他的联邦军，而且他的机动空间也受到了严重的地理限制。在 1798 年，直到追击作战的最后一阶段，纳尔逊都一直缺乏足够的情报。而 1862 年的杰克逊，利用所掌握的丰富情报获得了一连串本来因为客观上的劣势而无法获得的胜利。更好的情报、更敏锐的预判和更精明的判断加起来，让杰克逊的谢南多厄河谷之战成了积极利用情报来获取胜利的典范。

美国内战爆发时，南方邦联的情况本来很糟。从物质指标的各方面来看——仅人口、工业产能、铁路里程这几个关键指标——南方邦联赢得战争的能力远逊于北方联邦。在美国当时的 3200 万人口中，只有 500 万人生活在脱离联邦的 11 个州中（其中还有 400 万名邦联不会去武装的黑人奴隶）；在美国长达 30000 英里的铁路中，有 22000 英里在北方各州；北方生产了全国 94% 的工业产品及其原材料，如铁、钢和煤炭。尽管南方也物产丰富，但它主要出产棉花、烟草、水稻和糖，它们被种植者销往国外以获得收益——一旦双方宣战，联邦通过封锁南方海岸就能对此加以干扰。[1]

如果战争仅仅是经济体系之间的较量——联邦军总司令温菲尔德·斯科特希望一直如此——邦联政府应该很快就会崩溃。[2] 但是邦联人民决心保卫"州权"，他们正是因此而宣布从联邦脱离的，而且他们很快就在经济封锁中同样显示出了坚守的决心。邦联人艰苦又节俭的生活方式，决定了要让他们投降，只能在战场上击败他们。美国总统亚伯拉罕·林肯很快便理解了这一点，比温菲尔德·斯科特还快。剩下的问题，就是在哪里和邦联开战了。虽然邦联在物质上处于弱势，但却在战略和地理上享有极高的优势。南方地区两面被大洋和大海所保护，而且西部无人定居的半荒漠地区和北部的山区也将其与美国的其他部分隔开了。南方内部缺乏交通网，与北方相连的交通线也很少，这是一个积极的战略优势。另外，密西西比河大峡谷也使南方获得了某种内部水障的保护，让联邦军队在任何情况下都无法轻易挺进南方的核心地带。最重要的是，邦联幅员广阔——它的 11 个州与俄罗斯以西的欧洲地区一样大——这本身就是一种实力。即便联邦军突破了邦联军的外围防线，在从突破口到任何重要目标之间的广阔空间之内还有大量复杂地形。在和平时期从邦联的某个地方到邦联内陆的另外一个地方都很困难——铁路线稀少，公路的路况糟糕甚至根本就没有公路，内陆河流太短且往往流向相反。在战时，这些问题就更似乎是专门留给天才将领来克服的。

而另一方面，如果邦联选择进攻就不会碰到这种问题。弗吉尼亚与联邦对峙的前线，离联邦首都华盛顿只有 40 英里远；在没多远的地方则是大城市巴尔的摩。同样在邦联攻击范围内的还有马里兰与宾夕法尼亚那些较小的，但也值得保卫的城镇目标和富庶农场。如果邦联军成功突入北方的话，会给工业发达的新泽西乃至纽约造成严重威胁。邦联政府的优势在于它的人口和生产中心分布平均；联邦政府的弱势在于类似的目标集中在沿大西洋海岸走廊地带中部，而且这里很容易遭到邦联军队攻击。

更关键的是，邦联军有一条通道进入北方，即谢南多厄河谷。美国大西洋沿岸的主要地貌是阿巴拉契亚山脉，从阿拉巴马与海岸平行处延伸到缅因州，与海岸的距离逐渐缩短。阿巴拉契亚山脉把美国广袤的内陆地区与几百英里长的狭长海岸地带隔离开来，当年法国统治加拿大和路易斯安那地区时，就曾利用该山脉来阻止弗吉尼亚、卡罗来纳和佐治亚的英国殖民者进入俄亥俄与密西西比河谷。

1763 年，法国在北美争夺战中失利，从而使跨越阿巴拉契亚山脉的荒野向英国人敞开，并引发了导致 1861 年美国分裂的一系列事件的发生。弗吉尼亚人、卡罗来纳人和佐治亚人开始向西移民，并把奴隶制带往密西西比和田纳西。纽约人、宾夕法尼亚人和新英格兰人已经在中西部建立了非奴隶制的领地。西部州的边界问题已经引发了宪法冲突，带来了分裂危机。蓄奴还是废奴？这是诞生于法国旧殖民地上的新定居点"路易斯安那"需要解决的问题。当辩论无法解决问题时，南方人选择了分裂。

如果联邦选择了温菲尔德·斯科特那消极的"蟒蛇计划"，任由邦联在难以逾越的天然屏障后稳坐不乱，会导致什么后果？内战可能根本不会爆发。不过，上述两件事情都没有发生。邦联，正如美国内战历史学家詹姆斯·麦克弗森坚定认为的那样，正在为开战而沸腾。[3] 而联邦，则因宪法受到挑战和邦联对奴隶制的罪恶进行公然地辩护而被激怒。在"进军里士满"这一口号的激励下，联邦的部队开拔了，他们在 1861 年 7 月的第一次奔牛河（马纳萨斯）战役中遭遇邦联军，首战失利。

此后，联邦领导层想到了一个更好的办法。在西面阿巴拉契亚山另一边，当地的联邦军将领试图在前往密西西比的水路上开辟新的战场。而在沿海地区，联邦海军开始封闭邦联通向外部世界的出口。然而在华盛顿，林肯及其政府在寻找一种能更加直接打击邦联的办法。他们意识到，通往南方的道路被一系列水障所阻碍，阿拉巴契亚山脉与大西洋海岸之间较短的河流，为邦联军提供了极好的战略防线。由于流向原因，拉帕汉诺克河、马特波尼河、约克河与詹姆斯河成了帮助蓄奴州阻挡联邦军队向邦联腹地进军的盟友。这几条河流之间仅相隔 20 英里左右或更短的距离，每一条都易守难攻——它们横贯在联邦军队和邦联首都之间。

1862 年春，刚刚成为最受亚伯拉罕·林肯喜爱的将军的乔治·麦克莱伦，为了解决这个令人挠头的战略态势提出了一个解决方案。因为确信再次从陆地"向里士满进军"肯定会在某一水障前止步，所以麦克莱伦说服林肯把联邦军队的主力波多马克军团装上运输船，从华盛顿沿海而下驶向切萨皮克湾，在弗吉尼亚半岛的约克河与詹姆斯河之间登陆。此地有被称为"第三系统"的美国海防方案中的大型石头城堡之一——门罗要塞，而且该要塞仍然掌握在联邦军手中，波多马克军团能得到要塞掩护；从这里可以轻松地向仅在 70 英里之外

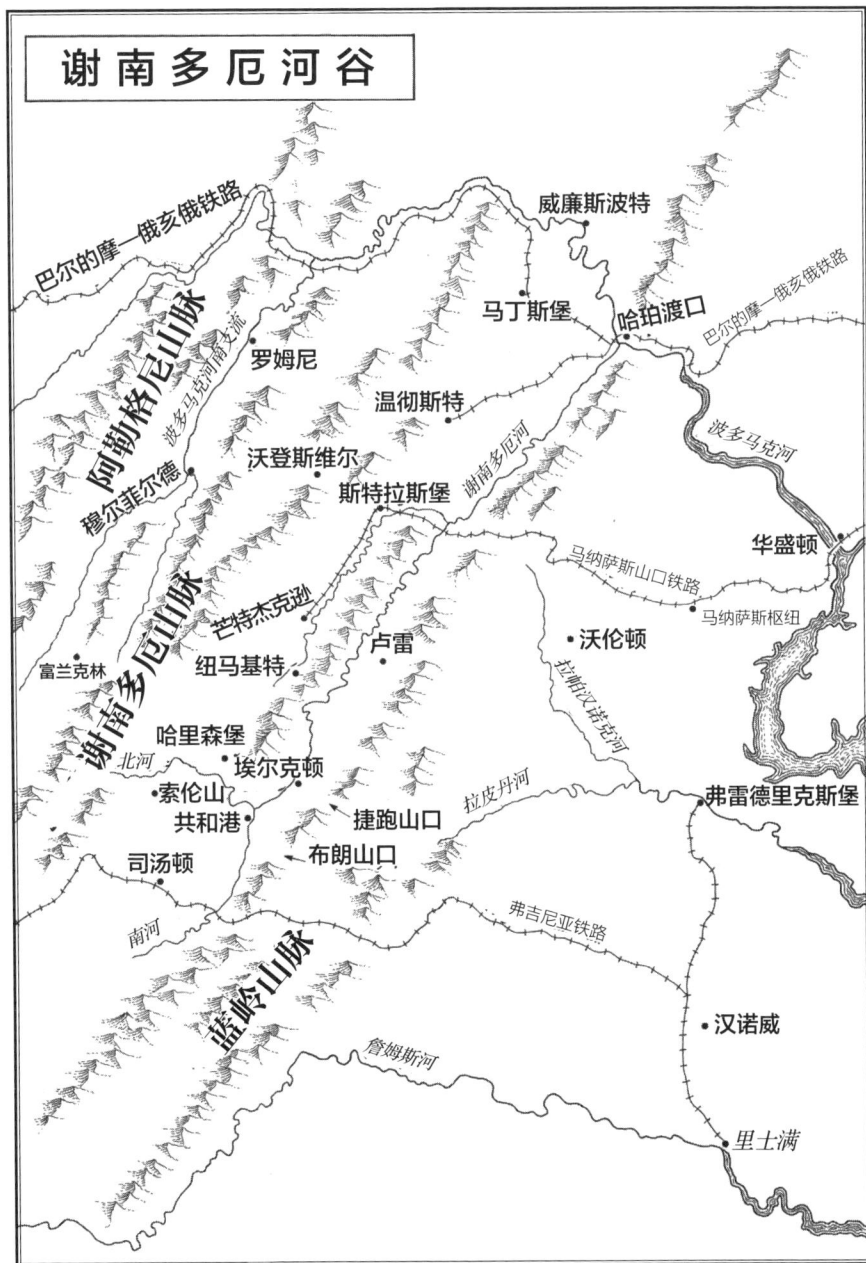

谢南多厄河谷

巴尔的摩—俄亥俄铁路

阿勒格尼山脉

威廉斯波特

马丁斯堡

哈珀渡口

巴尔的摩—俄亥俄铁路

罗姆尼

波多马克河南支流

温彻斯特

沃登斯维尔

穆尔菲尔德

斯特拉斯堡

谢南多厄河

波多马克河

华盛顿

马纳萨斯山口铁路

马纳萨斯枢纽

芒特杰克逊

卢雷

沃伦顿

富兰克林

纽马基特

谢南多厄山脉

哈里森堡

北河

埃尔克顿

拉帕汉诺克河

索伦山

共和港

捷跑山口

拉皮丹河

弗雷德里克斯堡

司汤顿

布朗山口

南河

弗吉尼亚铁路

蓝岭山脉

汉诺威

詹姆斯河

里士满

对抗双方的布置

班克斯
威廉斯波特

马丁斯堡
萨克斯顿
温德尔
巴尔的摩—俄亥俄铁路

巴尔的摩—俄亥俄铁路
罗姆尼
河谷军团
哈珀渡口

布伦克（路易斯·布伦克）

阿勒格尼山脉
穆尔菲尔德
温彻斯特
波多马克河

福瑞蒙特
沃登斯维尔
班克斯
谢南多厄河
华盛顿

斯特拉斯堡
班克斯

福瑞蒙特
福瑞蒙特
蓝岭山脉
马纳萨斯山口铁路

芒特杰克逊
奥德
马纳萨斯枢纽

富兰克林
纽马基特
卢雷
沃伦顿

福瑞蒙特
杰克逊
希尔兹
希尔兹
拉帕汉诺克河
麦克道威尔

米罗尔
北河
哈里森堡
尤尔
布兰奇（劳伦斯·奥布莱恩·布兰奇）

索伦山
共和港
埃尔克顿
尤尔
拉皮丹河
弗雷德里克斯堡

杰克逊
与爱德华·约翰逊
杰克逊
尤尔
安德森

爱德华·约翰逊
南河

司汤顿
弗吉尼亚铁路

共和港战役

律师路
费舍尔山
战役后福瑞蒙特部队位置

谢南多厄河南支流

汉诺威

琼斯岛
希尔兹部
詹姆斯河

共和港
纽黑文
温德尔部
泰勒部
里士满
麦克莱伦

温德尔部
尤尔部
爱德华·约翰逊
李
麦克莱伦

布朗山口公路
蓝岭

各部队位置
5月18日
5月31日
6月1—6日

的里士满进军。麦克莱伦相信这次两栖作战能够获得成功。作为已被确定能得到提升的初级军官，麦克莱伦曾于 1855 年被派去观察英法联军对克里米亚的远征，并因此亲眼见识了成功的两栖作战，以及刚刚发明的电报在军事领域里的应用。[4] 1856 年，麦克莱伦离开军队成了一家铁路公司的总经理，了解到了更多关于电报如何成为控制手段的知识，以及长距离运输大宗货物的知识——电报控制和高效后勤将会成为弗吉尼亚半岛作战的中心事务。

波多马克军团抵达门罗要塞，给邦联军高层敲响了一记大大的警钟。邦联军开始匆忙地沿着英国人于 1781 年防守约克城时所修筑的工事防线，在半岛前端挖掘战壕。约瑟夫·E. 约翰斯顿将军的北弗吉尼亚军团正在从华盛顿外围后撤，而里士满也开始进入防御状态。尽管这些临时措施让邦联的局势稍微转危为安，但邦联政府发出警报仍是有道理的。在里士满周边，邦联军以 6 万人对 10.5 万人处于数量劣势，而且联邦军还有可能进一步增派兵力。此外，联邦军还有三个军团在不远处逡巡，他们是在西弗吉尼亚的福瑞蒙特军团、华盛顿附近的麦克道尔军团和谢南多厄河谷的班克斯军团。如果这三支部队也加入麦克莱伦的大军，那么约翰斯顿的北弗吉尼亚军团将无法阻挡，而邦联也将难逃覆灭的命运。

其实在这黑云压城城欲摧之际，邦联军尚存两缕曙光。第一，是麦克莱伦行动拖沓。尽管实力占优，但他却看不清这一事实，仍然一直在向林肯索要更多的部队，并常常警告政府——除非得到增援否则无法前进。麦克莱伦没有奋力向前，反而向后缩，一直说自己发现了除他以外没人见到的危险，平白给了敌军加固阵地的机会。1862 年 3 月 22 日，麦克莱伦就在门罗要塞登陆了。之后，他用了整整一个月的时间（从 4 月 4 日到 5 月 4 日）来围困邦联军在约克城的薄弱阵地。直到 5 月 5 日，邦联军从阵地撤出，他才率军前进并在威廉斯堡打了第一场有点像样子的战斗。然后直到 5 月 25 日，他才抵达了自己的正式目标——里士满附近。麦克莱伦花了 8 个多星期，才走了 70 英里的路程，且没有对敌军造成任何伤害。约翰斯顿军团仍然毫发未损，随时可以参加战斗。

第二，是联邦军的兵力一直处于分散状态。这让林肯和麦克莱伦都感到不安——尽管他们不安的程度可能不一样。任何能威胁到麦克莱伦获得"急需"的援军的举动，都能让他坐卧不安，而林肯显然更担心邦联军可能会向华盛顿发起进攻。里士满周围的联邦军无力解决两人所担忧的问题。尽管"石墙"托马斯·杰克逊将军率领的小军团还在谢南多厄河谷，但他所处的位置和他的个人能力却依然让麦克莱伦和林肯大伤脑筋。他若发起任何向北的突击都可能会威胁到华盛顿，而林肯也愈发相信麦克莱伦为了自己在宾夕法尼亚的冒险而自私地抽走了华盛顿的部队。杰克逊如果向北突击，就能降低林肯同意把掩护华盛顿的班克斯和麦克道尔军团从谢南多厄河谷调给身处里士满外围的麦克莱伦的可能性。1862 年春，"石墙"杰克逊突然发现自己正处于天平的中央，如果能正确使用自己的部队并发挥决定性的作用，他就有可能改变战争的进程。

谢南多厄河谷是一条战略走廊——在南北战争的军事地理中，谢南多厄河谷是个特殊地点。邦联的中心地带位于大海、密西西比河与山脉之间，实际上是难以进入的。麦克莱伦在弗吉尼亚半岛登陆后，已经在这个坚硬的外壳上敲开了一个口子，但是想要扩大突破口，他还需要足够决心与专注，但他西点军校 1846 届的对手对此十分怀疑。只要邦联军能守住密西西河前线，那么联邦军想要进入邦联就只剩一条路可走：沿谢南多厄河谷而下。谢南多厄河谷在中阿巴契亚山脉最东边，它的南面出口通往弗吉尼亚、卡罗来纳和佐治亚州的平原，它的北部入口则通往马里兰、宾夕法尼亚和华盛顿外围。在美国内战的形势下，它可用于进攻或者防守。理论上，联邦军可以借道此地进入邦联腹地；实际上，由于河谷中缺乏南北走向的铁路，所以会令后勤难以支持大军行动——但是邦联军仍然需要对这个方向进行警戒。另一方面，河谷的北部入口可以作为邦联军突袭驻扎在北方大城市附近的联邦军的出发地。在美国内战时期，邦联是对谢南多厄河谷的战略潜力利用较好的一方，尤其是在 1862 年的春季。

谢南多厄河谷的战略意义有一大一小两个方面。从大的方面来看，此地是1861—1865 年进出邦联的走廊；从小的方面来看，谢南多厄河谷本身如果能得到正确利用，可产生决定性的军事效果。谢南多厄河谷长约 120 英里，宽约 30英里，起于从上游的绍斯里弗，到谢南多厄河与波多马克河交汇处的哈珀渡口，位于从阿格尼勒山顶峰到蓝岭山脉之间。谢南多厄河谷形成了一个封闭的环境，1862 年时，这里是一片肥沃的、经过完全开垦的农业区。但是在河谷中央有一条分水岭，马萨纳腾山脉把谢南多厄河分成了南北两条支流。这两条支流在弗兰特罗亚尔附近合流，成了真正的谢南多厄河。然后再向北流淌 40 英里，在哈珀渡口附近汇入波多马克河。而南部支流的尾部又在共和港附近分成了三条溪流，分别是北河、中河和南河。

　　河流越多需要的桥梁就越多，在 1862 年时，谢南多厄河谷中至少有 12 座对作战来说至关重要的桥梁，为峡谷的重要城镇与乡村提供了便利；与当时美国内陆的定居点一样，这些村镇中大多是木制建筑，很容易着火。除了桥梁之外，谢南多厄河谷中还有一些战略要道，岔路口也为数众多，而且在周围的群山中也有一些山口。能通往西弗吉尼亚的山口控制在联邦军手上，数量较少且军事价值较低。而通往真正意义上的弗吉尼亚南部地区的山口，有 11 个之多，所有的这些山口都十分重要，因为邦联军可以通过这些通道在河谷中来回躲避。此外，同样重要的还有在纽马基特和卢雷之间的、穿过马萨纳腾山脊的山口，以及在弗兰特罗亚尔环绕马萨纳腾岬湾的东西向通道和共和港。

　　河谷内的地形特点也影响到了当地的道路网。马萨纳腾山脉以西的条件较好，有一条起于波多马克河上的威廉斯波特的峡谷公路（拥有碎石路面，可全天候通行），它途经了这里的温彻斯特、斯特拉斯堡、纽马基特和哈里森堡，可前往南河与中河之间的司汤顿。在马萨纳腾山脉以东，有一条低等级的公路从弗兰特罗亚尔经由卢雷直抵共和港，并最终在司汤顿接入峡谷公路。[5]

　　联邦军中了解谢南多厄河谷地形的人非常少。这里有两个原因。第一个原因是，在和平时期，河谷地区与外界的联系几乎全部靠水运，从谢南多厄河上下游和支流之间来往于哈珀渡口之间；水道的影响力之大，河谷居民们形容往北到河流交汇处的通道为向"下"走，而往南则是向"上"走。但北方人对于河谷的认知有限，仅了解这是一个河流体系，并知道它的外部连接点而已。第二个原因是，几乎没有河谷地图。缺乏地图是联邦和邦联开战时，交战双方都面临的问题。在 1861 年之前，联邦政府已经投入了大量资金用于绘制美国海岸地区的地图；美国陆军的一个机构（同时也是美国政府内部管理的主要执行者），美国地形工程兵团也资助了一场大规模的西部探险活动，作为对密西西比河以西的定居点的支持。但是，他们却没有在最初的 13 个殖民地或自 1782 年以来于东部建立的诸州中进行类似的工作。而结果就是，美国内战中的将领们要在缺乏足够地图资源的情况下发起战斗。

因为精确的军事地图还没出现，所以 1862 年（联邦军的）亨利·W. 哈勒克在西部战场中使用的是从书店买来的地图。在匆忙之中，将军们设置了地形军官的职位，而"石墙"杰克逊则聘用了谢南多厄河谷里的民间专家来绘制地图——最终的成品基本上都不太准确。一位名叫本杰明·拉特罗布的民间工程师，为一位前往西弗吉尼亚的将军绘制了一份地图，但他最多也就能保证这份地图不会让探险队走错路。1862 年，乔治·B. 麦克莱伦将军为弗吉尼亚远征准备了几份详细的地图。但令他沮丧的是，当他到了西弗吉尼亚之后，才发现这些地图根本不靠谱。"道路都是错的。"他哀叹道。直到 1863 年，（北方的）波多马克军团才有了作战区域——北弗吉尼亚的准确地图。[6]

欠缺军事地图的问题根源，是美国本身在地图绘制方面的落后。这也是可以理解的：美国是一个庞大的国家，很多地方还没有人居住、完全没被开发，而且此时的美国也没有中央绘图机构。虽然陆军有自己的地质工程兵团，海军有水道测量局，联邦政府有海岸测量局，但这些机构都很小。[7] 精确测量的基础是对陆地进行全面的三角测量，而这时的美国还没有这么做过。此时，其他一些国家已经进行过全面的三角测量了。英国已经对不列颠群岛进行了三角测量，而且从 1791年开始，英国地质测绘局就发布了一系列图上 1 英寸相当于实地 1 英里的高质量地图——这肯定不是个简单的任务，但是英国人完成得十分出色。而对印度的测绘，更是一个用任何标准来说都十分出色的工程。虽然印度的国土面积没有美国大，但是考虑到喜马拉雅山脉的高度和覆盖范围，印度的地形可以说是更为复杂的。印度的测绘工作是从 1800 年开始的，在军事工程师接连不断的指导下，地质测绘局启动了完整的三角测量工作。三角测量是通过测出一系列可通视的点之间的距离，并把地球的曲率计算在内之后，形成一个网格——在此基础上可以绘制精确的地图。1830 年，印度的测绘大体完成了，但后续的扩展和修正一直在进行——尤其是在乔治·埃佛勒斯的领导下。埃佛勒斯的测绘和三角测量师团队一直都只有数百人的规模，但在开创精神的鼓舞下，他们成功地在 70 年的时间里绘制出了一系列南亚次大陆的精确地图，覆盖范围与美国密西西比河以西的领土面积相当。[8]

到 1861 年时，美国还未进行过三角测量。以美国人对他们广阔的国家的态度来说，这是个奇怪的盲点。乔治·华盛顿是一个接受过训练的测量员；亚伯拉罕·林肯也是。托马斯·杰斐逊，智商最高的美国总统，对于探险有着极大的兴趣，并且在 1804 年赞助了路易斯和克拉克那横跨美洲北美的远征。不过杰斐逊对此的解释也很清楚，是为了发现"横跨北美的……适合商业的最直接和最可行的水上通道"。探路一开始是为了商业目的，而后是为了定居，接下来是为了修筑铁路，这也反映出了美国官方对北美地理的兴趣所在。1836 年安德鲁·杰克逊总统派出了"美国远征探险队"，由查尔斯·威克斯中尉带领，对美国领土进行了调查，但这是一支海上探险队，主要考察的是美国海岸地区。最早对美国内陆进行的考察，是为了推进"1853 太平洋铁路法案"而批准的，目的是确定从密西西比河到太平洋的最直接和最经济的铁路线。最终确定了五条可选方案，这都是由美国陆军地质工程兵团测绘的。这五条路线都被画成了地图，但是却没有进一步推广对美国进行全面和精确的测绘——这还得等上很长一段时间。[9]

当然，此时的美国已经有了不少本地地图，这是在移民和向西扩张的压力之下，为了解决农场用地分块的精确分割需要而产生的。密西西比河以东的美国中西部和大平原地区，平坦是主要地貌特征，这在 19 世纪 60 年代有助于利用参考早期纬度和经度的天文观测，加上电报时间计算法，对土地进行精确的边界划分。不过，这种制图很零碎。如果没有经过全面的三角测量，局部地图很难精确地拼接到一起，在阿巴拉契亚山脉山区和东部的海岸地区，这些地图也无法表现出等高度或轮廓。因此直到 1864 年，威廉·谢尔曼将军的首席工程师奥兰德·波上校还在抱怨他所能找到的卡罗来纳的地图"一个比一个不准确"。[10]从传统意义上来说，地图是军事机密，国家会阻止敌人得到本国的地图，国家的地图也会在秘密情况下进行绘制。基于这些原因，绘制地图会被视为阴谋行为。1742 年，腓特烈大帝在他位于波茨坦的宫殿里设立了一个秘密地图室（Plankammer），在里面收藏了普鲁士及其周边领土的地图——例如在他入侵西里西亚并导致七年战争爆发之前，他所绘制的当地地图。[11]印度测绘实际上也是一场分布很广的、针对印度帝国北部邻国的情报网络活动，其对象包括尼泊尔、阿富汗和俄罗斯的中亚地区等，参与测绘的印度人员接受过用一串念珠记录步数来测量距离的训练。在鲁德亚德·吉卜林的小说《吉姆》中，最吸引人的角色哈里·钱德尔·穆克吉就是这样一位特工，而且他在现实中是有原型的。在获准公开身份的人当中最有名的是纳因·辛格，他又被称为"班智达"或圣人。他在 1864 和 1875 年间两次访问了拉萨——当时这还是个封闭的城市，他在此前从未被考察过的地区走了 1200 英里，并且从雅鲁藏布江的源头开始，沿着河流行走了 600 英里。当他从印度地质调查局退休时，获得了一大片土地、印度帝国勋章和皇家地理学会金质奖章的奖励，因此他在访问英格兰并授课时获得了极大关注。[12] 他能活到退休的年纪或许是运气好，1814 年尼泊尔在感受到东印度公司的威胁时，精心掩盖了通往该国的主要道路入口，并威胁会处死任何叛徒。[13]

而美国邦联政府在 1861 年面临入侵威胁时，却没法掩盖内部道路的入口，因为它们都与北方的道路相连。然而，在联邦军将领们可用的地图上，这些道路却并没有被精确地还原出来，要么显示不准确，要么根本没被标记出来。在普通书店发行的地图册上，路牌只在本地地理信息中占了很小的一部分。在邦联内部，邦联的保卫者们掌握的本地信息要多于联邦的入侵者。联邦军会因为信息匮乏而陷入重重困境。此外，即便是优质的地图也可能会过期，同时也没法保证地图制作者所用的地名就是当地人常用的名称。比如"冷港，弗吉尼亚"（尤利西斯·格兰特将军于 1864 年在这里进行过一次战役），"有时也被称为'煤港'，此外还有一个'新冷港'和一个'烧毁的'冷港。而'烧毁的煤港'又被当地人称为旧冷港。很多道路用的都是某两个名字中的一个，如市场路或河流路、威廉斯堡路或七哩路、贵格路或威利斯教堂路。更加添乱的是，有时候在这些道路附近还有名字相同或相近，但是走向完全相反的道路。"[14]

本地人了若指掌，而入侵者则分外茫然。这几乎是邦联政府手中一直掌握着的一个优势，因为美国内战中的大部分战斗是在南方展开的，而且南方多数时候是用由当地人组建的部队来保卫本土。这点在 1862 年谢南多厄河谷战役中表现得尤为明显。河谷军团指挥官"石墙"杰克逊，就是一个河谷居民。从正规军退役后，他成了弗吉尼亚军事学院的一个教授。这是一座私立军事学院，位于谢南多厄河谷南端的列克星敦附近。河谷军团中的很多人也是河谷地区的本地人，尤其是在因第一次奔牛河战役而得名的"石墙"旅，而岩石桥炮兵旅中的大部分人也是从同样位于列克星敦的华盛顿学院征募的学员。至于最重要的河谷军团成员——杰迪戴亚·霍奇基斯，却可能是一个平民。1847 年，他在司汤顿建立了自己的学校并担任校长。这所学校越办越好，虽然霍奇基斯是纽约人，但他却选择留在了河谷地区。同时，他养成了绘制地图的喜好。1861 年，罗伯特·E. 李将军在河谷以西的阿勒格尼战役中，聘用霍奇基斯作为绘图员。1862 年，在因病返回司汤顿后，霍奇基斯加入了河谷军团并被介绍给杰克逊。杰克逊对霍奇基斯掌握的本地信息大感意外，并在 3 月 26 日把他列入了自己的参谋部——尽管他在当时，以及后来一直保持着平民身份。杰克逊对霍奇基斯下达的第一个命令是，"我想要你给我绘制一份从哈珀渡口到列克星敦的地图，要把这两个点之间适合防守和进攻的地方展示出来。"[15]

霍奇基斯马上开始着手工作。他虽然没接受过地图学的培训，但却有自己的一套办法。他先骑马对地形进行测量，在地形周围走动时绘制草图并记笔记，然后再将观察的结果绘制成成品。他在 1862 年绘制的地图仍然存世。[16] 这张地图上用淡蓝色来表示河流的走向，用红色来表示道路网，而山峰（既没有等高线，也没有标出高度）则是用黑色阴影来表示。这张地图上看不到比例尺，但由于地图下方被撕掉了，所以可能原图是有比例尺的。作为一张地图，它反映出了美国内战时期的地图的所有缺陷：外观凌乱，有的细节太多，有的细节太少，而且它看起来并没有画完且显得业余。与 1781 年罗尚博军团中的地质工程兵团的某人所绘制的，清晰而精致的约克城（位于弗吉尼亚半岛）地图相比，霍奇基斯的这份地图显得十分低劣。[17] 杰克逊在西点军校时，没有哪门课程比绘图更令他讨厌了，所以这一点也不令人意外。以欧洲尤其是英国的标准来看，美国的军事地图绘制是有缺陷的，看起来美国军事学院的绘图课程教得很糟糕——从这背后可以看出当时美国整体的绘图水平也不令人满意。

不过，霍奇基斯仍然向杰克逊提供了一张基于本地信息的地图，而这份地图也展现了当时的地理情况，杰克逊也因此获得了优势。最迟到 1864 年年底，朱巴尔·厄尔利率领邦联军重新在谢南多厄河谷发起攻势之时，与之交战的联邦将领菲利普·谢里登还在用一份 30 年前的、不精确的民用地图策划作战。霍奇基斯的地图至少为杰克逊提供了最为关键的要素：山脉中的缺口在哪、定居点之间的距离、指南针的方位、水道上的渡河地点，以及硬质路面的走向。这比什么都没有还是强多了——的确帮了杰克逊的大忙。相反，糟糕透顶的河谷地图则导致联邦军犯下了严重的错误。

1862 年的谢南多厄河谷之战，是在联邦和邦联处于战略平衡的时候进行的。联邦军在西部的攻势刚刚被阻挡，但麦克莱伦还没在东部海岸发起进攻。1861 年，邦联丧失了很多位于阿巴拉契亚山脉以西的领土。尽管邦联军在威尔逊河之战中获得了战术胜利，但密苏里州的大部分地区（主要是在南部）都已经在 8 月陷落了。同样支持邦联的肯塔基州，也被登场不久但却分外好斗的格兰特将军以一次时机精准的进攻拿了下来。在此鼓舞下，格兰特还将向田纳西发起一次进攻，并最终攻占了沿河战略要塞亨利堡和多尔纳森堡，但随后他又在 1862 年 4 月遭遇了伤亡巨大的夏洛之战。邦联的西部战线在西部战场新任总指挥艾尔伯特·悉尼·约翰斯顿（死于夏洛）的指挥下稳固了下来，并在 1862 年余下的日子里基本上保持完整。

而在战场东部，联邦军为了深入南方以控制邦联的海岸线，又发起了一场会战——不过并没有在 1861 年取得多大进展。邦联军在取得了奔牛河防御战的胜利之后，约瑟夫·E. 约翰斯顿的北弗吉尼亚军团仍然离华盛顿不远，威胁着联邦的首都。它的存在一直令林肯总统大伤脑筋，尤其是在他所信任的总司令乔治·麦克莱伦一直都在夸大北弗吉尼亚军团的规模的情况下。1862 年 3 月，约瑟夫·E. 约翰斯顿把北弗吉亚军团撤到了拉帕汉诺克河以南，这是一条西—东流向的拱卫里士满的河流。虽然这一举动多少减轻了林肯对首都安全的担忧，但又在客观上使麦克莱伦通过海上入侵占领邦联首都的计划变得更加复杂了——因为这是邦联军里离他的终极目标里士满较近的部队中，规模最大的一支。

在一张大比例尺的地图上——矛盾的是，比例尺越大，细节就会越少；一英里比一英寸的小比例尺地图，比十英里比一英寸的大比例尺地图包含了更多的信息，尽管后者更适合用来进行战略规划——1862 年的战略态势看起来是这样的：约瑟夫·E. 约翰斯顿带领着拥有四万人马的北弗吉尼亚军团，位于拉帕汉诺克河河岸，里士满在其南面 40 英里处；麦克莱伦和拥有 15.5 万人的波多马克军团，正沿着拉帕汉诺克河而下，即将在弗吉尼亚半岛顶端的门罗要塞登陆，距里士满 60 英里；联邦军总数在 2 万人左右的多支分遣队，在纳撒尼尔·班克斯的率领下保护着华盛顿。在西部的阿巴拉契亚山，其他的联邦军将领部署了实力不一的多支部队。而位于战场中央的，抵挡但同时也威胁着位于山上和华盛顿附近的联邦军的"石墙"杰克逊，则只有一支 5000 多人的部队。"石墙"杰克逊不仅要保护约瑟夫·E. 约翰斯顿的侧翼，把联邦军牵制在山区，还要阻止班克斯把华盛顿的守军带往南面，以防止他们协助麦克莱伦从海上进攻里士满。[18]

在地形完整的乡村——例如平坦的，没有森林、未被灌溉的大平原——杰克逊的阵地可能是守不住的。如果班克斯和西部的联邦军向他的部队做向心突击，不用几天杰克逊就会被击败。然而，此时的杰克逊并没有处于这种环境之中。谢南多厄河谷的山峰和河流是他的盟友。杰克逊可以利用自然的和人为的事故，来扭转眼前的不利局面。在 1862 年 3—6 月最为精彩的机动作战中，杰克逊完全依靠情报上的优势，承受住了各种考验。

河谷军团（正式称呼是谢南多厄河谷区军团）在河谷入口处开始了精彩的牵制作战，他们已在杰克逊儿时的家乡罗姆尼附近熬过了一个艰苦的冬季。杰克逊接到的命令是避免陷入纠缠之中，只需阻止华盛顿外围的班克斯军团支援向里士满进军的麦克莱伦即可。可是后来杰克逊依然打了几场阵地战，没有彻底贯彻他所收到的命令里的意图。

尽管被拴在华盛顿走不开，但班克斯还是接到了肃清谢南多厄河谷北部入口的命令。因此，他在 2 月月底率部在波多马克河与谢南多厄河交汇处的哈珀渡口过了河，并向南挺进。他的目的是保护两条战略交通线——切萨皮克—俄亥俄运河（连接大海和阿巴拉契亚以西的俄亥俄水系）和巴尔的摩—俄亥俄铁路（向西穿过阿巴拉契亚山脉的一条主要铁路线）——免受邦联军的干扰。一开始，杰克逊打算攻击班克斯在温彻斯特的前卫部队，认为可以在联邦军还未完成集结时将其击败。但是这一计划违背了约瑟夫·E. 约翰斯顿避免战斗的命令。约翰斯顿在从马纳萨斯撤回部队以保护里士满之时，十分担心邦联军在别的地方战败，然后让班克斯得以增援麦克莱伦。此外，杰克逊的计划同样吓到了他那些没有信心的下属。3月11日晚，杰克逊在温彻斯特（有一条铁路支线的终点位于此地的公路河谷）召开了紧急会议来讨论这个计划，这是他第一次这么做。经过激烈争论之后，他被迫放弃了自己的主张。在转身走向夜幕时，他向他的首席医官麦克奎尔医生咆哮道，"这将是我在这次战争中最后一次召开紧急会议。"

杰克逊后来果然说到做到了——他实际上做得还更好一些。有句军事谚语说"紧急会议从来都不能用来打仗"——这是美国总统西奥多·罗斯福说的，不过这句话想要表达的意思自古以来就有了——在温彻斯特，当手下们表现出了胆怯的情绪之后，杰克逊也选择了放弃。[19] 众所周知，即便是在西点军校时期，杰克逊也是沉默寡言、很少与人交谈的。在此之后，杰克逊就把想法藏在了心里，直到最后一刻再表露意图，并用强制性的、在多数时候都很神秘的命令来执行。这倒不是一项刻意的保密措施，而更像是他的性格使然。但这一做法却在意外层出不穷的战斗中取得了很好的效果，杰克逊利用沉默达到了出其不意的效果。

3月11日到20日之间，河谷军团在特纳·艾什比的骑兵部队的掩护下，沿着河谷公路向南撤退。艾什比是一个天生的骑兵，虽然他从未接受过正规的骑兵战术训练，但却是一个地地道道的骑手、冲击者和实干家。在战争期间，艾什比和他的部队有时会因为缺乏纪律而激怒职业军人杰克逊，但他坚韧的进攻精神却总能换回杰克逊对他的支持。在后撤的路上，杰克逊也在琢磨着自己战略。"机动性才是河谷军团未来的关键。"[20] 然而，只有正确利用河谷地区的地形，迫使敌军犯错并让班克斯无法与补给线建立必要的联系，河谷军团才能在优势敌军前面来去自如。而在杰克逊的谋划中有一个关键因素是：他知道自己的对手并不是一个职业军人——实际上也根本不是军人。班克斯是一个典型的美国内战"政治"将军，并因为党派原因而得到任命，他原先是国会议员、众议院议长，其最近的一个职务是马萨诸塞州州长。尽管如此，杰克逊在算计时主要考虑的还是客观因素而非主观因素：道路、桥梁、河流、山峰。既然班克斯进入了河谷，那就得把他留在这里，但杰克逊又不能与之交战——因为很可能会输。同时，杰克逊还得与西部阿勒格尼山的联邦军保持距离。最后，他还得保持往东撤向里士满的道路通畅，以备约瑟夫·E.约翰斯顿需要他协助防守该城，对抗麦克莱伦在弗吉尼亚半岛的军队。

　　杰克逊首先关注的是桥梁：哪些桥梁不能为敌军所用，哪些桥梁对己方的机动而言是必不可少的。谢南多厄河谷中的桥梁众多，但除了一些重要桥梁之外大多数都是木质结构，容易燃烧。在这些桥梁中有两座铁路桥，一座在河谷南端南河上，杰克逊需要通过它利用铁路逃往里士满；一座是北面主要补给线马纳萨斯山口铁路上的、位于弗兰特罗亚尔的铁路桥。后一座桥梁已被杰克逊的总部警卫部队烧毁了，而且杰克逊还命令把河谷内的机车转移到河谷南面，以防班克斯在追击时使用它们。

　　此外，杰克逊的总部警卫部队还烧掉了一座位于弗兰特罗亚尔的公路桥，以阻止班克斯沿卢雷河谷前进。卢雷河谷在马萨纳腾山以东，其间流淌着谢南多厄河的北支流。然而卢雷河谷中有三座桥梁对杰克逊来说是至关重要的，如果他决定从马萨纳腾山口穿过河谷的中部山脉的话。另外，杰克逊还要保留共和港和埃尔克顿的桥梁，这两座桥梁都横跨了谢南多厄河南部支流及其分支，其上的道路通往蓝岭的山口并最终通往里士满。最后，在鲁德山还有一座木制桥梁，峡谷公路在此跨过北部支流——这可能是最为重要的桥梁。如果班克斯在北而杰克逊在南，那么摧毁这座桥可以终止联邦军的进攻。同样地，如果当杰克逊在桥梁以北时这座桥被毁，他就无法在马萨纳腾以西的河谷发起反击。

　　如果有一位客观的观察家能在 1862 年 3 月中旬时，站在杰克逊位于谢南多厄河谷最南端的基地司汤顿，他将这样评估当前的形势：班克斯没有全力紧随从温彻斯特后撤的杰克逊，而是停留在了温彻斯特和斯特拉斯堡之间。但是，班克斯可以主动选择沿着北部或南部支流而下。虽然沿着南部支流而下可能需要在弗兰特罗亚尔架桥，但是这对班克斯的部队来说不是什么难事。杰克逊此时位于北部支流上的小镇杰克逊山，他有两个选择：调转方向沿河谷公路而上，在温彻斯特与班克斯交战；穿过马萨纳腾山口进入卢雷河谷，然后开辟新的攻势前线。

　　不过，第二个选择会把河谷军团从碎石路面道路带到泥泞的土路上，限制它的机动性，并让基地司汤顿暴露在联邦军面前。因此杰克逊决定杀个回马枪，在温彻斯特与班克斯开战，尽管这样会使他远离里士满的约翰斯顿并更加靠近阿勒格尼山的联邦军。另外，正在从马纳萨斯向里士满河防线后撤的约翰斯顿，对杰克逊离班克斯太远也感到了不满，"你和你的部队难道无法阻止位于温彻斯特的敌军离开那里吗？……我认为把班克斯军团留在河谷很重要，不要让它增援麦克莱伦。在保持谨慎的前提下尽可能离敌人近一点，并努力阻止其南下。"[21]而这也进一步刺激到了杰克逊。

约翰斯顿其实含蓄地表达了不希望杰克逊去主动求战，但是杰克逊一旦嗅到打胜仗的机会就不会管什么谨慎了。在接到约翰斯顿的命令后，杰克逊立即再次掉头向北，于3月22日冒着反常的降雪进军，并在第二天与班克斯的前卫部队在离温彻斯特仅5英里远的克恩斯镇遭遇了。

艾什比的骑兵部队拉开了战斗的序幕，他们于23日早晨在步兵的支援下发起冲锋。当联邦军开始形成战斗阵型时，他撤了回来，并与杰克逊带领的主力部队会合。可能艾什比在向杰克逊传话时，告诉他对面的联邦军只有4个团，或者杰克逊可能从当地的间谍那里得到了别的情报。不管怎样，杰克逊得到的都是错误的情报。实际上，联邦军的人数要多得多，大约有1万人，而杰克逊只有4000人。同时，联邦军还有大量火炮并且很快就在精心选择好的阵地上投入了战斗，开始杀伤南军。

尽管他的兵力处于劣势——而且当天还是星期日，平常的这个日子杰克逊都会尽力避免打仗——杰克逊在正午刚过就发起了进攻。联邦军部署在河谷公路的两侧，其中西侧的部队要更强一些，而这里的山脊和山丘也有利于提供指挥视野。但是，杰克逊决定进攻的却正是这里。为了协助指挥战斗，他询问第2弗吉尼亚步兵团的弗兰克·琼斯少校："谁熟悉这里的乡间，谁了解公路另一边的情况？"[22]然而在当时的情况下，本地信息也无法帮助杰克逊摆脱困境。他的胃口太大，根本消化不了战果。更糟的是，他沉默寡言而又暴躁的性格让形势变得更加困难了。他发出一道并不清晰的命令后，便因为离开中央位置四处走动试图恢复秩序而失去了对部队整体的控制。他的先头旅失去了前进方向，在猛烈的炮火打击下只能寻求掩护并后撤。杰克逊亲自带着火炮——几乎和敌人一样多——以及步兵部队赶来支援，但是在一阵近距离激烈交火之后，他的部队伤亡惨重。而且，很多人的弹药已经用完了。几天后杰克逊写的一封信提到，"我不记得我曾经听过这样（猛烈）的枪炮声"。联邦军的火力非常凶猛，当晚 6 点左右河谷军团开始退却，并沿着河谷公路后撤。[23]

　　克恩斯镇之战是邦联军的一次败绩。邦联军中有 455 人阵亡和受伤，263 人被俘；联邦军中有 568 人阵亡和受伤。按比例来说，河谷军团的损失更大。而从另一方面来看，此战的战略影响也对邦联军不利。虽然敌军遭到了迎头攻击，但这只是班克斯军团的一部分；班克斯的另外一个师已经离开河谷前往里士满与麦克莱伦会合，而班克斯已经返回华盛顿。得知克恩斯镇之战的消息后，班克斯迅速赶回，并收到了麦克莱伦亲自下的命令："全力追击杰克逊，把他赶到斯特拉斯堡以南。"4 月 1 日麦克莱伦又扩充指示，强调克恩斯镇之战已经迫使计划发生了改变，需要班克斯留在谢南多厄河谷，等到通往位于河谷底部的前进基地的铁路修复，就"迫使叛军向你集中，然后（你）返回我这里"。[24]

　　不过，麦克莱伦没有向班克斯提供更多的部队。林肯急于保护华盛顿，而阿勒格尼山区及其以西的战斗也进一步抽走了班克斯的部队，这些因素加起来使班克斯攻击里士满的部队数量锐减。假如麦克莱伦向班克斯下达详细命令，要他沿着马萨纳腾山以西的河谷公路南下，就等于帮了杰克逊一个忙，让后者不再因不得不保卫马萨纳腾山以东的道路而担忧了。实际上，一旦杰克逊掌握了联邦军的部署模式，他就会发现可以利用卢雷河谷作为发起一次反击的通道。尽管在 3 月剩下的日子里和 4 月的大部分时间中，杰克逊都在向马萨纳腾山脉以西撤退，但他已经在谋划能把部队带到东部走廊的应对措施，以及如何向哈珀渡口和马萨纳腾重新发起进攻了——这让林肯和麦克莱伦陷入了慌乱之中。

　　不过，在杰克逊能腾出手来执行这一计划前，谢南多厄河谷南部还有不少事情要处理。在从克恩斯镇撤退后，杰克逊将部队部署到了谢南多厄河北支流上的杰克逊山镇的防线中，这时他才知道在他身后缓慢跟随的班克斯已经占领了伍德斯托克。从 4 月 3 日至 17 日，两军的实际前哨线是一条名叫斯托尼溪的小溪流。在两个星期的对峙中，双方来回跨过斯托尼溪发生冲突。杰克逊乐于让班克斯这样玩下去，而后者则对是否继续前进犹豫不决，给了杰克逊隐秘穿过马萨纳腾山口进入卢雷河谷，攻击位于谢南多厄河谷北面的班克斯的补给线的机会。不过，班克斯的大脑终于难得地灵光一现了一次，意识到自己也可以利用地形来作战。班克斯发现，由于距离很短，所以他可以通过一次沿河谷公路进行的短促突击，逼迫杰克逊离开马萨纳腾山口入口处的纽马基特，并驱赶邦联军撤往南部的哈里森堡甚至司汤顿。在 4 月 17 日黎明，联邦军的步兵发起了一次突袭。当艾什比的部队试图烧毁鲁德山的一座桥梁，并以此来阻止联邦军前进时，联邦军的骑兵飞速赶到了——他们在桥梁被烧毁前将火扑灭。面对两倍于己的对手，河谷军团没有别的出路，只能尽快向南撤退。经过两天的急行军，河谷军团摆脱了追击。杰克逊认识到，在克恩斯镇之战后他又遭遇了一次局部失败。

　　然而从战略上来说，杰克逊依然处于优势地位。约瑟夫·E. 约翰斯顿感觉来自里士满附近的麦克莱伦的压力越来越大了，已经向杰克逊下达了准备离开河谷的命令；杰克逊的新指挥部此时位于捷跑山口，这是另外一条可以穿过蓝岭的通道，杰克逊随时可以离开河谷。但是随着 4 月份逐渐过去，杰克逊越来越相信留在原地，并利用捷跑山口作为基地能更好地保护里士满。捷跑山口两侧的高地既可以使河谷军团免遭突袭，又可以用来向附近的联邦军发起进攻。杰克逊估计联邦军的总人数为 16 万人，分布在弗吉尼亚的东部、北部和西部，并都成功地把各自对阵的邦联军牵制住了：麦克莱伦把约瑟夫·E. 约翰斯顿牵制在了里士满；在拉帕汉诺克河上的弗雷德里克斯堡，麦克道威尔正与安德森对峙；阿勒格尼山的福瑞蒙特则威胁着爱德华·约翰逊的小股部队。联邦军看起来已经控制了谢南多厄河谷南部，只有杰克逊仍有活动的自由——因为他相信自己在机动作战方面胜过对手。不过，问题是班克斯能否提供最有价值的目标。

　　最终促使杰克逊做出决定的是，越来越多的迹象显示福瑞蒙特正在离开阿勒格尼，前去攻击位于杰克逊大本营司汤顿附近的、爱德华·约翰逊被孤立的小股部队。司汤顿此时堆满了作战物资和山谷农场的产出。如果要支援约翰逊，邦联军需要在路况糟糕的道路上行军 50 英里并穿过班克斯军团的前线，后者在上一个月取得了克恩斯镇之战的胜利后，已前进至河谷公路上的哈里森堡并驻扎在附近。但杰克逊认为这些风险是自己可以承受的，因为班克斯此时正在谢南多厄河北支流的另一边，而杰克逊早已下令烧毁了该支流上面的桥梁（为了掩护他向捷跑山口撤退）。因此杰克逊派霍奇基斯去确定爱德华·约翰逊的确切位置，并找出一条通往该部的路线。4 月 30 日，河谷军团出发了。

如果杰克逊知道班克斯认为河谷军团已经离开捷跑山口并前往了里士满，他将十分安心。但是杰克逊却将所有心思都放在了赶路上，太过专注，以至于当暴雨——"大水漫过了几百码长的道路"——阻断了霍奇基斯选定的路线后，杰克逊的部队掉头往回走并进入了布朗山口。杰克逊让部队休息了一夜之后，又沿着一条更南面的道路往西前进。这条路有一个好处是与弗吉尼亚中部的铁路平行，杰克逊可以用铁路装载病号和补给。5月6日，河谷军团零零散散地通过公路和铁路集中到了司汤顿，并于第二天离开此地前去与相向而来的爱德华·约翰逊会合，然后一起向西前往一个名叫麦克道威尔的小地方（很容易让人弄混的是，在里士满以北的拉帕汉诺克河河边的联邦军指挥官也叫麦克道威尔）。

5月8日下午，南北两军的散兵开始遭遇，一场战役拉开序幕。杰克逊已经侦察过当地十分复杂的地形，在制定出一个计划后神不知鬼不觉地向北军发起行动。对面是福瑞蒙特军团的一支分遣队，由罗伯特·H.米尔罗将军指挥。但是，在得知杰克逊正率军向他扑来后，尽管手下人数不多，米尔罗还是发起了进攻。在接下来的混战中，米尔罗的部队遭受了比杰克逊更大的伤亡。杰克逊向里士满报告"上帝保佑我们获胜"。米尔罗的攻击被击退了，从这一意义说邦联军确实是胜者。[25] 但这也是场惨胜，之后杰克逊也责备自己指挥战斗不善。但这是他在谢南多厄河谷会战中犯的最后一个错误。

战役的节奏马上就要加快了。身处里士满的李，越来越担心邦联首都周围的联邦军将要合为一体，约瑟夫·E.约翰斯顿也是这么想。两人都希望杰克逊能把班克斯牵制在蓝岭以西，把福瑞蒙特留在阿勒格尼山区。在麦克道威尔战役后，杰克逊决定应当追击米尔罗，同时采取措施限制福瑞蒙特的活动。他派霍奇基斯带上一小支骑兵部队前去阻塞从阿勒格尼山到南谢南多厄的道路，同时他继续紧随后撤的米尔罗。到5月12日时，他已经到了山区深处的小镇富兰克林，但是还未追上联邦军。因此他决定停止追击并返回河谷。他的目的一如既往就是为了不让班克斯脱身，但同时也希望重新和下属尤尔会师，以便能够和占据了优势的敌军抗衡。

河谷军团此时为了满足杰克逊非同寻常的期望而努力适应。5月8日，麦克道威尔之战当天，"石墙"旅从离开营地迎战敌军到战斗结束后返回营地，总共走了 35 英里。这样的行军在接下来的一个月变得司空见惯。尽管道路崎岖、食物匮乏、缺乏鞋子——赤脚行军数十英里，已经变成了寻常之事——河谷军团仍承受住了挑战。尽管杰克逊对于最亲近的下属都隐瞒了意图，但是在 1862 年 5 月，河谷军团上下开始明白他的策略是以超出普通步兵的速度进行远距离行军来迷惑与误导敌军。他们开始称呼自己为"杰克逊的徒步骑兵"，因为在很多时候，他们依靠步行就走完了骑兵在同样时间内能跑完的距离。

5 月 17 日，经过在阿勒格尼山外围的艰苦跋涉之后，杰克逊的部队在马萨纳腾以西哈里森堡附近重返谢南多厄河谷。此前班克斯在这里待了一个多月，他的部队沿着谢南多厄河北支流朝南部署，后来向河谷北面的斯特拉斯堡出发，准备转移到弗雷德里克斯堡。他已经派詹姆斯·席尔斯的师先出发。一如既往，杰克逊的任务就是把班克斯留住。实力对比的变化变得对杰克逊有利——席尔斯离开后，班克斯只有 1.2 万人，而不管是直接可以指挥的还是随时可用的，杰克逊的部队已有 1.6 万人（如果把卢雷河谷的尤尔部队算进去的话）。此外对杰克逊有利的是，北军的情报质量越来越糟——班克斯没有发觉河谷军团的转移，而且他得到的消息变得越来越不准确。到 5 月 21 日，他认为杰克逊在哈里森堡以西 8 英里，尤尔在捷跑山口，两者相距 40 英里，而且离得越来越远。实际上，此时杰克逊已经通过马萨纳腾山口转移到了卢雷河谷，尤尔也已经加入他的部队，一起向北进攻联邦军一支驻守在弗兰特罗亚尔，警戒斯特拉斯堡以东的马纳萨斯山口铁路桥的弱小分遣队。

重新调整部署不是一件容易的事，甚至还需要创造性地违背命令。对于邦联来说，5 月中旬是段难熬的时光。在 3 月和 4 月间，南军在大西洋沿岸各条战线上除了战败还是战败。在 5 月初，横跨弗吉尼亚半岛的防线已被放弃，里士满外围的威廉斯堡战役打输了，麦克莱伦正在合围里士满。在 5 月 15 日到 18 日之间，罗伯特·E. 李和约瑟夫·E. 约翰斯顿发出了好几道相互矛盾的命令，但意思还是一致的，就是要杰克逊把尤尔的部队派去监视在弗雷德里克斯堡的麦克道威尔。不管是杰克逊还是尤尔都不想服从这一指示，因为这会让河谷军团失去暂时获得的对班克斯的兵力优势，而且分兵也无法保证能帮助其他战线取胜。相反，两人决定利用收到的命令中的含糊之处和传递的延迟做文章，不作分兵并向班克斯进军。

杰克逊在 5 月 19 日开始行动。之前为了掩护自己进入阿勒格尼山而烧掉在哈里森的桥，此时反而阻碍了他反向渡过北支流进入谢南多厄河河谷主体。霍奇基斯此时实际上担任了杰克逊的情报官，他发现把一些大型车厢投入河中，可以让部队在洪水泛滥时也能渡河。到 5 月 20 日，杰克逊抵达马萨纳腾山口西端的纽马基特，21 日他穿过马萨纳腾山在卢雷河谷与尤尔会师，之后 23 日杰克逊的前卫部队已经抵达弗兰特罗亚尔外围。经过三天的每天 70 英里的强行军，杰克逊已经到达了班克斯后方并准备好发起决定性一击。

然后杰克逊撞了一次大运，这是在己方内线打仗所带来的好处。邦联军在向前准备接敌时，尚不知联邦军守卫弗兰特罗亚尔桥的部队的实力。一位军官碰上了一个上气不接下气的女孩，18 岁的美女贝尔·博伊德。她刚刚穿过敌军兵营还迷倒了一个北军军官，并从军官中得知了那里只有一个团的兵力。"告诉他（杰克逊），"她很着急，"只要马上进攻他就能把他们一网打尽。"[26] 接下来的混战中，北军的步兵四散逃窜，而南军的骑兵夺下了桥梁，杰克逊需要这些桥梁来准备下一阶段向斯特拉斯堡的班克斯发起进攻，同时南军还摧毁了电报线，这样班克斯就无法知道弗兰克罗伊尔败仗的消息。

在 5 月 23 日晚，杰克逊仔细研究了在弗兰特罗亚尔取得的相当迅速的胜利。他正确预见到班克斯会察觉邦联军将继续向斯特拉斯堡发起进攻，在经过计算后又认为班克斯的部队可能已经在 1 万人以下。他认为班克斯可能会向阿勒格尼山的福瑞蒙特后撤，但这个可能性很小，因为班克斯一个毫无疑问的任务就是保护华盛顿。班克斯也不大可能发起进攻试图夺回弗兰特罗亚尔，也许会认为杰克逊将向北向哈珀渡口进发，如果他假定北军也在向这个方向后撤的话。或者班克斯可能会装装样子抵抗一下然后不顾一切后撤。

最终杰克逊确定——后来证明这是个正确的判断——班克斯将返回哈珀渡口。因此杰克逊命令部队，利用一条条件较差的通往锡达维尔和尼尼微的道路，跟随沿着河谷公路向温彻斯特后撤的北军。两支军队的行军距离都是 20 英里左右，但是班克斯的部队里有很多笨重的大型车辆，上面堆满了令邦联军眼馋的补给，而杰克逊可以派骑兵侦察部队跨过乡间地区。在 5 月 24 日，邦联骑兵发现了班克斯的马车队，它们几乎没有野战步兵的保护，在河谷公路两侧的石壁之间挤成一团。南军把大炮拉上来向人群开火，之后艾什比的骑兵发起了冲锋。尽管联邦军试图烧掉尽可能多的马车，但邦联军仍然缴获大量物资。同时杰克逊也在加紧追击。在当天晚上，北军已经在温彻斯特外围扎营，尽管疲惫不堪步履艰难，但仍准备投入战斗。

出现在温彻斯特外围的河谷军团，离哈珀渡口只有 25 英里，离华盛顿也不过 70 英里，这样的情况使联邦首都警报大作。看上去最糟的威胁是邦联军将发起直接进攻，至少也影响到了联邦军对于里士满的围攻。林肯和杰克逊一样，也在研究战场地图——比霍奇基斯要差的地图。[27] 在 5 月 24 日下午 4 点到 5 点之间，他命令福瑞蒙特放弃向西离开阿勒格尼山去进攻田纳西州的铁路中心（诺克斯维尔）的计划，转而向东救援班克斯。"就在这一刻，5 月 24 日下午 5 点，河谷军团已经赢得了河谷会战。"[28]

杰克逊在河谷周围还有不少仗要打。5 月 25 日早晨，在浓重的晨雾中，邦联军的前卫部队发现班克斯的部队驻守在温彻斯特外围，能保卫该城的山脊上。杰克逊本地的情报源再一次让他失望——原以为联邦军已被他超过，没想到还是在他前面，杰克逊本想切断他们向哈珀渡口的退路的。最先与北军接触的不是杰克逊自己的部队，而是赶来和他会合的尤尔的部队。在之后的混战中，联邦军一开始就给邦联军造成了很大伤亡。联邦军把火炮精心布置在高地上的阵地中。然而随着邦联军集中越来越多的兵力，北军发现自己左右两侧都被包抄了，北军的炮兵已在南军的步枪直射范围之内而步兵已经被迫撤退。很快班克斯的部队开始全面后撤。他们试图在温彻斯特城中的街道站稳脚跟。但是一直在秘密制造武器并向挺进的南军报信的城中居民——向此地前进的第 5 弗吉尼亚步兵团中很多人来自温彻斯特——破坏了北军的抵抗计划。到下午时，班克斯的部队正沿着河谷公路涌向哈珀渡口，而杰克逊的步兵和骑兵则在他们身后紧追不舍。

如果当时杰克逊掌握所有的骑兵部队，北军将很可能会被彻底消灭。但他的骑兵指挥官在这个关键时刻却不在场，而是带着部队到处乱杀，这是南军骑兵一直改不了的毛病。班克斯因此打通了退路，一直跑在杰克逊的前卫部队的前头直到抵达哈珀渡口，并在 25 日正午渡过波多马克河。至此，谢南多厄河谷完全落入邦联军之手。

杰克逊过多久会进攻华盛顿？林肯敏锐地意识到形势变化所带来的危险，并决心阻止杰克逊干扰联邦军包围里士满的行动。他认同麦克道威尔的分析："杰克逊能用很少的部队瘫痪一支大部队。"林肯希望通过重新部署部队来抵消这种瘫痪作用，重新获得联邦军本来通过数量优势而应拥有的主导地位。从地图上看，杰克逊向哈珀渡口进军似乎威胁到了华盛顿，但在林肯看来这也可以变成一次诱敌深入进行包围的机会——哈珀渡口三个方向上有联邦军，西边是正在向西离开阿勒格尼山的福瑞蒙特，麦克道威尔在东面，班克斯如果回头渡过波多马克河就可以从北面包围哈珀渡口。5月29日林肯向麦克道威尔和班克斯下达了命令。对麦克道威尔他写道："福瑞蒙特将军的部队可能会在明天午夜前进到斯特拉斯堡或附近（在谢南多厄河北支流上）。所以尽快让你的部队，或者你部队的前锋抵达弗兰特罗亚尔（在南、北两支流上）。"由此可见，林肯正在杰克逊的后方布置一次钳形攻势，在切断杰克逊向河谷的退路，和后者与里士满的约翰斯顿的联系后，再将其单独击破。

杰克逊当然不想被包围。他在任何时候对危险都有敏锐的直觉，而一系列报告也让他得到了警告——一个忠于邦联的人，骑马从蓝岭带来了有关福瑞蒙特动向的消息，之后一个被审问的联邦战俘吐露了席尔斯正在向弗兰特罗亚尔进军的消息，此外，杰克逊还得到了南军与北军在弗兰特罗亚尔发生实际接触的消息。到5月30日正午，杰克逊发现自己不能再继续忽视他在哈珀渡口外围的前进阵地已经过度暴露的信号，向河谷撤退已经迫在眉睫。

河谷军团接下来要面对的可能是一场溃败。他们带着数百辆大马车，其中一些是军团自己的，一些是平民的，还有一些缴获自对手。这些马车挤满了8英里长的路，马车上的辎重更会令它们行动缓慢。从军事角度考虑，这些车辆应当被遗弃，以使部队尽快与敌脱离接触。但是河谷军团的下层指挥官们想要保住战利品，同时还指望士兵能比对手行军更快。幸好，他们还保留了在行军时迅速转换成战斗队形的能力。6月1日由于福瑞蒙特发动进攻切断了道路，杰克逊命令一个旅调转方向去突破联邦军的包围。河谷军团的一些部队曾经在16个小时内行军了35英里，期间只能在行军间歇裹着湿透的毯子在潮湿的地上小睡一会儿。在精心组织的炮火攻击下，他们成功地挡住了敌军。杰克逊经常和霍奇基斯秘密会谈，后者精力充沛地进行侦察，然后在地图上测量出相对距离。
霍奇基斯计算出并说服杰克逊相信，只要快速行军，河谷军团就能避免陷入重围。
6月1日下午，河谷军团已经通过了斯特拉斯堡并继续向南撤退，让福瑞蒙特和
班克斯的前锋部队扑了个空。

　　在接下来两周，杰克逊多次从真真假假的陷阱中逃脱。在他从斯特拉斯堡
向南撤退，刚刚摆脱对手时，他敏锐的直觉提醒他另一个圈套正在形成。他认
为，福瑞蒙特紧随他身后而席尔斯沿着马萨纳腾山脉以东向南时，两支军队会
在河谷南方包围他。虽然他过高估计了席尔斯的行军速度，但是由于有马萨纳
腾的阻隔，他的担忧还是有道理的。他的应对措施是命令骑兵部队快速前出，
穿过卢雷山口。

　　杰克逊往南前往纽马基特的一路上，不断受到联邦军骑兵的骚扰，糟糕的
天气甚至把路面硬化的河谷公路变成泥潭。麾下部队在道路上摩肩接踵拥挤不
堪，杰克逊拒绝遗弃的马车队也充塞着路面，而队伍中的北军战俘知道己方的
部队已在不远处因此故意放慢脚步拖慢行进速度，南军不得不动粗才能赶着他
们向前走。在鲁德山的那座桥，就是4月份艾什比没能摧毁那座，6月3日当着
北军的面终于被烧掉了。[29] 河谷军团现在的机动空间在被压缩。罗伯特·E.李此
时已经接替受伤的约瑟夫·E.约翰斯顿指挥里士满周边的部队，他实际上在计
划抽调自己的部队去加强杰克逊，为的是亲自指挥入侵联邦的马里兰州和宾夕
法尼亚州。但是在1862年的环境下，这样的一个行动还不现实。杰克逊不管喜
欢不喜欢，都还要继续撤退，他的问题是怎样继续牵着福瑞蒙特和席尔斯鼻子跑，
同时不让自己陷入恶战之中，持续在有利条件下脱离接触。

　　杰克逊遇到的麻烦是之前的毁桥计策反过来妨碍了自己。他需要找到撤回
在司汤顿的大本营和前往通往里士满的弗吉尼亚中央铁路的路线：前者不仅是
他进行补给的地方，而且还可以卸下几百辆马车上的货物，让河谷军团在必要
时可以腾出手来发起反击；后者是他逃跑的线路。其中的一个关键点是埃尔克顿，
这里有一条路通往河谷公路，还有一条穿过捷跑山口（位于蓝岭）通往铁路线。
但是现在必需的桥梁已经烧毁，而且杰克逊的工程兵认为谢南多厄河由于遭遇
罕见的暴雨，在上面架桥十分不安全。

因此河谷军团唯一的出路只剩下上一个月突入阿勒格尼山时走的路线：一条通往离埃尔克顿不远的共和港的废弃铁路，经过布朗山口的道路通往梅钦斯河火车站。这条路也有风险。河谷军团在行军时可能会碰上从卢雷南下的席尔斯部队，而且因为疲惫不堪很可能会被击败。不过霍奇基斯仍然在不辞辛劳地为杰克逊探路。6月5日下午，在马萨纳腾山南部一个山尖的瞭望点上，他观察到席尔斯在埃尔克顿附近扎营。杰克逊在一个月前到过那里，他认为联邦军无法比他更快到达河谷军团的安全区大门共和港。

不过杰克逊直到6月7日才把总部转移到共和港，在此之前河谷军团进行了两天的绝望战斗，数个团被击溃，而且艾什比也阵亡于本次战斗中。联邦军的压迫比杰克逊预期中的更紧——重压之下很快又一场战役将要爆发，这会威胁到杰克逊撤退路线的安全。另外共和港的地理位置十分复杂，它夹在马萨纳腾山南端和蓝岭之间，还是数条重要的道路交叉口——谢南多厄河南支流及其两条支流南河与北河三条河流在此交汇。共和港中心街尽头还有一座桥尚存，就在北河与南支流的交汇处，而南河在上游浅滩和下游浅滩有两处可以涉水通过。杰克逊需要作战地区的主导权以便吓退敌军——正从西北方向而来的福瑞蒙特，和正从东北方向而来的席尔斯，同时杰克逊依然坚持向西南撤退的观点。

杰克逊在情报上的优势这时开始发挥作用。他与敌人近在咫尺，敌人也能和他一样看懂态势图。联邦军此时控制着战场的两侧，包括北面的高地。除非杰克逊能将其击退，否则联邦军将从左右两侧包围河谷军团，切断河谷军团的撤退线，挫败四个月以来杰克逊阻挠联邦军取胜的努力。

杰克逊的抽身策略就是战斗，6月8日到12日之间河谷军团打得十分凶猛。6月8日，战斗在共和港的街道中打响，反常的是杰克逊对此没有思想准备。多日来的行军使得杰克逊和河谷军团上下十分疲惫，因此连同他在内河谷军团在休息时忽视了警戒。在一个本该平静的星期日早晨，联邦军骑兵突入了共和港打了困倦的邦联军一个措手不及。邦联军费了不少劲和损失才把联邦骑兵赶出去。同时福瑞蒙特军团在强大但不协调的支援下沿着南河前进，不过在克罗斯基斯村被击败。

杰克逊当时本可以利用争取到的时间脱离与联邦军的接触，赶快撤往布朗山口，前往铁路再撤往里士满。这是个谨慎的选择。不过杰克逊却决定再度与联邦军交战，希望能取得决定性的胜利，但是也冒着陷入绝境的风险。联邦军已经差不多完成合围。河谷军团在呈直角的两条战线上激烈战斗才使得两侧联邦军无法合拢。在谢南多厄河南支流北部的高地上，福瑞蒙特军团陷入困境，被压缩在蓝岭和河流之间的低地之中。而河谷军团的主力在从初期的混乱中恢复过来后，最终形成强大的合力把席尔斯击退。于6月9日早晨历时数个小时的激战，是整个谢南多厄河谷会战的最为激烈的部分，邦联军最终将福瑞蒙特和席尔斯的部队击退，并对两支军队各造成了800多人的伤亡。邦联军的一位幸存者后来记录道，"我从未在同一狭小的空间里见到如此多的死人和伤兵。"[30]

　　不管怎样，河谷军团是本次战役无可置疑的胜利者，胜利得如此彻底，福瑞蒙特和席尔斯不仅把战场支配权拱手相让，他们还各自向北撤入谢南多厄河谷，撤到了两者都无法再度发起进攻的位置上。在共和港之役战败后，"（他们）被河谷军团打怕了。6月19日，叛军还在70英里之外时，班克斯就开始担心遭到袭击。"[31] 面对士气大挫的联邦军，杰克逊从南支流的阵地又重返了谢南多厄河谷，并利用联邦军后撤的时候进行休整。

　　到了6月中旬，有人向杰克逊提出，应当向北进军进入宾夕法尼亚，入侵北部。此时已经担任北弗吉尼亚军团总指挥的李，组织了一支增援部队派给杰克逊，而且毫不费力地在北军面前掩盖了这次调动。实际上，这只不过是疑兵之计。在紧急关头，邦联还没真正准备好把战火烧到对方境内。邦联首先得确保首都的安全，而不是威胁对方的首都。6月13日李在给杰克逊的一封信中提到，"我认为你越早走这条路（来里士满）越好。现在的首要目标是打败麦克莱伦。谢南多厄河谷中的敌军似乎停了下来。我们可以在里士满在联邦军准备好沿着河谷而来之前攻击麦克莱伦。他们自然很谨慎，因此我们必须低调和迅速。"[32]

　　简而言之，李确定他需要杰克逊前往弗吉尼亚半岛，因为联邦军的主力部署在这里。因此6月16日，他向杰克逊发出命令要求河谷军团转移到里士满附近。杰克逊在6月18日出发，他独自骑马先于部队在6月23日下午赶到里士满附近与李会面。而河谷军团在杰克逊身后，刚翻越了蓝岭山脉不久之后也抵达了里士满，并参加了七天战役，此战中麦克莱伦的半岛会战以失败告终。里士满因此得救，邦联也暂时转危为安。

在1862年下半年和1863年全年，邦联军在李的指挥下转守为攻，直到联邦军在葛底斯堡战役中取得不完全的胜利为止。接下来邦联军的防线逐渐瓦解。那么杰克逊和他的情报工作在延迟邦联战败的过程中起到了什么作用呢？

首先，杰克逊很好地利用了对手从战地指挥官到华盛顿的林肯总统各层级存在的疑惑与焦虑。他在谢南多厄河谷的正面战斗中击败对手，令福瑞蒙特和席尔斯感到威胁。林肯担心他会渡过波多马克河进军华盛顿而威胁到自己。其次，在河谷战场内部，杰克逊逐一与各支联邦军团交战过，在会战之初最需要分散联邦军在弗吉尼亚半岛的力量时吸引他们深入河谷，之后又几乎靠着一己之力在无路可退时奋战到底。最后，对于自己的部队他运用到了极致——杰克逊的"徒步骑兵"随着耐力提升，取得了独一无二的行军纪录，曾经在100小时内行军了70英里，且能保持前进速度并在结束行军后还能投入战斗。河谷军团的人员损失中，因为疾病与疲劳的占到了三成之多，但战斗伤亡率却出奇地低，40天中只有2000人阵亡或受伤。当河谷军团离开谢南多厄河谷时，由于得到增援反而比会战之初更加强大。

杰克逊的胜利很大程度上归功于他个人的能力，其思维比对手更敏捷更清晰，能比对手看得更远，做出正确的选择，他与生俱来的沉默与习惯隐秘的性格又放大了这些品质。不过他个人的能力，是在掌握了峡谷地理和当地信息等优势情报的基础之上的。他勤快的情报参谋、亲邦联的峡谷居民杰迪戴亚·霍奇基斯则不断给他最新的情报。最优秀的将领对于详细的地形知识的重视程度要高于任何其他类型的情报。在这一点上，杰克逊比他的任何对手都要优秀，在谢南多厄河谷作战中，由于麦克莱伦没能利用联邦在物质方面带来的任何优势，杰克逊成功地确保了里士满保卫战取得胜利，也在麦克莱伦撤退后的1862至1863年内让联邦军遭遇了多次失败。然而，最能证明杰克逊领导才能的，是他能利用谢南多厄河谷各种复杂地点与通道的知识，而他的对手却不曾掌握过。杰克逊的胜利实至名归。

参考文献

1. J. 麦弗逊著，《自由的呐喊：美国内战，牛津美国历史》（*Battle Cry of Freedom: The American Civil War, Oxford History of the United States*），纽约，1988 年，第 12—13 页，第 318—319 页。

2. T. 哈里·威廉姆斯著，《林肯和他的将军们》（*Lincoln and His Generals*），伦敦，1952 年，第 13—14 页。

3. J. 麦弗逊著，《自由的呐喊：美国内战，牛津美国历史》，第 245—246 页。

4. J. 瓦涅著，《西点 1846 届》（*The Class of 1846*），纽约，1994 年，第 264 页。

5. R.G. 塔纳著，《谢南多厄河谷中的斯通沃尔》（*Stonewall in the Valley*），梅卡尼克斯堡，1996 年，第 3—23 页。

6. T. 哈里·威廉姆斯著，《林肯和他的将军们》，第 5 页。

7. E.B. 麦克弗雷什著，《美国内战时的地图和绘图师》（*Maps and Mapmakers of the Civil War*），纽约，1999 年，第 23 页。

8. 《印度帝国地名录》（*The Imperial Gazetter of India*），第 4 卷，牛津，1907 年，第 481—507 页。

9. 唐纳德·W. 梅尼著，《美国的塑造》（*The Shaping of America*），第 2 卷，纽黑文，1986 年，第 161—163 页。

10. E.B. 麦克弗雷什著，《美国内战时的地图和绘图师》，第 18 页。

11. 克里斯托弗·杜飞著，《腓特烈大帝》（*Frederick the Great*），伦敦，1985 年，第 325—326 页。他认为将地图视为国家机密是一种十分古老的做法。16 世纪时，葡萄牙国王曼努埃尔就威胁过，要处死任何把航海家卡布拉尔绘制的印度航线海图泄露到国外的人。西班牙已经采用了给地图和海图加重的办法，以便在一艘船可能被俘时将地图或海图沉入水中（到了 20 世纪给密码本加重仍然是西方海军的通用做法）。关于通过每日侦察获得的本地情报的价值，同样可以参考马基雅维利的《君主论》（*The Prince*），第 14 章。他写道："君主，应当坚持外出打猎，以便适应艰苦生活同时学点实用地理学……这种能力能教会他如何找到敌人，如何带领部队行军和如何从战斗中撤出。"感谢牛津大学伦教学院的佩奇·纽马克博士提供这条参考。

12. 《印度帝国地名录》，第 4 卷，第 499 页。

13. C.A. 贝利著，《帝国与信息，1780—1870 年印度的情报搜集与社会沟通》（*Empire and Information, Intelligence gathering and Social Communication in India, 1780—1870*），剑桥，1996 年，第 108、第 110 页。

14. E.B. 麦克弗雷什著，《美国内战时的地图和绘图师》，第 22 页。

15. R.G. 塔纳，《谢南多厄河谷中的斯通沃尔》，第 115 页。

16. E.B. 麦克弗雷什著，《美国内战时的地图和绘图师》，第 29 页。

17. 同上，第 85 页。

18. V. 埃斯波西多著，《西点美国战争地图集》（*The West Point Atlas of American Wars*），第 1 卷，纽约，1959 年，图 39。

19. 西奥多·罗斯福著，《自传》（*Autobiography*），1913 年，引用自彼得·G. 曹拉斯《勇士之言》（*Warrior's Words*），伦敦，1992 年。

20. R.G. 塔纳，《谢南多厄河谷中的斯通沃尔》，第 117 页。

21. 《杰克逊文集（b）》[*Jackson Papers(b)*]，1862 年 3 月 19 日，弗吉尼亚历史学会，里士满。

22. R.G. 塔纳著，《谢南多厄河谷中的斯通沃尔》，第 124 页。

23. M.A. 杰克逊著，《托马斯·J. 杰克逊将军的生活与书信》（*Life and Letters of General Thomas J. Jackson*），纽约，1892 年，第 238 页。

24. 美国战争部编，《叛乱战争》（*War of Rebellion*），第 1 卷，第 234—235 页。

25. R.G. 塔纳著，《谢南多厄河谷中的斯通沃尔》，第 194 页。

26. 同上，第 260 页。

27. 同上，第 297 页。

28. 同上。

29. 同上，第 352 页。

30. R. 泰勒著，《毁灭与重建》（*Destruction and Reconstruction*），纽约，1955 年，第 76 页。

31. 同上，第 438 页。

32. 同上，第 420 页。

第四章

★

无线电情报

　　情报的有效性，在发动战争之初就受到声音的传播、视线的范围和信息载体的速度的限制。再多的创造性也无法消除其中的延迟。纳尔逊时代的海军已经投入了大量努力来把信息传递延迟压缩到最小。1796 年，英国海军在伦敦的海军部和迪尔港之间，已经建立了一套拥有 15 个可见信号站的系统，通过这套系统一条信息可以在两分钟内完成发送和接收；到 1806 年这个信息传递链已经延伸到普利茅斯，可以在三分钟内把信息传递到 200 英里之外。不过这套系统依赖于每个信号站都能看到前一个信号站的信号，因此只能在白天使用，在大雾天就会失效，而且在冬天的运作时间也比夏天短。[1]

　　另外机械信号与旗语信号一样，只能发送编码本预先设定好的信息。不过到了 19 世纪 40 年代，美国人塞缪尔·莫尔斯设计出了自己的编码，从技术上来讲这是一种密码，它可以通过给字母表中的每个字母分配一个单独的，以短或长信号的形式表达的密码来重新生成信息。这种短或长的信号不久被称为"点"或"划"。当信息被转换成电子脉冲信号，再通过 1838 年由英国人查尔斯·惠斯通发明的电报线路传输，信号传送的延迟就被消除了。1844 年，世界上第一条莫尔斯电码信息成功在华盛顿和巴尔的摩之间完成传送。

　　电报使得机械信号系统几乎被立即淘汰。英国海军部卖掉了它的信号站，如今只能在英格兰南部乡村中的，诸如"电报山"或"信号房"之类的地名中才能找到它们的痕迹。不过电报并没有立即在指挥官及其下属之间立即建立即时的通讯。部分原因首先是早期电力供应存在缺陷，导致电报在传输时常常需要多次重新发送。在克里米亚战争时期，尽管伦敦与巴拉克拉瓦之间已经有了一条早期海底电缆，信息仍然要花上 24 小时才能到达远征军总部，因为其间需要进行数次中继。[2] 其次是战地指挥官发现来自上层的干预很令人厌烦，因此有时候故意无视电报指令。最后是电报系统不灵活，直到"无线"传输出现之前，它都离不开电缆作为载体，这使正在转移战场，或者远离电报线路终端的战地指挥官，既无法被联系到，也无法通过电报发出信号。

　　如果电报通讯在纳尔逊时代已经存在的话，那对尼罗河之战是很有帮助的，前提是纳尔逊能找到一块对英国友好且已建立电报系统的土地。比如如果当时亚历山大和土耳其南部之间有一条电报线路，而且这条线路能为他所用，纳尔逊可能就无须从埃及往西西里白跑一趟，并因此可能提前一个月就拦住了法军。但这也只是个假设。法国舰队的行动可以被称为一次躲避敌人的范例，在无线电、航空侦察或雷达还未出现的时代，要想找到法国舰队几乎是不可能的。

而杰克逊虽然生在电报时代，也没有从中获益多少，他的敌人也是如此。联邦军和邦联军都没有从谢南多厄河谷中已经铺设的电报线路获得便利，至少在他们作战的区域没有。邦联军在撤退时把电报线路和铁路一起加以摧毁，而他们与里士满之间的电报线路又有几处缺口。在 1861 年 6 月初的混乱日子里，李向杰克逊下达的一些互相矛盾的命令大部分是用信件传递的，每次都有数日的延迟。[3] 直到电报技术高手格兰特在 1864 年执掌联邦军，电报才成为指挥军队的主要手段。而即便此时，电报也只是作为一种战略而非战术指挥工具，因为电报网络太不灵活而且难以及时把电报线路延伸到战斗激烈的地区。[4]

随着无线电的发明，信息传递只需要发射器、电源和接收器即可，大气层将作为信息的载体，理论上开创了一个自由通讯的时代。但起初也仅仅是理论上的而已。无线电的概念首先是由英国物理学家詹姆斯·克拉克·麦克斯韦尔在 1860 年代提出的。他预言电磁波可以在空间中传播而且能达到光速。1888 年，德国科学家海因里希·赫兹公布了他的实验结果，事实上证明了电磁波可以被发送和接收，尽管他在实验时传输的距离不过几英尺。然而到了 19 世纪 90 年代，按照威廉·克鲁克爵士电磁波可以用于通讯的建议，一些行动派人士已经开始建造和使用"无线电装置"。其中就有一位英国皇家海军军官，H.B. 杰克逊上尉，另一个则是意大利人古列尔莫·马可尼。

杰克逊的无线电实验因为其职业调动而没能进一步发展，可能无论如何他都不如马可尼那样有远见，毕竟比起纯正的科学家他更像企业家。身处于欧洲海军军备竞赛时代的杰克逊，在很早的时候就意识到无线电在航海领域大有可为。德国于 1900 年通过海军法案，对英国发动了直接而致命的战列舰造舰竞赛。这同样是一个海上贸易大发展的时代。纵横大洋的蒸汽船只刚刚首次在数量上超过了风帆船，其中大部分——接近 9000 艘——悬挂着英国国旗。其中的原因，除了英国想要继续控制帝国在全球庞大势力范围内的水道之外，还有维持海军霸权的决心。

马可尼认为，无论是在船与船之间还是船与陆地之间，无线电都能极大改善海上信号传输的效率。船主们一定会花钱为他们的商船配备无线电设备，即便初期只有大型船只和客轮用得起，但是无线电真正的商业机遇在于海军。没有一支海军愿意在这一场势必演变成航速、装甲防护和火炮口径的比拼的竞赛中被甩在后面。然而无线电系统首先必须证明自己能够起作用。尽管在十九世纪末马可尼进行了数次实验，他仍然无法把无线电接收距离提高到 10 英里。此外当时的电磁波只能覆盖整个无线电频谱而无法进行调谐，因此接收器无法分辨发送的电磁波和"大气干扰"，以及"如果两个站点同时发报，电报打印机（当时唯一可以显示电报信号的机器）上面就会出现一串杂乱而难以解读的信号"。[5]

在 1897 年到 1899 年间，马可尼的设备得到了极大的改进，因此 1900 年英国海军决定把无线电作为主要的通信手段，并接受了马可尼严苛的商业条款，购买了 50 套无线电设备，其中 42 套被安装于战舰，另外 8 套用于从多佛到西西里岛的沿岸电报站。此时无线电的传输距离已经超过了 50 英里，同时达到了每分钟 10 个单词的传输速度。之后无线电技术以惊人的速度发展。1901 年 12 月，马可尼成功地在英国康沃尔向美国的科德角发送了信息，之后在 1902 年从康沃尔成功地向 1550 英里外的丘纳德公司邮轮"费城"号发送了信息。

有不少原因让无线电技术在海上运作得比陆上好。马可尼发现，利用大型船只强劲的动力，和可以沿着地球曲面传输的"地波"的特性，用高功率电力通过大型天线以低频率电磁波发送信号，信号接收同样可以利用电磁波在地球表面与大气层之间的反射。在他成功进行跨大洋传输之后的几年里，马可尼还有其他重要发现，特别是将无线电传输调谐成无线电频谱中的不同波段，从而减少干扰，提高接收能力，并为陆地和海上电台分配了不同的电磁波频率。因此他的研究满足了海军的需要，尤其是需要与遍布世界各大洋的数目庞大的船只进行通讯的英国海军。

但满足海军需求还需要在世界范围内建设海岸无线电站，不过那时即便是马可尼最好的无线电设备也没有足够的功率向全世界发送信号。到 19 世纪末时，英国拥有全球六成以上的海底电缆，因此洲际之间的通讯依然是用电缆传输。

而且由于非英国的电缆经常也经过由英国人运营的信号站，英国人对于电报线路网的控制远大于电报公司所披露的情况。自从进入电报时代以来，英国一直努力建立并维护海底电缆的霸权。早在 1858 年英国就铺设了第一条跨大西洋电缆，尽管这只是商业行为，但之后英国政府要么自己铺设电缆要么资助私人企业从事这项业务。到 1870 年，英国已经通过一条经过里斯本（英国最长久最可靠的盟友葡萄牙的首都）到直布罗陀（1783 年以来一直属于英国）、马耳他（1800 年以来由英国控制）和亚历山大（1882 年后实际由英国控制）的电缆与印度连接了起来。

随着大英帝国的扩张，电缆紧随着其国旗前进，一起沿着非洲海岸而下，前往澳大利亚和新西兰，横渡太平洋，中间还经过了那些遥远的小岛。例如范宁岛，那里离电缆另一端的加拿大温哥华有 3450 英里远，几乎是处于太平洋的正中心。建立"全红"（英国在地图上用红色标记自己的殖民地）网络的冲劲成了一种战略执念。为了达到"全红"的效果，英国需要铺设电缆直到帝国的任何角落都能收到电缆传来的信号，以防止受到外来干扰。尽管这是有史以来最长的、长达 14 万英里的电缆，却属于需要商业信息的私人企业，但英国政府在任何时候都有使用的优先权，只要在自己的信号前加上"请勿干扰，请勿干扰"就行。另外英国政府认为，电报网络不论是政府的还是私人的，都属于国家资产。法国政府在 1900 年 11 月评论称，"英国对于世界的影响力应当归功于它的电缆通讯而不是它的海军。它控制着新闻并让其以一种奇妙的方式为自己的政策和商业服务。"[6] 尤其伦敦市，是"全世界的电报和电话枢纽"，造成的结果是"大多数工业化国家通过伦敦的以英镑计价的票据来进行贸易"。不只是工业化国家，初级产品的提供者，如埃及（棉花）、阿根廷（牛肉）、澳大利亚（羊毛）和加拿大（小麦）也是如此。英国实现这一切只用到了非常少的黄金储备作为票据交易的担保，例如 1891 年英国银行中只有价值 2400 万英镑的黄金，与之相比法兰西银行的黄金和白银价值 9500 万英镑，德国总共有价值 4000 万英镑的黄金，美国则有价值 1.4 亿英镑的黄金。[7] 战略信息也许具有优先地位；但是英国政府也没忘记皇家海军才是英国商业的终极守卫者。

在 19 世纪大部分时间里，英国庞大的而且一直在扩张的商船队在纵横四海时不用担心受到外国干扰。到了 19 世纪 80 年代末，皇家海军的规模已经等于排在它身后的七个国家的海军规模之和。在 19 世纪最后 10 年里，其他如法国、美国、德国、俄国和日本海军，开始在部分海域或世界范围内挑战英国的霸权。1900 年，当德国通过海军法案开始打造公海舰队之后，英国海军的主要威胁变成了德意志帝国海军。在此之前，德国的舰队也就比海岸警卫队稍微强一点。1900 年之后，德国开始下水与英国同等战舰相仿的战列舰。此时德国已经开始建造不仅能为战列舰担任侦察任务，也能劫掠对方商船的巡洋舰。德国海军扩张计划的设计师是海军上将冯·提尔比茨，他迷恋于建造战列舰。他的海军哲学可以被形容为"冒险理论"，即用一支战列舰舰队来威胁英国皇家海军，虽然没有大到足以在英国领海打败皇家海军，但是能通过奇袭以造成严重杀伤的方式来造成威胁。

　　德皇威廉二世尽管是半个英国人，也是帝国海军的名誉上将，对提尔比茨的冒险理论却是全身心支持。对于英国世界地位的爱与恨影响了他的战略思维。他希望德国的战列舰舰队能追上甚至超过英国的舰队，但也清楚德国庞大陆军的开支已经让他无望拥有如此规模的舰队。他同样希望按照英国的模式打造一个海外帝国。这就要求建造一支巡洋舰队用于海外任务。提尔比茨一开始对建造巡洋舰没什么意见，但是当 1900 年海军法案通过之后变得很排斥。但是那时候德国的海外扩张已经全面展开。这是伴随德意志第二帝国的贸易扩张进行的。到 19 世纪末，德国的贸易公司已经在非洲东、西和西南部，以及新几内亚和太平洋岛屿建立了桥头堡。到 1914 年，德国的旗帜已经飘扬在德属东非（如今的坦桑尼亚本土）、多哥和西非的喀麦隆、巴布亚新几内亚北部以及太平洋上的俾斯麦群岛、马绍尔群岛和萨摩亚群岛。其中的一些地区的领土是被德国彻底吞并，其他一些如加罗林群岛，只不过是偏僻的岛礁而且没有明显的价值，是从因 1898 年美西战争战败后走向衰弱的西班牙手中强行购买的。德国还和其他欧洲列强一起在 1894 年中日战争之后强占了中国的沿海城市。德国得到的是黄海边的青岛，之后很快就将此地建成设备齐全的港口以供德国远东巡洋舰队之用。

　　德国的海外领地也是和英国一样用无线电与本土联系。然而德国深刻地认识到自己的电缆网络的脆弱性，因此也在早期就对无线技术进行了投资，并在

1914 年拥有了世界上"最先进的无线电网络"。[8] 德国顶尖的无线广播公司德律风根是"连续波"传输的先锋，这种技术能够使用大量单独的频道并因此"极大地提高'可以无线传输'的信息的传输量"。[9] 德律风根还努力扩大德国政府的发射站的广播范围。到 1914 年，位于柏林郊外的瑙恩的主发射器，已经可以将信号发送到 3000 英里外的多哥卡米纳，再通过卡米纳可以与德属西南非洲的温得和克、德属东非的达累斯萨拉姆和喀麦隆的杜阿拉进行联系。在加罗林群岛上的雅蒲和安加尔岛、马绍尔群岛的瑙鲁、萨摩亚群岛的阿皮亚、俾斯麦群岛的拉包尔和中国青岛，德国也建立了其他的无线电通讯站。但是还有更远的通讯站就在柏林和多哥的覆盖范围之外，只能依靠电缆接受信息，比如利比里亚的蒙罗维亚和巴西的佩纳姆布科之间的通讯，这两地都属于德国但在 1914 年时成为中立领土。

到 1914 年时，德国所有大型战舰和英国、美国、法国、意大利和俄国的同类舰只一样也配备了无线电设备，在条件良好的情况下能够把信号传送到 1000 英里外。这一点在第一次世界大战爆发之初对于德国海军的行动来说十分重要，因为英国因在有线通讯领域的统治地位而产生自满，在建设岸基无线电发射设施方面远远落后于德国。到 1909 年时，英国只有三座远程无线电台，分别位于英国的克里索普思、直布罗陀和马耳他。尽管 1912 年英国政府与马可尼公司签署了一份合同，雇佣后者建设一个帝国无线电网，但这要到 1915—1916 年间才能建成，因此在一战爆发时，英国的无线电通讯站，包括位于遥远的南大西洋殖民地福克兰群岛的都是些低功率、通讯距离短的设施。当时英国的战略通讯是靠电缆网络维持的，而且帝国防务委员会确信，能够切断英国海底电缆的只有英国自己。英国当时拥有 28 艘电缆船，而全世界其他国家的电缆船加起来只有英国的一半。[10]

因此当 1914 年一战爆发时，大洋深处的海战将以奇怪的方式开展：一支紧凑的只能间歇性地与本土进行联系的德国巡洋舰队，对阵一支数量更加庞大的——还得到了日本、法国和俄国海军的支援——用有线和无线电通讯进行控制的英国舰队。从技术上说，英德两国海军司令所掌握的情报和指挥手段都已经远远好于 1798 年的纳尔逊和拿破仑，但中间的差距与两个时代的战场地中海与太平洋之间的差异却一样大。而且英德舰队之间的碰撞离散，依然和纳尔逊时代一样充满随机性。

科罗内尔之战

1914 年 8 月 4 日英国与德国之间爆发战争时，双方的海军主力战列舰舰队都集中在各自的本土基地。德国的公海舰队在北海沿岸的港口，英国的斯卡帕湾大舰队位于苏格兰北部外海的奥克尼群岛内。英国大舰队以 21 艘无畏战列舰和 4 艘战列巡洋舰的实力，远超于德国公海舰队的 13 艘无畏舰和 4 艘战列巡洋舰。两支舰队同时都还有一些过时的前无畏舰，其中较新的将跟随战列舰队作战，较旧的被派往别处。德国人把较旧的前无畏舰部署到波罗的海，英国的则位于波特兰岛，用于封锁英吉利海峡。大舰队之所以选择斯卡帕湾作为基地是为了封锁德国舰队进入北海的通道。[11]

同时两支舰队都拥有大量的重型和轻型巡洋舰以及驱逐舰，英国的自然要多于德国。德国人把大多数这些舰只编入公海舰队，而英国的这类舰只从大战爆发之初就进驻北海南部的哈维奇，并积极地向着德国海岸巡逻。它们长期保持高度警惕，以防德国舰队"出来"，尽管按照策略它们只需要在能保证自身安全撤退时才要这么做。英国皇家海军希望摧毁威廉二世的舰队，而德国海军相反，只是想让英国舰队"处于危险"。但区别在于德国海军只要不与英国海军交战并待在港口就可以做到这点，所以只要德国海军避战不出，德国领海内的态势就是个十足的僵局。

只有在遥远的海域，才有可能发生类似纳尔逊时代的那种无法预见的遭遇战。地中海就是这样一个充满不确定的战场，而大战爆发之初德国海军的地中海支队（一支于 1912 年建立的，头衔很响亮但其实只有两艘战舰的部队）在这里取得了巨大的成功。德国的战列巡洋舰"格本"号与轻巡洋舰"布雷斯劳"号，躲过了英国地中海舰队的围猎，成功抵达君士坦丁堡并加入土耳其海军。1914 年 11 月初，两舰驶入黑海炮击俄国港口，并因此挑起了俄土之间的战争，并把俄罗斯的盟友英国和法国卷入进去。这一事件的后果之一就是加里波第会战爆发了。后果之二则是英国舰队司令特鲁布里奇"因为没能拦住德意志帝国海军'格本'号致其逃脱"而被送上军事法庭。[12]特鲁布里奇后来虽被判无罪但再未能出海指挥作战。对于这个纳尔逊最信赖的舰长的后代来说这是莫大的羞辱。

特鲁布里奇的判断失误令另一些人印象深刻，可能还影响到了二战爆发之初英国的另一个巡洋舰队司令。当时英国一艘重型和两艘轻型巡洋舰，即"埃克塞特"号、"阿贾克斯"号和"阿基里斯"号，在乌拉圭蒙得维的亚外海的拉普拉塔河口之战中，声称已经包围了德国一支"优势舰队"，但实际上对方只是装备11英寸主炮的袖珍战列舰"施佩伯爵"号。当时的英国舰队没有和特鲁布里奇在法庭上所被指控的一样无所作为，他们通过机动逼近"施佩伯爵"号，使其丧失了在射程和投射量方面的优势，最终只能选择逃亡。

"施佩伯爵"这个在战列舰下水时得到的名字，是为了纪念1914年另一位杰出的德国远洋舰队司令，德国东亚舰队巡洋舰中队司令马克西米利安·冯·施佩。施佩出身南德贵族家庭，是个天主教徒，他在性格上不同于主导德国陆军的东普鲁士新教徒。他是个敏感而热心的人，深受底层官兵尊敬，他的战斗精神和对德意志帝国的忠诚同样受到官兵们的认可。从某些方面来说，他和兴登堡、鲁登道夫以及德属东非的传奇指挥官冯·莱托·沃贝克一样，都是德国的优秀将领，他在海上的劫掠作战与沃贝克在非洲丛林里神出鬼没的游击战同样大放光彩。

1914年8月德国的远洋巡洋舰队有八艘战舰：其中五艘组成了东亚舰队巡洋舰中队（"沙恩霍斯特"号、"格奈森瑙"号、"莱比锡"号、"纽伦堡"号和"埃姆登"号，以中国青岛为基地）。"沙恩霍斯特"号与"格奈森瑙"号在当时被称为"装甲巡洋舰"，主要武备是八门8.2英寸主炮，最大航速20节。两舰都是在1907年下水，是德国海外舰队中顶尖的炮舰。"莱比锡"号、"纽伦堡"号和"埃姆登"号都属于轻巡洋舰，分别在1906至1908年间下水，实际上没有装甲，但配备了4.1英寸主炮，最高航速24节。同型舰还有部署在东非的"柯尼斯堡"号和"德累斯顿"号，它们在南美洲的大西洋沿岸巡航。在大战爆发时，"莱比锡"号正在墨西哥的太平洋沿岸，保护德国侨民免受墨西哥内战的伤害。"纽伦堡"号正赶来接替它，但是刚刚离开中国不远。"埃姆登"号得知欧洲局势紧张后刚刚离开中国青岛，前往中太平洋与舰队主力会合。它的任务是保护并带领运煤船前去加入施佩伯爵舰队，以防备碰上敌军巡洋舰。

德国海军的创建者提尔比茨曾经反对花钱建造巡洋舰。1897 年 6 月他在成为德意志帝国海军计划的备忘录中写道："针对英国的商船劫掠和破交战没有取胜的希望，因为我们在海外缺乏基地而英国的海外基地众多，因此我们不必考虑这种作战。"[13] 虽然后来他改变了看法，但这一计划决定了 1914 年德国舰队的构成和分布对于英国十分有利。客观来说，提尔比茨也是正确的，在过去 250 年里英国零零星星地积累起了一大堆遍布世界的基地——其中一些在之后的英德巡洋舰对决中十分重要——中国的香港，东印度群岛的新加坡，阿拉伯半岛的亚丁，印度洋上的科科斯和基林群岛以及南大西洋的福克兰群岛。这样的基地有数百个，配有海底电缆和无线电设施，更重要的是有燃煤储备。

燃油当时刚刚取代煤成为最新的战舰燃料，比如英国新式的快速战列舰"伊丽莎白女王"级就是烧油的。其他依然依靠燃煤的战舰需要至少每周返回基地一次，或者采用更烦琐的方式，在锚地或开阔海域（如果天气允许）与一艘运煤船会合，再从后者那里获得数百吨燃料。这项工作单调而艰苦。英国皇家海军由于拥有众多补给站可以省去这一麻烦，但德国巡洋舰队只能被运煤船所拖累，或者与运煤船分开行动并提前约好下次会合的时间和地点。

尽管面临困境，尽管没得到提尔比茨的批准，德国的海外舰队从宣战的一刻起就发起了对商船的战争。德国海军的命令是这样说的："一旦与大不列颠开战，或与包括大不列颠在内的联盟开战，所有在海外的战舰除非收到别的命令否则应立即展开巡洋舰作战，不适合这种作战类型的舰只则担任辅助巡洋舰。作战海域包括大西洋、印度洋、太平洋……我们的海外战舰在战时既不要指望得到增援也不会有充足的补给……巡洋舰作战的主要目的是摧毁敌人的贸易。为达成这一效果，在必要时可与实力均等或较弱的敌军交战。"[14] 威廉二世对巡洋舰指挥官的个人指示还要更详细，要求他们在所有情况下寻求体面的战果，这里体面指的是战至最后一刻。德皇的指令并没有否定前者，前者的战术思想实际上更有利于德国海外舰队取得胜利，因为 1907 年德国东亚舰队在当地就拥有了超过法国、俄国甚至英国当地舰队的优势。这点很乐观但并非不现实，后来的事情也证明了这点。德国的殖民地海军在大战爆发之前数年，形成了一支团结的队伍，在人员与物质方面都属上乘。而他们在当地的对手很难说能有这种面貌，尽管在数量上有优势，他们却是用二流的船员操控众多老旧的战舰但又自认不可战胜。

无法否认的是德国的对手的海上贸易系统是十分强大而又十分脆弱的。德国拥有 2090 艘蒸汽商船，是当时世界第二大海上商业强国，这一点在解释德国为何建造公海舰队时常被忽略。但是德国的商船队远远落后于第一大国英国，后者拥有 8587 艘蒸汽商船，再加上大英帝国其他领地的商船，总共占到全世界海运力量的 43%。它们航行在每个海域的每条航线上，不但承载着全球贸易的大部分，也向英国本土输送着生存所必需的物资，包括英国所需粮食的三分之二。[15] 但英国海军部一开始并不支持为商船提供护卫，因为在 1793—1815 年间与法国的战争中，这种任务占用了皇家海军大量的精力。所以除了护航，英国海军部直到 1914 年都没有任何保护商船的计划，这一直持续到 1917 年 U 艇危机爆发。在战争爆发之初及其后的三年里，英国海军部仍相信浩瀚的海洋可以保护独自航行的商船。

当然英国海军部也希望自己的远洋舰队如果参战，能追踪到并摧毁敌人的劫掠船。尽管英国把大多数各级现代化战舰集中于北海或附近，其他的战舰仍然足够确保英国在世界其他远洋水域的海上霸权，这些战舰分布于英国海军八个传统的海外驻地：中国、新西兰、澳大利亚、北美和西印度群岛、南美、非洲、地中海，东印度群岛。进驻这些地方的一些战舰——内河炮舰和老旧巡洋舰——在大战爆发时已不适合在大洋作战。其他还能参加战列线交战的包括驻中国的老式战列舰"胜利"号，装甲巡洋舰"米诺陶"号和"汉普郡"号，轻巡洋舰"纽卡斯尔"号与"雅茅斯"号，驻东印度的老式战列舰"敏捷"号、轻巡洋舰"达特茅斯"号和老旧轻巡洋舰"狐狸"号，以及驻澳大利亚和新西兰的现代战列巡洋舰"澳大利亚"号和皇家澳大利亚海军的"悉尼"号与"墨尔本"号轻巡洋舰，还有老旧轻巡洋舰"遭遇者"号和"先驱者"号。澳大利亚和新西兰（已经为战列巡洋舰"新西兰"号付款，但是随着大舰队在英国本土服役）已经同意在战时条件下将战舰交由英国海军部控制。

　　上述船只虽然有 14 艘之多，但在质量上却差别很大。"澳大利亚"号可以击沉任何一艘德国殖民地巡洋舰而自身不会有任何风险，但是在大战爆发时，它却忙于护送澳新远征军的运兵船；"达特茅斯"号、"悉尼"号和"墨尔本"号与德国的现代化轻巡洋舰相当；英国的装甲巡洋舰"米诺陶"号和"汉普郡"号已经过时了，比不上德国同型舰。此时装甲巡洋舰成了一种异类：打不过战列巡洋舰，追不上轻巡洋舰，只能跟自己的同类型战舰一战。对于皇家海军来说，不幸的是在即将到来的巡洋舰之战中，己方的装甲巡洋舰不如德国的装甲巡洋舰，也不如对手新锐的战列巡洋舰。

　　一战爆发后的头几周，英国海军向海外驻地派遣了增援部队。指挥北美和西印度群岛驻地的海军少将克里斯托夫·克拉多克爵士得到了装甲巡洋舰"萨福克"号、"贝里克"号、"埃塞克斯"号和"兰开斯特"号。这些船没有一艘参加了巡洋舰交战，但是它们的姊妹舰"蒙茅斯"号被派往南美，它最终加入了克拉多克舰队并参与了反巡洋舰行动。另一艘被派给克拉多克的装甲巡洋舰"好望角"号也是如此，8 月 5 日克拉多克在此舰升起了自己的旗帜。克拉多克最后得到的援兵是两艘船，其中的老式战列舰"老人星"号是 1896 年下水的，它的 12 英寸主炮是由上了年纪的预备役人员操作的，它的主机舱则由一个后来被事实证明精神状态不适合服役的轮机长所监管。另一艘则是武装商船巡洋舰"奥特朗托"号。武装商船巡洋舰——在两次世界大战中都有使用，结果各异——是用班轮和快速货轮装上火炮改装而成的，由海军军官和普通海员操作，英国海军部希望这类船能为商船护航或作为劫掠船。事实上，在有利条件下它们确实能完成这些任务，但在其他时候与送死无异。

　　德国人同样也使用了一些武装商船巡洋舰。实际上诸如汉堡—美洲和北德意志—劳埃德等公司的高速班轮船队拥有世界上最快的客轮。这些客轮在大战爆发时立即进入中立港口避难，尤其是那些在北美和南美的船；但是这些船的船长，和他们大多数水手一样，都属于德国海军预备役人员，随时准备在条件许可时加入德国海军的劫掠队。当这些船获得火炮和弹药后，很快成了商船战中的厉害角色。

　　其他参与商船战的船只来自法国、俄罗斯和日本海军。法国海军依托在印度支那和太平洋岛屿的基地，在东亚海域部署了几艘巡洋舰和驱逐舰，包括"杜布雷"号和"蒙卡尔姆"号；俄罗斯海军在日俄战争后已经不算太平洋的重要海上力量，尽管在远东也部署了一到两个单位；日本海军在 8 月 23 日与德国开战，使得太平洋的海上力量天平向不利于德国的一边倾斜；日本的陆军曾经接受德国训练，实际上与德意志第二帝国没有发生过冲突。向德国宣战是出于日本狭隘的私欲。日本正确地估计到，只要和英国法国站在一边，就有可能获得德国的马里亚纳群岛、加罗林群岛和俾斯麦群岛。在短期内，日本加入反德联盟对于限制德国巡洋舰的威胁也确实十分重要。而从长期来看，日本吞并德国在中太平洋和南太平洋的岛屿，为其在 1941—1942 年成功入侵欧洲国家和美国在太平洋的领地奠定了基础。尤其是德国在巴布亚群岛的主要基地拉包尔，成为日本在 1942—1943 年与美国和澳大利亚在新几内亚和所罗门群岛作战的主要军事基地。

日本从 9 月 2 日开始围攻中国青岛，真正与德国进入交战状态。青岛之战持续到 11 月 7 日，德国守军知道抵抗是毫无希望的，但仍进行顽强战斗。两艘海防炮艇"S.90"和"美洲虎"号与日本登陆舰队激烈交战。德国守军依托堡垒顽强防守，最后在猛烈炮击之下才放弃阵地。德军的要塞指挥官从 8 月 14 日开始就失去了与外界的联系，因为英国的电缆船"巡逻"号切断了青岛与上海和烟台的电缆。[16] 随着德国东亚舰队巡洋舰中队在数周前离去，以海军步兵为主的当地守军也失去了任何逃脱的希望。6 月 14 日，舰队司令施佩伯爵在与英国对手共进晚餐之后，离开青岛并以最友好的方式带领重型船只驶向德国的太平洋岛屿。在 7 月的最后几周内，当欧洲危机加剧的消息传到他手里时，施佩说服柏林取消让"纽伦堡"号返回青岛的命令，而是召唤它前往加罗林群岛外围的波纳佩岛与他会合。8 月 4 日在该岛，施佩得知英国已经对德宣战，但是"智利对德友好中立"而"日本将保持中立"。[17]

根据这部分正确的消息，施佩立即制定了自己的行动策略。在离开青岛时，他指示"埃姆登"号的舰长冯·穆勒，他的首要任务是保护好运煤船，这是在"关系紧张"时巡洋舰队保持机动性的保障。当时施佩的舰队正前往马里亚纳群岛的异教徒岛，"埃姆登"号正试图重新加入该舰队。在得知英国驻中国的舰队包含了一艘战列舰，即皇家澳大利亚海军的"澳大利亚"号，单这艘船就可以摧毁施佩的整个舰队，而且英国舰队正在南下的消息时，施佩在 8 月 5 日向异教徒岛前进并于一周后在那里与"埃姆登"号、武装商船巡洋舰"埃特尔·腓特烈亲王"号和补给船"约克"号会合，这支舰队还带来了四艘运煤船。同时施佩也得知了一个危险的信号：在前往异教徒岛的一路上，已有四艘德国运煤船被英国战列舰"胜利"号和装甲巡洋舰"米诺陶"号（6 月时施佩还在上面与英国人友好地共进晚餐）击沉或俘获。

西北太平洋对于东亚舰队来说很明显是危机四伏的地方了。不久之后，这地方又变得更加凶险——日本于 8 月 23 日对德宣战。1905 年日本帝国海军彻底打败了俄国海军，此时拥有三艘无畏舰和四艘战列巡洋舰，都是刚刚在日本建成的，还有七艘重巡洋舰和一些其他巡洋舰与驱逐舰。日本海军当时还不是世界一流的海上力量，这得等到 20 年后，但是日本海军已足以吞没德国东亚舰队。施佩没时间再等下去了。西面和南面有英国舰队，北面有日本海军，南面还有澳大利亚海军，他决定前往东南方向的智利，当地有众多德国侨民与企业，较为同情德国，而且智利沿海众多迷宫一样的海岸线有助于隐藏一支劫掠舰队。

在离开异教徒岛时，施佩同意进行一次分兵。分兵违反了基本的军事准则，但当时的决定并没有错。施佩的目的是迫使敌人也进行分兵，以降低德国舰队被发现的概率，也减少敌人在海上拦截德国商船的机会。当时施佩手下只有"沙恩霍斯特"号、"格奈森瑙"号、"纽伦堡"号和"埃姆登"号，并在等待"莱比锡"号和"德累斯顿"号的加入，正常来说他应当尽可能增强自己的实力。尽管如此，他还是听从了"埃姆登"号船长冯·穆勒的建议，分头行动把舰队中速度最快的船派往印度洋，这样他才能大范围地迷惑敌人并对英国的利益造成严重伤害，尤其是在沿着大英帝国的宝贵领地印度的海岸巡弋时。8 月 13 日下午，施佩向穆勒下达了一份书面命令："在此将'马尔科曼尼亚'号（一艘运煤船）分配给你，你将被派往印度洋并尽最大努力发起巡洋舰作战。"[18]"埃姆登"号的传奇就此开始，其戏剧性不逊色于纳尔逊手下任意一艘巡航舰，接下来几个月的海战"埃姆登"号将使对战双方都永生难忘。

因此在施佩横渡太平洋，跨过东经 120 度，在南太平洋向英国海军发起挑战时，只带着三艘战舰，另外随行的还有"埃特尔·腓特烈亲王"号武装商船巡洋舰，八艘运煤船和补给船，以及被"埃姆登"号在从青岛而来的路上在马绍尔群岛俘获的前俄国商船"梁赞"号，后被改名"科尔莫朗"号武装商船（用从一艘被裁撤的海岸炮舰上取下的火炮进行武装）。8 月 19 日至 22 日期间，施佩在异教徒岛环礁的泻湖里补充燃煤，之后驶向同样属于马绍尔群岛的马朱罗岛。在路上他派遣"埃特尔·腓特烈亲王"号和"科尔莫朗"号去劫掠商船。前者不久返回，后者由于燃料耗尽被迫被扣押在美国关岛。施佩还派"纽伦堡"号前往已经归属美国的火奴鲁鲁，在这里可以通过电缆向柏林发送信息。他的考虑很周到。"纽伦堡"号上次被外人看到还是在墨西哥沿岸，而它加入德国东亚舰队的消息并没有传出去。因此它前往火奴鲁鲁并不会暴露施佩的行踪。

9 月 2 日，"纽伦堡"号在偏僻的圣诞岛与施佩的舰队重新会合，同时光顾了附近的范宁岛，切断了斐济和火奴鲁鲁之间的英国电缆。这一行动存在着暴露行踪的风险，但接下来一个月施佩继续一反常态地十分鲁莽。在圣诞岛他决定前往萨摩亚，那里已不再属于德国，因为上个月新西兰远征军已经将其占领。他也承认在萨摩亚可能会遭遇优势敌军，甚至碰上"澳大利亚"号，但他也乐观地认为如果在黎明时靠近敌舰他可以用鱼雷取得优势。在发现萨摩亚的港口里空空如也后，施佩命令舰队向往东 500 英里以外的苏瓦洛岛前进，希望在那里补充燃煤，但由于海况恶劣不得不转而前往法国社会群岛的博拉博拉岛，当地的居民还没听说战争爆发的事。施佩的船在此地补充燃煤时，岛民还向他们提供了新鲜食物。施佩的下一个目标是法属塔希提的首府巴比提，但是当地驻军已经得知战争爆发的消息，他们把库存的煤点着并进行抵抗。此地也没有无线电站。但是就在施佩离开后，法国总督派一艘船向萨摩亚送去了一份报告，并在 9 月 30 日转达给了英国海军部。

自从俾斯麦群岛上的拉包尔落入澳大利亚之手后，柏林就与德国东亚舰队失去了联系，拉包尔与瑙恩的联络也被切断。柏林因此决定不再试图控制施佩的行动或者战略，但德国海军高层希望施佩前往南美，并经过合恩角进入大西洋。与之相反，英国海军部主要担心施佩向西威胁澳大利亚水域或印度洋，"帝国护航队"正通过这里把澳大利亚、新西兰和印度士兵运往欧洲。而冯·穆勒带着"埃姆登"号悠闲地往西横渡太平洋后，正在印度洋重创英国的商船运输，他的战果极大加重了英国海军部的这一忧虑。

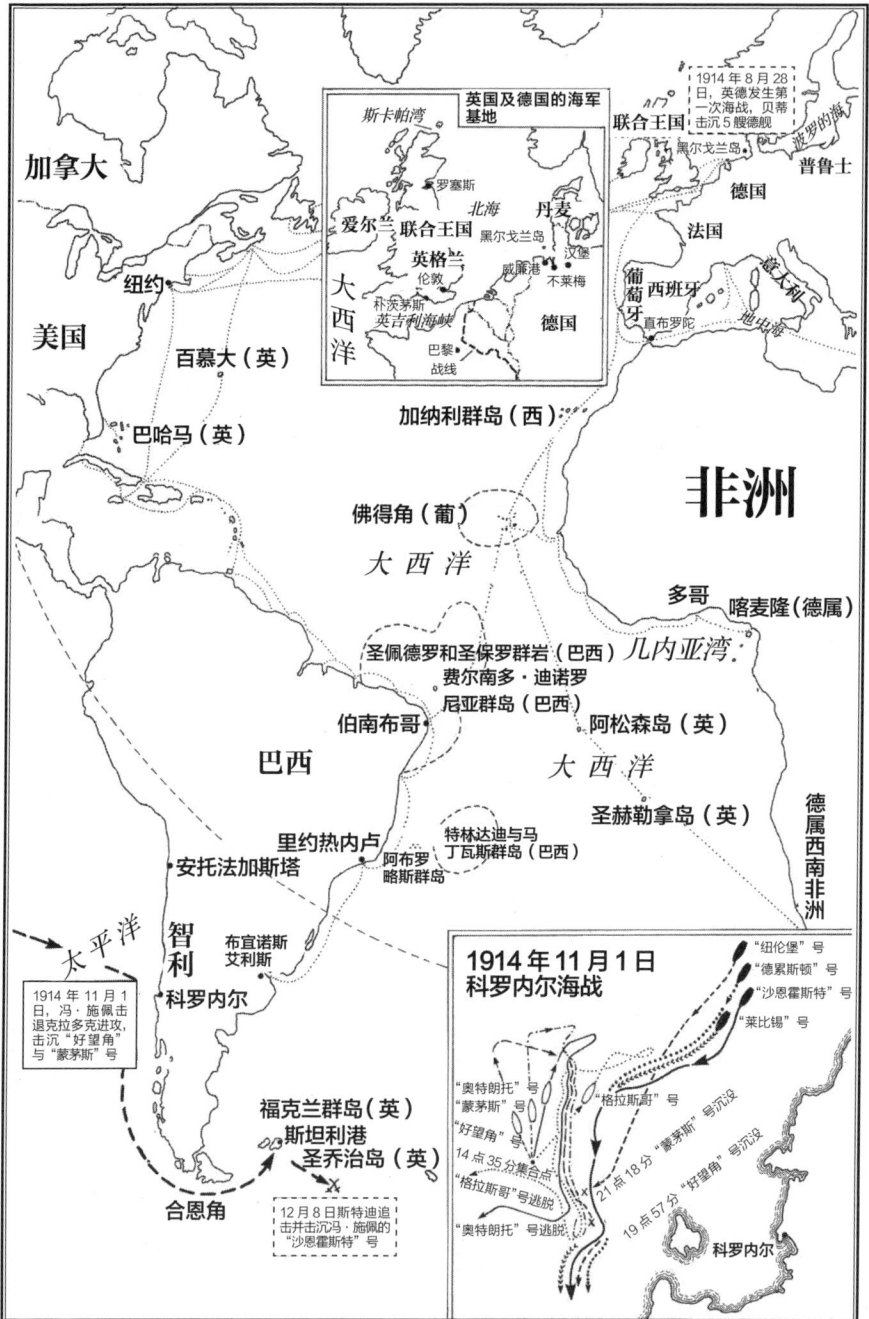

地图相关文字：

斯卡帕湾

1914 年 8 月 28 日，英德发生第一次海战，贝蒂击沉 5 艘德舰

加拿大

英国及德国的海军基地

联合王国

逆风的海

普鲁士

纽约

罗塞斯

北海

丹麦

德国

爱尔兰

联合王国

黑尔戈兰岛

汉堡

法国

美国

英格兰

伦敦

黑尔戈兰岛

威廉港

葡萄牙

西班牙

意大利

百慕大（英）

大西洋

朴茨茅斯

英吉利海峡

不莱梅

直布罗陀

地中海

巴黎战线

德国

巴哈马（英）

加纳利群岛（西）

非洲

佛得角（葡）

大西洋

多哥

喀麦隆（德属）

圣佩德罗和圣保罗群岩（巴西）

几内亚湾

费尔南多·迪诺罗

伯南布哥

尼亚群岛（巴西）

阿松森岛（英）

巴西

大西洋

里约热内卢

特林达迪与马丁瓦斯群岛（巴西）

圣赫勒拿岛（英）

安托法加斯塔

阿布罗略斯群岛

德属西南非洲

太平洋

智利

布宜诺斯艾利斯

1914 年 11 月 1 日，冯·施佩击退克拉多克进攻，击沉"好望角"与"蒙茅斯"号

科罗内尔

福克兰群岛（英）

斯坦利港

圣乔治岛（英）

合恩角

12 月 8 日斯特迪追击并击沉冯·施佩的"沙恩霍斯特"号

1914 年 11 月 1 日科罗内尔海战

"纽伦堡"号
"德累斯顿"号
"沙恩霍斯特"号
"莱比锡"号

"奥特朗托"号
"蒙茅斯"号
"好望角"号

"格拉斯哥"号

14 点 35 分集合点

"格拉斯哥"号逃脱

21 点 18 分"蒙茅斯"号沉没

19 点 57 分"好望角"号沉没

"奥特朗托"号逃脱

科罗内尔

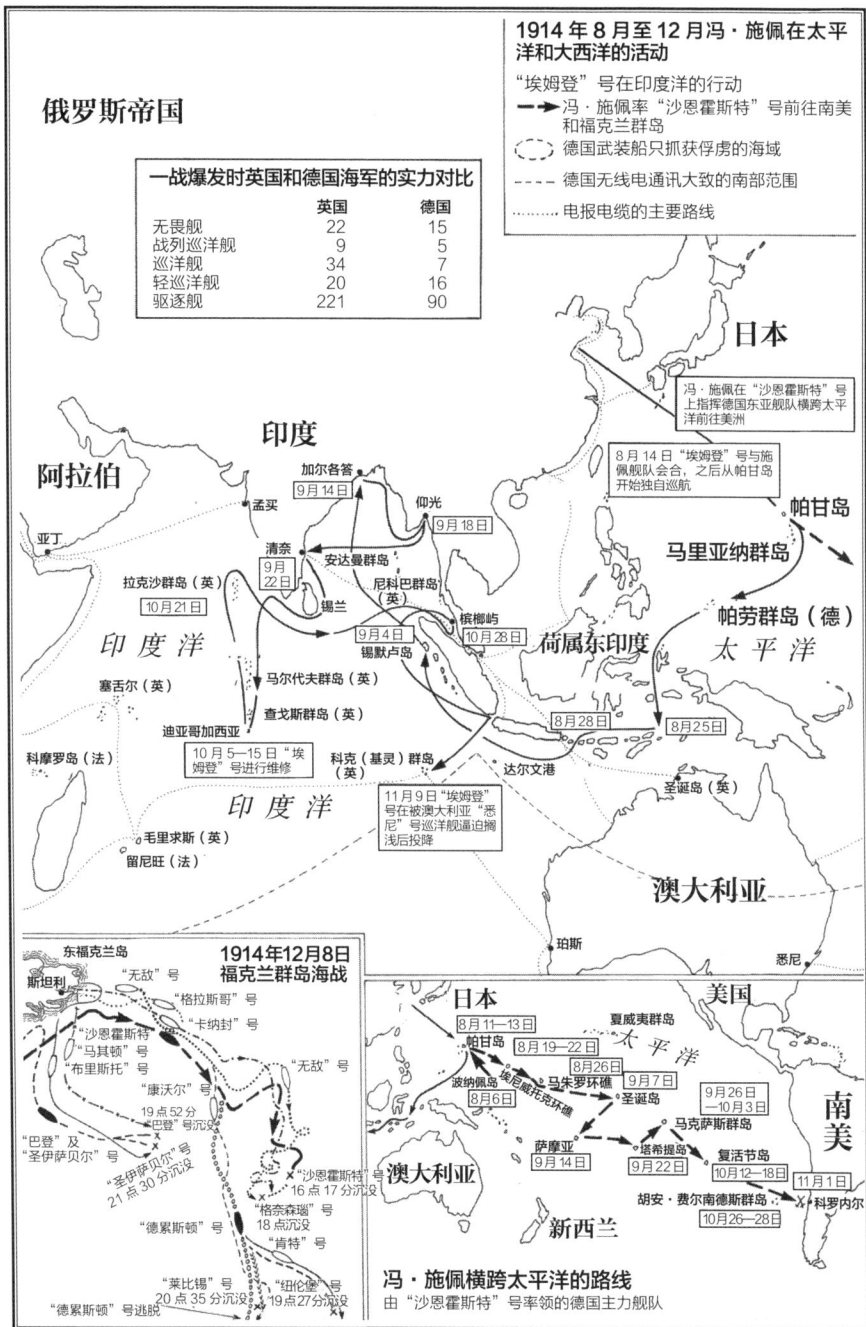

俄罗斯帝国

1914年8月至12月冯·施佩在太平洋和大西洋的活动

"埃姆登"号在印度洋的行动

➡️ 冯·施佩率"沙恩霍斯特"号前往南美和福克兰群岛

德国武装船只抓获俘虏的海域

--- 德国无线电通讯大致的南部范围

...... 电报电缆的主要路线

一战爆发时英国和德国海军的实力对比

	英国	德国
无畏舰	22	15
战列巡洋舰	9	5
巡洋舰	34	7
轻巡洋舰	20	16
驱逐舰	221	90

日本

冯·施佩在"沙恩霍斯特"号上指挥德国东亚舰队横跨太平洋前往美洲

8月14日"埃姆登"号与施佩舰队会合，之后从帕甘岛开始独自巡航

帕甘岛

马里亚纳群岛

印度

阿拉伯

加尔各答
孟买
9月14日
仰光
9月18日
亚丁
清奈
9月22日
安达曼群岛
拉克沙群岛（英）
10月21日
尼科巴群岛（英）
锡兰
槟榔屿
10月28日
帕劳群岛（德）
太平洋

印度洋
9月4日
锡默卢岛
塞舌尔（英）
马尔代夫群岛（英）
荷属东印度
科摩罗岛（法）
迪亚哥加西亚
查戈斯群岛（英）
10月5—15日"埃姆登"号进行维修
科克（基灵）群岛（英）
达尔文港
8月28日
8月25日
圣诞岛（英）

印度洋
毛里求斯（英）
留尼旺（法）
11月9日"埃姆登"号在被澳大利亚"悉尼"号巡洋舰逼迫搁浅后投降

澳大利亚

珀斯
悉尼

1914年12月8日 福克兰群岛海战

东福克兰岛
斯坦利
"无敌"号
"格拉斯哥"号
"卡纳封"号
"沙恩霍斯特"号
"马其顿"号
"布里斯托"号
"康沃尔"号
"无敌"号
19点52分
"巴登"号沉没
"巴登"及"圣伊萨贝尔"号
21点30分沉没
"圣伊萨贝尔"号
"沙恩霍斯特"号
16点17分沉没
"格奈森瑙"号
18点沉没
"肯特"号
"德累斯顿"号
"莱比锡"号
20点35分沉没
"纽伦堡"号
19点27分沉没
"德累斯顿"号逃跑

日本
8月11—13日
夏威夷群岛
8月19—22日
帕甘岛
8月26日
波纳佩岛
8月6日
贾鲁伊特环礁
朱莫罗环礁
9月7日
圣诞岛
9月26日—10月3日
马克萨斯群岛
萨摩亚
9月14日
塔希提岛
9月22日
复活节岛
10月12—18日
胡安·费尔南德斯群岛
10月26—28日
科罗内尔
11月1日

澳大利亚
新西兰

美国

太平洋

南美

冯·施佩横跨太平洋的路线

由"沙恩霍斯特"号率领的德国主力舰队

为了应对可能出现在南大西洋的施佩，英国海军部在 9 月第一周就把战舰分散出去。基于地区局势，尤其是墨西哥的内战，英国在 8 月份已经在加勒比海集中了部分战舰。英国北美驻军指挥官克里斯托弗·克拉多克爵士在 9 月 3 日报告，"'好望角'号（装甲巡洋舰）……正在访问圣保罗群岩，将会在 9 月 5 日抵达伯南布哥等候命令，'康沃尔'号（装甲巡洋舰）通过无线电报告正往南前进。'格拉斯哥'号（轻巡洋舰）报告正与'蒙茅斯'号（装甲巡洋舰）和'奥特朗托'号（武装商船巡洋舰）前往麦哲伦海峡（即合恩角，有报告称数艘德国舰只出现在此地，据推测是运煤船，而且来自中国、太平洋和大西洋的德国巡洋舰可能再次集中）。"[19] 对于一个不了解海军部的情报的指挥官来说，克拉多克的判断十分准确。伯南布哥位于巴西东边，毗邻阿根廷的主要贸易航线，英国输入的大部分的牛肉要经过这里。圣保罗群岩在伯南布哥外海，很可能是德国商船劫掠舰队补充燃煤的地方。在第二次世界大战时，德国 U 艇经常在这里与补给船会合。而克拉多克指出，南美港口满是当地德国间谍机构租用的，用来给商船劫掠舰队补给的运煤船。

之后，克拉多克因为找不到"德累斯顿"号和另一艘轻巡洋舰"卡尔斯鲁厄"号而心神不宁。其实他不必担心"卡尔斯鲁厄"号——在西印度群岛的偏僻岛屿最后一次被人目击并消失之后，它在 11 月 4 日因为弹药库自爆而沉没了。三个月后英国方面才知道这一事件，但由于无法掌握它的行踪，克拉多克在 9 月份和 10 月份一直没法理顺思绪。"德累斯顿"号对克拉多克来说一直是个威胁。为了防止它进入太平洋，9 月初克拉多克派出了"格拉斯哥"号、"蒙茅斯"号和"奥特朗托"号前往麦哲伦海峡。与此同时，"德勒斯顿"号在拉普拉塔河口外击沉一艘英国运煤船后，也转移到了麦哲伦海峡，之后根据德国海军部的建议"与'莱比锡'号一起行动"，在 9 月 18 日驶入了太平洋。"德累斯顿"号的动作激怒了克拉多克，他带领"好望角"号（他的旗舰）向南也驶向麦哲伦海峡，并要求"格拉斯哥"号和"蒙茅斯"号在 9 月 14 日与他会合。克拉多克的南下之旅最后迎来了灾难性的结局。

欧洲与南美海域之间的联系十分复杂。英国海军部利用英国完整的电缆网络把信息送到乌拉圭的塞里托，再从那里用无线电发送到福克兰群岛上的低功率无线电站，以此来以较快的速度联系到位于南大西洋的舰队。而往南太平洋发送信号则相对较为困难。来自福克兰群岛的信号时常到不了太平洋，因为受到大气层和安第斯山脉的阻挡。因此太平洋上的英国舰队要定时派战舰前往沿岸港口利用有线电报获取信息，这样就会出现数日的通讯延迟。而德国则通过瑙恩的无线电发报站把信息发送到尽可能远的地方，由德国驻外领事们获得后，再利用有线电报发送给离施佩最近的港口内的德国商船。一些美洲国家的政府并未严格遵守中立规定，他们的商船船长有时会帮忙把收到的无线电信号向前转发，也会在按原路返回时把信号转发回港口。

9 月 14 日，英国海军部向克拉多克发了一封长长的电报，决定了克拉多克本人及其舰队走向覆灭的命运："'沙恩霍斯特'号和'格奈森瑙'号很有可能抵达了麦哲伦海峡或者南美洲西海岸……留下足够对付'德累斯顿'号和'卡尔斯鲁厄'号的部队。集合一支足以迎战'沙恩霍斯特'号和'格奈森瑙'号的舰队，把福克兰群岛作为你的燃料补给基地。在'防卫'号加入你之前，至少保持让'老人星'号或者一艘'郡'级（例如'格拉斯哥'号或类似的）战舰伴随你的旗舰。一旦你拥有优势兵力，以整个舰队搜索麦哲伦海峡，做好返回并保护拉普拉塔河口，或根据情报向北搜索至瓦尔帕莱索的准备。封锁德国的海上贸易并消灭德国巡洋舰。"[20]

这更像是一道战略而非战术指导，而且任务范围非常广泛。它要求克拉多克警戒南美洲的太平洋和大西洋沿岸，最北到达乌拉圭的拉普拉塔河口商船的集结地，以及另一个商船集结地——位于太平洋沿岸的智利瓦尔帕莱索。这道命令要求克拉多克同时执行海上破交和反巡洋舰作战。英国海军部允诺派"防卫"号支援他，但是该舰不久后又被留在地中海。如果克拉多克按计划获得"防卫"号，那么他不至于被德国舰队的优势火力压倒。该命令还把过时的"老人星"号战列舰当作与德舰相当的对手，而事实上两者不可同日而语，但命令却暗含了期待克拉多克取得胜利的意思。

这道命令反映了英国海军部对施佩舰队的位置一无所知。他们所知道的只有施佩在太平洋东南部，在范宁岛和合恩角之间，判断的根据是前者的无线和电缆通讯站被摧毁，后者则是定位失误误差达上千英里和数百度经度与纬度的结果。9月16日英国海军部发来了一份修正信息："形势发生了变化。'沙恩霍斯特'号和'格奈森瑙'号于9月14日在萨摩亚外海……向西北方向驶离（返回俾斯麦群岛）……立即封锁德国与美洲西海岸的贸易……没必要把巡洋舰集中起来。两艘巡洋舰加一艘武装班轮足以控制麦哲伦海峡和南美洲西海岸。报告你对于'老人星'号的意见。"[21]

来自萨摩亚的报告是两天前施佩因为判断失误而造访的结果。这对于施佩舰队来说本来会是个灾难，如果澳大利亚舰队在此地的话。两周之后施佩已经转移到偏远的马尔克萨斯群岛，法国在太平洋的最后一个前哨站。施佩可以在这里的封闭水域中补充燃煤，不知道欧战爆发的当地岛民也可以提供新鲜食物。之后施佩往更偏远的地方继续进发，首先抵达复活节岛，然后是胡安·费尔南德斯群岛，《鲁滨孙漂流记》的故事背景就是取材于此。在复活节岛，"德累斯顿"号和"莱比锡"号加入了大部队，两舰按照自己的猜测行动，判断能在10月1日至5日之间在复活节岛与施佩会合。施佩则是通过监听两舰之间的无线电信号首先获知它们的踪迹的。

而此时克拉多克还在南美洲的大西洋沿岸搜寻"德累斯顿"号，他与英国海军部之间的联络产生了越来越多的误导。9月25日，他碰上了一艘英国船只，后者在9月18日在合恩角附近曾被"德累斯顿"号追逐过，这时克拉多克才知道自己跑错了地方。觉得自己发现了敌人的踪迹后，克拉多克立即率领舰队驶向麦哲伦海峡，并进驻了智利的蓬塔阿雷纳斯港，因为英国领事馆人员确认"德累斯顿"号曾经到过此地，并以附近的橙湾作为基地。不过克拉多克在橙湾一无所获后就调转了航向，在经过一系列来回往复之后，克拉多克带着旗舰"好望角"号返回福克兰群岛，把武装商船巡洋舰"奥特朗托"号留在后面。但是在抵达福克兰群岛后，他立即派遣"格拉斯哥"号和"蒙茅斯"号前去和"奥特朗托"号会合并返回蓬塔阿雷纳斯，按照他对英国海军部指示的理解，命令它们在智利的太平洋沿岸开展巡洋舰作战。不过在福克兰群岛时，克拉多克从"奥特朗托"号得知，它监听到了德国海军的无线电信号，因此命令该船再次前往橙湾。在这里英国人发现了德国水手"到此一游"之类的涂鸦，显示"德累斯顿"号数天前来过这里。不过由于没把德舰逮个正着，克拉多克再一次返回福克兰群岛。

克拉多克因为后来的灾难性失利而广受指责，但当时他其实处于很不利的地位。他敏锐地意识到了危险——施佩的大型战舰可能位于太平洋但正试图突入大西洋；踪迹飘忽的德国轻巡洋舰正伺机对英国的海上贸易进行掠夺；克拉多克负责的战区内没有一个基地，除了福克兰群岛，但那里无法支持对太平洋的控制；德国定居者和外交官员渗透了整个巴塔哥尼亚地区，他们都愿意并准备好为德意志帝国舰队提供补给，为德国运煤船提供庇护并刺探英国皇家海军的动向。更大的困难还包括合恩角恶劣的天气，即便当时还是夏季的南半球，风暴、雨夹雪和大浪依然司空见惯。最重要的是，与伦敦联络困难一直困扰着克拉多克。而英国海军部又深陷于与德国公海舰队开战的担忧之中，他们试图制定一个全球性的战略，把宝贵的现代化战列舰与战列巡洋舰留在英国本土，同时希望那些维多利亚时代的老家伙们能够把德国海外的新锐巡洋舰堵在基地里。英国海军部的政治首脑温斯顿·丘吉尔此时正试图亲自指挥一次对比利时北部海岸的作战，而英国海军专业上的一把手，巴滕贝格的路易斯（路易斯·亚历山大·蒙巴顿）又因为是德国亲王而面临媒体攻击，他不久因此去职。这些事件对克拉多克的作战都毫无益处。

在这种情况下，克拉多克像是在两个大洋根据相互矛盾的指令疲于奔命：既要保护英国在大西洋的海上贸易又要消灭太平洋（如果这支舰队的确在太平洋的话）的德国东亚舰队。这也难怪他在 10 月之初几天的行动让人看不懂。不过，在他第二次搜索橙湾之后返回福克兰群岛时，他收到了英国海军部于 10 月 7 日发出的信息，其中最后透露施佩的下落并向他下达了不甚清晰的指令。

10 月 4 日，位于斐济苏瓦的无线电站截获了"沙恩霍斯特"号用商业电码发往德国的信息："'沙恩霍斯特'号正从马尔克萨斯群岛前往复活节岛路上。"[22] 众所周知这一信息是准确的。不管怎样，英国海军部于 10 月 7 日指示克拉多克"准备一起迎战德舰……'老人星'号应当伴随'格拉斯哥'号、'蒙茅斯'号和'奥特朗托'号，一起搜寻敌舰并保护我国海上贸易……如果你决定让'好望角'号加入这一行动，那就把'蒙茅斯'号留在东海岸"。[23]

不管怎样，问题节点在于英国海军部能否破解"沙恩霍斯特"号的密电。实际上在大战之初在澳大利亚海域一份德国的商用密电码本已经被缴获，但是似乎直到当年 10 月底它才被送到英国海军部。[24] 可能在某些地方这一密码本已经得到使用。更令人奇怪的是克拉多克对于英国海军部于 10 月 7 日发出的清晰无误的指令的反应。在 10 月 8 日的回复中，看起来他意识到施佩的重型战舰正在与轻巡洋舰会合，组成一支规模庞大的舰队。他同时报告他已经召集老旧的慢速战列舰"老人星"号前来福克兰群岛与他会合，他意图在此"集中并避免分散兵力"。随后他派遣"格拉斯哥"号、"蒙茅斯"号和"奥特朗托"号进入太平洋，并下达了"在发现德国巡洋舰之前不要到瓦尔帕莱索以北的海域"这一约束性很低的命令。同时他还在问询"防卫"号到了什么位置，此前该舰被许诺派给他但又被留在地中海。总的来说，克拉多克显然对于如果美国允许施佩舰队通过巴拿马运河，后者可能借此返回德国或在墨西哥湾发起商船劫掠战的情况感到不安。

10 月的最后两周里，英国海军部和克拉多克之间发生了灾难性的，并最终演变为悲剧的误解。英国海军部对在大西洋的军力进行了重新部署，意图在施佩躲过克拉多克追击并逃出太平洋时对克拉多克进行支援。其中的措施包括部署"防卫"号——这是最后的措施——和其他来自非洲驻军的巡洋舰，由斯托达特率领前往巴西突出部。英国方面希望日本舰队能部署在中部和西部太平洋，进一步限制施佩在大洋上的破坏力。而对于在关键海域——在瓦尔帕莱索和合恩角之间的南太平洋海区——如何部署兵力，英国海军部和一线指挥官克拉多克不出意外地又误解了对方的意图。

英国人计划中的问题在于"老人星"号的舰况和克拉多克对于自己对"防卫"号的权限产生误解。"防卫"号是装甲巡洋舰概念的终极样本，它吨位更大、航速更快，在火力与装甲方面"沙恩霍斯特"号和"格奈森瑙"号都不是其对手。如果它加入克拉多克舰队，正如克拉多克认为理所当然的，它将击败任何德国同级对手。"老人星"号尽管是艘战列舰，实力却不如以上三艘装甲巡洋舰。它装甲薄弱，12 英寸主炮射程只比德国舰炮稍微大点。"老人星"号胆小的轮机长曾试图说服该舰舰长以及克拉多克，它的航速不能超过 12 节，和瘸腿无异。因此，10 月 27 日克拉多克离开福克兰群岛前往太平洋时，向英国海军部汇报"低速的'老人星'号"使得"搜寻并摧毁敌人舰队变得不现实。因此希望追加'防卫'

号加入……'老人星'将被用于必要的运煤船护航任务"。[25] 不幸的是，英国海军对密电的解码有误，认为——因为误解"老人星"号的任务或克拉多克的意图而引起的——施佩的舰队已被围堵。如果施佩向北转移就会撞上强大的日本舰队的炮口。如果他向南，最终会碰上克拉多克的巡洋舰队，而英国海军部以为"老人星"号会在其中。很明显没人认为克拉多克会在没有"老人星"号的 12 英寸大炮的支援下，冒险与德国舰队交战。英国海军部因此认为"（南美洲）西海岸的形势安全"并且命令能够在火力和速度上击败施佩舰队的"防卫"号继续留在大西洋。作为成长于伊丽莎白时代的水手，克拉多克决心不再重蹈米尔恩让"格本"号与"布雷斯劳"号逃脱的覆辙，便带领一群不占优势的战舰进入太平洋，让"老人星"在身后 300 英里处蹒跚追赶。11 月 1 日接近傍晚时分，英德两支舰队在智利的科罗内尔港外海碰面了。

无线电信号已经暴露了两支舰队各自的行踪。克拉多克舰队沿着海岸徐徐开来，已被科罗内尔南部港口中的德国商船报告给施佩，而英国舰队已经连续数日接收到德国德律风根独特的传输信号。在施佩已经知晓克拉多克只带着几艘船逼近的同时，德国人巧妙地只用"莱比锡"号发送无线电信号，导致克拉多克误以为前面只有一艘德国巡洋舰。[26] 他似乎已经认定施佩整个舰队正在向北前往加拉帕戈斯群岛，以便伺机从西往东穿过巴拿马运河。为了验证他的假设，并借用电缆发送和接收电报，他派遣他最快的巡洋舰"格拉斯哥"号在 10 月 31 日前往科罗内尔港，并命令它在第二天返回本队。[27]

如果"格拉斯哥"号提早几个小时到达，或者多停留一会，克拉多克舰队最终的命运可能会被改写。在伦敦，老将约翰·费舍尔爵士刚刚上任第一海务大臣，英国海军部正在修正对于南美的态势评估，已经看到了危险的征兆，并下令"防卫"号立即前去加入克拉多克舰队，同时命令克拉多克不能在"老人星"号缺阵的情况下交战。"格拉斯哥"号走得太快而没有带回给克拉多克最新的信息。当它与"好望角"号、"蒙茅斯"号和"奥特朗托"号会合时，克拉多克舰队发现了德国舰队强烈的无线电信号，很明显是从很近的地方发送过来的。由于当时的技术还不支持无线电定向，克拉多克决定让舰队排成一线进行搜寻，每艘船间隔 15 英里——这一间隔自从纳尔逊时代以来就几乎没改动过——并开始寻找无线电信号来源。

克拉多克认为正在寻找单独一艘德舰。讽刺的是，此时就在附近的施佩也是这样认为的。在 10 月 27 日，他离开位于胡安·费尔南德斯群岛的亚历山大·塞尔扣克岛的燃煤补充基地之后，已经率领舰队沿着海岸游弋了三天时间，等待克拉多克的到来。但是在得知"格拉斯哥"号到访科罗内尔港之后，他认为可以先将其单独消灭。在他正把舰队布置成线型进行搜索时，看到了"格拉斯哥"号的排烟，后者刚刚在克拉多克布置的阵型中就位。几分钟之后德国舰队看到了其他英国船只，双方立即开始向战斗阵型转换。[28]

"格拉斯哥"号把"沙恩霍斯特"号及"格奈森瑙"号出现的消息，用无线电发送给 50 英里外的克拉多克——此时后者仍可以选择避免交战。因为"蒙茅斯"号和"好望角"号比德国巡洋舰更快，"格拉斯哥"号也不比德国轻巡洋舰慢。而虽然克拉多克可以改变航向进行逃离，但是"奥特朗托"号在速度方面并不在行，所以如果需要逃离，那么该舰可能不得不被牺牲掉，另外还有其他与荣誉有关的考虑——皇家海军有"逢敌必战"的信条。于是克拉多克命令各舰向"格拉斯哥"号靠拢、列阵，并迎着德国舰队而去。

合恩角同纬度上的南太平洋夏季是个艰苦的时节。1914 年 11 月 1 日也是如此。尽管天空晴朗阳光耀眼，但空气却十分寒冷，海面上时刻刮着六级风，不断吹着海水冲上甲板。克拉多克在战斗爆发之初的战术是保持在德舰火力范围之外，直到太阳落在他身后，让德国炮手的视线受到干扰。施佩则希望在黄昏的掩护下而英舰的轮廓依然在西方的海平线上时，尽快拉近双方的距离。在 18 点过 18 分钟时，克拉多克向 250 英里外的"老人星"号发送了无线电信号"我将向敌人发起攻击"。这听起来像是在告别。

德国人正在等待太阳西下，在近一个小时内没有开火，同时两支舰队慢慢地朝向南方靠拢。"格拉斯哥"号的一位军官记载，在 19 点左右时，"我们的轮廓被落日余晖映衬在清晰的海平面上，可以看到敌人的炮弹落下后激起的水花，而（敌人的）战舰黑暗的背景下模糊成低矮黑色难以辨认的形状。"[29] 德国舰队的大口径火炮总计有 12 门，射程超出英国战舰除了"好望角"号两门 9.2 英寸火炮之外的所有火炮。而英国的 6 英寸舰炮又无法触及小心控制距离的"沙恩霍斯特"号和"格奈森瑙"号。"被金黄色夜空衬托出清晰轮廓"的"好望角"

号与"蒙茅斯"号不断被击中，"格拉斯哥"号上面的一位军官记载，"在19点45分，此时天色已经很暗，'好望角'号和'蒙茅斯'号显然已经陷入困境。'蒙茅斯'号在熊熊烈火中向右舷倾斜……'好望角'号……只有少数几门炮在开火。甲板上的大火让它们越发耀眼。19点50分在它的主桅杆与后烟囱之间……发生了一次可怕的爆炸。猛烈的火焰冲到了300英尺高度以上，照亮了仍然被抛在高空中的碎片。它淡黑色的船体被暗淡的光线照亮。没人……真正看见它沉没的那一刻，但是它当时已不可能存活太久了。"[30]

"蒙茅斯"号尽管稍弱但仍在坚持战斗，还对"格拉斯哥"号的灯光问询信号："你舰尚好？""我舰想要把船艉压入水中，船舱正大量进水。"这是"蒙茅斯"号的遗言。"格拉斯哥"号观察到"（它）船头严重受损，向左舷倾斜，战舰内部的火焰照亮了上层后甲板的舷窗"。

此时"格拉斯哥"号的船长决定离开战场，以最快的速度从南面向"老人星"号驶去，其理由是无线电波里满是德军的干扰，需要向"老人星"号发警报。在"格拉斯哥"号逃跑时，"蒙茅斯"号在因为夜幕降临而看不见前方状况又被直接命中75发炮弹。不过这还没到它最后的时刻。快到21点时，德国轻巡洋舰"纽伦堡"号找到"蒙茅斯"号，发现"它的旗帜还在飘扬"然后再度发起攻击。"'蒙茅斯'号的旗帜依然飘扬并且转头冲向'纽伦堡'号，可能是准备撞击或者是用右舷火炮还击。冯·勋伯格舰长因此下令再次开火……'蒙茅斯'号无装甲防护的船体部分和甲板被炮弹直接撕开。它的倾斜度越来越大，在21点28分缓慢倾覆并沉入水中。冯·勋伯格从两个一直站在甲板上的军官处了解到，他们听到'蒙茅斯'号的军官一直在呼喊手下到炮位上来。（他们）显然一直在努力堵住漏水。"[31]

"好望角"号和"蒙茅斯"号两艘战舰的船员全部阵亡：总计1600人中，没有死于火炮轰击的人也丧命在了南太平洋寒冷黑暗的大海。而德军只有三人受伤。"格拉斯哥"号尽管被击中了五次，却没有出现任何伤亡。"奥特朗托"号也没有人员损失，它完全不适合参加战斗，在得到了克拉多克的批准后，谨慎地提早退出了战场。这两艘幸存的战舰以最快的速度向南逃走，找到"老人星"号并结伴返回福克兰群岛。1914年11月的科罗内尔海战，是自1812年北美战争以来英国海军的第一次失败，也是自 1781 年弗吉尼亚海岬战役以来，英国舰队的第一次失败。这一消息震惊了英国皇家海军、英国公众和英国海军部，但最受震动的还是高层指挥官丘吉尔和费舍尔。从他们得知这一悲剧的消息开始，就下决心要进行复仇。

寻找"埃姆登"

英国国内因为科罗内尔海战的失败而点燃的怒火，又因为施佩派出的商船劫掠者，冯·穆勒船长的"埃姆登"号的挑衅而更加旺盛。自从 8 月 13 日在菲律宾东部马里亚纳群岛的帕甘岛与德国东亚舰队巡洋舰分队分开之后，冯·穆勒一路慢慢地驶向印度洋，他正确地意识到在那里将会有很大的收获。荷属东印度群岛之间的水道是从加尔各答、新加坡通往香港和上海的繁忙航运路线。印度洋本身是英国的"内湖"，里面向来满是客轮和商船，现在还多了英国政府包租的，正把用于作战的人员物资从印度运往埃及和欧洲的船只。

冯·穆勒不紧不慢地开始了后来成为 18 世纪以来最为轰动的商业劫掠作战。在 8 月底被一艘海岸防卫战列舰警告不要进入荷兰帝国的中立水域后，9 月 5 日他转头驶向印度洋，途中通过监听无线电还避开了英国皇家海军的巡洋舰"汉普郡"号，同时俘获了一艘中立船只"蓬托波罗斯"号，不过上面装运的是英国政府的煤炭。"埃姆登"号随后带着"蓬托波罗斯"号一起行动，去和自己的运煤船"马尔科马尼亚"号会合。9 月 10 号，穆勒俘获了一艘空的运兵船"印度河"号，在洗劫一番后将其击沉。对于一艘只有 3993 吨的船来说，"印度河"号少见地拥有一套无线电装置，不过德军在其发出警报之前就控制了舰桥。9 月 11 日，"卡宾加"号成为穆勒的另一个猎物。穆勒把俘虏送到这艘船上然后打发它逃离，这种骑士行为让穆勒赢得了甚至包括敌人在内的国际赞誉。9 月 3 日，"埃姆登"号拦截了装载劣质煤的"基林"号，用火炮将其击沉。同日，穆勒又拦截和击沉了锡矿运输船"外交官"号。这一战果甚至让伦敦商品交易所的价格出现了波动。

"埃姆登"号接下来遇到的是中立国意大利的"洛雷达诺"号，不过之后也将其释放了。但一等到跑到德国人视线外，"洛雷达诺"号就在前往加尔各答港的路上用信号灯向英国控制的、拥有无线电设备的城市仰光发送消息，告知自己的经历。仰光向加尔各答当局发出无线电警报，后者立即拦下三艘即将离港的船只，并把情报转发出去。通过英国皇家海军在锡兰岛科伦坡海军基地的情报机构，这一情报在9月4日被送达伦敦的海军部，并在9月15日至16日夜间被转达给英国皇家海军在中国的驻军司令杰勒姆。第二天，9月初被"埃姆登"号躲过的"汉普郡"号从新加坡起航前去追击德国巡洋舰，同行的还有"雅茅斯"号；同样得到警报的还有皇家海军"米诺陶"号与日本战列巡洋舰"伊吹"号和巡洋舰"筑摩"号。这五艘战舰都拥有比"埃姆登"号口径更大的火炮，部分船只航速还高于"埃姆登"号。

不过，五艘战舰经过协同搜索还是没找到"埃姆登"号的踪迹，即便多数时候它就在离海运航线不远的地方。9月14日，"埃姆登"号击沉了英国空载的商船"特雷伯奇"号，不久又击沉了试图逃跑的"克兰·麦瑟森"号。之后由于需要补充燃料，穆勒率舰向孟加拉湾中央的安达曼群岛驶去，以便从仍然随行的"蓬托波罗斯"号获取燃煤。途中"埃姆登"号拦截到了报告有关它击沉的船只的无线电信号，其中一些来自"卡宾加"号。在仰光附近"埃姆登"号拦下但又释放了中立国挪威的船只"多夫勒"号，后者提醒穆勒两艘法国巡洋舰"杜布雷"号和"蒙卡尔姆"号，以及两艘英国武装商船巡洋舰已经出现在附近。

穆勒在上孟加拉湾感到了被追捕的压力，决定向南前去攻击金奈港的储油设施。这是一招虚张声势，好比狮子在摇尾巴一样，但要冒着碰上正在搜寻他的、更强大的敌军战舰的风险。不过，正如他在事后报告中写的，"我这次炮击仅仅是为了引起印度人民的关注，扰乱英国的贸易，打击英国人的威望。"[32] 在9月22日夜，"埃姆登"号靠近到了离金奈港不到3000码的地方，用探照灯发现了缅甸石油公司的六个油罐然后开火。10分钟内，其中的五个油罐及34.6万加仑的燃料被摧毁。之后"埃姆登"号退入夜幕之中从容离去。

在接下来五个星期内，从9月23日到10月28日，"埃姆登"号的运气发生了大反转，尽管运气也需要借助勇气和技巧才能起到实际作用。穆勒对每个能说话的俘虏都进行了仔细盘问，仔细阅读在俘获的船只上找到的报纸，小心地安排在航线上的游荡计划。9月底他的意图是回到东印度群岛，当地的德国特工将会安排好为他补充燃煤，而且可以在庞大的岛群里找个殖民当局看不到的地方进行补给。然而在成功对金奈港进行突袭之后，他决定对西印度洋的航线进行一次扫荡，这里汇聚了从英国殖民地和苏伊士运河前往孟加拉湾和中国海域的航线。偏远的查哥斯群岛、拉克沙群岛和马尔代夫群岛同样能为他提供补给燃料的掩护之地，而且他能设法让一艘运煤船与他一起行动。这段时间内，从俘获的 13 艘船中，他又获得了更多的运煤船。大多数被俘的船只，因为没装什么货物或者货物没啥用而被"埃姆登"号击沉，不过穆勒在 9 月 27 日劫掠了"布雷斯克"号运载着 6600 吨预定送往皇家海军中国驻军的优质威尔士煤，于 10 月 19 日劫掠了"埃克斯福德"号上面的 5500 吨煤。

如果能摆脱追击的话，这两艘船的物资足够"埃姆登"号巡航一整年。他将这两艘船编入舰队，之前"马尔科马尼亚"号已被他派往荷属东印度群岛等他到来。其他未被击沉的船只装满了俘虏被他打发前往英国控制的港口。大多数俘虏在分别时高呼他为"战时绅士"。

穆勒决定再来一次挑衅行动——杀入英属马来亚的槟城，尽管他得知敌军战舰已经进驻此地。10 月 28 日清晨"埃姆登"号发现了槟城港口里停泊着俄国轻巡洋舰"珍珠"号，法国轻巡洋舰"德·伊贝维尔"号和法国驱逐舰"投石党人"号、"莫斯奎特"号和"手枪"号。"珍珠"号的船长已经上岸找消遣去了，它完全没有做好自卫的准备，很快就在炮火与鱼雷的攻击下完蛋。"德·伊贝维尔"号、"投石党人"号和"手枪"号都在船坞里无法作战。"莫斯奎特"号英勇还击但是在几次齐射之后也被击沉了。"埃姆登"号收留了它的幸存者，稍后把他们转移到一艘英国汽船上，打发他们前往荷属东印度群岛海域。

到 10 月底时，伦敦的海军部已经对"埃姆登"号的所作所为大为光火。冯·穆勒不仅把自己打造成了英雄，他几乎也同时受到本国同胞、英国和中立国海员的尊敬。他的劫掠不但严重干扰了大英帝国的战略和海上运输，也损害了大洋宠儿英国皇家海军，以及大英帝国官方的威望。加上另一艘独自在印度洋翻江倒海的"柯尼斯堡"号，所有商船都躲在港口里不敢出海。负责把澳大利亚、新西兰和印度军队送往欧洲参战的船队也受到了严重威胁。在南太平洋英国已经错失了一次消灭德国东亚舰队的机会，现在德国仅仅一艘轻巡洋舰又让一堆英国、法国、俄罗斯和日本的战舰疲于奔命而又一无所获。

丘吉尔在 10 月 1 日所写的会议记录反映了协约国的挫败感有多重："三艘清空等待运送骑兵的运输船因为担忧'埃姆登'号而滞留在加尔各答。这还牵连到从孟买运送骑兵和一部分骑兵师的任务……我完全无法理解'汉普郡'号都干了什么……至于'雅茅斯'号呢？它的行动似乎完全没有章法和毫无目的性……如果'柯尼斯堡'号被逮住，追击它的三艘轻巡洋舰就可以转头去对付'埃姆登'号……用两到三艘战舰在海上反复搜寻是没用的。如果我们能用八到十艘巡洋舰，以十到十五英里的间隔扫荡，就很可能获得'埃姆登'号的位置信息，并以此迫使它投入战斗……我希望你们（第一海务大臣及其他人）能明白，'埃姆登'号继续无限制地俘获我们的船只的话将对海军部的声誉造成极大损害。"[33]

丘吉尔发火不是没道理的，因为对于"埃姆登"号和东亚舰队巡洋舰分队的搜寻缺乏协作，皇家海军在海外的各支驻军——中国、南美、澳大利亚和东印度群岛——正各忙各的，英、法、俄、日四国海军也是如此。法国和俄国海军在人员素质与装备上的缺陷进一步拖累了搜索行动。但是丘吉尔也没高明多少，他还活在过去。他的"巡洋舰扫荡"公式——把八艘战舰以目视可以见的距离为间隔散开，并排前进——跟纳尔逊时代的办法没什么区别，也没法覆盖更大的区域，只能搜索一块 96 英里 ×24 英里的区域[①]，因为在主桅杆顶上的目视观测距离大约是 12 英里。而印度洋从东印度群岛的苏门答腊岛到非洲的东海岸，跨度超过 3000 英里，用这种方式找到"埃姆登"号的概率很小，因为穆勒谨慎地执行了无线电静默纪律。他只用无线电监听，而不发送，这帮助他多次逃过追击。尽管"埃姆登"号拦截到的信号——对德国人来说"汉普郡"号的呼号（QDM）已经十分熟悉——并不能帮助确定英舰的方位，当时无线电测向技术还没出现，信号的强度却能作为信号源远近的参考，帮助"埃姆登"号躲开追击者。

不过真正为"埃姆登"号提供庇护的是广阔的海洋，到了 10 月底穆勒决定前往之前从未劫掠过的地方，位于非洲之角和阿拉伯半岛之间的印度洋海域。

---

① 译注：原文数据有误，实际应为 108 英里 ×24 英里。

为了前往那里，他计划在苏门答腊外海从俘获的"布雷斯克"号上补充燃煤，然后在苏门答腊岛与爪哇岛之间的巽他海峡对面的，偏远的科科斯和基林群岛再次补充燃料。这实际上是一次欺骗行动，诱使敌人相信他将前往澳大利亚海域。

10月31日穆勒与"布雷斯克"号会合时得到坏消息。他原先的运煤船"蓬托波罗斯"号和"马尔科马尼亚"号已经被英国皇家海军"雅茅斯"号所俘获。不过两艘船的船员都不知道穆勒最新的计划，因此他还是保持镇定。他派另一艘俘获的运煤船"埃克斯福德"号在基林群岛等他，然后他慢慢尾随。他部分计划是在补充燃煤之前，破坏科科斯和基林群岛中的迪雷克申岛上的有线和无线电设施，这既可以掩护自己的行动又能加重英国人的焦虑。11月9日清晨，"埃姆登"号携带的汽艇和两艘小快艇搭载着武装士兵，在海军上尉冯·穆克的指挥下，前去破坏迪雷克申岛上的无线电天线和电缆终端。"埃姆登"号则跟在后面。

科科斯和基林群岛与其他岛屿不同，它们是私人殖民地，由维多利亚女王授权给克鲁尼斯·罗斯家族管理。它们对于大英帝国的意义只是无线电和海底电缆系统中的一个传输节点而已。岛上的通讯设施是由英国大东电报公司所运营。但是，1914年遥远岛屿上的英国电报人员自视为大英帝国统治的代表，而且迪雷克申岛上的这些英国技术人员意志还异常坚定。就在穆克的小队还未上岸时，穆勒一反常态不合时宜地向"布雷斯克"号发送了一个信号要求后者来与他会合，英国人用无线电询问："使用何种电码？来者是什么船？""埃姆登"号立即开始无线电干扰，但是英国通讯站依然成功地发送了两个信号，并重复多次，第一个是"陌生船只正要进港"，之后是"求救，'埃姆登'号出现"，此时穆克刚刚上岸。

穆勒犯了天大的错误。前一天"埃姆登"号收到了一个无线电呼号，经过破译发现是来自一艘敌舰，不过"埃姆登"号的无线电操作员估计信号源在200英里外而且正向南离去。穆勒因此判断这艘船正前往德属西南非洲，因为当地的布尔人异见者发动了反英叛乱。这个信号的重要性因此被忽视了。而实际上这十分关键和致命。迪雷克申岛清楚这是来自皇家海军"米诺陶"号装甲巡洋舰的，迪雷克申岛在截获"埃姆登"号向"布雷斯克"号发送的信号后，也立即向"米诺陶"号发出了警告。

"米诺陶"号此时离迪雷克申岛尚有段距离，不过跟它同行的还有日本战列巡洋舰"伊吹"号，以及皇家澳大利亚海军的"墨尔本"号与"悉尼"号，后两艘船是与"埃姆登"号同级别的轻巡洋舰，但是速度和火力都更占优势。它们原本是前去为澳大利亚第一支前往欧洲的船队护航，而且在"米诺陶"号出发后都保持了无线电静默。英国船队指挥官迅速决定派遣"悉尼"号前往迪雷克申岛，因为它离该岛只有两个小时的路程。在收到旗语发送的命令后，"悉尼"号立即以 26 节的速度出发。

在"埃姆登"号上，错误还在不断发生。如果穆勒立即警告穆克他就可以迅速收回登陆部队并逃离——这机会虽然并不大，但的确还是有的。但是两人都想彻底毁掉岛上的无线和有线通讯设施，因此浪费了时间。即便海平面上出现了烟迹，穆勒还认为那是被召唤来的"布雷斯克"号，因为桅杆顶上的瞭望哨报告称出现的船有两根主桅杆和单独一个烟囱，这符合"布雷斯克"号的特征。不过在早上 9 点到 9 点 15 分之间，那艘船变样了：船上有好几个烟囱，这意味着来者只可能是一艘军舰。穆勒多次拉响警笛，敲响警钟，并升起国际旗语代码 A，表示正在起锚。但是在快艇回来之前，"埃姆登"号就开动了。登陆部队拼命发信号，但"埃姆登"号仍在慢慢提速。9 点 17 分时，它才进入开阔海域并且全员进入战斗位置。

"悉尼"号有八门 6 英寸炮，"埃姆登"号只有 10 门 4.1 英寸炮，而且速度还慢两节，注定在遭遇战中无法获胜，除非"悉尼"号的船员发挥失常。尽管皇家澳大利亚海军诞生的时间甚至比德国海军还要晚但依然求战心切。另外"埃姆登"号派出的登陆部队还带走了 10 名主炮炮手。战斗在 9 点 40 分由"埃姆登"号首先打响，其第三轮齐射便击中了目标。在这之后"悉尼"号口径更大的炮弹开始发挥威力。10 点钟时，"埃姆登"号已遭受重创，在接下来的一个小时里，"悉尼"号把"埃姆登"号轰成了碎片。德国人坚守在炮位上，前后打出了 1500 发炮弹，但是在 11 时 15 分时，"埃姆登"号的大部分火炮已被打哑，穆勒把船开上了北基林岛搁浅。船上的幸存者们没有像克拉多克的手下们那样葬身南太平洋冰冷的海水中，他们一直待在船上直到第二天被"悉尼"号俘虏。

福克兰群岛海战

"埃姆登"号最终还是因为无线电的缘故而覆灭。它的船长严格遵守了无线电静默的法则。只不过因为想在战绩簿上多增添一笔，他冲动地攻击了迪雷克申岛上的通讯站从而使自己遭遇了灭顶之灾。

施佩舰队也因为类似的举动遭遇了同样的命运。在科罗内尔海战大胜克拉多克之后，施佩在瓦尔帕莱索享受了短暂的胜利时光。尽管瓦尔帕莱索看起来像一个德国的大型殖民地，但在这里庆祝击败英国海军还是十分怪异。因为这个智利港口当时以及直到现在还矗立着智利海军英雄、智利从西班牙独立时的海军指挥官、英国人柯克伦的雕像。

另外虽然德国在智利的影响力很大，智利共和国政府却在施佩抵达时告诉他，他们将继续保持中立，因此施佩舰队只能以访问的名义合法停留 24 小时，入港的船只也不能超过三艘。施佩带领"沙恩霍斯特"号、"格奈森瑙"号和"纽伦堡"号进入了港口，把"德累斯顿"号和"莱比锡"号派往亚历山大·塞尔扣克岛，施佩还未靠岸时就正确预计到自己在瓦尔帕莱索港即便违反中立也不会受到惩罚。当时有 32 艘德国商船在瓦尔帕莱索港内避难，施佩上岸后通过有线电报从柏林获得了指示。他得到警告称敌军正在整个中太平洋、西印度群岛和南大西洋活动，并建议他集中船只并准备"突围返回本土"。[34]

柏林的电报以及当地德国人的消息，都让施佩相信他除了离开南太平洋别无选择。英国和澳大利亚的军舰已经堵住了前往印度洋的道路；强大的日本舰队正往中太平洋岛屿集结；英国和法国舰队堵住了从巴拿马运河撤往加勒比海的通道。此外更加强大的敌军已经在大西洋中部和北部集结，施佩舰队想要脱身，只能指望借助恶劣天气掩护快速突入北大西洋，这样或许能够逃出生天。11 月 18 日从柏林发到瓦尔帕莱索的另一条信息让他振奋，里面提到公海舰队可能会迎接护送他进入北海。但这一信息几乎等同于谎言，因为惨遭痛打的德国海军已经清楚明白了，英国皇家海军已经牢牢控制了施佩必将通过的水道。

在科罗内尔海战之后的数日，施佩不出意外地陷入了困惑之中。在坚决地突入南大西洋并绕过合恩角后，他慢慢地向南前进。在合恩角以北深入智利海岸的如迷宫般的峡湾中，他尽可能地从德国特工派来的运煤船上补充燃料。在他向南迂回前进时，他不断收到德意志海外帝国瓦解的消息。施佩知道德国的太平洋领地，如新几内亚、萨摩亚、俾斯麦群岛、马里亚纳群岛和加罗林群岛，已经落入了澳大利亚、新西兰和日本之手。现在他得知德属非洲也正在陷落。可能施佩依然寄希望于布尔人在德属西南非洲的叛乱能够转移英国部分海上力量；这点影响到了他对于英国皇家海军在南大西洋的部署的判断。

11月6日，当施佩位于合恩角附近的皮克顿岛时，他决定登陆位于南大西洋福克兰群岛的英国殖民地。他向手下船长解释这是为了摧毁英国在当地存储的燃煤和无线电站，而且情报显示当地附近并无英国战舰——他此时认为英国可以调遣的战舰已经前往南非。他同时希望能俘获当地的英国总督，以报复新西兰人俘虏德国的萨摩亚总督。

除了因为情绪而把英国总督当目标之外，施佩对于进攻福克兰群岛的主张显示出了他缺乏判断力。可能他在海上待了太久，独自指挥得太久了，这次攻击只可能暴露他的位置而不会对敌人造成伤害。这不是个理智的决定。这一决定导致了德国东亚舰队巡洋舰分队的覆灭，其下场与克拉多克及其舰队的命运不会相差太大。

科罗内尔海战的失败激怒了英国人民和皇家海军。一接到战败的消息，英国海军部的政治首脑、第一海军大臣温斯顿·丘吉尔，以及作为业务首脑的第一海务大臣费舍尔就同意必须进行复仇。11月4日英国第5巡洋舰队名义司令，实际上担任皇家海军南美驻军司令的斯托达特在接到命令后，把多艘巡洋舰沿着巴西外海的贸易航线布置开来。同日英国海军部下达了另一个不同寻常的命令。丘吉尔考虑从斯卡帕湾大舰队中分出一艘宝贵的战列巡洋舰，和海军部之前犹豫着没给克拉多克的"防卫"号一起前往南美。而已从11月1日开始再度担任第一海务大臣的费舍尔，显示出了他非同一般的活力。他向丘吉尔表示稳定遥远的南大西洋的形势需要双重保险，因此建议派出两艘而不是一艘战列巡洋舰。"无敌"号和"不屈"号随后领命出发，先在英吉利海峡沿岸港口补充燃料再前往南大西洋。之后它们将在葡萄牙再次补充燃料，然后前往巴西外海的阿布洛霍斯群岛与斯托达特的巡洋舰"卡纳芬"号、"康沃尔"号、"肯特"号和"格拉斯哥"号会合。作为科罗内尔海战唯一的幸存者，"格拉斯哥"号此时正在里约热内卢修复损伤。斯托达特的舰队里还有武装客轮"马其顿"号和"奥拉玛"号。两支舰队在集结完毕后将向南进发，率领战列巡洋舰而来的多夫顿·斯特迪爵士将担任整支舰队的指挥官。

费舍尔十分讨厌斯特迪，他只想把当时担任总参谋长的斯特迪弄出海军部。不管怎样，斯特迪还是十分适合本次任务，他完全是个职业军人，在战术理论上颇有建树，性格又十分强硬。此外，他也重视无线电静默的重要性。在南下时斯特迪注意到一个令人不安的事情——法国位于西非的无线电站正在发送协约国战舰的呼号。他指示"无敌"号和"不屈"号上面的无线电操作员"草率地使用无线电将造成重大的伤害。除非绝对必要否则不要发报"。实际上他不知道他防止因无线电泄密而做的工作没起什么作用。在停靠葡萄牙圣文森特港口补充燃煤时，英国大型战舰出现在大西洋的消息已被西方电报公司的发报员传送给了他们在南美洲的同事。德国特工因此了解到斯特迪的战舰在11月24日抵达了阿布洛霍斯群岛。可是由于无法理解的疏忽，这个消息居然没被报送给柏林，因此也没送达此时还在智利南部外海的施佩，他本来可以通过当地德国的官员获知这个消息。更糟的是，尽管布宜诺斯艾利斯的德国领事在11月24日得知了斯特迪的动向，他也没有向安第斯山脉另一边的瓦尔帕莱索发电报，而是通过汽船向蓬塔阿雷纳斯送信，这一路得花一星期时间而且德国舰队也不一定到访此地。

除了不走运，施佩还出现判断失误。他本该全速突入大西洋走上预定的归家之路，相反他在合恩角附近徘徊，进行不是很必要的燃料补给。若非如此，就算进攻福克兰群岛他也可以提早几天，也就不会碰上正以逸待劳的斯特迪舰队。运气也曾站在施佩一边，因为斯特迪南下时也多有耽搁，他在阿布洛霍斯群岛不紧不慢地补充燃煤，还用拖靶进行了一次瞄准练习，结果在这次练习中"无敌"号的一个螺旋桨被拖缆缠住，不得不派潜水员去清理，这又耽搁了一段时间。这一系列事件造成英国舰队在12月7日才到达福克兰群岛的斯坦利港，而施佩如果按计划行事，本该在一周之前破坏斯坦利港并离去了。施佩舰队对于斯特迪舰队的逼近一无所知，这归功于斯特迪下了很大力气确保情报的安全性，他下令任何无线电信息只能通过"布里斯托"号或"格拉斯哥"号发送，因为德国人早已知道这两艘战舰在这一海域的存在。[35]

"格拉斯哥"号自从在科罗内尔海战中逃过一劫后，已经陪着缓慢的"老人星"号到过一次福克兰群岛了，并把后者留在那里。得益于巴西人的配合，它得以在里约热内卢修复损伤，现在正返回斯坦利港。当跟随"无敌"号和"不屈"号战列巡洋舰，和"卡纳芬"号、"肯特"号、"康沃尔"号和"布里斯托"号一起抵达福克兰群岛后，"格拉斯哥"号发现之前平静的斯坦利港已经是一副如临大敌的样子。英国海军部用无线电命令斯坦利港进入防御状态。"老人星"号已经冲滩，停在一个泥泞的泊位上，在这里它的 12 英寸主炮可以封锁进入港口的通道。此外，"老人星"号的陆战队也上岸去加强当地的守卫，它的轻型火炮已被拆下用于加强码头的火力，同时港口的入口处也被用电力控制的水雷所封闭。

　　12 月 7 日之后，当斯特迪的舰队进入了锚地，施佩舰队就不可能再夺取斯坦利港，也不可能俘获英国总督，更不可能烧掉英军在此地的燃煤库存或毁掉无线电站。这些威胁，已经不再是英国舰队的主要忧虑，接下来的问题就是在哪拦截施佩舰队。

　　施佩此时正在执行另外一个计划。他的计划里包含了一个错误的预判，即他能够利用斯坦利港的库存补充燃料，然后烧掉剩下的并破坏其他的设施，这一英国皇家海军在南大西洋最重要的基地和通讯中心就会陷入瘫痪。根据现有的情报，施佩认为斯坦利港附近没有强大的敌军——他在 12 月 6 日晚上收到的最后一封无线电报来自运煤船"阿美西亚"号，里面说斯坦利港除了"老人星"号没别的船。当时这份情报的确无误——斯特迪的舰队是在此后的 24 小时内到来的，这证明了情报的时效性有多么重要。

　　德国"过期的"情报原本不会让斯特迪受益。假如他从阿布洛霍斯群岛马不停蹄地往福克兰群岛赶，而不是把巡洋舰像猎犬一样派出去，排成一列搜寻，他可能会在恰到好处的时候抵达斯坦利港，刚好能让施佩舰队观察到并因此逃之夭夭。尽管这种糟糕的局面没有发生，斯特迪仍坚持不紧不慢地——对于一个性格坚定的人来说这很反常——进驻斯坦利港，这又让他陷入了另外一个危险。在 12 月 8 日早餐时，只有"老人星"号和"格拉斯哥"号加满了燃料，两艘战列巡洋舰还靠在运煤船边上；"肯特"号还没开始补充燃料，"康沃尔"号和"布里斯托"号甚至把引擎打开了进行维修。8 点还差 4 分，就在整支舰队没有准备的时候，"格拉斯哥"号打出了旗语："发现敌人"。

警报首先是从斯坦利港周边高地之一的工兵山上面传来的。66 年后英国特遣队的士兵们又将对此地发起进攻。[36] 施佩虽然从最开始就尽力避免交战，但这次却犯下了一系列错误，最终和最为致命的是他没有先派出轻巡洋舰对斯坦利港进行侦察。施佩以"格奈森瑙"号作为先导舰，速度更快的"纽伦堡"号则在其后方跟随。结果两艘船在一起既无法保护自己，也逃不出即将撞上的灾祸。

施佩此时站在"沙恩霍斯特"号的船尾，而早在上午 5 点 30 分他就已经下达了行动命令。8 点 30 分，在队列最前方的"格奈森瑙"号的船长发现斯坦利港内有浓烟升起，但误以为是英国人在放火烧掉仓库里的煤，因为三个月前他们登陆塔希提岛时，岛上的法国人就是这么干的。他同时还看到了福克兰群岛上的无线电天线。直到 9 点时，他才从船舶的一个军官那里得知斯坦利港内有其他天线，而且是三脚天线。三脚天线的出现只能说明一件事，港内有英国的大型战舰。

"格奈森瑙"号的舰长麦尔克一直怀疑施佩声称的说法，即任何出现在南大西洋的英国大型战舰都是前往非洲参加殖民地战争对付德军和布尔人叛军。现在他的怀疑得到了证实。一开始时，"老人星"号一等到"格奈森瑙"号进入射程就用它的 12 英寸主炮射击。在 1.1 万码外，它的炮弹碎片击中了"格奈森瑙"号的后烟囱。此时"格奈森瑙"号和"纽伦堡"号已经调转船头并开始加速，但是由于"纽伦堡"号老老实实地跟在"格奈森瑙"号后面，两艘船都只能以 20 节的速度后撤。不久"肯特"号开始追击它们，这是一艘航速能达到 23 节的装甲巡洋舰，不久能跑 25 节的"格拉斯哥"号也加入了进来，然后跟上的是"卡纳芬"号。其姊妹舰"康沃尔"号最后出发，很快也提到了 22 节的速度。它们在被改装为战列巡洋舰之前，甚至都能达到 28 节的速度。

施佩在获知有关三脚天线的报告后，也很快反应过来此地有英国的战列舰，可能是最高速度在 20 至 21 节的"铁公爵"级或"俄里翁"级。即便因为判断失误而闯进来了，但施佩当时可能依然相信自己能够逃脱。"格奈森瑙"号已为施佩舰队争取到了半个小时到一个小时的时间，还有机会躲进亚极地纬度地区的浓雾中。东亚舰队在一声令下之后展开队形，同时"沙恩霍斯特"号和"格奈森瑙"号都在努力把速度提到 20 节以上。

麦尔克实际上想打上一仗而且理由也挺充分。如果德国的装甲巡洋舰一开始就发动攻击可能会造成致命的伤害——因为斯坦利港锚地里十分拥挤，而且看得出来只有少数的英国战舰启动了，大多数英国战舰是轻装甲或根本没有装甲，即便"不屈"号和"无敌"号也是最老的战列巡洋舰，比起之前的"好望角"号与"蒙茅斯"号强得有限。然而对于麦尔克的请求，施佩回应的信号是"不许交战，全速向东行驶"。[37] 到了 9 点 45 分，当英国的战列舰离开斯坦利港时，德国舰队正向海平线另一端驶去。

当天天气十分晴朗，正如之前科罗内尔的那个傍晚一样，但是施佩面临的是比克拉多克更为不利的局面。亚极地地区的夏季白天有 8 个小时。在 10 点 20 分斯特迪升起了纳尔逊的信号旗"全面追击"。到 10 点 50 分时，斯特迪意识到时间充足没必要冒险让部分战舰快速前出，于是下令战列巡洋舰降低速度以便让较慢的战舰能够跟上。尽管如此，他们仍在继续追赶德国舰队，很快就能发挥战列巡洋舰大口径舰炮的威力。在 12 点 50 分在让船员去吃午饭的同时，斯特迪下令准备"与敌人交战"。

"不屈"号和"无敌"号在大约 1.65 万码的距离上首先开火，唯一能跟上两舰的"格拉斯哥"号此时还未进入射程。当双方的距离缩短到 1.55 万码时，施佩命令他的轻巡洋舰离队——正如克拉多克在科罗内尔之战中向"格拉斯哥"号下达的命令一样——接到命令后，它们转头离开前往南美洲。"肯特"号、"康沃尔"号和"格拉斯哥"号在其后紧追不舍，"卡纳芬"号则在努力追赶两艘战列巡洋舰。

在下午 1 点 20 分到 2 点之间，英国战列巡洋舰一直在积极地与德舰交火，尽管它们的 12 英寸主炮射程不如德国的 8.2 英寸炮，后者却也无法造成实质性伤害。而且施佩的战舰排出的浓烟也干扰了英舰的测距。通过巧妙地机动，施佩舰队一度靠近到可以用副炮攻击英国战列巡洋舰的位置。他的大胆举动提醒了斯特迪，他决定不能冒险让战舰在远离船坞的地方受伤，因此斯特迪下令与德舰拉开距离。直到 3 点钟之后，炮塔人员和炮术指挥官需要测量敌舰时他才再次下令缩小双方的距离。两艘战列巡洋舰的大口径的火炮开始发挥威力，到下午 4 点时"沙恩霍斯特"号已经多次被 12 英寸口径炮弹击中，很明显已支撑不了多久。它的上层建筑已经被撕开扭曲，船体内已经燃起大火。施佩调转船头朝向英国舰队，试图用鱼雷做最后一搏，但是在 4 点 17 分时海水已经涌上了甲板，随后"沙恩霍斯特"号船身翻转沉入海底。

正如"好望角"号和"蒙茅斯"号一样，"沙恩霍斯特"号上面也无人幸存。由于"格奈森瑙"号仍在顽强作战，英国舰队无法暂停战斗放下救生船。他们继续前进，任由那些没死在大火与爆炸之中的幸存者沉入海底。在遇难者之中就有施佩和他的两个儿子。

这时候麦尔克和他的"格奈森瑙"号只能独自与两艘战列巡洋舰和"卡纳芬"号共三艘敌舰交战了。他已经身处绝境，但是拒绝了投降提议。年轻的德国海军试图为自己赢得和传统海上贵族一样的顽强名声。在下午 6 点钟，"格奈森瑙"号的 850 名船员中尚存的 200 多人在已经入水的甲板上高呼皇帝万岁，随后伴随战舰一起沉入大海。英国舰队救起了其中的 190 人，但是麦尔克不在其中。

"肯特"号、"康沃尔"号和唯一参加过 1914 年两次南美海战的"格拉斯哥"号很快就追上了按照施佩命令逃脱自保的德国轻巡洋舰。其中"莱比锡"号被"格拉斯哥"号和"康沃尔"号所击沉，直到最后它都没降下旗帜而且只有 18 人幸存。"纽伦堡"号被"肯特"号击沉，仅有的被捞起来的 12 名幸存者中，只有 7 人挺过冰冷海水的考验活了下来。"沙恩霍斯特"号、"格奈森瑙"号、"纽伦堡"号和"莱比锡"号上面的 2000 多名水手，几乎全部死于战斗。这一数字与英军在科罗内尔海战中的损失几乎相当。

而"德累斯顿"号一度摆脱了追击者，并在接下来三个月里多次从英国舰队手中逃走。起初它躲进了合恩角以北的一处深入智利海岸的如迷宫一样的峡湾之中。它的船长徒劳地等待运煤船带来补给。最后"德累斯顿"号向北进入太平洋，多次被英国巡洋舰拦截但都成功逃脱。不过在 1915 年 3 月初，英国海军部情报部门截获一封德国特工从智利发出的电报，在破译之后发现里面提到"德累斯顿"号正在科罗内尔港外海等待补充燃料。"格拉斯哥"号和"肯特"号通过无线电协调行动，最后 3 月 14 日在胡安·费南德斯群岛附近发现了"德累斯顿"号并向其逼近。"德累斯顿"号此时只剩下 18 吨燃料而且处于抛锚状态，毫无逃脱的希望。最后来自柏林的指示，经过智利的中继之后传到其船长吕德克手上，准许他寻求智利政府收容。不过，英国人没有等到智利当局介入就让"格拉斯哥"号发起了攻击，虽然"德累斯顿"号进行了还击但是几分钟内就遭到重创，这迫使吕德克下令升起了白旗。当双方停火之后，他派一艘船前去谈判投降事宜，实际上是在为逃跑争取时间。十分巧合的是，他派出的军官正是二战时期纳粹德国军事情报机关阿勃维尔的负责人卡里纳斯。"格拉斯哥"号的船长卢克拒绝谈判，但是此时卡里纳斯已争取到了足够时间，让海水和炸药把"德累斯顿"号送入海底。卡里纳斯和幸存的德国水手因此被智利海军所收容。

德国在遥远海域的巡洋舰作战因此终结——或者说差不多快终结了。从未加入东亚舰队的"柯尼斯堡"号，一直活跃到 1915 年 7 月，直到它陷入德属东非的鲁菲吉河河口沼泽三角洲，最终由两艘浅水重炮舰"塞文"号和"默西"号在空中观测员指引下，用火炮将其摧毁。英国人在当年年初以巨大的代价，克服不少困难才将这两艘船从英格兰运到非洲。

德国的巡洋舰作战从未威胁到英国对于海洋的控制，甚至对于英国的海上运输都没造成严重影响。"埃姆登"号和"卡尔斯鲁厄"号是战绩最好的劫掠船，但总共也就击沉了 32 艘船，总吨位 143630 吨。而英国航行在各大洋上的商船总吨位是 1900 万吨。德国的两艘武装商船巡洋舰，"威廉王储"号和"艾特尔·腓特烈亲王"号客轮击沉的吨位也就 93946 吨。而东亚舰队巡洋舰分队本身一条商船也没击沉。

不过德国巡洋舰还是迫使英国海军部把大量战舰分散到遥远的海域，远离了北海和地中海等战略海区。在 11 月 12 日的情形下，当"不屈"号和"无敌"号正向南驶向福克兰群岛时，温斯顿·丘吉尔哀叹："英国能用于遥远海域的资源已经到了极限，我们已派出各级战舰共 102 艘，已经无法再派出一艘。"不可否认的是，这一数字里还包括了很多建造于海军革命之前的战舰，已经不适合在本土海域作战。但这一数字之外还得加上法国和俄国还有日本的战舰，如果它们都留在太平洋的话。若德国投入遥远海域的巡洋舰最大的数量被估计为 8 艘的话，这一比例带来的战略回报会相当可观。

英国和其他国家的数艘战舰被击沉，有"蒙茅斯"号、"好望角"号、"珍珠"号、

"莫斯奎特"号和"热忱"号，还有其他几艘被击伤。帝国护航队推迟了把澳大利亚、新西兰、加拿大和印度的部队运往欧洲的计划，而且众多英国的及亲英的中立国船只，满载关键物资却因为害怕被俘或被击沉而躲在遥远的旧金山、仰光和加尔各答的港口里。

无论怎样，巡洋舰作战最后依然失败了。英国皇家海军的声望在科罗内尔海战中大受打击，但又通过福克兰群岛海战的胜利而完全恢复，而年轻的德国海军在经历科罗内尔海战的短暂辉煌以及"埃姆登"号的传奇事迹之后，已经永久地威严扫地。德意志帝国海军在1914年底又回到了年初的样子：一支需要赢得声誉的军队。

为什么巡洋舰作战会失败？由于持续需要补充燃料，巡洋舰的行动自由受到限制，而且被随行的运煤船所拖累，这是原因之一。但是"埃姆登"号只补充过8次燃煤而且从未出现短缺，所以实际上缺乏弹药而非燃料才更可能是德国船长面临的实际困难。科罗内尔海战之后，施佩舰队的弹药库已经空了一半，而且即便他成功从福克兰群岛逃离，他仍然缺乏足够的弹药在西部通道或北海冲破英国军舰的拦截回到本土。未能和部署运煤船一样部署弹药船，可能是德国海军部犯下的一个重要错误。

然而在最后一搏中，巡洋舰作战因为德国人无法掩盖战舰的行踪而失败。英国海军部、各地指挥官和追击的舰队能通过遍布世界的无线电和有线网络经常能快速地（有时是实时地）提供有关德国舰队行踪的情报，并以高效的方式传送。情报延误曾导致纳尔逊在追击拿破仑舰队时，从亚历山大港转向错误的方向，并与敌人失之交臂，如今英国海军已不会重蹈覆辙。

当然一些偏差还是无法避免的。在大战爆发之初，施佩通过严格执行无线电静默并监听协约国船只的无线电传输，很好地掩盖了自己的行踪。"埃姆登"号在孟加拉湾躲避英国皇家海军"汉普郡"号时运用了独特的技巧，根据后者无线电信号的强弱来判断距离，这已经有了无线电测向技术的雏形。在科罗内尔海战之前的一段时间内，施佩也熟练地使用无线电技术，他只让"莱比锡"号一艘船来发送和中继信息，并因此让对手误判了己方舰队的规模。[38]

克拉多克就未能识破这一欺骗手法。另一方面，穆勒因为愚蠢地决定进攻科科斯和基林群岛这一毫无必要的目标而致使自己覆灭。他直接进入了无线电台的视线，使得后者发送了可能是电气时代的第一条无线电即时情报，"陌生船只出现在港口入口"。这招来了装备了口径更大的 6 英寸主炮的"悉尼"号，它不到两个小时内就赶到了该岛港口。

克拉多克在科罗内尔海战之前也没有足够谨慎，他的舰队内部通讯向敌人暴露了自己的动向，英国海军通过截获德国特工向施佩舰队发送的信息进一步确定了他的活动范围。但是施佩不仅仅是重蹈了克拉多克的鲁莽，他还轻信了不可靠的情报认为斯坦利港内没有敌军，并因此只是为了摧毁岛上并不十分重要的无线电站，贸然率领舰队撞上英国战列巡洋舰的炮口。而严格执行无线电静默的英国舰队打了施佩一个措手不及，德国舰队又因为速度和火力处于劣势而最终在劫难逃。

从战略上说，第一次世界大战时的海战，已经被新出现的无线电技术所主导。科罗内尔海战和福克兰海战与 1914 至 1918 年间的其他海战有所不同，属于一种正在成型的新海战模式。在 1914 年之前，舰队搜索敌人的方式与以往没什么不同，主要通过目视进行搜索和接收信息。1914 年之后，通过目视收集到的情报，可以以光速发送到几乎无限的距离之外。海军需要时间掌握和应用新技术，但是无线电已经永远地改变了海战的面貌。克拉多克和施佩因为缺乏足够理解而成了牺牲品，而斯特迪可能只是个幸运儿。在他胜利后不到 30 年里，出现了另一项电子技术——雷达，几乎让目视探测变得无足轻重。自此，纳尔逊时代的海战一去不复返了。

参考文献

1. P. 坎普主编，《牛津船舶与海洋手册》（*Oxford Companion to Ships and the Sea*），牛津，1976 年，第 770—771 页。

2. A. 赫兹里特著，《电子与海权》（*The Electron and Sea Power*），伦敦，1975 年，第 6 页。

3. 塔纳著，《谢南多厄河谷中的斯通沃尔》，第 3 章注释 5，第 417—421 页。

4. J. 基根著，《指挥的面具》（*The Mask of Command*），1987 年，第 3 章，第 210—212 页。

5. A. 赫兹里特著，《电子与海权》，第 31 页。

6. P. 肯尼迪著，《1820—1914 年的帝国电缆通讯与战略》（*Imperial Cable Communications and Strategy, 1820—1914*），英国历史评论，1971 年 10 月，第 728—752 页。

7. D. 金纳斯顿著，《伦敦市》（*The City of London*），第 2 卷，伦敦，1995 年，第 8 页，第 40—41 页。

8. 赫兹里特著，《电子与海权》，第 77 页。

9. 同上，第 68 页。

10. P. 肯尼迪著，《1820—1914 年的帝国电缆通讯与战略》，第 741 页。

11. A. 马德著，《从无畏舰到斯卡帕湾》（*From the Dreadnought to Scapa Flow*），第 2 卷，牛津，1965 年，第 4—5 页。

12. 同上，第 2 卷，第 22 页。

13. 同上，第 2 卷，第 34 页。

14. 引用自 J. 斯坦伯格的《昨日的威慑》（*Yesterday's Deterrent*），伦敦，1965 年，第 208 页。

15. P. 哈朋著，《一战海军史》（*A Naval History of World War Ⅰ*），安纳波利斯，1994 年，第 65 页。

16. C. 伯纳克著，《日军对青岛的围攻》（*The Japanese Siege of Tsingtau*），哈姆登，康涅狄格，1976 年，第 51 页。

17. 杰弗里·贝内特著，《一战的海上战役》（*Naval Battles of the First World War*），1968 年，第 56 页。

18. D. 范德瓦特著，《最后的海盗》（*The Last Corsair*），伦敦，1983 年，第 41 页。

19. 杰弗里·贝内特著，《一战的海上战役》，第 77 页。

20. 同上，第 182—183 页。

21. 同时，第 78 页。

22. J. 科贝特著，《海军作战》（*Naval Operations*），第 1 卷，1920 年，第 305 页。

23. 杰弗里·贝内特著，《一战的海上战役》，第 86 页引用。

24. P. 哈朋著，《一战海军史》，第 36 页。

25. 杰弗里·贝内特著，《一战的海上战役》，第 92 页引用。

26. P. 哈朋著，《一战海军史》，第 93 页。

27. J. 科贝特著，《海军作战》，第 344 页。

28. 同上，第 346 页。

29. 同上，第 349 页引用。

30. 同上，第 353 页引用。

31. 同上，第 357 页。

32. D. 范德瓦特著，《最后的海盗》，第 61 页引用。

33. 同上，第 75 页引用。

34. 杰弗里·贝内特著，《一战的海上战役》，第 110 页。

35. 同上，第 129 页。

36. K. 米德马尔斯著，《掌控深海》（*Command the Far Seas*），伦敦，1961 年，第 194 页。

37. 同上，第 196 页。

38. 见注释 28。

第五章

---★---

克里特岛战役：先见之明与无能为力

1914 年 5 月到 8 月，发生在遥远的大西洋和南太平洋的无线电战争，是第一次世界大战期间最为戏剧化的情报较量篇章。研究第一次世界大战东线战场的历史学家们认为，1914 年德国在东普鲁士坦能堡取得对俄罗斯的压倒性胜利，是因俄国人在无线电应用方面的松懈——入侵东普鲁士的俄国第一和第二集团的指挥官，伦宁坎普和萨姆索诺夫，用"明文"（没有对信息进行加密或者编码）互相告知了各自第二天将要抵达的位置。更深入的研究发现，德国人使用无线电同样十分轻率。两支军队都不是因为主观上的松懈，而是客观上都缺乏训练有素的译电员。[1]

1914 年西线战场的进程并没有受到情报失误的影响，因为通过无线电发送的信息极少。法国人曾试图利用巴黎的埃菲尔铁塔作为发射器全面阻断德国的无线电，但是效果十分有限。在随后的静态战争中，无线电通讯和干扰都没有发挥任何重要作用，因为当时的无线电设备很难适应堑壕战的环境，而大多数的战术和战略通讯都是写在纸上由人工传递完成的。有时通过不稳定的地面传导可以进行一些监听，但都是暂时性的而且至多停留在战术层面。

海军进行的无线电监听则有更重要的意义，尽管英国大舰队和德国公海舰队都十分谨慎地执行了无线电静默。英国人由于一直在防备着德国人进入北海，便尽可能地收集每一条信息。然而每每无线电情报要发挥预警功能时，皇家海军老派军官层的"大人物"们总是起到消极作用。皇家海军行动署总监，海军少将托马斯·杰克逊在 1916 年 5 月 31 日造访了海军情报部门，即外界所称的OB40（意为旧海军部大楼 40 号房），询问 OB40 的测向人员（自 1914 年以来无线电测向技术已经大有改进）德国公海舰队旗舰的呼号，即信号被定位在哪里。情报人员告知了他正确的位置是德国威廉港，但杰克逊没有进一步询问就离开了。杰克逊是那种长期身处一线的海军军官，不怎么与后方的非战斗情报人员沟通，他认为他们是由海军学校教师、大学语言学家和数学家组成的一群弱势群体。如果他能解释为何想要知道信号发出的位置，情报人员可能会进一步告诉他德国的旗舰出海时会把呼号留在母港，以便掩盖行踪，然后更换另一个呼号。基于他这一知半解的提问所得到的答案，杰克逊通知位于斯卡帕湾的大舰队司令杰里科，向他保证德国公海舰队仍在港口。最终杰里科是从他的战列巡洋舰舰队指挥官贝蒂那里才得知德国主力舰已经"出港"。虽然杰里科舰队当时已经出海，但是为了节省燃料没有以最快的速度航行，因此没能及时赶到日德兰半岛海域与德国战列舰交战，也没能及时切断德国舰队的退路。杰克逊将军不愿意相信破译人员，让大舰队失去了一个一举歼灭德国海军的机会。[2]

　　杰克逊本人非常傲慢。海军情报部门的成员，皇家海军后备队中尉 W.F. 克拉克回忆称杰克逊"对（我们的）工作表现出了极大的蔑视。（我）在的时候他只来过一两次，一次是来抱怨用来给他送信的带锁的盒子割到了他的手，另一次是在德国人起用了新的密码本后，他进来说'谢天谢地我再也不需要那该死的东西'。"[3]像杰克逊这样的人还很多，但是还不算最糟糕的事，因为几乎需要再过一代人的时间，作战军官们才会认同情报军官们以天为单位收集的，尽最大努力提供的大多数"原始"情报需要经过解读才能发挥作用。

　　海军情报部门当然也有自己的支持者，而且本该如此。它几乎从成立之初就开始提供关键的信息，包括提前预警了德国人在 1914 年 12 月 16 日对于英国东部海岸城镇斯卡布罗、哈特尔浦和惠特比的突袭行动。[4]如果不是贝蒂的侍从官发送信号时出错——他在之后还会犯三次同样的错误，在日德兰海战中那次导致了灾难性的后果——德国的战列巡洋舰舰队可能就会在斯卡布罗突袭中被歼灭。[5]海军情报部门直到 1914 年 11 月 8 日才成立，成立的直接原因是一次意外的情报收获。当年 10 月底俄国人向英国提供了一份德国重要海军密码本的副本（SKM）和一份用于标识海域的方形海图。这是从 8 月 26 日德国在波罗的海损失的一艘轻巡洋舰"马格德堡"号上获取的。之后海军情报部门又弄到了一份德国商船与德国战舰之间的通讯密码本（HVB），这是从于战争之初被澳大利亚扣押的一艘德国商船上面找到的。最后海军情报部门还获得了一份德国高级军官使用的密码本（VB）。据说这是一艘在荷兰捕鱼的英国拖网渔船在渔网里发现的，当年 10 月 17 日在发现地点附近曾有四艘德国鱼雷艇被击沉。[6]

　　依靠着这点材料，再加上一系列通过仓促设立的海岸监听站收集到的信息，海军情报部门就开始工作了。德国人频繁地使用无线电也提供了帮助——德国人也是没办法，因为 1914 年 8 月 4 日英国电缆船"泰尔康尼亚"号拖走了德国的海底电缆——不过最重要的是，德国有独特的手段用来掩盖电子信号。

密文有两种形式，密码学家将其分别称为明码和密码。密码是一种通过改变语言表达形式来掩盖真实含义的办法，可以用"转换"或"替代"实现。"转换"是一项古老的技术，没有记录表明起源自哪里，这是通过改变字母的顺序来实现的。这是最简单的密码系统，就算一个学生只要弄清了其中的原理都能熟练使用，比如"the cat sat on the mat"（垫子上的猫）就可以通过将原句中的所有字母后移一位，写成"uif dbu tbu po uif nbu"。但这种密码很快就会被破解，所以另一个更复杂的办法就是把字母在字母表中移动两个或三个甚至是十个字母。尽管直接换位法是加密的基础，而"频率分析法"能提供对应的解密办法。频率定律表明，在英语中 e 是最常见的书写字母，其次是 a，等等。密码学家都掌握着频率表，这提供了一种现成的破译方法。字母频率在不同语言中是不同的——Z在英语中的使用相对少，在波兰语中却很常见——但字母频率总是客观存在的。

密码学家们——那些编写密码或明码的人——在后来已经设计出了很多复杂化的办法。可能其中最著名的，也是最难破译的就是字母网格法，把罗马字母表中的 26 个字母（通过把字母 I 和 J 结合起来减少到 25 个）放入一个 5×5 的正方形数字网格中。如果 A 是首字母而且位于网格的最左上角，那么 A 可以转换成 11，由此类推 Z 就是 55。这类加密表中最为精巧的被称为维吉尼亚密码，以它的发明者、16 世纪的法国外交官维吉尼亚的名字命名。维吉尼亚加密表是26 乘 26 大小，让概率破解法变得十分困难。虽然它不是无法破解的，但是很长时间内人们都感到无从下手。[7]

更复杂的情况当然也有，尤其是当密码学家开始用数字而非字母进行换位时。在 17 世纪时，一种介于"换位"和"替代"之间的奇特加密法出现了。例如路易十四国王的首席密码学家罗西诺尔父子把所有的单词转换成了数字。这项技术是很容易被人想到的，是把法语常见的"合成符"数字化，如 QU、OU、DE，但是罗西诺尔密码被称为"伟大密码"胜过所有其他同类加密法。直到 19 世纪末，用这套体系编写的信息不再重要之后很久，罗西诺尔密码的秘密才被公布于众。

不过那个时候，密码学家即将创立一种新的加密体系，用全面的数学方法"替代"字母。数学替换似乎确保了真正的不可破解性。因为通过加法或减法，一段密码的可能意思会变得相当多样以至于单单破译时间就能让密码破译员放弃，而预定的信息接收人只要握有用于解读数字加密法的"密钥"，他就能从另一端提取信息。

　　密钥是关键所在：如何确保发送者和接收者拥有同样的密钥，如何让敌人无法获得？最简单的办法就用密码本记录密钥，然后让所有合法的人持有。密码本在18世纪得到广泛使用，但仅仅是用来隐藏信息中较为重要的部分，如人物、地点和船只等的真正名字，其他部分仍然用明文书写。乔治·华盛顿在1778年之后的情报主官本杰明·塔尔马吉少校，从《恩蒂克拼写词典》里提取最常用的单词，按字母或数字顺序对其进行编号，并加入随机的单词替代那些未纳入的单词，以此创造出一份密码本。他同样用16个数字代替重要的任务，用另外36个数字代替城市或地点。塔尔马吉保留了原始密码本，另一份副本交给其他人，第三份交给乔治·华盛顿。从1779年8月15日按照这一密码写的一封信来看，它并不能糊弄英国人太久："Dqpeu（乔纳斯）beyocpu（霍金）同意28（一次约定）与723（小卡普尔）在离727（纽约）不远的地方会面并收到了356（一封信）。"[8]

　　这个外行的例子揭示了密码本的弱点：只要从截获的信息中收集其所用的单词，就可以部分还原密码本。如果敌人获得足够的原始资料，那整本密码本都能被还原。

　　一种很直接的保护办法就是避免完全使用字母表，并使用单个数字或数字组合。在19世纪初之前，英国人一直是这样做的。1801年在哥本哈根战役之前，英国驻丹麦大使威廉·德拉蒙德寄给英国外交大臣伦维尔勋爵的一封信中，最后一句是："3749 2253 529 2360 1268 2201 3356"，意思是"贝恩斯托夫伯爵毫不掩饰他的警觉和焦虑"。[9]这种保护措施的作用却不像它看起来那么有用，即便原始的信息中没有句子长度的提示，数字组合也不会暴露字母的长度。只要用心积累原始信息，仔细观察重复出现的数字和数字组合，再加上猜测就能重现密码本并推断出密写信息的含义。

　　从使用全数字密码开始，离一个更加安全的加密系统已经不远了，即技术上所谓的"超级加密法"。这种方法使用了两个或更多的密钥：密码本本身和一套通过加减变更数字的系统。由于变更过的数字组合并不和密码本中的组合一致，加上本身并没有明显地重复出现，还原加密信息的含义变得十分困难。但这并非无法破译：第二个密钥中包含了一个底层逻辑，可以通过数学分析法建立。德国在一战期间的外交电报普遍使用超级加密。奇怪的是最著名的齐默尔曼电报却不是用这种加密法。这封被海军情报部门破译的电报显示，德国正在鼓励墨西哥进攻美国。这促成了美国总统威尔逊对德宣战。

20 世纪初，又出现了很多其他的密写复杂化方法，其中多数是维吉尼亚密码表的变种。而当中最有创意的是美国陆军少校约瑟夫·莫波少校在 1918 年创造的方法。莫波的加密法后来被称为"一次一密密码"，实际上是无法破译的。在这种加密法中，维吉尼亚方格被分为两个副本，发送者持有一份，接收者持有另一份。密码本中包含多个密钥，双方根据约定用过一次就销毁掉，下次使用接下来的密钥。一次一密密码能为信息提供完全的保护，因为密码和明文之间的对应是完全随机的而且能够保证用过即毁的话，就绝对不会出现重复，这让所有概率分析法，或者破译员喜欢的任何其他方法无计可施。

不过一次一密密码有着致命的缺陷。想要起作用，密码本就需要大规模分发而且需要能被识别，这样发送者和接收者才能知道他们用的是同一份密码本。生成大规模的随机数也不是件简单的事情，刻意地去生成随机数会在不经意间遵循某种模式，越是刻意随机化，密钥的生成就要越快越多，同时大规模实时分发密码本本身也是一件困难的事情。因此任何令人信服的可以解决随机化和密钥分发的方法，都会受到任何军队的欢迎。

恩尼格玛机

一位德国发明家提供了这种方法。亚瑟·谢尔比乌斯在 1918 年成立了一家机械公司来制造和推销他的发明。他有个想法就是制造一种能自动加密和解密的机器。加密机器的点子并不新鲜，因为简单的加密机器由来已久，其中一个还是由博学的美国第三任总统托马斯·杰斐逊发明的。这台机器有 36 块圆盘，能绕着一根轴独立转动，每个圆盘的边缘上随机刻着字母表上的字母。发送者通过转动圆盘来生成一条明文（长度当然不能超过 36 个字母，尽管还可能更少），把此时圆盘组上的另一条信息传送给预定的接收者。接收者在自己的机器上转动圆盘复现这条毫无意义的信息后，再查看此时圆盘组上另外几行字母，其中一行就是发送者编写的明文。这种机器的安全性来自圆盘的排列顺序是可以调整的。圆盘更改的顺序事先只有发送者和接收者知道。如果圆盘的顺序不变的话，那么密文很快就能被概率分析法破解；因为它的顺序可变，36个圆盘的排列组合的总数会是一个 48 位的数字（$36 \times 35 \times 34 \times 33 \cdots \cdots$），在电子计算机未出现的时代是无法对其加密的信息进行破译的。[10] 1910 年至 1920年间，不少人试图把圆盘转动加密原理机械化，但是都没取得商业上的成功。1923 年谢尔比乌斯刚刚开始销售商标为"恩尼格玛"的圆盘加密机时也是如此。但是到了 20 年代末，谢尔比乌斯成功地让德国武装部队对恩尼格玛产生了兴趣。德国武装部队购买并改装了一些恩尼格玛机，而且从 1928 年开始德国陆军在所有容易被拦截的秘密通讯中，也是无线电通讯中使用它。德国海军也差不多同时开始使用。

恩尼格玛密码机最让德军着迷的，是其系统中的一个独特之处——"反射器"。这个部件让密码机同时具有了加密和解密功能，一条经过恩尼格玛加密过的信息，当以加密过的形式以同样的方向输入另一台密码机后，就会自动被还原出明文。这一特性免去了额外的冗长而又费力的解密程序。这样看来，恩尼格玛是个早期的"在线"机器（尽管它显然还不是一台电脑，只是个电子机械交换系统）。

恩尼格玛吸引德军信号部队的还有其他特性：紧凑与便携。从表面上看，它就像当时的那种便携打字机，因为它有一个打字键盘和一个坚固的携行箱。它的军用版本的键盘最初是按照字母表顺序排列而非 QWERTY 式布局。而且恩尼格玛机键盘上没有数字按键，所有的数字需要拼出来。一般情况下，恩尼格玛机使用干电池作为电源。

然而恩尼格玛机的主要优点在于，它能够把可用的加密法乘上一个数量级，大到一个局外人在任何可行的时间维度内来不及破解。数学家需要多长的时间才能用暴力破解法破解恩尼格玛机加密的信息有不同的估计数值，但是德国人自己认为数千个，乃至数百万数学家一生不睡觉都无法解密一条信息。恩尼格玛的设计意图，就是让加密体系的核心，即"密钥"的制作复杂到让人类的智力无法找到破解对策。

这种加密方式的设计目的就是要掩盖字母的频率，并尽可能让建立频率表所需的数学方法的尝试次数大到无穷。维吉尼亚密码是加长密钥的一种办法，此外还有其他的办法，包括使用通用文本作为密钥，例如一个两个使用者都掌握的单词。不过这些方法的原理都是一样的：让密钥长到让数学破解方法失去用处。而除非使用一次性的密钥，否则完全不可破解是办不到的。密钥本身具有逻辑并因此可以被推断出来，加密的目标因此变成了让推理的工作量过大，以至于不能及时破解，实际上是在任何人类时间范围内无法破解。

恩尼格玛看起来恰好实现了这一点。它的机电交换程序是完的符合逻辑的，但除非理解它的工作步骤，并且除非知道机电交换的起点，否则对它进行数学解密就变得无法实现。

恩尼格玛的工作程序和起点互为独立：前者已经固定在机器内，尽管在设定的范围内它还是可变的，后者通过人的决定则毫无限制，至少在理论上是这样。

恩尼格玛的内部设定可以产生 5 个变量，其中大多数取决于它内部的转子：（1）转子的内部线路；（2）转子的选择；（3）被选中的转子从右到左的排列顺序；（4）转子边缘的选项；（5）连接不同转子的接线板。

恩尼格玛的每个转子都可以拿走，它有两面，上面有 52 个金属触点对应字母表的字母：右手边的一面上有 26 个发送点，左手边上有 26 个接收点；转子内部的线路以秘密方式把发送点和接收点连接起来。

当恩尼格玛的打字机键盘上的某个键被按下后，就会从右手边（固定的）圆盘向第一个转子的右手边一面发出一个电子脉冲。经过转子的内部线路后转子把脉冲，比如说从 A 传送到左手边那一面的 B（实际上，转子内部线路的复杂程度超过德国的敌人的想象）。第二个转子的右手边一面接收到脉冲之后通过其内部线路传输到左面。第三个转子的工作方式与第二个类似，当脉冲信号离开第三个转子后被（固定的）反射器接收后再次原路返回。不同的是：因为当一个按键被按下去之后，第一个转子就会转动一个字母，而第一个转子转动 26 次后就会用刻槽带动第二个转子转动一次，第二个转子则会在按下键盘 676

次（26×26）之后转动一次，线路完全不一样，再加上转子内部线路的存在，它的变化就达到了指数级。

脉冲的终点是个电灯泡，26 个灯泡代表字母表中的不同字母；当接收器的灯泡依次亮起时，灯泡就能把明文显示出来。但是，在脉冲抵达一个灯泡之前，它还会有一个倍增过程。而脉冲信号的返程终点，是一个类似于手动电话交换机的"插线板"，在这里 6 个字母的信号通过插头连线可以变成另外 6 个字母（后期插头的数量还增加了），例如，可以是 A 到 E，也可以是 G 到 T。插头会根据按月、按周、按天以及后来按每天两次的使用说明进行调整。

这就是恩尼格玛的内在复杂性。它可以被手动调整而进一步复杂化。在最初的版本中它只有三个转子。[11] 在频繁更改的使用说明中，使用程序部分的改动内容是改变转子在插槽中的排序。最终，每个转子在外缘都有了一个可以转动的字母环，这个部件常常被描述为"轮子上的轮胎"，它可以转动到字母表上 26 个字母中的任意一个。当设定恩尼格玛机时，操作员将把字母环转动到说明书指定的位置。因此，密码分析员面对的变量的数量如下：

转子的位置（3 个转子）：$26 \times 26 \times 26 = 17576$

转子顺序（ABC, ACB, BCA, BAC, CAB, CBA）$= 6$

插线板的连线方式 $=100$ 万以上

总计变量 $=10$ 万亿 [12]

不过，10 万亿这个数字还没考虑转动三个转子外缘的可转动字母环，否则还要乘以 17576。

一个负责破译恩尼格玛加密过的信息的译电员面临的就是这种局面。如果他有能力"每分钟排查一种恩尼格玛机的设置的话（他）就需要从宇宙诞生至今的时间来排查完所有设定"。[13] 即便他手头有一台恩尼格玛机，可以通过逐一更改转子的初始设置（17576 种），再把密文输进去查看是否能得出明文，就算日夜工作，每分钟排除一种也需要两周时间才能排查完。[14] 无怪乎谢尔比乌斯在广告中说他的机器能创造"不可破解"的密码，而且德国人也对此深信不疑。

破解恩尼格玛

恩尼格玛在投入使用之后不久就被破解了。找到破解办法的是波兰军队的密码分析员。作为《凡尔赛条约》的捍卫者，波兰受到战后德国的憎恨最深，因此波兰对于德国的秘密通讯既有兴趣也有必要去了解。波兰人不同寻常与智慧过人的手段是，他们一开始是用纯数学办法解决的。正如布莱切利公园密码分析中心发起人彼得·卡尔沃科雷西所说的，"为了破解（恩尼格玛）密码，需要两样东西：数学理论和机械辅助。"[15] 波兰人为此设计了一套机械辅助装置，并把其中的一些给了英国人，英国人进行独立复制后又独立了发明了另外一些装置。他们最初的破解是完全基于数学推理之上的，使得他们弄懂了恩尼格玛的逻辑。由于这是在没有任何现代计算机的帮助下，仅靠铅笔和纸就实现的，因此可以被称为史上最为著名的数学解谜之一。

为了完成这一任务，波兰军队在 1920 年代末从大学数学系里招募了一批年轻的平民数学家，包括亨里克·佐加尔斯基、杰尔兹·罗佐基和马里安·雷杰夫斯基。其中马里安·雷杰夫斯基证明了自己最富创造力。和其他人一样，他来自前波兰西部的前德国领土，能说流利的德语。在 1932 年 6 月 1 日德军开始采用恩尼格玛作为主要的加密机器，同时他完成在哥廷根大学的学业并回国后不久，雷杰夫斯基在华沙的波兰总谋部大楼开始研究截获的德国加密信息。此时波兰人已经知道德国在用超级加密法加密信息。然而从 1928 年开始，他们被一些奇怪的信息难住了。这些信息显然经过加密，波兰人得出的结论是这是利用机器加密过的信息。年轻的波兰密码学家们立即开始研究它的秘密。

波兰人研究的对象是由 5 个字母组成的无规律组合。从技术术语上来说，这些信息本身就是密钥，除非以非常长的数学间隔出现（正如前面提到的每隔数百万次才重复一次）否则不会重复。但是正如雷杰夫斯基所知道的，它一定遵守了某种数学规则。于是他开始构建德国密码的数学基础。

现在我们已经知道，当时雷杰夫斯基所得到的信息是按以下方式生成的。密码机操作员打开印发的说明，里面规定了转子的顺序，字母环的设置和插线板的布置，他选择好自己的初始转子设置后打出一个 3 个字母组成的组合，然后重复一次。这是告知接收者他如何为本次传输设置自己的机器（这就使得破译变得有迹可循了，尤其是对布莱切利公园密码分析中心来说）。然后发报员用左手敲击键盘输入电文，用右手把灯泡亮起的字母写下来。之后他把写下来的信息交给一个无线电操作员，由他发送给接收方。在另一端，接收方把收到的信息在恩尼格玛的键盘上打出来，记录灯泡亮起的字母，就完成了信息的解密。

雷杰夫斯基拿到手的只有加密信息。但是很快他就意识到开头的3个字母是独立于信息本身的，而第二组3个字母是对第一组进行加密。简而言之，这两组3个字母的组合，是另一个非常大的密钥也就是信息本身的密钥。如果最开始的2组字母能被破解，就会有两个结果：首先可以复制恩尼格玛机的机电转换过程，这是最起码的收获；第二，一些加密信息可以得到破解。

雷杰夫斯基设计了一个方程式，赋予6个加密的字母在字母表中的实际值。他可以推断，比如说在字母组合中ABC后面跟着DEF，D是对A进行加密（通过机电排列），E是对B进行加密，F是对C进行加密。他把第一个（固定的）转子设定的值指定为S，三个转子的值分别指定为L、M、N，反射器设定的值为R。由此他设计了三个方程式，第一个他表示为：

$$AD = SPNP{-1}\ MLRL{-1}\ M{-1}\ PN{-1}p{-3}NP-\ MLRL{-1}\ M{-1}\ p\ N{-1}p-\ S{-1}$$

另外两个也一样复杂，而且他写道："我们任务的第一部分（曾经）本质上就是解出这些方程组，其中方程的左边和右边的设定值P及其幂已知，而设定值S、L、M、N、R未知。在这种形式下，这些方程是无解的。"[16]

"因此，"雷杰夫斯基继续说，"我们试图把这个方程简化。第一步纯粹就是形式化的，包括把重复出现的MLRL-1M-1……替换为单个字母Q。因此我们暂时把未知数减少到3个，命名为S、N、Q。"

数学家以外的人士可能无法理解雷杰夫斯基接下来设计出的公式。不过他们可以总结为："以上讲述的得出N的值的方法，可以依次应用于每个转子，因此可以重新建造出恩尼格玛机完整的内部结构。"[17]

这是波兰人的辉煌胜利：单靠数学推理就破解了恩尼格玛的秘密。在30年代波兰人还试图跟上恩尼格玛机的演进，包括德国人在机电和程序方面进行的改进，并成功地制造出了恩尼格玛机的复制品。随着德国人的信息传输越来越难以破解，波兰人还设计了一种机电设备（名为"炸弹"，因为这台滴答作响的机器显然很令人讨厌）可以比纸笔更快地测试对加密信息的破解方案。同时波兰人还和主要的盟友法国的密码分析部门分享了这些信息。而法国人通过金钱收买了一个德国线人，名叫艾斯克（法语发音为 HE，这是他起初的化名），通过他得到的文件获知了很多关于恩尼格玛的运作秘密。艾斯克实际是一个德国将军的兄弟，最终因暴露了身份并以叛国罪在 1943 年被枪毙。[18] 波兰人和法国人在整个 30 年代密切合作一起破解德国的密码：之后法国也和英国位于布莱切利的政府代码及加密学校进行合作。1939 年 7 月 24—25 日就在德国入侵波兰前夕，法国和英国官员正式访问了华沙，两国通过此次访问分别获得了一台恩尼格玛机的复制品。

再度破解恩尼格玛

由于恩尼格玛机在机械方面变得复杂——尤其是增加了两个转子后，把转子的排列顺序总数从 6 个增加到了 60 个——以及程序上的改变，波兰人在德国入侵前夕已经无法破译截获的恩尼格玛加密信息。尽管如此，他们还是把复制出来的恩尼格玛机设法交给了英国人，这台复制品复制了转子的内部连线，让英国人恼火的是，转子内部的连线过于简单，比如把 A 连到 B 等等。波兰人还向英国人介绍了用打孔纸处理截获信息的办法——英国人自己也想到了这点。雷杰夫斯基除了掌握深厚的数学理论，还有丰富的实践经验，同时基于对恩尼格玛的原理的理解，他意识到恩尼格玛的转子设置组合会出现重复，而且可以用在大纸张上面打出的孔表示加密过的字母，然后找出重复的设置组合。如果能获得足够的截获信息，把打孔纸摞起来放在有光源的桌面上，光线就能从出现重合的孔中透过来。不过这种方式只能确定重复的设置，而不能弄清背后的含义是什么。这还需要后续工作。

英国人的破解工作量虽然最终比波兰人更为庞大，但本质上采用了完全不同的方法，即卡沃科雷西的区分法。这个办法比起数学理论更加依赖机械辅助，尽管布莱切利公园密码分析中心里也有很多数学家，而且英国人的破解工作也是基于波兰人的数学破解法。密码分析中心的数学家中最有天赋的一个是戈尔登·魏齐曼，他在二战爆发之初就从剑桥大学的一个研究所转来布莱切利公园密码分析中心工作，他把密码分析中心的工作历史分成了四个阶段：（1）准备阶段，以 1940 年年初打孔纸全套设备的制作完成为结束标志；（2）依赖打孔纸阶段，结束于 1940 年 5 月 10 日，当时德国人停止了用第二组 3 字母组合来加密恩尼格玛机的设置信息；（3）第三阶段，密码分析员很大程度上是通过寻找德国密码机操作员在操作流程上的疏忽作为破译突破口；（4）第四阶段，从 1940 年 9 月开始密码分析中心拥有了自己的"炸弹"破译机，原理上和波兰人在 30 年代设计出的机器相似。[19]

魏齐曼认为他是在数个月内通过 10 个步骤研究出了如何破译恩尼格玛密码。但是破译密码并不是他的主要工作，因为他已经开始转向研究德国的无线电呼号。破译恩尼格玛是一项必要但重复的工作，而且在见到被截获的电文中的字母组合时，他敏锐的数学思维就不由自主地投入了其中。按照他的描述，前面 3 个步骤包含猜测出电文一开始的 2 个 3 字母组合是否就是一对相同的但隔了三个字母位置（由于转子转动）的加密字母的相关操作。当他确定就是这样时，第 4 步就是开始计算成对字母出现的概率是多少，并得出了一个他认为可以处理的数字。他接下来得出结论恩尼格玛其实不如德国人和英国人认为的那么复杂，因为插线板其实并没有增加需要验证的密码机设置组合。"我们只需要考虑 60 个轮子（转子）和 17576 个（字母环）组合，这把可能性降低到了 100 万。实际上我们已经把对我们不利的概率降低了 200 万亿倍。这是第 5 步而且是一大突破！"[20] 第 6 步是进行进一步的计算，第 7 步是魏齐曼独立研究如何利用打孔纸去除大量无用的可能性。第 8 步、9 步、10 步让他弄懂了打孔纸该如何使用。"如果我们能在特定一天的'红色'（作战）和'蓝色'（训练）密钥上发现12 个'女性'（有意义的成对字母组合），那么我们就很有信心在平均每 780摞（叠在看片台上的打孔纸）中发现一个密钥。我高兴坏了，急忙去告诉第利温。但第利温却十分生气。"[21]

第利温·诺克斯是曼彻斯特主教的儿子，也是《笨拙》杂志编辑 E.V. 诺克斯，以及著名的天主教皈依者、牧师罗纳德·诺克斯的兄弟。他曾经是剑桥国王学院的一名研究员，也是 OB40 的资深成员，而且一生都在英国政府内从事密码分析工作。1939 年 8 月当英国政府代码与密码学校(GCSC)在布莱切利公园成立时，他是另一个 OB40 的老人、GCSC 当时的领导人阿拉斯泰尔·丹尼斯顿的主要助手。[22] 第利温古怪孤僻，很不适合这项工作。"既不是个组织者也不是个技术员"，按照魏齐曼的话说。第利温属于上一个时代，解谜是靠灵光闪现而不是严谨的分析。他曾经想在恩尼格玛上面露一手但后来认为"其中有太多需要同时解开的未知因素。尽管第利温也设计出了一个用于还原恩尼格玛机每日设置的公式，但这个公式首先需要知道转子的内部接线，而且看起来这部分也无法从公式中隔离出去"。[23] 简而言之，雷杰夫斯基已经做到的第利温没有做到。作为数学家，第利温可能只是不够优秀。无怪乎，当性格古怪的第利温见到聪明而年轻的下属跑来宣称找到了自己无法破解的难题的答案时，会勃然大怒。

如果魏齐曼因此轻易放手，恩尼格玛可能要晚几个月才能被解密，不列颠和大西洋之战会赢得更加艰难。幸运的是魏齐曼没有被吓住，尽管被要求回去继续研究，魏齐曼还是去找了布莱切利公园密码分析中心的副主管爱德华·特拉维斯，不过魏齐曼很理智地提出了一份组织和行动计划，而不仅仅是抱怨。在赢得与官僚主义的斗争后，魏齐曼学到了第一个教训：要准备好后备计划。他表达了他的忧虑，指出一旦"静坐战"状态被打破，密码分析中心可能会被海量的难以破译的重要信息所击垮。为了应对即将到来的紧急时刻，他建议把密码分析中心不断扩大的队伍分成五个部分，在全天 24 小时内轮班工作：一间登记室负责通讯分析；一间拦截控制室负责指导监听站关注最有可能获得线索的发送方；一间机械室协调前面两者的工作；一间打孔纸房，由机械室控制；一间解码室处理任何被解密的信息。魏齐曼同样建议增加监听中心的数量，包括成立一个由空军运作的监听德国空军信息的监听站。因为位于查塔姆一个旧堡垒中的监听站尽管效率非常高，却是由陆军运作的。[24]

特拉维斯不仅接受了魏齐曼的建议，还说服丹尼斯顿去推动这个计划，这使得 1940 年 5 月 10 日德军在西线发动进攻时，布莱切利公园密码分析中心早已开始高效运作了。另外一件走运的事是，布莱切利公园密码分析中心已经从波兰人那里了解到了"炸弹"机，并开始制作自己的版本。英国版的"炸弹"

最初是由另一个和魏齐曼一起被征募的剑桥数学怪才阿兰·图灵设计的。图灵的智力超过魏齐曼，实际上他是当时世界上最杰出的数学家。1936 年图灵作为普林斯顿大学的访问学者时，在通用计算机还未问世的情况下提出了数字化计算机的理论——计算机的另一个名字就叫"图灵机"。[25] 图灵设计的"炸弹"机是由英国制表机公司开发出来的，该公司的大部分产品是穿孔卡片设备。图灵的机器是机电式的，处理速度更快功率更大，虽然魏齐曼提出的另一个方案可以更快地排除恩尼格玛机的设置组合，但在设计上就出错了。

"炸弹"当然无法测试恩尼格玛机每一个可能的设置，这需要现今的大型计算机才能完成。魏齐曼以及图灵和其他人已经意识到很多截获的恩尼格玛电文中，一部分内容是固定的和重复的：例如收件人的全名和军衔，或者始发总部的名称。这些可以被猜出来的信息后来被称为"小纸条"（英国公立学校的术语，指的是用于在拉丁语和希腊语翻译考试时作弊的工具）。"炸弹"机的工作原理是用重复的数学程序，在转子可能的 17576 种设置方案中，猜出"小纸条"并测试替代字母。事实证明，英国的"炸弹"机将带来丰富的收获。

不过，如果德国的密码机操作员没有因为粗心、懒惰或失误而暴露线索的话，"小纸条"法就无法奏效。"恩尼格玛如果使用得当是无法破解的"，魏齐曼认为。[26] 德国政府及武装力量中的某些部门的操作员会规范地使用恩尼格玛。德国海军的三个恩尼格玛密钥中，由布莱切利命名为"梭鱼"的，用于加密舰队行动高级信息的密钥就从未被破解过；"粉色"，即德国空军使用的高级密钥，被破解时已经使用了一年；"绿色"，即德国陆军总部使用的行政密钥，在战争期间只被破译了 13 次，期间而且还借助了一些战俘的帮助；"鲨鱼"，即大西洋 U 艇部队使用的密钥，在 1942 年 2 到 12 月大西洋战役最关键的时期，被证实无法破解；"盖世太保"密钥，于 1939 到 1945 年间被使用，从未被破译过。——"这就是恩尼格玛在使用得当时的安全性。"[27]

破解以上密钥不是无规律的。盖世太保一向小心行事；德国陆军和海军的信号部门设立时间很久，使用的操作员受过良好的训练且经验丰富；最明显的短板是德国空军，一个德国在 1935 年才成立的军种。它的密码操作员可能更加年轻且缺乏经验。布莱切利公园密码分析中心破解的第一个恩尼格玛密钥就是来自德国空军，此后被截获的德国空军密钥几乎都被破解了，有时候破解时间甚至是在这些密钥被识别出来的当天。

布莱切利公园密码分析中心把德国恩尼格玛操作员所犯的两种错误——都是由懒惰导致的——称为"赫里韦尔窍门"和"西尔斯"。前者是约翰·赫里韦尔在一次头脑风暴时想到的。他猜测恩尼格玛操作员在设置好转子的字母环，放入插槽后会把选中的字母放在最上面。这些字母可能构成了密文的头三个字母，因此暴露了转子的设置，而在战争的头几年，转子的设置是一整天都不变的。按照"赫里韦尔窍门"的思路就能把解密过程极大地简化。[28]

"西尔斯"也是另一种懒惰的表现，指的是恩尼格玛操作员在键盘上粗心的操作。当他需要挑选三个字母作为电文之首的字母组合时，他可能不是随机敲击，而是在德国的 QWERTZ 式布局键盘上，沿着对角线向下敲键盘，再沿着另一个对角线同样操作打出 QAY 和 WSX。由于这种错误很蠢（silly），布莱切利公园的密码分析员们把这种"小纸条"成为"西尔斯"（sillies 音译）。其他的"西尔斯"是德国女孩名字的简称，可能是恩尼格玛操作员的心上人，如 EVA 和 KAT。一些最懒惰的"西尔斯"确实愚蠢，经常使用如 ABC 或 DDD 的组合，虽然这些组合很快就会被操作员的上级所剔除，但只要恩尼格玛操作员习惯不改，总会有大量的破绽出现。

布莱切利公园密码分析中心破译的第一个密钥叫"红色"，这是魏齐曼正在做前面所说的他的老本行识别呼号时发现的，因他是用红色铅笔把这个密钥标识出来而得此名字。"红色"是德国空军的通用密钥，被破解那天是 1940 年 1 月 6 日，离法兰西战役开打还有五个月时间。一直到二战结束英国人一直都能将其破解，而且速度从当日破解提高到了即时破解。这意味着，用这个密钥加密的电文，英国人和接收的德国人是同步解密的。[29]被截获和破译的"红色"密电，在不列颠之战和其后的闪击战期间是十分重要的。后来英国监听站截获的信号已经远达俄国和北非，而随着德军不断向前行军，他们发出的信号也越来越弱，英国监听站需要努力排除静电影响和电波干扰，同时不得不经常在他们截获的信息中标出模糊的字母组合——因为字母的国际莫尔斯代码之间很容易混淆，尤其是 U 和 V（点、点、划和点、点、点、划），德国那边也经常遇到这一情况。1941 年 4 月，英国监听站就在尽力监听来自希腊本土微弱的莫尔斯电码信号。

德军空降克里特

希特勒一开始无意入侵希腊。在取得西线大捷，而英国顽强抵抗拒绝求和后，他转向实施了另一个蓄谋已久的计划——入侵俄国。在发起"巴巴罗萨"行动之前，他认为有必要通过劝说或胁迫苏联的东南欧邻国匈牙利、罗马尼亚、保加利亚和南斯拉夫加入轴心国，来为入侵提供外交支持。自从 1938 年强行合并奥地利，又占领了捷克斯洛伐克并在 1939 年征服了波兰后，德国已经控制了大多数与苏联欧洲边境接壤的地方。匈牙利、罗马尼亚和保加利亚很快加入了三国条约：保加利亚此前已是德国的同盟，匈牙利曾是奥匈帝国的一部分，罗马尼亚又畏惧俄国的武力。但是想拉南斯拉夫入伙就没那么容易了。南斯拉夫摄政王保罗亲王虽然签署了三国条约，但是在条约签署第二天，南斯拉夫爱国军官发动政变并撕毁了协议。这激怒了希特勒。他立即把准备参与"巴巴罗萨"行动的部队用于入侵南斯拉夫。4 月 6 日，政变九天后德军从奥地利、匈牙利、罗马尼亚和保加利亚大举入侵南斯拉夫。同时德军还从保加利亚入侵了坚定反对纳粹并允许英军驻扎本国领土的希腊。

丘吉尔立即从北非向希腊派遣援军，而此时希特勒已经派隆美尔和后来被称为非洲军的先遣部队前往北非，为在利比亚溃败的意大利盟友撑腰。英国远征军在希腊北部与保加利亚的边境迎击德军，但很快被赶往南面。在英军的西面侧翼希腊军队也在向南后撤。4 月 26 日，幸存的英军被迫抛弃大多数重装备从希腊南部撤出。其中一些被直接撤往北非，另外一些，包括大量的澳大利亚和新西兰部队则撤往希腊岛屿克里特，英军此前已经在这里建立了基地。

克里特是地中海第四大岛屿，是爱琴海南部门户，是拥有许多小岛组成的群岛。岛上居民以好战闻名。作为最后一批从土耳其人手里赢得自由的希腊人，他们因战斗素质和独立精神而在希腊人中广受赞誉。1940 年，因为墨索里尼愚蠢地决定从刚征服的阿尔巴尼亚入侵希腊，第 5 克里特师于是前往迎击意大利人。意大利人很快被打败并退却了，然而到了 1941 年 4 月，克里特师还在遥远的希腊北部边界，而克里特岛本岛的守卫者，只有来自北非的和因干涉希腊失败而撤出希腊本土的，涣散的英国、澳大利亚和新西兰部队。

希特勒本来可能会让克里特自生自灭。无论是对他的苏联战略还是北非战略来说，克里特都不重要。另一方面，由于克里特控制着东地中海的航线，因此对于打算留在地中海的英国人来说就不一样了。希特勒对攻略地中海周边持怀疑态度，尤其是在他即将入侵苏联之时。希特勒之前曾反对戈林占领克里特、塞浦路斯和马耳他，为入侵近东和中东提供跳板的想法。然而在戈林的一再坚持下，希特勒妥协了，部分原因可能是让未能主导"巴巴罗萨"行动的德国空军有个建功立业的机会。戈林本人对战略结果的兴趣不及战术参与。他手头有一个齐装满员的伞兵师从未独自主导一次战役，他急于展示这支部队的实力。

德国第 7 伞兵师不是直接成立的。当 1935 年德国警察的军事化单位被并入陆军，以填充后者不断膨胀的规模时，身为普鲁士总理的戈林获准保留一个团的普鲁士国家警察部队，这支部队后来被戈林带入德国空军成为赫尔曼·戈林团。这支部队在二战期间成为强大的赫尔曼·戈林师的核心。[30] 不过在 1936 年，这个团有一部分被分出去接受跳伞训练，以效仿苏联红军的建设。与此同时，德军自己也组建了一个伞兵营。两支部队一开始无所建树，但是在 1938 年希特勒发现无法威逼英法让步，决定进攻捷克斯洛伐克时，他们就突然变得很有价值了。德国伞兵参与的入侵捷克斯洛伐克行动，让英法最终接受现实对德妥协。也是在这个时候德国人有了成立一个完整的伞兵师用于特别行动的想法。德国伞兵师后来在一战老兵库尔特·斯徒登特的指挥下，战斗力上升到了很高的水平。德国伞兵师部分部队参加了 1940 年 4 月入侵挪威和丹麦，和 5 月份入侵比利时与荷兰的战斗。

在比利时之战中，第 7 伞兵师的滑翔机部队在占领埃本·埃美尔要塞的战斗中取得了巨大成功，几乎没有损失就夺下了这一控制马斯河关键桥梁的要塞。在荷兰的战斗中，这支部队相对没那么顺利。在鹿特丹和多德勒克，德国伞兵占领并守住了两座重要桥梁。在海牙，德军的伞兵和机降部队都是由运输机送入战场，在地面上遭遇了重大伤亡。军官的损失达到 40%，士兵的损失也达到了 28%，同时各类飞机损失超过了三分之二。虽然荷兰的抵抗整体上很快被平息了，但这次空降作战的挫折却是个不祥的征兆，暗示这种新型的作战样式依然存在很高的风险。不过，这种警告却被忽视了。

1941年4月24日，希特勒手书了第28号元首令，制定了"水星行动"的目标。元首令的开头写道，"我们必须占领克里特岛，作为在地中海中东部对抗英国的空军基地……本次行动的指挥权被授权给空军总司令，他将为此调动主要驻扎在地中海地区的空降部队和空军。陆军……将在希腊待命作为增援……将通过海运前往克里特岛。"[31]

希特勒一开始提议，如果非要用空降部队完成一次任务（当时德国陆军已经把第22步兵师训练为机降师），那么目标应当是马耳他。这比第28号元首令里面的目标更好，但是斯徒登特，以及尤其更重要的是希特勒的作战部长约德尔大将反对进攻马耳他。他们提出马耳他面积紧凑有助于英国守军迅速集中兵力对空降入侵者发动致命反击。反过来，克里特的狭长的地形将迫使防御者分散兵力，进攻方更容易取得成功。希特勒后来同意了。所以当他签署第28号元首令同意发动"水星行动"的时候，一切已无可挽回。

1941年5月初，第7伞兵师（前航空师）离开了位于德国北部的训练区，乘坐火车行军13天抵达希腊南部。它的第2团已经先一步在3月26日抵达了保加利亚并参加了夺取科林斯运河渡口的行动。第7伞兵师的结构特殊。它的三个伞兵团和普通步兵部队一样由三个营组成，但是每个营人数都较少，只有550人。按照德国惯例，还有一个接受过作战训练的工兵营可以作为步兵参加战斗。但是除此之外，第7伞兵师还包含第四个团，即突击团。该团有四个营，接受的是乘坐滑翔机着陆参加战斗的训练。第7伞兵师没有师属炮兵，支援兵种也很少。伞兵以13人为一组乘坐缓慢但结实的容克52型运输机，在低空（400英尺）通过稳定线跳伞。他们只随身携带手枪，他们的步枪和机枪将会用单独的容器空降，需要伞兵在落地后自己找回。滑翔机部队虽然把步枪和重武器带在身边，但是时常要在预定着陆场以外进行硬着陆。[32]

将为第7伞兵师提供支援的是第5山地师，后者被选中代替已被决定留在罗马尼亚准备参加"巴巴罗萨"行动的第22机降师。第5山地师此前已经在希腊遭受了严重损失，然后得到了来自第6山地师的第141山地团的增援。第5

山地师自己的第 85、第 95 和第 100 山地团都是精锐部队，原先属于奥地利陆军，在 1938 年"德奥合并"后被并入德国国防军。在 1938 年著名的艾格峰北峰失败的测量行动中，第 100 山地团有两位士兵遇难，他们是寇兹和英特托瑟。德国山地师按计划将乘坐容克 52 运输机跟随滑翔机和伞降部队，强行登陆由空降突击部队夺取的克里特机场。

英国的克里特守军的先头部分，在 4 月份主力前往希腊本土之前就已经到达这里，他们很快意识到了德军空降登陆的危险。1940 年 11 月 3 日被任命为克里特岛英国守军指挥官的蒂尔伯里准将，早在当年 12 月就已标识出了四块德军会在第二年 5 月使用的伞兵空降区。[33] 所有四块空降区要么临近位于马莱迈、雷西姆农和伊拉克利翁的三个小机场，要么是在首府干尼亚附近的海岸平原地区。克里特的地形把任何军事行动都局限在了岛的北部——尽管东西有 160 英里长，最宽处只有 40 英里，但岛上横亘着陡峭的山脊，其间遍布岩石的峡谷阻断了南北来往的通道。岛上的地貌虽然点缀着橄榄林和零散的农田，整体看起来还是很荒凉。岛上居民勤俭节约，有强烈的独立精神。山区里普遍是无秩序状态，常常有内部冲突发生。

假如第 5 克里特步兵师没有在 1940 年远赴希腊本土，德军可能根本没法占领克里特岛。"如果克里特师还在"是整个战役期间克里特人一直在嘴上说的。一万多受过训练的克里特年轻人必然能解决入侵者，且留下的岛民本身也不是等闲之辈。事实上，克里特的主要保卫者是从本土逃难而来的难民，而当地人因为年纪太大或太小而不适合服役，所以岛上的克里特守军只有 9000 人，被仓促编成 8 个团。由于缺乏制服，其中很多人被德国人视为非法的非正规军而被枪毙。岛上的英军是在德军发动巴尔干会战时进驻的，包括第 14 步兵旅，该部辖 3 个正规战前营，即第 1 威尔士营、第 2 黑守卫营和第 2 约克与兰卡斯特营。之后来自埃及的第 2 莱切斯特营和第 2 阿盖尔和萨瑟兰高地营加入了进来。在从希腊本土撤出后，大部分澳大利亚和新西兰部队来到了克里特岛，但是他们丢失了大部分重武器，而且在从希腊北部前线后撤的煎熬之旅中，大部分人都失去了组织联系，只知道他们属于第 2 新西兰师和第 6 澳大利亚师。从希腊逃到这里的英军，汇集了正规骑兵、预备役部队、地方自卫队、皇家海军陆战队和炮兵各色人等，只有很少的坦克和火炮。岛上的皇家空军只有 5 架飞机。英军中最好的部队是由在第一次世界大战中的新西兰维多利亚十字勋章获得者伯纳德·弗莱伯格将军指挥的新西兰部队，总数达 2.7 万人，且以善战而闻名。弗莱伯格在抵达克里特岛当日就接管了岛上所有部队的指挥权。[34]

在 1941 年 5 月初，英军乱糟糟地陆续抵达克里特岛后，弗莱伯格有了可用的部队，他把这些部队布置如下：第 2 新西兰师的 9 个营部和 3 个希腊团，英国第 3 轻骑兵团（7 辆坦克）和第 2 皇家坦克团（2 辆坦克）部署在马莱迈机场并一直延伸到岛的西端。在北部主要港口苏达周围是由皇家海军陆战队，4 个澳大利亚营和第 7 皇家坦克团（2 辆坦克），2 个希腊团和 1 支克里特宪兵队防守；在岛的东端伊拉克利翁周围，有 4 个正规英国步兵营：黑守卫营、莱斯特营、约克营和兰彻斯特营以及阿盖尔营，还有 1 个澳大利亚营，第 2 皇家坦克团和第 3 轻骑兵团的 10 辆坦克，部分炮兵和 2 个希腊团。

弗莱伯格直到 4 月 29 日才从希腊来到克里特而且没想到要留下来。他急着去埃及重组新西兰远征军。然而决心守住克里特岛的丘吉尔已经下令让他必须留在克里特指挥。弗莱伯格是丘吉尔最爱的人选。丘吉尔过于喜欢勇猛非凡的人，而他认识已久的弗莱伯格是最佳人选。弗莱伯格身上有 27 处伤。即便在索姆河战役荣获维多利亚十字勋章之前，他就因为在加里波利战役开始前游过达达尼尔海峡在岸上放置导引灯而名声大噪。弗莱伯格平易近人，英国和澳大利亚普通士兵都爱戴他。对于新西兰人来说，他更是国家英雄。弗莱伯格身材魁梧，性格开朗，毫不浮夸，是一位受士兵们尊敬的将军。他们了解弗莱伯格想法，当他说"用刺刀解决他们"时，士兵知道一有机会弗莱伯格真的会亲自上刺刀冲锋。

在被任命为克里特守军总司令后，弗莱伯格立即把他的指挥部设在干尼亚附近的苏达湾上面的一个采石场。在采石场的一个洞穴里，他的特别情报官桑多佛上尉破译了截获的恩尼格玛密电——用一个神秘特工的名字"橙色雷纳德"将其命名为 OL——他把情报给弗莱伯格看过后就把它们烧掉了。[35]桑多佛是弗莱伯格小小的参谋班子中的一员。皇家海军陆战队的韦斯顿将军，因为愤恨弗莱伯格取代他成为他的部队的指挥官，带走了自己的下属。结果弗莱伯格不得不抓紧找人组建自己的指挥部。但不管怎样，他的指挥部仍然很缺受过训练的参谋军官、通讯员甚至无线电设备。在克里特这个因为军事目的而特别需要各类通信手段的小岛上，却什么都缺，因此克里特守军从一开始就束手束脚。

但是同时，克里特守军却享有极其充足的情报。由于"水星行动"仅限于德国空军参与，德国第4航空队，第7和第9军以及第7伞兵师刚刚接到任务命令时，很快就被拿德国陆军和海军秘密通讯没什么办法的布莱切利公园密码分析中心截获并破解。因此就在"水星行动"即将开始之时，克里特守军就已收到了有关德军计划的警告。

早在5月1日，德军即将空降克里特岛的警告就通过开罗传送到弗莱伯格手里。第一份有关德军行动的详细报告在5月5日送达。里面提到德军将在5月17日完成行动准备，德国第7伞兵师和第9航空军的滑翔机部队将分散进攻马莱迈、伊拉克利翁和雷西姆农。德军轰炸机和战斗机将攻击马莱迈和伊拉克利翁。其他德军单位也被分配了任务，看起来会通过海运抵达克里特岛。5月7日一封破解的恩尼格玛密电证实了之前的情报，提到"很有可能是三个山地团而不是第三个山地团"。我们现在已经知道，这说的是德军决定把第6山地师的一个团加强给第5山地师，与该师另外两个团都将以机降方式登陆克里特岛。由于原先伴随行动的德国陆军部队是第22机降师，弗莱伯格的参谋认定第5山地师将乘船而来，而不是空运。

英国人破译的恩尼格玛电文正确地揭示了德军意图，即以一个伞兵师（第7伞兵师）、第9航空军的滑翔机部队（突击团）和一个搭乘运输机的陆军师（原先是第22师，后又被得到第6山地师一个团加强的第5山地师代替）向克里特发起攻击。但是第5山地师代替第22机降师，以及涉及海运的事情，让弗莱伯格对所面临的威胁产生了严重的误判。

恩尼格玛关键破译电文（OL 2/302）的重要摘要在5月13日下午5点45分送达弗莱伯格的指挥部。里面描述的德军作战计划如下：德军将于5月17日开始行动（之后又修正为5月20日）。行动第一天德军伞兵将控制马莱迈、伊拉克利翁和雷西姆农。第二天，德军战斗机和轰炸机将攻击克里特的机场。第三天，滑翔机部队和陆军部队通过滑翔机和运输机登陆。最后，用船只将防空部队和更多兵力与补给运抵克里特岛。

另外德国第 12 集团军将按照命令派出 3 个山地团。后续还将派出包括摩托化部队、装甲部队、反坦克部队和防空部队在内的更多单位……为本次行动而集结的各类飞机数量十分充足——大约 600 架——将集结在雅典地区的多个小型机场。第一波次的飞机将只搭载伞兵。后续波次飞机将搭载机降部队，各种装备和补给，可能也包括拖曳滑翔机的飞机……入侵的德军数量将在 3 到 3.5 万，其中 1.2 万人是伞降部队，还有 1 万人将乘船登陆克里特……德军已下令不得在苏达湾布雷，不得摧毁岛上的各个机场，以避免干扰原定的作战行动。[36]

OL 2/302 几乎是一份"水星行动"的全面指导，是有史以来被敌军及时掌握的最完整的情报之一。它透露了进攻的时机，进攻部队的目标、实力和构成。更重要的是和所有的空降行动一样，"水星行动"成功的关键突然性已经不复存在。

但是 OL 2/302 却没有显示德军的完整计划。它没具体说明哪支部队将在哪登陆，这是个关键的缺失。正如我们如今已经知道的，第 3 伞兵团将在岛的东端着陆，第 2 伞兵团在岛的中部，突击团将在第 1 伞兵团占领岛西端的马莱迈机场后机降于此。这些信息十分重要，但是要么在恩尼格玛的原始电文里没有提到，要么在送往克里特岛的破译版本中被忽略了。布莱切利的规定是不可发布原始解密电文，因为它们经常难以理解，即便是一开始坚持要看看刚被破译的电文是什么样的丘吉尔，最后也被迫承认只有密码分析中心的人能看得懂。

如果原始的解密电文透露了哪支德军将登陆哪里，弗莱伯格可能会用不同的方式打这场战役。他可能会在马莱迈机场集中更多的部队让德军无法利用机场，这样德军肯定会打输克里特战役。另一方面弗莱伯格也可能打不赢，因为他并不完全知晓恩尼格玛——准确地说是"超密"——的秘密。只有很少数且军阶非常高的军官才获准知道"超密"系统的存在。他们被教导告诉下属特定的情报十分可靠——"特别"和"非常特别的情报"——但要把来源解释为有一个特工打入了敌军的总部。在战地处理这些机密的军官中只有很少一部分人知道"超密"的存在，他们都发誓绝对保守秘密。弗莱伯格没有在可以知晓的名单中，只是被告知了特工的故事而且被禁止与任何人讨论 OL 电报的事。对他这样一个没有私心的人来说，不能与人分享情报令他感到不安。他没法和往常一样与亲近的下属讨论他的顾虑，只能对从"超密"那里得到的情报守口如瓶。

更糟的是，他毫无疑问误解了他所被告知的内容。5月6日的OL 2167电报和5月7日的2168电报中，关于第22机降师，第5山地师和其配属的第6山地师的一个团等含糊的内容误导了弗莱伯格，使他相信德军除伞兵以外的部队实际上要多得多。由于提到船运的事，他也误认为德军将从海上和空中入侵克里特岛，可能还会同时发起，而且从海上登陆的部队可能要多于空降部队。正如他的儿子在回忆中所辩护的一样，弗莱伯格应当得到谅解。[37]

"超密"系统的权威历史学家，同时战时也在布莱切利公园密码分析中心担任过密码分析员的拉尔夫·本尼特曾经这样分析过：

在韦维尔任命他指挥克里特守军（4月29日，正好在克里特战役开始的三周之前）之前，（弗莱伯格）对于"超密"一无所知，因此他十分缺少解读"超密"提供的情报的经验。然而一系列事件迫使他要立即根据情报做出行动决定，而没法参考其他意见或任何建议（"超密"系统在克里特岛的联络人，空军上校比米什不在指挥链中）。（另外）在整个历史中，没有一个岛曾被来自海上以外的力量占领过。唯一证明新生的空降部队可以压倒地面防御的例子只有（埃本·埃美尔要塞之战以及其他的小规模空降行动）。此时离英军的第一个伞兵营诞生还有六个月。最后，自纳尔逊1798年在阿布基尔湾击败法国舰队以来，皇家海军在地中海的霸权首次面临严重的威胁，这足以令他进一步担心遭到传统方式的攻击……尽管有"超密"提供的情报，指责（弗莱伯格）过于重视来自海上的威胁只是事后诸葛亮而已。[38]

然而不管怎么说，"超密"的确"预告"了德国即将以数千空降部队攻击克里特岛的事实。而尽管克里特岛驻军在撤出希腊的过程中失去组织，但数量上却并不处于劣势（英联邦及希腊部队共42460人，德军只有22040人）。[39]海上登陆最后并没有发生，但是英军的确输掉了克里特岛之战。原因何在？

克里特岛战役

1941 年 5 月 20 日，进入初夏的地中海气候宜人。驻扎在马莱迈的新西兰第22 营在日志中记录道："天空无云，无风。能见度极佳：举个例子，可以轻易辨别东南方向 20 英里以外的山峰的细节。"[40] 当天早上大多数英军阵地遭到了德国空军袭击，过去两周以来每个早晨都是如此。之后克里特岛再度恢复了短暂的平静，直到 8 点钟德军恢复了更加猛烈的空袭。在马莱迈，英军遭受了大量伤亡。此地的英军正忙着处理伤员时，德军新一波飞机的轰鸣打破了宁静。搭载突击团的滑翔机在容克 52 运输机的拖曳下逼近，随后开始在马莱迈机场以西塔伦蒂斯河的干河床上着陆。几分钟之内科赫少校带领的第一伞兵营每 10 人搭乘一架滑翔机进入战场，着陆时有 40 多架滑翔机坠毁。科赫在一年前率部队参加了对埃本·埃美尔要塞的突袭。此外降落的还有第 3 营的一部分兵力和伞兵团团部。当德军滑翔机强行着陆时，它们遭到在机场和在 107 高地上面掘壕据守并俯瞰这里的新西兰步兵集火攻击。

如果亲自到过马莱迈机场的话，你会发现这与大多数战场一样会比地图上标示的要小得多。机场的跑道就在 107 高地山脚下（如今这里是当年阵亡德军的墓地）。在机场位置可以清楚地看到远处的大海，只有塔伦蒂斯河谷因为地形原因隐藏在视野之中。当时此地的守军是新西兰第 22 营，指挥官是曾在一战获得维多利亚十字勋章的莱斯利·安德鲁中校，他在布置部队的时候考虑到了视野问题——把 D 连放在塔伦蒂斯河岸边；A 和 B 连在 107 高地及其斜面上；C 连实际驻守在跑道边上。安德鲁还拥有 2 辆坦克，2 门固定的 4 英寸炮和数门博福斯高射炮。加上步兵部队里的步枪和轻重机枪，他在机场拥有强大的火力。

德军突击团的第 2、4 营和第 3 营的一部分是通过伞降着陆在马莱迈机场，因此遭受了重大伤亡。德军军官的损失尤其严重；第 2 营有 16 名军官阵亡、7名受伤，大多数发生在战斗开始之初。马莱迈机场附近其他部队的状况也大抵如此。德军伞兵们被告知克里特守军只有很少的 1.2 万人，比实际情况几乎少了四分之三，他们以为只会碰上轻微抵抗而且当地人会友好迎接他们。实际上这些都是扯淡。德国人刚开始着陆，克里特人就拿起各种能用的武器参加战斗，这种集体英勇行为后来也招致了德国人有组织的或自发的屠杀进行报复。英国、

1941 年 5 月 19 日

东地中海
■ 轴心国控制区　▨ 英国控制区

雅典

爱琴海

希腊

土耳其

克里特海

罗德岛

希腊

马莱迈　伊拉克利翁

斯法基亚

塞浦路斯

地　中　海

350 英里

坎宁安上将的英国东地中海舰队以
亚历山大港为舰队基地

班加西　托布鲁克　巴蒂亚
塞卢姆

利　比　亚

阿拉曼　亚历山大　塞得港

埃　及

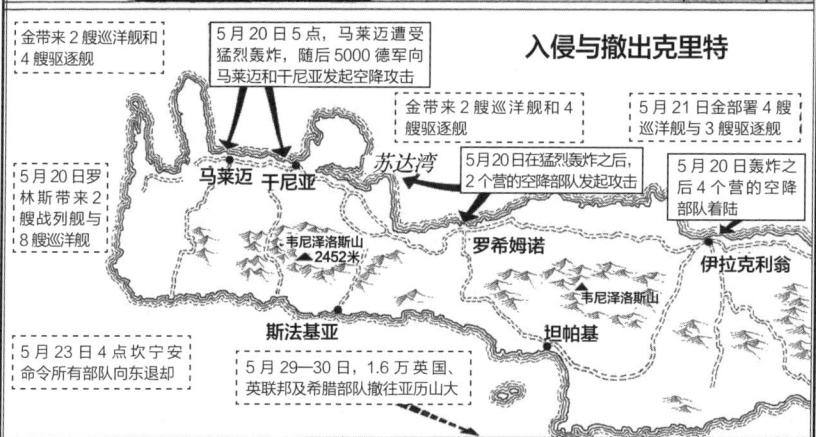

金带来 2 艘巡洋舰和
4 艘驱逐舰

5 月 20 日 5 点，马莱迈遭受
猛烈轰炸，随后 5000 德军向
马莱迈和干尼亚发起空降攻击

入侵与撤出克里特

金带来 2 艘巡洋舰和 4
艘驱逐舰

5 月 21 日金部署 4 艘
巡洋舰与 3 艘驱逐舰

5 月 20 日罗
林斯带来 2
艘战列舰与
8 艘巡洋舰

马莱迈　干尼亚

苏达湾

5 月 20 日在猛烈轰炸之后，
2 个营的空降部队发起攻击

5 月 20 日轰炸之
后 4 个营的空降
部队着陆

韦尼泽洛斯山
▲2452 米

罗希姆诺

伊拉克利翁

韦尼泽洛斯山

5 月 23 日 4 点坎宁安
命令所有部队向东退却

斯法基亚

坦帕基

5 月 29—30 日，1.6 万英国、
英联邦及希腊部队撤往亚历山大

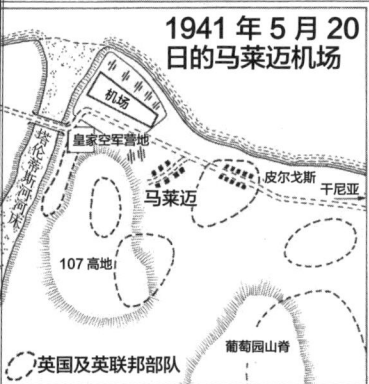

**1941 年 5 月 20
日的马莱迈机场**

机场

皇家空军营地

塔伦希斯河河床

皮尔戈斯　干尼亚

马莱迈

107 高地

英国及英联邦部队

葡萄园山脊

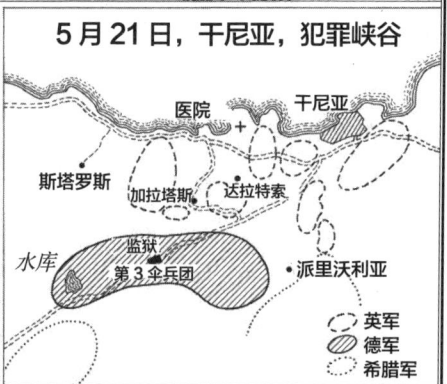

5 月 21 日，干尼亚，犯罪峡谷

医院　干尼亚

斯塔罗斯　加拉塔斯　达拉特索

监狱　派里沃利亚

水库　第 3 伞兵团

▨ 英军
▨ 德军
▨ 希腊军

新西兰和澳大利亚守军在德军伞降阶段进行着看似激烈实际惬意的战斗。德军伞兵被"坐等开饭"的守军射杀，后者有时还会进行计分就好像这是一次早晨射鸭子比赛。当德军伞兵被降落伞挂在空中毫无还手之力时，之前攻无不克的自豪感荡然无存了。侥幸活着落地的则被压制得不能动弹，另外一些人在空中徒劳地举手投降。很快，岛上就四处可见被降落伞吊在树上的德国伞兵尸体。

找到武器箱因此能够作战的，大部分是降落在马莱迈和干尼亚之间的第3伞兵团的第1营、第2营以及伞兵工兵营。这些部队很快集合起来并开始有组织地投入战斗。在马莱迈周围的第3营和滑翔机部队的幸存者仍然被死死压制住。防守马莱迈东部的新西兰第23和21营，早已构筑了阵地而且扫清了射界。对于德国人来说，"即便那些毫发无损落地的，掉在葡萄园或麦地里而没被发现的人，在找到武器之前也没法参加战斗。而且如果一个武器空投箱落在开阔地，拿回它就像在玩残忍版的'红绿灯'游戏"。[41] 第3营几乎被全歼了。营长、营长副官、4个连长中的3个、500名士兵中的400名，被直接杀死在107高地下的橄榄林和灌木丛中，或者受了伤之后因无人照料而死去。

德军开始空降时，弗莱伯格正在干尼亚附近的采石场的指挥部中吃早餐，在早上8点对德国人的到来说了一句"他们真他妈的准时！"作为欢迎，这是唯一可以公开证明他能接触到"超密"情报的证据。[42] 后来成为特别行动处在希腊的领导人的伍德豪斯勋爵说，"他很清楚地根据自己掌握的信息做出了所有必要的处置，现在除了让下面的人按计划行事，他也无事可做了。"[43]

尽管他一直误判了来自海上的风险，事实证明，弗莱伯格在克里特岛中部的雷西姆农和东部的伊拉克利翁的布置还是很有效的。守卫雷西姆农机场的澳大利亚第2/11和2/1营，得到了两个希腊团的支援。澳大利亚人构筑了良好的工事并扫清了射界，使这一地区内几乎没有植被。由于在雅典的德军出发延迟，第一批德军在马莱迈和干尼亚空降几个小时之后，其他德军才抵达雷西姆农，这样澳大利亚人就有了充足的预警时间。德国第2伞兵团的第1营和第3营，同样是沿着海岸线飞来，在他们接近雷西姆农机场的最后一刻，无论是飞机和伞兵都成了很好的靶子。有一些飞机实际上是在隐蔽在海岸山脉上的澳军阵地下面飞过。当澳大利亚人开火时就成了一边倒的屠杀。有几架飞机被击落，另外一些把伞兵扔到了海里，这些人很快被自身沉重的装备拖到海底去了。幸存下来的人发现无处可以躲避子弹隐蔽自己。着陆的人大量被射杀，很多人落到克里特非正规武装手中。

澳军防守成功的关键，在于两个优秀的营长，坎贝尔和桑多佛。他们牢牢控制住了部队，组织有效的火力打击并适时发起反击扫除任何残余的顽抗德军。第2伞兵团在雷西姆农彻底失败。它遭受了惨重伤亡，而且团长斯图姆在5月21日早晨被桑多佛俘获。

在伊拉克利翁空降的德军第1伞兵团则更加不走运。它的第1营和第3营落在克里特岛上训练最为有素的部队第2莱斯特营、第2黑守卫营和第2约克和兰卡斯特营之间——这些部队的士兵都是战前就开始服役的职业军人。此外，这些部队还得到了12门以上的轻型高射炮的支援，这些火炮在德军事先的空袭中没有开火因此没有暴露阵地。当运载部队的容克52运输机出现在伊拉克利翁上空时，他们甚至比抵达雷西姆农的部队到得还晚，最晚的到达时甚至都已经是晚上7点。它们在空投伞兵的2个小时内，有15架被击落。离开飞机的伞兵在下降时、在落地时、在挣扎着试图寻找隐蔽或武器空投箱时被英军大量射杀。完整的连队不复存在——有一个连只剩5个活人。第1伞兵团第3营的550人中，有300人被杀，100人受伤。德军在伊拉克利翁的阵亡者中，有三兄弟来自著名的布吕歇尔家族，他们的祖先在滑铁卢战役时曾是威灵顿将军的手下。三兄弟的军衔分别是中尉、下士和上等兵。[44]

5月21日克里特战役的第二天，在伊拉克利翁和雷西姆农的形势已经对弗莱伯格十分有利。两地的机场仍在英国人手中，尽管一小部分德军还在伊拉克利翁的乡间和葡萄园中战斗，他们也只是勉强支撑而已。这些德军被消灭或投降是早晚的事情。但岛上其他地方的战斗开始变得对英军不利。实际上，形势已经出现了转折。

克里特守军缺乏无线电设备，因此弗莱伯格各部队之间的通讯好的时候断断续续，多数时候则完全失效。5月20日，在向开罗的韦维尔发送的报告中，弗莱伯格表示："我们现在承受着很大的压力。我认为我们现在还能守住马莱迈、伊拉克利翁和雷西姆农的机场以及两个港口。但我手上的预备队只能增援其中的一个地方，我没法对前景表示乐观。战斗十分激烈，大量德军被击毙……德军对我们发动的空袭十分猛烈。这里的每个人都知道空袭是个严重问题而我们将想办法解决它。"弗莱伯格实际上以为形势已经逆转了。他所不知道的是他告诉韦维尔的第二点是完全错误的。英军即将在夜幕的掩护下放弃马莱迈机场。德军将会用这个机场把第5山地师空运进来，岛上的力量对比会因此发生决定性倾斜。英国即将输掉克里特岛战役。

英军失利并不是因为缺乏勇气。新西兰第22营指挥官，维多利亚十字勋章获得者安德鲁和他的上级，第5新西兰旅指挥官哈格斯特均是经验丰富的职业军人并经历过第一次世界大战，他们手下的士兵也勇敢善战。然而，空降作战令人措手不及的特性使他们感到焦虑，加上他们内部无法维持稳定的通讯，而且哈格斯特和弗莱伯格一样担心来自海上的登陆。接近傍晚时，安德鲁曾努力想把德军赶出机场，当时他把手头仅有的两辆玛蒂尔达坦克派了出去。不过，两辆坦克都没法正常使用，其中一辆很快退了回来，另一辆本来可以扫荡机场，因为坦克是伞兵的克星，但它莫名其妙地开到了塔伦蒂斯河河床里，很快就动弹不得。

5月20日夜幕降临后不久安德鲁很快就得出了一个严重错误的结论，他认为他的前沿连队已被消灭，他最好的选择是把剩下的几个连撤往东边和哈格斯特的其他几个营会合，也许可以在第二天白天发起一次反击。在他们极少的无线电联系中，哈格斯特似乎同意了他的看法，或者让一线指挥官自行决定。两个人都大错特错了。安德鲁认为被包围的两个连，尽管损失很大，但仍然在坚守阵地并压制着德军，后者已经极度疲惫——经常有人在藏身的地方直接睡着了。哈格斯特此时还有大量预备队，包括一整个还没参战的营，但是没有全力组织一次增援机场或107高地的行动。入夜后，当前沿阵地上的新西兰军队偶然得知大部队已经撤离后，也放弃了阵地设法向东转移。这一战略要地就这样拱手让给了德军。

而在雅典的德军高层在5月20至21日夜间认为克里特战役已经失败。斯徒登特发现，将随着他的部队一同被毁灭的还有他的声誉和前途。他匆忙组织了一次会议，制定了一个新的计划：剩余的德军伞兵将组成一个战斗群，在雷姆克中校的率领下直接降落在机场周围。而胆大的飞行员克莱耶上尉则将驾驶飞机在天一亮就直接降落机场，既带去弹药也借机试探下英军的防御情况。[45]

5月21日早晨，克莱耶成功地在机场上进行了一次触地复飞。在他返回雅典时，那里所有可以战斗的德军士兵都准备搭乘容克52进行新一次攻击。这让他们忙碌了一整天，与此同时一部分新西兰士兵在哈格斯特的重新组织下，向前推进试图夺回前夜遗弃的高地。他们的进攻遭到了空袭与躲藏在葡萄园和橄榄树林中的幸存德军的猛烈反击。由新西兰土著战士毛利人组成的第28营，倒是打回了机场但随后就发现自己在那孤立无援。之后在傍晚时，雷姆克的伞兵战斗群在新西兰第5旅的头顶上空降，新西兰人只得又像前一天一样，朝还没落地的德军伞兵射击，并消灭那些幸运落地的人。

如果不是第5山地师抵达马莱迈机场的话，雷姆克的空降行动只是徒增德军伞兵的伤亡数字。第5山地师落地过程也不顺利——新西兰人对射程之内的山地师兵员发射出致命火力，英国炮手们则使用缴获的意大利火炮提供增援。有22架容克52在机场上或落地前被击中，让已经在前一天的行动中损失惨重的运输机队雪上加霜。但德国人却十分冷静，他们利用缴获的布轮机枪运载车把飞机残骸推出跑道，让飞机在70秒内能降落、卸载然后再次起飞。5月21日，第100山地团的一个营抵达。到24日时，第5山地师已经全部抵达，此时运输机队运来的部队已有1.4万人。在第5山地师抵达的过程中，新西兰部队在第2/7澳大利亚营和第1威尔士团的支援下，继续向德军在马莱迈和干尼亚的空中桥头堡发起进攻，而且取得了不小的进展。就是在这一阶段作战中，第20新西兰营的查尔斯·阿珀姆获得了维多利亚十字勋章，在之后的二战时期中他还将获得另一枚维多利亚十字勋章，成为两次获得该勋章的三个人之一，而且是唯一的步兵。

尽管克里特岛西端的守卫者们十分英勇，而且在越来越混乱的战斗中他们依然愿意重返战场，可是主动权在5月22日已然易手了。虽然德国伞兵和滑翔机部队在登陆日及之后遭受了惊人损失，但5月21日夺取马莱迈机场成了一个关键转折。此后享有空中优势的德军可以自由增援岛上的部队，而没有空中支援和几乎没有海上支援的守军开始无力支撑。最终战役结束后的2万多幸存者中，一些人艰难地翻越了白山抵达南部的斯法基亚港口，被英国海军接走，其他人则整建制地在北部海岸登船离开。还有不少人留了下来，与不愿意被征服的克里特人一起奋起抵抗。最终英国联络官向游击队发来命令要求他们不得进攻德国人，以免招致德国人对内陆村庄进行残酷的报复行动。

在整个克里特战役期间，英国、澳大利亚和新西兰总共有 3500 人阵亡，1.2 万人被俘。为了打击从海上入侵的德军，皇家海军还损失了近 2000 水兵，这使得弗莱伯格对克里特岛战役的前景大感震惊。德国人的损失虽然没有英国方面多，但是让人感觉更为惨重。德军的伤亡数字没有统一的说法。从 5 月 20 日到 6 月 1 日，德军的伤亡有根据 107 高地脚下的公墓得出的 3352 人之说，也有安东尼·比弗把机组人员算进去的 3994 人一说。关于德军伤亡，比较恐怖的一点是有 2000 人是来自第 7 伞兵师，而且基本是在一天内损失的，当时第 7 伞兵师的三个伞兵团和一个突击团加起来的总兵力也才 8000 人左右。所以德军的实际伤亡数字可能更高，但没人能说清。[46]

克里特战役对德国人来说是场灾难。希特勒最为精锐的部队在此折损惨重，使他决心不再冒险进行空降作战并基本坚持了这一主张。对于英国人来说，克里特也是场败仗。许多阵亡的、受伤的和被俘的士兵都十分优秀。非洲军团指挥官埃尔温·隆美尔元帅在西部沙漠与新西兰部队多次交手，他也认为新西兰士兵和德国士兵一样是他所知的最好的士兵，而澳大利亚人虽然纪律较差，但是拥有同样的主动作战精神，因此也是优秀的战士。英国的五个正规营，约克和兰卡斯特、威尔士、莱斯特、黑守卫和阿盖尔营也是一样。其中一些人有组织地被海军接走，其他人则自行逃出克里特岛。整体上看，克里特守军没有进行有组织的突围，因此对于那些最终设法返回埃及的人来说，溃逃比战败更令他们难以释怀。

皇家海军的损失也不见得比陆军小。为应对弗莱伯格所担心的来自海上的入侵，坎宁安上将派出的舰队在德军空袭下损失了三艘巡洋舰（"格洛斯特"号、"斐济"号、"加尔各答"号）和六艘驱逐舰（"朱诺"号、"灰猎犬"号、"凯莉"号、"克什米尔"号、"帝国"号、"赫里沃德"号），另有四艘战列舰、六艘巡洋舰和七艘驱逐舰受伤。而所谓的德军从海上入侵克里特的部队，只不过是几艘希腊渔船，不但没有战舰护航，甲板上还挤满了毫无还手之力的德军步兵。英国战舰很多都搭载了从克里特逃出的士兵，上面的伤员伤势都很重。克里特岛海战和陆上的战役一样，对英军来说都是场败仗。英国陆海空三军在这次战役中的人员损失十分惨重。

那英国人是怎样打输的？拉尔夫·贝内特是最为资深的布莱切利公园编年

史学家，也是布莱切利公园编年史的发起者，他在著作中写道："克里特（证明了）一个事实，即赢得战斗既需要实力，也需要先知先觉。"他或许需要更正一下自己的说法。英国人在克里特战役中拥有实力上的优势，只是没有得到正确的部署与使用。他们事前也几乎完全了解了德军的计划：德军分配给各部队的目标的信息显示出了德军对马莱迈机场的重视，这本来能改变弗莱伯格对于德军重点进攻方向的评估。但是他太过执着于德军将从海上入侵的观点，而这个观点本身也经不起推敲。

　　5月20至21日发生在克里特岛上的事情揭示了这样一个事实：一支防御的部队无论有多了解即将到来的危机，如果不清楚如何正确去应对，在面对目的明确的敌军时肯定会处于下风。弗莱伯格知道德军何时会到来，也知道了他们的目标是三个机场，他还知道来袭德军是空降部队并得到山地部队加强。然而，他弄不清德军不同进攻部队之间的关系，把空降部队与远没有多大威胁的海上部队混淆了。相比之下，德国人更清楚自己的意图：先由伞兵和机降部队组成的先头部队占领机场，再巩固成果。在夺取其中两个目标，即伊拉克利翁和雷西姆农机场时，他们付出了很大的代价却没能成功。在马莱迈德军一开始取得了初步进展，然后冒着弗莱伯格及其下属所不敢承受的风险而最终大获成功。

　　假如安德鲁在5月20至21日夜间，没有把两个还没怎么战斗的连撤出107高地，他们在第二天就可以继续支援还在马莱迈机场周围战斗的另外两个连，后者当时已经独自守住了机场。安德鲁自己的决定虽然没有被上级反对，却是第一个也是最严重的一个错误。这个错还不是致命的，因为第二天全天对马莱迈机场的争夺还在继续而且英国人并没输掉。直到5月21日早晨，德军在雅典的总部才收到消息"西部集群（突击团和第3伞兵团）已经夺取了机场东南角和南面1公里处的高地（107高地）"。[47]在此之前，德军指挥官认为战斗已经失败，直到得知107高地已被夺取，而且克莱耶成功降落马莱迈机场后，德军总部才决定冒险把第5山地师大规模运往马莱迈机场。不过山地师要到下午很晚时才能抵达。同时，新西兰部队还发动了数次反击，对降落在机场以东的第二波伞兵大开杀戒，几乎夺回失地。

　　5月21日，英军本来能够挽回局面的反击因为各种原因而失败了。德国梅塞施密特 109 战斗机的近距离支援，斯图卡的俯冲轰炸都十分骇人且致命。弗莱伯格没有投入足够部队，之所以这样是因为他一直担心德军从海上登陆，这一担忧因为 21 日下午收到的一条"超密"信息而加重："德军 21 日的行动计划中，将机降两个山地营攻击干尼亚。小型船只编队的登陆行动将视海况发起。"[48]这条信息让弗莱伯格按兵不动。当马莱迈机场最终落入德军山地部队之手时，他在干尼亚附近至少还有 3 个未参战的营。

当然，如今很难解释清楚英军为何最后失败了，即使德军的计划数天之前已经大白于他们眼前，弗莱伯格在实力与情报方面都有优势。他是怎么没有把这副牌打好？

除了弗莱伯格对于来自海上的威胁过于担心，还要探讨一下"超密"向他提供的情报的质量。弗莱伯格为何做出错误决策的秘密也在于此。不要忘了，他所获得的并非原始的解密电文，因为布莱切利公园密码分析中心已经决定不会透露这样的信息，连丘吉尔也看不到。这一决定当然是正确的。原始解密电文通常从字面上看是十分神秘的，或者满是德国军事技术术语和缩写；大多数是"随机的信息碎片，如果没有背景信息或上下文的话就难以阅读，而且有时背景信息是难以理解的典故"。[49]但是正如贝内特所说的，负责翻译业务（而非破解）的布莱切利 Hut 3 部门后来拥有大量能够迅速而准确地翻译解码电文的德语学者，但是当时（1940—1941 年）Hut 3 里还只是没怎么受过训练的情报军官。有趣的是，根据魏齐曼的说法，负责破解工作的 Hut 6 里几乎没人比他更懂德语。因此贝内特承认，在 1941 年初时，"除了猜测，没人能十分确定当陆地战争再次遍地开花时，新的情报源会是什么样以及该如何充分将其利用。"他继续提到，"也没有人有足够的经验可以把零散的信息组织成让人看得懂的情报交给战地指挥官，让指挥官借此制定作战计划。"[50]谈到自己在 Hut 3 的经历时，贝内特表示，"比起密码破译方面的成就，英国人还需要提升把他们的成果转化成宝贵的军事情报的能力，对情报进行评估的能力，和把情报正确用于战场的能力。"

贝内特对于 Hut 3 早期工作的反思——准确地说在克里特战役时期——对于理解弗莱伯格如何指挥作战有很大的帮助，因为这揭示了弗莱伯格所收到的"超密"信息有严重缺陷。这些信息已经透露了即将到来的空降入侵行动的完整样貌。而这些信息所没提供的，是各支德军的具体目标这一关键要素。德军的目标——马莱迈、雷西姆农、伊拉克利翁——已经提供了，还有德军的构成情况也提供了，即第 7 伞兵师和加强过的第 5 山地师。但是入侵部队的单位却与目标地区不相匹配。德军关键的行动命令，1941 年 5 月 13 日的 OL 2/302 号电文，虽然密码分析中心已经将其翻译出来却不完整，少了德军突击团和第 1、第 2、第 3 伞兵团 9 个营在各目标之间如何分配的信息。

当然也有可能截获的电文本身就没有详细说明，不过具体的情况我们不得而知，因为"破译电文的翻译件……还没（向英国国家档案馆）公开"。[51] 不过很可能它们并非没有说明。无论在哪支军队中，军事行动命令都会明确说明行动目的、时机、目标和分配给各单位的目标。最不可能的是，在"超密"破译的电文中没有证据指明马莱迈是 5 月 20 日第一波攻击中第 3 伞兵团的目标。

假如弗莱伯格知道马莱迈机场是德军的主要目标，他的思路将变得十分清晰。他很可能会让雷西姆农和伊拉克利翁的驻军顾好自己，事实上他们做得非常好，不用太担心来自海上的入侵，可以轻松地专注于马莱迈，力争挫败德军最初的登陆作战，使其无法利用马莱迈机场进行后续运输行动。关键的是他有足够的部队来完成这一任务。而德军的突击团，即便它有足够的滑翔机来运载它所有的士兵，但总数也只有 2400 人，而实际上它也没有那么多滑翔机，更不用说只有 1650 人的第 3 伞兵团。反观新西兰师，加上配属的澳大利亚和英国部队，比德军各部队加起来还多出 4000 人，人手方面绰绰有余。尽管从数目上看是英军 7 个营对德军 7 个营，但英军有德军所没有的坦克和炮兵部队。

弗莱伯格本来有能力赢得一场胜利，可惜情报没有很好地向他提供支持。事实就摆在那——情报是通过了"筛子"和"过滤器"才到他手上，这一过程现在人们已经知道了是在情报部门中完成的，其中布莱切利公园 Hut 3 缺乏经验的、没有军事背景的情报官们完成的是翻译工作，他们更关心的是如何按照牛津和剑桥的论文模式提供一篇流畅的论述。他们大多是学术语言学家，但不具备老练的情报分析员对敌军目标和实力信息进行深入评估的能力。情报的好坏和它是否得到充分利用有关。这对于克里特战役来说是个沉痛的教训，一个"一目了然的例子"，时至今日这个道理依然应该得到更为深刻的理解。

参考文献

1. D. 肖沃尔特著，《坦能堡之战》（*Tannenberg*），哈姆登，1991 页，第 170 页。

2. P. 哈朋著，《一战海军史》（*A Naval History of World War Ⅰ*），安纳波利斯，1994 年，第 316 页。

3. A. 马德著，《从无畏舰到斯卡帕湾》（*From the Dreadnought to Scapa Flow*），第 3 卷，第 42 页。

4. 同上，第 134 页及之后。

5. 同上，第 40 页。

6. P. 哈朋著，《一战海军史》，第 36—37 页。同样可以参考 A. 兰伯特著，《游戏规则》（*The Rules of the Game*），伦敦，1996 年，第 49 页，兰伯特对当时的条件表示怀疑。了解情况的人肯定会把这一事件称为"鱼类的奇迹捕获"（福音书中归因于耶稣的两个奇迹之一），同样来自哈朋的《一战海军史》，第 37 页。

7. S. 辛格著，《密码本》（*The Code Book*），伦敦，1999 年，第 46—51 页。

8. R.E. 韦伯著，《隐蔽发信：1775—1900 年美国历史上的密码与密码学》（*Masked Dispatches:Cryptograms and Cryptology*），美国国家安全局，1993 年，第 43—44 页。

9. 史蒂夫·E. 马菲奥著，《最高机密》（*Most Secret and Confidential*），安纳波利斯，2000 年，第 83 页。

10. S. 辛格著，《密码本》，第 136 页。

11. 史蒂芬·布迪安斯基著，《智慧的较量》（*Battle of Wits*），纽约，2000 年，第 70—71 页。

12. 鲁道夫·基珀哈恩著，《密码破译》（*Code Breaking*），伍德斯托克，纽约州，2000 年，第 28—29 页。

13. S. 辛格著，《密码本》，第 136 页

14. 同上，第 134、136 页。

15. 科萨丘克著，《恩尼格玛》（*Enigma*）一书中引用，伦敦，1984 年，第 270 页。

16. 同上，第 277 页。

17. 同上，第 284 页。

18. 同上，注释 2，第 22—23 页。

19. 同上，第 304 页。

20. 戈登·威尔赫曼著，《6 号小屋的故事》（*The Hut Six Story*），伦敦，1982 年，第 63 页。

21. 同上，第 71 页。

22. 罗纳德·勒温著，《走向战争的"超密"》（*Ultra Goes to War*），伦敦，1988 年，第 47 页。

23. 史蒂芬·布迪安斯基著，《智慧的较量》，第 48 页。

24. 戈登·威尔赫曼著，《6 号小屋的故事》，第 76—77 页。

25. 参见安德鲁·霍奇斯著，《阿兰·图灵：恩尼格玛》（*Alan Turning: Enigma*），伦敦，1992 年，特别是第 96—99 页，以及了解更多布莱切利的知识，请参考该书第 4 章。

26. 戈登·威尔赫曼著，《6 号小屋的故事》，第 168 页。

27. 哈里·欣斯利及其他人所著，《二战时的英国情报》（*British Intelligence in the Second World War*），第 2 卷，伦敦，附录 4，第 658 页及以后。

28. 戈登·威尔赫曼著，《6 号小屋的故事》，第 98 页。

29. 哈里·欣斯利及其他人所著，《二战时的英国情报》，第 657 页。

30. 卡勒姆麦克唐纳著，《败仗——克里特 1941》（*The Lost Battle.Crete 1941*），伦敦，1993 年，第 11—12 页。

31. 休·特雷弗·罗珀著，《希特勒的战争指令》（*Hitler's War Directives*），伦敦，1965 年，第 68—69 页。

32. 安东尼·毕沃尔著，《克里特：战斗与抵抗》（*Crete: The Battle and Resistance*），伦敦，1991 年，第 76 页。

33. 同上，第 72 页。

34. 伊恩·斯图尔特著，《争夺克里特》（*Struggle for Crete*），牛津，1966 年，第 58 页。

35. 安东尼·毕沃尔著，《克里特：战斗与抵抗》，第 349 页。

36. 同上，第 351—352 页。

37. 保罗·弗莱伯格著，《维多利亚十字勋章获得者伯纳德·弗莱伯格》（ *Bernard Freyberg VC* ），伦敦，1991 年。

38. 拉尔夫·贝内特著，《 "超密" 与地中海战略》（ *Ultra and Mediterranean Strategy* ），伦敦，1989 年，第 57—58 页。

39. 安东尼·毕沃尔著，《克里特：战斗与抵抗》，第 346—348 页。

40. 同上，第 105 页。

41. 同上，第 112 页。

42. 同上，第 107 页。

43. 同上引用，第 107 页。

44. 卡勒姆·麦克唐纳著，《败仗——克里特 1941》，第 216 页。

45. 同上，第 196 页。

46. 伊恩·斯图尔特著，《争夺克里特》，第 317—318 页，374—375 页。

47. 卡勒姆·麦克唐纳著，《败仗——克里特 1941》，第 203 页。

48. 同上，第 212 页。

49. 拉尔夫·贝内特著，《 "超密" 与地中海战略》，第 20 页。

50. 同上，第 19 页。

51. 同上，第 20 页。

第六章

★

中途岛战役：情报的完全胜利？

冯·施佩的东亚舰队巡洋舰分舰队在 1914 年的覆灭，为 1941—1942 年日本打造海上边疆奠定了基础，因为施佩从太平洋撤出而被放弃的岛屿立即被日本海军所占领。日本是作为大英帝国的盟友参加第一次世界大战的，应要求在海上协助猎杀德国的武装商船。但是日本回应英国请求的动机并不是出于外交上的友善，而是完全基于自己的私欲。自从 1854 年结束几个世纪的闭关锁国，重新登上世界舞台后，特别是 19 世纪最后几十年建立现代陆海军以来，日本一直希望成为太平洋霸主。它的长期目标是统治中国，但是日本的统治阶层也认识到已有的列强，如英国和俄国，对中国都有自己的打算，都会阻止任何对中国的大规模吞并。美国商界寻求占有中国的市场，美国政客和传教士希望中国实现民主化和基督化。由于美国是太平洋大国，日本的战略政策不得不考虑美国的态度。1908 年日本已经开始考虑在太平洋与美国开战的问题。1910 年，日本海军开始研究进攻菲律宾的相关问题，当时美国延长了始于 1898 年末美西战争以来对于菲律宾的保护关系。[1]

日本海军也意识到，要在太平洋上对美国发动战争，即便是理论上的推演，也需要在日本本土岛屿以外的地方建立基地。到 1914 年，日本已经极大扩大了其领土范围。由于在 1894—1895 年赢得了对中国的战争胜利，它占领了台湾岛及其邻近澎湖列岛，另外日本已经成了朝鲜半岛实质上的宗主国并在 1910 年将其完全变成了殖民地，同时在环绕黄海的战略要地辽东半岛上还获得了特权。"关东"这个中国物产丰富之地同样成了它的"基地"。对中国的战争结束后，为了争夺日本占领的土地，列强进行了干涉，迫使日本交出了辽东半岛，同时日本、英国和德国也在辽东半岛上建立了自己的海外飞地。俄国也夺取了旅顺港。

日本在 1904 年发起了报复，向俄罗斯开战，结果大获全胜，不但夺取了满洲还消灭了俄国的大部分海军力量。但是它也学到了一个教训：白人帝国主义者——包括了暂时处于帝国主义时代的美国——不会坐视一个亚洲国家夺取自己实际上的或潜在的殖民地。

1914 年德国放弃太平洋的殖民地和英国请求日本提供海上支援，为日本提供了一个不可错过的机会。澳大利亚和新西兰迅速行动起来，占领了德国在太平洋最好的那些殖民地：新几内亚、巴布亚、所罗门群岛和俾斯麦群岛，战略锚地拉包尔被澳大利亚获得，萨摩亚落入新西兰之手。日本迅速组织了两支南海舰队，成功地在当年 10 月初夺取了密克罗尼西亚群岛大部分，包括马里亚纳群岛、加罗林群岛和马绍尔群岛。赤道实质上成了扩张后的澳大利亚与日本在中太平洋新的势力范围边界。到 1914 年 11 月，日本外相非正式地和英国达成了共识，即日本在战后可以保留德国在赤道以北的岛屿。

从经济上说，密克罗尼西亚是不值一提的。但从地缘政治来说，当 1919 年国际联盟将其托管给日本后，它改变了北太平洋的战略态势。日本在 1914 年之前只是个地区强权，1919 年以后，日本就有了一个巨大的，具有进攻性的堡垒地区，几乎延伸到了国际日期变更线，威胁到了美国的关岛、威克岛、中途岛甚至遥远的太平洋中部夏威夷，以及荷兰人的领地东印度群岛、美国的保护领地菲律宾和从所罗门群岛到吉尔伯特群岛及更远地方的英属中太平洋岛屿群。无须多说，澳大利亚和新西兰最终也需要英国海上力量的保护。

尽管通过第一次世界大战日本成了一个太平洋强权国家，1919 年至 30 年代末它的国内外事务几乎都与中国有关。几个世纪以来，甚至几千年以来，日本一直是中国的文化附属国。日本在 20 世纪初就已决定，未来中国在经济上、政治上和军事上，需要反过来附属于日本。1915 年日本提出了"二十一条"，要求中国承认日本的霸主地位，提供日本在中国的权利和特权。中国人对此竭力推诿和抵制。然而 1931 年，日本强行占领了满洲，之后便是日本于 1937 年对中国的全面入侵。

日本的帝国主义政策，因为 30 年代军队中尤其是陆军中兴起的强烈的民族主义情绪而得到加强和深化。1931 年的"满洲事变"很大程度上是满洲驻军中的民族主义军官的作品。而美国观察员认为，1937 年在上海发生的"中国事变"，同样是由缺乏纪律约束的日本占领军所挑起的。不过，当时的日本政府已经被摆脱国会议员控制的陆军所掌握。到第二次世界大战爆发时，日本与德国和意大利结盟，已经成为一个集权国家，根据其帝国主义方针对中国进行领土扩张，此外还瞄准了欧洲国家如荷兰、英国和美国在亚洲的领土。

在中国大陆的作战消耗了日本陆军的大部分实力，先后投入了 25 个师团。从军事上说日本压倒了中国，后者在全面溃败中只能以空间转移作为防御手段。

日军无法离开中国沿海省份深入内地太远，不过由于它控制了中国的大城市和主要的水稻产区，也没有了发动进一步攻势的战略理由。

由于中日战争中几乎没有海上因素，日本海军基本没有卷入。然而美国对日本的行为感到十分愤怒继而采取了一系列贸易禁运措施，日本海军对未来的战略态势十分担忧。日本和英国一样，缺乏支持帝国主义政策所需的国内资源。它的本土没法出产足够的粮食来养活人口，严重依赖进口大米，而日本的工业生产和基础设施建设需要进口大量的矿石、废金属和石油。到了 1941 年，日军强行进入维希法国政府的法属中南半岛，威胁到英国的马来亚殖民地后，美国对日本实施了石油和废金属禁运，严重打击了日本制造业维持产出的能力。美国本意是遏制日本的军事野心，结果却促使日本更快地选择了侵略战争。

日本陆军和海军是独自运作的实体，双方的竞争已经到了水火不容的地步。控制政府的陆军，不大愿意承认海军在战略上的发言权。而日本海军认为由于美国统治了太平洋，日本国家战略的成功与否取决于能否打败美国的海上力量。1936 年日本陆军和海军在《国策基准》中达成了一致——日本陆军将获得足够的实力在远东遏制老对手苏联，而海军将统治南洋，夺取英国和荷兰占有的岛屿和半岛，并在西太平洋“从美国海军手中夺取控制权”。[2]

到了 1941 年夏季，尽管日本已经在中国占有优势，控制了满洲并获得了法属中南半岛的前沿阵地，但却陷入了战略困境。日本领导人意识到，美国的禁运政策将在一两年内终结日本维持侵略性战略的能力。而日本海军面临着更加紧迫的威胁——美国对航空燃料的出口限制很快就将终结日本的航母作战能力。为了保持与日本陆军对等的地位，日本海军需要获得美国控制之外的石油来源，在其战略目标区内唯一有能力提供石油的是荷属东印度和缅甸。到了 1941 年中期，日本海军在心理上已经准备好了发动一场征服太平洋的战争。

尽管 1919 年的和平协定让日本获得了德国的太平洋岛屿，但是战后的裁军协定却让它受挫。1921 年的《华盛顿海军条约》意在避免发生另一次类似英德之间的，对第一次世界大战的爆发起到推波助澜作用的海军军备竞赛。该条约将日本海军限制在一个从属地位。美国和英国都认为各自的海军需要应付大西洋和太平洋作战任务，成功地让他们的战时盟友、只在太平洋活动的日本接受它的海上力量只需要达到英、美的六成。这个后来众所周知的 5∶5∶3 的比例，适用于战列舰、巡洋舰、驱逐舰和航空母舰。所有的签字国——包括法国和意大利——都被要求拆除一些较大的军舰，并且限制各自计划中的或正在建造中的战舰的规模。

日本人对于英美海上霸权甚为不满，但除了同意没有别的办法，只有在屈服的同时利用条约中任何可以利用的漏洞。美国和英国也一样，例如把一些建造一半的无畏舰改装成大型航空母舰。日本人走得更远，到 1941 年他们已经拥有了 7 艘航空母舰，这是一支比英国或美国都要强大的海军航空兵力量。更重要的是，日本的海军航空兵当时装备了优于美国，远胜于英国的飞机。被美军称为"凯蒂"的日本九七式鱼雷轰炸机比美国同类型的"复仇者"要好，而零式战斗机在 1942 年"地狱猫"出现之前，是世界上任何其他舰载战斗机都无法抗衡的。日本海军的舰载机飞行员也是一流水平，那些参加偷袭珍珠港的日军飞行员都有 800 小时的飞行经验。不过日本海军航空兵也有不足之处：零式战斗机原先只是一种竞速运动飞机，在平飞和转弯时都快于同时期的美国战斗机，但是缺乏防护容易着火；日本飞行学校也不适合大规模培养飞行员，因此一旦训练有素的飞行机组遭受重大损失就会严重影响海军航空兵的战斗力。日军在取得早期辉煌的胜利之后，它在飞机设计和飞行员培养方面的弱点，很快导致其和美国进行航母大战的能力快速下降。[3]

到了 1941 年夏季，日本陆军和海军已经面临着不得不与美国开战的局面，而且正在研究发动战争的最好方式。经济目标很容易确定：荷属东印度和缅甸的油田，马来亚的锡矿和橡胶林。但是政治层面上的操作就要复杂得多。与英国的战争已经无法避免，因为日军将需要直接进攻英国殖民地，而且英国被与希特勒的战争牵制了大部分力量，所以日本与英国开战的后果是可控制的。与美国开战同样不可避免，但问题是战争还多久会爆发或者是否应当推迟。日本研究了四个选项：一是先攻占荷属东印度，然后是菲律宾和马来亚，这一顺序会让与美国的战争提早发生；二是不能让美国保有在菲律宾的基地，故先立即攻占菲律宾，然后是荷属东印度，再马来亚；三是先攻占马来亚，然后推迟对菲律宾的行动，并因此推迟与美国的对抗；四是同时攻击马来亚和菲律宾，再攻击荷属东印度。

最后一个攻击顺序同时得到了陆军和海军的首肯，因此被采用了。但是由于这个计划从一开始就需要挑起与美国的战争，它还需要制定一个如何在中太平洋消灭美国海军力量的附属计划。早在 20 世纪初，日本海军就计划过把美国海军引入日本控制的海域，在美国海军横渡太平洋的路途上发起消耗性攻击，从而削弱美国海军的实力。这一思路在 1919 年日本获得德属太平洋岛屿之后得到了加强。不过过早与美国开战，就需要一种能更快削弱美国海军实力的手段。

日本联合舰队拥有日本的主力航母舰队，其指挥官山本五十六大将从 1941 年初就开始考虑上述问题了。原则上，他反对对美开战，因为作为一个前哈佛大学的英语学生和驻华盛顿的海军武官，山本五十六十分了解美国；他不认为日本薄弱的产业基础能够有效地支持与美国这个巨无霸经济体开战。他众所周知的观点使他同时不受民族主义政客及其支持者和武装力量内部的欢迎，1939 年山本五十六不得不同意被派往海上以逃避刺杀。这并非空穴来风——1936 年，一群狂热的民族主义陆军军官杀死了好几个温和派政治家，包括日本财政大臣和一位前首相，占领了东京中心，但在三天的街头战斗后被镇压了。山本毫无疑问有自己的理由，其他海军军官也明白这点。但是面对陆军所主导的政府决心通过侵略性措施解决日本经济问题的现实，山本不再反对对美开战并提出了另一种攻击策略。他建议使用航母舰队在早晨将美国太平洋舰队消灭在其位于中太平洋的基地，夏威夷的珍珠港中。

山本的策略，很大程度上受到 1940 年 11 月 11 日英军突袭意大利塔兰托港，重创意大利战列舰主力的影响。从"光辉"号航空母舰起飞的飞机用鱼雷击沉了意大利三艘战列舰，21 架参战的飞机只损失了 2 架。而日本海军航空兵对于改装鱼雷的——日本的主力鱼雷比起其他国家的同类武器速度更快，射程更远，威力更大——浅水地区使用很有经验。山本及其参谋班子需要考虑的是如何把联合舰队在无人发现的情况下，带入可以攻击珍珠港的范围内。到 1941 年 10 月时，袭击珍珠港的计划制定者们——其中包括源田实，他后来带领第一航空舰队的主力攻击了珍珠港——已经制定出了一个计划，计划中联合舰队将从波涛汹涌的千岛群岛北部海域出发，越过美国控制的中途岛后再驶向南方，避开繁忙的航运路线进入到离夏威夷 200 海里以内的位置。航行中联合舰队将完全处于无线电静默，并且如有可能的话，将藏身于北太平洋常见的某个湍流锋面前锋之中，隐身其中和利用其干扰无线电传输。1941年10月，日本客轮"大洋丸"号曾沿着这条路线行驶，途中没有发现任何其他船只。

日本和美国政府与此同时继续进行着例行的外交谈判。日本要求美国解除贸易禁运——日本一个陆海军联合委员会估计，从1941年6月开始，日本石油储备的消耗速度将高于补充的33%，这是一个灾难性的状况，因为这冰冷地预示着日本将在1942年到1943年间耗尽石油（在此期间日本的库存加补充量是3300万桶，而消耗量是4100万桶）储备。[4]作为回报，日本将停止对于东南亚的入侵行动并最终离开法属中南半岛。美国对此表示反对，并提出一个一揽子解决亚洲大陆事务的方案，方案要求日本从中国和中南半岛中撤出，而且也要离开满洲。美国预计到日本将会拒绝这个提议。12月4日，日本帝国会议决定对美开战，以12月7日对珍珠港的袭击作为开始。此时联合舰队已在前往珍珠港的路上。

美国对日本密码的破解

日军偷袭珍珠港已经催生了史上最大的阴谋论之一。这其中有很多版本，但大多数认为美国事先已经知晓日军的计划。阴谋论者有两大重要论点：第一，英国已经事先知道了日本的意图，但为了把美国卷入二战而选择沉默；第二，罗斯福总统独自知道了日本的意图但是不采取防范措施，因为他需要一个理由加入英国的一边参加战争。这两种理论在某些版本中存在一些重叠。

这个话题如此之大，以至于相关的出版物可以塞满一个图书馆。它们中几乎唯一一致的论点是美国的密码分析员像英国布莱切利公园的同行一样，在1941年12月之前就能随意解读日本密电。美国人具体在何时读取了什么，翻译员从解密电文中得出了什么，以及解密电文如何影响了罗斯福总统、他的内阁官员、总参谋长和战区指挥官的决定，构成了有关珍珠港秘闻的大部分内容。

这与在仅仅六个月后爆发的中途岛战役没有关系。但是不要忘了：在珍珠港事件之前可能不称职的密码分析机构，与在中途岛战役中为胜利发挥重要作用的机构是同一个。美国密码分析机构在组织、招募和道德观方面与英国同行不同。布莱切利是一个多兵种军民联合体，在当中很少看到军衔的区别，在1939 年战争迫在眉睫时就建立了口碑，而且里面有很多从牛津和剑桥大学中招募的年轻学者。得到认证的数学能力是密码分析员的首要素质。布莱切利公园中的气氛，是创造性、非正式而高尚的；布莱切利职员中女性占了很大一部分，其中一些人还担任高级职位。同时里面还诞生了不少浪漫故事，有很多布莱切利人结为夫妻。

　　相比之下，美国的密码分析机构截然分为海军和陆军分支，两者基本不怎合作，而且同样充满官僚主义和男权主义。里面大多数密码分析人员是不穿军装的在役人员，是以语言技能为基础被挑选出来的，尤其是懂日语的人。美国情报部门与布莱切利公园不一样，布莱切利公园对自己很自信，并营造出了一种融洽的学术氛围，而美国的情报部门却被陆军和海军的其他部门当作累赘，任用的军官都不适合这份工作，这一点他们自己也有意识到。在这种环境下，他们如何保持极佳的职业士气就非常值得关注了。英国和美国制度之间有一个显著的区别，布莱切利公园成了国家传奇，并在小说和电影里大放光彩，而美国情报机构就没有这么好的待遇了。十分不公平的是，美国人取得的成就同样令人瞩目，实际上可能更加出彩，正如在中途岛战役前后所揭示的那样。

　　美国的密码分析机构和英国的一样，都始建于第一次世界大战。1918 年美国陆军密码研究科的科长是约瑟夫·莫博涅少校，他是一个在能力上远超他所处时代的密码学家：他已经领悟了随机密码的理念——一种无法通过频率分析，或者通过任何数学的与语言学的办法来破解的加密方式——并发明出了“一次一密加密法”，目前依然是唯一的不可破解的密码。莫博涅最终被晋升为将军，成为美国陆军的首席信号官。[5] 和莫博涅身处同一时代，但是对美国密码分析事业做出更重要贡献的是一个平民，威廉·弗里德曼（他创造了“密码分析学”）。弗里德曼是一个俄国犹太人移民的儿子，在 1 岁的时候来到美国。弗里德曼集合了第利温·诺克斯和阿兰·图灵的特点。他和两者一样是个怪人，但有着和图灵几乎一样的数学能力，不幸的是也有诺克斯一样脆弱的精神问题。在太平洋战争爆发之前弗里德曼已经有了自杀倾向，并因为工作过度劳累而精神崩溃。[6]

　　然而弗里德曼对于美国最为重要的密码分析成就，即破解“紫色”密码居功至伟。在 1940 年 10 月，美国陆军和海军达成了分工协议，不过不是出于兄弟合作精神，只是因为两个军种各自都缺乏足够的人手完成两者合力起来也完不成的任务。1938 年弗里德曼在秘密情报局的手下只有 8 个人，1940 年美国海军在华盛顿的同类机构海军通信办公室 OP-20-G 也只有 36 个人。虽然美国海军在亚洲和欧洲以及太平洋的情报站也有不少人手，但那大多数是拦截操作和技术人员。[7] 根据两军协议陆军密码分析机构将在每月的偶数日对截获的外国外交密电进行破解，海军密码分析机构则负责奇数日的工作。美国陆军对于外国军队的密电不是很感兴趣，因为他们的信号太弱难以拦截。

美国密码分析机构尽管人数不多，但在 30 年代破译日本海军和外交通讯方面依然取得了相当的成就，而发生在日本驻纽约领事馆的一系列夜间盗窃行为也为其创造了机会。在 1933 年美国海军密码分析员已经破解了日本海军主要使用的"蓝色"密码。当 1939 年"蓝色"被另一份带有更加复杂的加性密码的密码本即 JN-25（美国命名，意为日本海军密码 25）所代替，美国人花了相当时间才完成破解。到了 1940 年 12 月，在刚刚获得的 IBM 卡片打孔机的帮助下，他们重建了日本的加性密码体系，找到了密码的头一千个字母组合和让密码体系运作起来的两个密钥。

美国人估计他们可以在 1941 年完全破解 JN-25。但是到了 1941 年，所有在华盛顿的多余密码分析人员都被转到一个新的任务上：破解日本用一种新型密码机加密的外交通讯，美国人称之为"紫色"密码。"紫色"密码机（日本人称之为 97 式英文加密打字机）设计的初衷是实现和"恩尼格玛"一样的效果——自动生成几乎无限变量的密码——但是两者的构造不一样。"紫色"机械结构较少，也没有转子，但取而代之的是一套电话开关，连接到两台打字机。第一台打字机用于输入文本，第二台打印出加密过的电文。因为日语是一种音节语言，而不是字母语言，所以所有的文本都必须先用对应字母书写。而且由于一个无法解释的原因，和德国由操作员用在传输开始时自行设置转子的排列来实现双重加密不一样，"紫色"是对元音和辅音分开加密，元音的替代字母数量比辅音要少很多，而一旦这一点暴露，就出现了一条破解"紫色"的捷径。[8]

"紫色"的破解——其成果后来被称为"魔术"，等同于英国的"超密"——最终将为美国带来巨大的情报优势。其主要是在破解日本驻柏林大使大岛浩在战争期间发往东京的电文之后，发现了有关希特勒的实力与意图的详细信息。但是在 1941 年 12 月，日本突袭美国之前的关键时刻，"紫色"透露的信息很少，同时破解日本海军密码 JN-25 因为两个原因没有发挥作用：首先日本帝国海军试图尽可能在偷袭珍珠港的准备阶段保持无线电静默；其次是美国海军通讯办公室缺乏必要的人手处理截获的大量信息。当时的美国海军历史中心已经整理出了一份截获的但没被破解的重要信息清单，就在珍珠港事件之前几周。其中一些如果能及时破解，一定会让美国舰队司令意识到迫近的威胁。实际上这些信息堆积成山，直到 1945 年 9 月对日战争结束一个月后才被破解和翻译完毕。[9]

日军偷袭珍珠港，不仅摧毁了美国海军的太平洋舰队，也瘫痪了美国海军通信办公室的太平洋分站。尽管它的夏威夷分站（HYPO）可以继续运作，它在菲律宾的前哨（CAST）也一开始就撤入了克雷吉多的一条隧道，然后又撤往澳大利亚。但美国海军在太平洋的情报机构就只剩下了夏威夷分站，以及在澳大利亚的一个联合情报站和在锡兰的英国联合情报局的一个分支。间战期间，英国成功地破解了一些日本海军密码，但是在当时的大环境下，由于美国军方和公众坚决要求对日本进行报复，破解日本海军密电通讯的主要任务落到了海军通信办公室头上。太平洋战区总司令，海军上将切斯特·尼米兹十分担心日本海军将再度发动攻势。他希望日军能犯错误，但是能从情报中找到击败日军的机会则更好。

日本的征服之路

1941 年最后几个星期和 1942 年头三个月内，日本的征服狂潮没有任何停下来的迹象。它似乎势不可挡。日军从泰国发起的进攻很快击垮了英国在马来亚北部的防线。英国新锐战列舰"威尔士亲王"号和战列巡洋舰"反击"号，在缺乏空中掩护的情况下试图阻止日本在马来半岛登陆，12 月 10 日被来自法属中南半岛的轰炸机所击沉。2 月 15 日在马来半岛顶端的大型贸易城市新加坡，英军向并不占优势的日军屈辱地投降了。英国占领的中国香港、美国的威克岛和关岛都不利于防守，分别在 12 月 25 日、12 月 23 日和 12 月 10 日沦陷。1942 年 1 月日军入侵缅甸，在 5 月将其占领。日军进攻荷属东印度也开始于 1942 年 1 月，并在 3 月将其完全占领。澳大利亚 – 英国 – 荷兰 – 美国（ABDA）联合舰队数次试图阻止日本的两栖作战，高潮是发生在 2 月 27 日的爪哇海战役。此战中，由各种船只拼凑起来的盟军舰队，在荷兰海军少将卡雷尔·多尔曼指挥下英勇奋战，但是由于寡不敌众且内部难以沟通，最终被击败。与此同时，道格拉斯·麦克阿瑟将军还在菲律宾组织防守，12 月 8 日日军以极为成功的空袭拉开了对菲律宾进攻的序幕。日军登陆之后，美菲守军被迫后撤，但是在 1 月成功地建立了一条横跨巴丹半岛的坚固防线。他们英勇地坚持了三个月，让日本遭遇了自从太平洋战争爆发以来唯一的一次地面作战失利。然而，最终由于食物和补给短缺，守军被迫在 4 月投降，而克雷吉多外海岛屿上的抵抗则坚持到了 5 月。

美国原先驻扎在菲律宾的亚洲舰队基本覆灭于爪哇海战，只有潜艇得以幸存。虽然驻扎在珍珠港的太平洋舰队还可一战，但是八艘战列舰的沉没和受损已经改变了太平洋舰队的构成。从大炮巨舰，完全转变成了一支航母舰队。以珍珠港为基地的三艘航空母舰——"企业"号、"列克星敦"号、"萨拉托加"号——12 月 7 日都不在港。美国海军的另外三艘航母"黄蜂"号、"大黄蜂"号和"游骑兵"号在别的地方。太平洋舰队将围绕着这六艘航母集合起其他的部队，制定新的进攻战略，通过一系列辉煌的胜利，阻挡并逆转日本攻略太平洋。

1942 年春，日本战略前景中乐观的一面似乎都实现了，而悲观的方面也似乎没有出现。唯一熟知美国的日本海军将领山本五十六，之前预测他只能"放开手脚干一年或六个月"但是此后只能看着美国发挥出工业实力。日本初期的胜利似乎让双方的经济差距变得无关紧要。美国人和他们的欧洲盟友一样，此刻已遭到重创，因此之后唯一的问题是日本接下来将通过攻击哪里来实现最终的胜利。

当时日本战略高层当中存在着两大派，"南方"派和"中太平洋"派；"中太平洋"派完全是日本海军的人，而"南方"派中包含日本陆军。"中太平洋"派认为航母打击部队应当继续进攻夏威夷，一举摧毁美国舰队对于日本太平洋大战略的干涉能力。"南方"派的观点更加杂乱，他们把澳大利亚视为英美发动反击的一个基地，但是同时也想消灭英国在印度洋尚存的海军实力，借此削弱英国和中国对于缅甸方向发起进攻的能力，为日本向英国的印度帝国发动进攻建立基地。

在两派争论之初，海军似乎接受了反对向中太平洋进攻的理由，并在 3 月间向印度洋派遣了两支航母打击部队。一支由指挥过偷袭珍珠港的南云忠一率领，攻击了英国位于锡兰的基地，击沉了英国航母"竞技神"号，重巡洋舰"多塞特郡"号和"康沃尔"号，并迫使老旧的 R- 级战列舰舰队撤往东非。同时另一支较小的航母特遣队在小泽治三郎指挥下游弋在孟加拉湾，五天内击沉了 10 万吨排水量的商船。这让英国人又想起了之前在这里兴风作浪的"埃姆登"号，只不过小泽的劫掠更加凶残。

但同一时期的美国人也没有闲着。2 月 20 日，以航母"列克星敦"号为核心组建的一支特遣队袭击了拉包尔，并给前来驱赶的日军轰炸机造成严重损失——日军损失飞机 18 架，美军仅有 2 架。之后在 4 月份，美军发动了一次更加大胆的突袭。罗斯福总统一直在催促向日本本土发动攻击，而这个任务看起来是无法完成的，因为冒险把太平洋舰队仅存的几艘航母派向日本水域十分危险，而太平洋上美军仍然控制的岛屿机场离日本本土太远，无法作为陆基轰炸机的基地。不过在 1 月中旬，欧内斯特·金上将的作战参谋，海军作战部长弗兰西斯·罗尔上校提议可以把航程比舰载机更远的陆基轰炸机装到一艘航母上，再把航母开到轰炸机可以空袭东京的范围内。

这一主意看起来很妙，于是作为美国陆军间战期间的轰炸机先驱，负责本次任务的詹姆斯·杜立特中校，决心要克服本次任务的困难。他认为 B-25 中型轰炸机是本次任务可用的最好飞机，并开始在佛罗里达对 16 个机组进行训练，让他们掌握极短距离起飞的技术。经过一个月的准备，在加利福尼亚阿拉米达海军航空基地 B-25 被吊车起吊到了新航母"大黄蜂"号上，然后驶向未知之地。没人告诉他们将要去往何处。4 月 13 日，"大黄蜂"号及其护航舰只在中途岛外海与"企业"号会合，一起向日本进发。轰炸机机组此时才被告知计划，一旦舰队进入离日本首都 500 海里范围内，他们就将驾驶轰炸机起飞，在夜幕的掩护下投弹之后，他们将飞往中国未被日本占领的地区迫降。

当他们接近放飞轰炸机的位置时，美国人发现计划出岔子了。山本五十六预见到了美国人会报复，已经在日本本岛以东 600—700 英里远的地方，建立了一条由巡逻船组成的警戒线。美军先是用雷达，然后通过目视侦察发现了第一艘日本警戒船，然后是第二艘，第三艘。指挥美国联合特遣队的威廉·哈尔西将军认为，就算改变航向的话也无法避免被监测到。因此他立即决定放飞杜立特的轰炸机，尽管此时他们离目标还有 650 海里而不是原计划的 500 海里，而且现在起飞他们将在白天投弹。起飞时天气十分恶劣，海浪涌上了船舶，所有 16 架轰炸机都顺利起飞并飞抵东京，在投下炸弹后飞往中国。在这次的任务中，一些机组强行着陆成功，另外一些则选择跳伞——82 名参加本次行动的机组人员，最终有 71 人得以幸存。[10]

杜立特突袭造成的实质性破坏不值一提——只有很少的东京市民知道自己被轰炸了，但是这次突袭对日本高层的心理冲击却是极大的。保卫天皇玉体是日本军人的誓言，因此日本将军们对杜立特袭击事件感到耻辱。入侵澳大利亚的计划被立即暂停，所有的注意力都重新集中于中太平洋，谋划着一劳永逸地解决美国太平洋舰队对日本本土的威胁。日本帝国海军的力量中心离夏威夷仍然太远，而且后者防守严密，难以立即对其发动攻击。不过，作为夏威夷的外围前哨站，中途岛倒是可以作为诱饵吸引美国尚存航空母舰前来，然后集中日本海军压倒性力量将其一举歼灭的地方。

1942 年 4 月，日本的战略态势极佳。日本发动战争的目的就是要占领一条由中太平洋和南太平洋岛链构成的防卫圈，然后在日本占据主动权的海区内消灭美国、英国和荷兰的海上力量，断绝中国的外援，控制从加利福尼亚到澳大利亚的漫长航路，阻止美国利用澳大利亚作为基地发起反击。由于众多德属太平洋岛屿在一战后被割让给日本，日本在太平洋战争爆发时已经控制了这一防卫圈的大部分。随着日本占领威克岛、关岛和东印度群岛，这个防卫圈被进一步补全，而防卫圈内的重要陆地群，如菲律宾、马来亚和缅甸，也被日军陆续攻占。

但是尽管日本在最初的太平洋征服作战中战果辉煌，到了 1942 年 4 月其太平洋战略防卫圈上还是有几个缺口。新几内亚岛还有一半没有拿下，俾斯麦群岛外的所罗门群岛还在争夺中。美国人仍然有可能绕过新几内亚岛尾部"飞往"澳大利亚港口。因此即便是在准备中途岛作战时，日本仍然决定派遣航母部队进入新几内亚岛和澳大利亚之间的珊瑚海，占领莫尔兹比港和该岛的南部海岸，支援正在翻越欧文·斯坦利山脉的日本地面部队。

早在1942年2月爪哇海战之前的一个星期，日军已经在珊瑚海行动，轰炸了澳大利亚北部的达尔文港。日军的计划是发动一次三方海军作战，一部分将在莫尔兹比港登陆，另一部分前去占领所罗门群岛上的图拉吉岛，而由两艘航母"翔鹤"号和"瑞鹤"号组成的打击部队将掩护上述行动。美国的密码分析员已经判定了日军的意图，测向仪也定位了日本主力部队的位置，因此尼米兹将军派出了宝贵的两艘航母"列克星敦"号和"约克城"号前去迎击入侵者。

随后发生了被称为"珊瑚海海战"的，十分混乱的遭遇战。首先是日军飞机发现了美国油轮"尼奥肖"号和驱逐舰"西姆斯"号，但误认为前者是艘航母后者是艘巡洋舰。日机击沉了"西姆斯"号，重创了"尼奥肖"号后，欢欢喜喜地返回母舰。同一时间，美国飞机发现日军掩护莫尔兹比港登陆部队的舰队，发动攻击后击沉了日军的轻型航母"祥凤"号，同样也是高兴而归。第二天，双方主力互相发现了对方，战斗之后"列克星敦"号被击沉，"约克城"号和"翔鹤"号被击伤但都得以后撤进行维修，"瑞鹤"号则毫发无损。因为阻止了日军占领莫尔兹比港的企图，美军认为珊瑚海海战是一场胜利。而日军以损失的战舰更少为由，也认为自己赢得了这次海战。

珊瑚海海战之后，双方的航母力量对比变成如下：日本拥有"瑞鹤"号、"翔鹤"号、"飞龙"号、"苍龙"号、"加贺"号和"赤城"号以及轻型航母"龙骧"号和"瑞凤"号；美国有航母"萨拉托加"号、"黄蜂"号、"游骑兵"号、"企业"号、"约克城"号和"大黄蜂"号。但双方实际可用航母数目要比上面小。日本方面，"翔鹤"号已经返回加罗林群岛的特鲁克港进行维修；"瑞鹤"号在珊瑚海海战损失了不少飞机，已经后撤进行重新补充；"龙骧"号和"瑞凤"号被认为太小，不适合参加主力舰队行动。而美国方面，"黄蜂"号和"游骑兵"号已经前往地中海，慷慨的罗斯福派遣两舰运载战斗机前往被围困的马耳他岛，而"约克城"号正在珍珠港的船坞内。在珊瑚海海战中，一颗800磅炸弹命中了它，穿透了四层甲板还引发大火。弹片还造成了多处泄漏。船坞方面估计，修复"约克城"号需要90天时间。不过尼米兹下令必须让它在三天内恢复作战能力。5 月 27 日，"约克城"号进入干船坞，然后 1400 多名工人连轴转地干了两天，于 29 日早晨船坞就注水让它离开了。29 日下午，"约克城"号开始装载新的飞机以补充在珊瑚海海战中的损失，30 日早上 9 点它就启程前去加入主力舰队。尼米兹把航母分成两支特遣队：第 16 特遣舰队由暂代入院治疗的哈尔西的雷蒙德·斯普鲁恩斯将军指挥，包括航母"大黄蜂"号和"企业"号；"约克城"号及其护航舰队组成第 17 特遣舰队，由杰克·弗莱彻将军指挥。两支舰队的任务是寻找并摧毁日本的主力舰队。

美国密码分析人员已经提醒太平洋舰队的统帅部日军即将发动一次重大行动。在突入印度洋与英国舰队交战，以及在珊瑚海攻势被挫败后，很明显日军航母将再度发起进攻。问题是，他们将进攻何处？美国人对于杜立特空袭对日军荣誉感的影响没有感觉。但是，从截获的日军信号中获得的证据显示，日军下一次攻势将在中太平洋发起。这正是第 16 和 17 特遣舰队正在前往的地区。

"魔术"与中途岛战役

日本联合舰队在 12 月至次年 2 月完成对菲律宾、马来亚和荷属东印度群岛的作战支援之后，将再度返回中太平洋的迹象是在 3 月 5 日被美军获知的，但不是通过截获无线电信号，而是日军对夏威夷发动了一次小规模轰炸。美军正确判断出本次攻击是从马绍尔群岛发起的，且日军途中在一个名为法国护卫舰浅滩的孤立锚地加过油。3 月 5 日的袭击对于未来的意义是，美国监听站已经可以通过从日本密码中识别出来的部分信息，识别出日本称本次袭击为"K"作战。在 5 月 6 日，"K"作战的意义更加明显，当日夏威夷情报站推断出"K"是日本加密信息中代表夏威夷的地理标记。美国破译员因此开始意识到日本人用 3（后来变为 2）个字母的组合代表地理目标，位于美国控制区的以 A 开头（因此 AK 代表夏威夷），位于英国控制区的以 D 开头，澳大利亚控制区的以 R 开头。[11]

这是个重要的突破，但是由于日本舰队引入的新安全措施，主要包括改变战舰之间和战舰与陆地之间的呼号，使其价值没有进一步扩大。这一改变使得破译员确定某艘战舰的位置和舰队的构成的工作变得复杂很多。[12] 而日本海军大部分单位再度恢复珍珠港事件之前的无线电静默状态，使得美军的情报工作困难重重。3 月 13 日，美军破译了日本海军的主要密码，JN-25，但是由于日军在密码组中引入了一套新的加性密码，美军的这一成就很快就变得毫无意义。就在日军更换密码之前，美军还是得到了一条关于日军意图的重要信息，从一艘未知船只的通讯中拦截到了关于提供海图的信息，其清楚地显示了日本舰队对于夏威夷群岛及其西部外围岛屿，包括中途岛的兴趣。美太平洋舰队总司令尼米兹因此得出结论，日军有四种可能的行动方案：进攻中途岛 – 夏威夷；进攻阿拉斯加的外围岛群阿留申群岛；进攻其他中太平洋岛屿；重新发起对新几内亚的进攻，以上任何行动都将在 5 月 25 日至 6 月 15 日之间发起。[13]

由于日军在他们的基本密码 JN-25 中采用了新的加性密码——这一版本被美军称为"JN–25B"或"Baker"——所以一开始美军的密码分析工作因对方新的加密方式而变得困难重重。然而，日军要把新的密码本分发到已经征服的广大区域内也存在困难，为了保证信息的准确性，个别发送员会犯一个比较典型的错误，即以新旧密码同时发送消息。而正是这种操作，让美国人既可以解读旧密码，同时也可以破解部分新的加密方式。于是到了 5 月底，美军已经掌握了敌军正在成形的计划的大体轮廓。

日军进攻部队的构成是第一个需要弄清的重要信息，不过大部分是要靠对敌军通讯的分析——确认单独船只的呼号以及探测它们的位置——而不是通过破译密码。5 月 17 日，金上将进行了一次对敌军针对中途岛和阿留申群岛发动的攻势行动所可用力量的假设评估。进攻中途岛的日军，将包含 4 艘快速战列舰，2 支巡洋舰分舰队，2 支配属第 5 舰航母的航母分舰队，2 支驱逐舰中队以及 1 支登陆部队；进攻阿留申群岛的日军，将包括 1 支巡洋舰分舰队，1 支由 2 艘旧式航母"龙骧"号和"瑞凤"号组成的航母分舰队，2 支驱逐舰中队和 1 支登陆部队。

5 月 18 日，金在评估中已经把日军行动的地理范围缩小。日本联合舰队指挥官南云忠一中将的一条信息被截获，破译出来是，"我们计划大致从西北方向在 N-2 日到 N 日发起进攻，要求你在上述日期内的起飞时间之前 3 个小时向我们提供天气报告"。再根据由位于夏威夷和墨尔本的破译中心（CAST）

截获的信息，最后美军发现需要搜集天气预报信息的日军飞机计划在"AF西北50英里处"放飞。[14]

AF是日本加密信息中用于指示地理位置的标记之一，至少一些美国密码分析员是这么认为的。太平洋舰队的舰队情报官埃德温·莱顿认为中途岛及夏威夷是日军即将攻击的目标，并告知了在华盛顿的金上将，还指出西贡港和日本本土的大凑港将成为日军攻击部队的出发点。这份评估信息到达华盛顿时，海军部情报处（OP-20-G）的多个军官正与海军作战计划处的理查德·特纳将军激烈争论太平洋战场新出现的迹象代表着什么。和官僚阶层内出现的争论一样，这次争论持续了很久而且脱离了实际情况。OP-20-G已经分为了三个分支，OP-20-Gi（作战情报），OP-20-GZ（翻译）和OP-20-GY（密码分析）。他们在作战计划处的同行开始在细节上面与情报专家出现分歧，一直到形成全面的办公室斗争。而作战计划处处长特纳，和负责海军情报工作的海军通信中心负责人雷德曼，最终在关于日本第五舰队指挥官是否"将会指挥正在日本帝国北部水域集结的任何部队"一事上陷入了争执。特纳的军衔要高于雷德曼，以此强令雷德曼"承认特纳将军的观点是正确的"。但是特纳错误地认为日军的攻势将是珊瑚海作战的延续，而雷德曼认为日军下一个目标是AF，但AF不可能是新几内亚。

就在这段时间，一支庞大的日本舰队正在集合起来，准备对美国在太平洋最后的力量中心夏威夷及其周边岛屿发起致命一击。接下来发生的事情因为缺乏史料故无法考证，不过似乎可能是夏威夷情报站（HYPO）逐步解开了疑团。夏威夷及其以西1300英里之间的中途岛之间，仍然有一条日军无法监听的海底电缆正在运作。夏威夷情报站站长约瑟夫·罗彻福特想出一个主意，利用这条电缆做点欺骗行动。在尼米兹的批准下，5月18或19日，珍珠港向中途岛用电缆发送了一条信息，要求当地驻军用无线电明文报告当地缺水。5月22日，墨尔本的破译中心报告称，截获位于东京的日本海军情报机关的信息，破译后为："（5月）20日AF的空中单位（向珍珠港）发送了如下信息：'根据该单位19日的报告，目前我们只有足够两周之用的淡水。请立即向我们补充淡水。'"墨尔本的破译中心后又补充："已要求（珍珠港）审查这一信息——如果属实这将确认'AF'为中途岛。"[15]

日军即将发起的攻击的目标这时已经清楚：中途岛。后续破译的电文确认阿留申群岛将成为一个次要目标，由于美国在上面并无驻军，因此即便这是美国领土，日军的威胁实际上可以忽略。最后，夏威夷情报站在 5 月 25 日破译了日本海军的日期密码。通过把破译电文带入之前截获的电文，罗彻福特在夏威夷得出结论认为，日军将于 6 月 3 日开始进攻阿留申群岛，对中途岛的攻势将于 6 月 4 日开始。尼米兹对于自己的情报人员十分信任，因此下令部队准备应对日军威胁。第 16 特遣队（"大黄蜂"号和"企业"号）在 5 月 26 日被重新召回珍珠港，准备参战。第 17 特遣队（"约克城"号）已在珍珠港，正修复在珊瑚海海战中遭受的损伤。同时尼米兹还在中途岛的西北方向部署了一艘潜艇，用于警戒接近中的日本打击部队。[16]

西南太平洋总指挥麦克阿瑟将军，在这一阶段为尼米兹的应对措施提供了重要支持。他建议采用无线电欺骗措施，向日军制造出美国航母仍在珊瑚海的假象。尼米兹同意了这一建议，于是巡洋舰"盐湖城"号和水上飞机母舰"丹吉尔"号往南驶向新几内亚，在途中互相进行无线电传输，模拟航母之间的通讯。

尽管海军部情报处及其海外情报站在 5 月底使用各种手段已经确定了日军的意图，此时情报风向又再次变得不利于美国。日军开始和偷袭珍珠港之前一样，重回无线电静默状态，同时一直关注着美军反应的日军监听部队，报告从珍珠港发出的他们确认为"紧急"的信息开始大量增加。日军情报机构同时注意到美军巡逻机在中途岛以西很远的地方被目击到，而且拦截到了一艘处在日军中途岛攻击队前进路线上的美国潜艇发送的信息。出于无法解释的理由，山本五十六大将没有把这些信息告知进攻中途岛的部队。可能他不希望前线部队因为要求澄清这一信息而打破无线电静默。不管动机如何，结果就是南云忠一和他的航母编队在不知美军已经在准备反击的情况下，径直驶向中途岛。[17]

6 月初美日双方在情报领域的较量复杂到难以简单说清。在广阔的太平洋及其周边海岸，日军似乎拥有着不可战胜的优势——由于维希法国政府的妥协，印度支那已经处于日本控制之下；中国沿海地区已被日军占领，英属马来亚和缅甸也刚刚落入日军之手；印度和锡兰在遭到猛烈的海上攻击后，正面临着入侵的威胁；荷属东印度和澳大利亚的新几内亚大部及其周边岛屿已经陷落；日本在 1918 年后获得托管的，和太平洋战争之初从英美手中夺取的岛屿，已经变成海上要塞；澳大利亚本土北部地区已经遭到日军轰炸，正处于全国准备应对入侵的防御状态；受到美国保护的菲律宾已经投降。仍然还在抗击日本太平洋霸权的抵抗据点，只剩下美国夏威夷群岛和离它很远的中途岛。

中途岛战役

如果能保住中途岛，那么未来的会战和战役会变得对美国十分有利。因为除非日军试图直接进攻夏威夷，而这是个几乎不可能的任务，那么中途岛就成了赤道以北唯一一个——除了荒芜的和基本无人居住的阿留申群岛外——值得他们关注的地方。而且通过破译、通讯分析和目视观察所获得的各种各样的情报，美军已能确定由日本海军位于本土或周边的主力部队，即将发动的作战一定是在赤道以北。因此中途岛一定是目标，这一结论得到了海军部情报处，夏威夷分站和墨尔本的破译中心的认同，因此金和尼米兹得以大胆地把太平洋舰队尚存的力量集结在夏威夷以西。

山本五十六制定的计划使进攻中途岛一事变得混乱。他把舰队分成五个独立的部分，每个都有一个不同地理或战术目标。尽管日本海军是以西方海军为模板建立的，尤其是在英国顾问的指教下，但它的作战方法本质上还是属于东方。日本海军高层十分熟悉西方海军单一目标和集中力量的教条，但是他们自己仍然没有摆脱古代亚洲重视复杂性和扩散性的观念。山本五十六因此向中途岛海域派出了第一波部队，一支由 10 艘潜艇组成的舰队；第二波部队，是一支由搭载登陆部队的运输船组成的中途岛占领军，这支部队还包括运输船的护航舰队以及保护护航舰队的两艘战列舰和四艘巡洋舰；第三波部队是由南云忠一指挥的航母打击部队，包含了四艘大型航母："赤城"号、"加贺"号、"飞龙"号和"苍龙"号。山本本人指挥的舰队主力，包含了一艘轻巡洋舰，一艘轻型航母和三艘战列舰。其中就有刚刚服役的、当时世界上最强大的战列舰"大和"号，它的排水量达到了七万吨，装备 18 英寸口径的主炮；最后一波是北方部队，包括四艘战列舰和两艘轻型航母。如果算上分遣队，日军舰队分配则更加复杂——总共有"16 种不同类型的战舰，都

阿留申群岛

日本

东京

太 平 洋

千岛群岛   小笠原群岛（日）   中途岛   夏威夷
（美）
硫磺岛   火山列岛（日）

威克岛（美）   约翰斯顿岛
（美）
菲律宾群岛   塞班岛   马里亚纳群岛
关岛（美）   塔翁及岛   马绍尔群岛
雅浦岛
特鲁克群岛
帕劳群岛   彭贝岛
加罗林群岛   吉尔伯特群岛（英）   豪兰岛
婆罗洲   阿德默勒尔蒂群岛（澳）   贝克岛
瑙鲁（英）   凤凰群岛
新几内亚   所罗门群岛（英）
瓜达卡纳尔   埃利斯群岛（英）
圣克鲁斯群岛

日军进攻中途岛的背景
山本五十六大将计划在 1942 年
5—6 月通过攻击阿留申群岛调动
美军来占领美军基地

幌筵岛   阿图岛   荷兰港
基斯卡岛
细萱戊子郎的北方部队
大凑
角天觉治的第二航空舰队
广岛
赤城
加贺   美军空中巡逻最大范围
苍龙
飞龙   弗莱彻的第   斯普鲁恩斯的第
17 特遣舰队   16 特遣舰队
南云忠一的第一航空舰队   美军
潜艇   约克城
近藤信竹的第二舰队
山本五十六的主力部队   中途岛   珍珠港
企业   大黄蜂
田中赖三的运输舰队
栗田健男的辅助舰队   威克岛   日本潜艇警戒部队
塞班
关岛   塔翁及岛

中途岛
1942 年的太平洋战场
日军向东最大征服范围

阿拉斯加

荷兰港

美利坚合众国

旧金山（美国海军基地）

圣地亚哥（美国海军基地）

墨西哥

群岛（美）

珍珠港

美国远洋部队

雷维利亚希赫多群岛（墨）

太平洋

科科岛

巴尔米拉群岛（美）
华盛顿岛
范宁岛
圣诞岛
贾维斯岛（美）
莫尔登岛（英）

加拉帕戈斯群岛（厄瓜多尔）

6月4日17点

"飞龙"号受创

"飞龙"号自沉

美军空袭

斯普鲁恩斯的特遣队包括"企业"号、"大黄蜂"号、6艘巡洋舰、9艘驱逐舰

6月4日
6点55分

弗莱彻的 17 特遣队包括"约克城"号、2艘巡洋舰、5艘驱逐舰

南云忠一的第一航空舰队
4艘航母，2艘战列舰
5艘巡洋舰，6艘驱逐舰

来自"企业"号的空袭

6月4日8时6分

6月4日10点

6月4日14点40分，"约克城"号遭鱼雷袭击沉没

"飞龙"号俯冲轰炸机

"苍龙"号沉没
"赤城"号自沉
"加贺"号沉没

美军空袭

6月4日7点10分

来自"约克城"号
来自"大黄蜂"号
来自"企业"号

前往珍珠港

飞机返回中途岛；
11点35分11架着陆

轰炸机群

日本轰炸机

中途岛战役
1942 年 6 月 4 日

- - - - 美军空袭
━ ━ ━ 美军舰队走向
———→ 日军空袭
━━━━▶ 日军舰队走向

6 月 5 日，南云忠一命令旗下舰队残部后撤　○ 中途岛

在按照山本五十六的高级作战参谋黑岛龟人制定的复杂计划行动"。[18]

　　在经历了珍珠港的灾难、位于菲律宾的空中力量的覆灭、爪哇海的惨败和在珊瑚海打成平手之后，美国太平洋舰队的指挥官已经没有分兵的资本了。就像一个握着最后一个筹码的赌徒，不得不把所有赌注压在日军将会进攻中途岛上面。这不是盲目的赌博，因为对手手里的牌，美国情报机构已经心里有数。5月底，双方都已经下注。这场赌局的结果就看各自怎么出牌了。

　　5月末，美军两支航母特遣队离开夏威夷前往中途岛，"企业"号和"大黄蜂"号（第16特遣队）是在5月28日出发，仓促修复的"约克城"号（第17特遣队）是在30日出发。日军的情报机构可能已经察觉到了美军的动向，因为在5月底其通讯分析人员报告的，发自珍珠港的180条信息中的72条被加了"紧急"的前缀，而在日军刚刚占领的威克岛上的情报支队也报告说美军巡逻机出现在该岛区域。另外5月28日离开塞班岛的中途岛登陆部队，探测到了一条由美军潜艇发出的紧急电文，似乎是在跟踪他们的动向。[19]因此，日军并非一无所知。最明显的是，夏威夷情报站截获的一条信息透露了日军一艘油轮的出发日期，这艘船被认为是中途岛进攻部队（MI）的一部分，而通过已知的速度，可判定其将在5月30日左右抵达中途岛。

　　6月的头三天，美军从多个来源获得了证实中途岛进攻部队动向和目的的，不精确但可作为旁证的情报。然后中途岛当地时间6月3日早上6点04分，一架来自中途岛的"卡特琳娜"水上搜寻飞机，发回报告称"众多敌军飞机正从320（度）方向飞往中途岛，距离150英里"。[20]"卡特琳娜"的飞行员杰克·里德少尉决定继续搜寻几分钟。他对副驾驶说，"你也看到了吗？"他的副驾驶回答，"一点都没错。"在他们目力所及的地方出现的是一大群战舰。他们立即意识到自己看到了日军中途岛进攻部队的一部分。

　　里德和他的副驾驶看到的其实是中途岛占领军的先头部队。在接到里德的目击报告后，中途岛的指挥官西里尔·西马尔德上尉命令驻扎在中途岛机场的15架"空中堡垒"轰炸机中的9架前去攻击这股日军。"空中堡垒"是美国陆军航空队的四引擎轰炸机，能够在高空对目标进行精准打击，但是陆军飞行员发现轰炸水上目标却存在困难，6月3日当天也不例外。在完成轰炸返航途中他们报告击中了两艘战列舰或重巡洋舰——日军舰队中其实并没有这两种战舰——和两艘运输船。但实际上他们什么都没击中。第二天早晨，装备有雷达和鱼雷的"卡特琳娜"水上飞机，从低空发动攻击效果就好得多，击毁了一艘油轮。不过这次攻击并没有阻挡中途岛占领军的前进。

南云忠一是个豪爽的老水手，他在日本海军中因为直率的说话方式与作战声望受到很多人的尊崇。他也曾经是位勇猛的驱逐舰舰长，而且很看不起美国的海上力量，这是他与山本五十六之间很大的不同之处。但是尽管他指挥了针对珍珠港的偷袭，他本人却不是位航母专家，对于海军航空兵似乎也不是很了解。另外"作为战时舰队指挥官，他总是犹豫不决，从来不是很确定要做什么"。[21] 在偷袭珍珠港得手后，当指挥空袭的源田实催促南云忠一发动第二次攻击时，他已经准备好见好就收并把航母舰队撤到安全距离外，尽管我们现在知道他其实可以毫无风险地再度发起攻击。从某种程度上来说，他在即将到来的中途岛战役中的犹豫与失误，要为日军最终的失败负起很大一部分责任。

6月5日早晨4点30分，南云忠一手下的航空母舰放飞了72架九九式俯冲轰炸机和九七式鱼雷轰炸机，在36架零式战斗机护送下前去攻击中途岛。九九式是种双用途轰炸机，既可以进行俯冲轰炸也可以进行高空水平轰炸，最大时速为每小时200英里，最大航程为800英里，比美军同类型的道格拉斯"无畏式"要更优秀。九七式是一种鱼雷轰炸机，也可以挂载炸弹，最大速度和九九式一样但航程稍短，同样地比美军同类型的道格拉斯"蹂躏者"要好。日军这一梯次攻击队由海军大尉友永丈市带领，离中途岛276海里远，正好在作战半径之内。但是与现代舰载机不一样的是，这些飞机没有雷达，因此导航和返回航空母舰的期间存在危险。当时的海军航空兵与现在的还有其他重要不同之处。二战时的航母都是"直通甲板"，而当今的"斜角甲板"可以停放回收降落的飞机，而不用把降落的飞机通过升降机送到下一层甲板。因此当时的舰载机降落是件风险很高的事情：总是会发生降落的飞机没挂住拦阻索冲入停放的机群的事情，也存在多数飞机降落后停在甲板上刚好被攻击的敌军逮个正着的情况。

对于一个航母战斗群来说，真正的安全是不被敌人发现。得益于约瑟夫·罗彻福特及其手下的破译工作，南云忠一舰队早在6月3日被中途岛的"卡特琳娜"飞机所发现之前，其位置已经被尼米兹和两支美国航母特遣队所知晓。罗彻福特已经预测，集结中的日军攻击部队将在 1942 年 6 月 4 日出现在离中途岛 175 英里远，方位 325 度的地方，具体时间是当地时间早上 7 点。"这一预测是整个海军历史上最为不可思议的情报壮举。"[22]

战术情报又证实了这一预测。在友永丈市的 108 架舰载机飞往中途岛之时，他们于早上 5 点 30 分被中途岛岛上的一个雷达站所侦测到，虽然后来从雷达上消失了一段时间，但之后又再被一部船用雷达所发现。中途岛接到报告称，"众多敌军飞机在 310 度方向距离 93（英里）。"中途岛立即起飞了所有战斗机，包括 6 架"野猫"，20 架"水牛"前去拦截入侵者。

由美国海军陆战队飞行员驾驶的"野猫"和"水牛"式战斗机，在数量和性能上均不及对手的零式战斗机，交战后最后只有 9 架幸存。友永丈市的飞机虽然表面上给中途岛造成了不小的打击，却在防空火力的打击下损失惨重，而且未能实现让中途岛基地失去作用的目的。在他返回航母"飞龙"途中，友永丈市向南云忠一报告称需要发动第二波攻击。另一方面，在友永丈市的飞机开始进攻之前一个多小时，里德的"卡特琳娜"发现了南云忠一的舰队；此时友永的飞机还没离开母舰。"卡特琳娜"此时在中途岛西北方向 200 英里处，首先在早上 5 点 34 分发送了一条简短的密文："敌军航母"。在 5 点 45 分，它用明文发出信号，并被"企业"号上的作战信息中心所拦截到，"众多敌军飞机正从 320 度方向飞往中途岛，距离 150（英里）"，几乎与夏威夷情报站预测的一致。最终在 6 点 30 分，"卡特琳娜"的机组人员发出信息，"2 艘航母和战列舰在 320 度方向距离 180（英里）航向 135 度速度 25（节）"。他们堪称美国海军有史以来最有效率的侦察单位。他们报告中唯一有误的地方在于战列舰方面，他们也可能数错了航母的数量，实际上是 4 艘，或者是把航母当成了战列舰。

尽管已经被南云忠一舰队发现，尽管速度很慢，"卡特琳娜"飞机最终还是逃脱了。随后，在友永的攻击部队抵达之前，属于中途岛基地的陆基轰炸机中队在西马尔德上尉率领下起飞——正是由于没发现它们友永才警告需要第二波攻击。7 点过后不久，日军航母就遭到了 6 架"复仇者"俯冲轰炸机和 4 架 B-26"劫掠者"中型轰炸机的攻击。"复仇者"尽管以当时的标准看速度已经很快，但是数量太少，无法压制防空力量，最终有 4 架被防空火力或战斗机击落。"劫掠者"只装备了简易的鱼雷投放器，直接发起了攻击，但是一无所获，还被击落了 2 架。快 8 点时，来自中途岛的一支海军陆战队飞行中队，包含 16 架道格拉斯"无畏"式俯冲轰炸机和 11 架老旧的"维护者"轰炸机，继续发动了攻击。"无畏"式这种坚固的现代轰炸机，有美国在太平洋战场最好的舰载攻击机的称号，但是在中途岛战役时陆战队飞行员还不熟悉它，而且中队指挥官没有试图采取俯冲轰炸。此战中，6 架"无畏"被击落，2 架降落时损毁，且毫无斩获。最终，在 8 点 10 分，中途岛基地的 15 架"飞行堡垒"出现在约 2 万英尺高空，向日军航母投下了密集的重型炸弹然后离去。尽管他们以为击中了多艘船只，但实际上日军舰队毫发无伤。

从中途岛出发的飞机没有一架能伤到南云忠一的战舰，尽管杀死了一些船员。但是他们严重打乱了南云忠一的思维。南云忠一一向比较冲动不够冷静，现在他开始让表象而不是理智决定自己的反应。诚然，他陷入了一个两难境地。中途岛作战的关键不是摧毁岛上的防御，甚至也不是占领它，而是引诱幸存的美国航母加入战斗。进攻中途岛只是设置陷阱的准备工作。尽管还没有证据证明美国航母就在中途岛周围，但作为舰队指挥官南云忠一的职责，就是让舰队随时准备好应对突然爆发的海军航空兵大战。另一方面，南云忠一也应当掩护登陆部队，因为如果中途岛的守军仍然活跃，登陆部队很可能会被击败。此外中途岛上的航空兵还可能对南云忠一舰队发起第四次攻击。

在这种情况下，7 点 15 分，按照美国人的说法，南云忠一决定"打破现状"：把 4 艘航母甲板上的部署从准备对舰攻击改为准备再度攻击中途岛。这就需要把鱼雷轰炸机上的鱼雷更换为炸弹，把俯冲轰炸机上的穿甲炸弹更换为破片炸弹。这一过程很费时间，尤其是需要把甲板上的飞机回收到下层机库里。当这项工作开始时，友永攻击中途岛的飞机开始降落了。所有这些复杂的工作都在进行时，7 点 28 分南云忠一得到终于发现正在接近的美国水面舰艇的消息。一架从"利根"号巡洋舰上弹射的水上飞机一直没有消息，直到突然报告"看见似乎是 10 艘敌军水面船只沿着 10 度方向以 20 节速度前进"。"利根"号的水上飞机由于弹射故障，已经推迟出发半小时。现在它已经接近搜寻的最大半径。

　　这一消息传来时可能是南云忠一最糟糕的时刻。日军航母甲板上堆满了刚刚降落的飞机，加油管线四处乱放。还有很多飞机在下层机库，正在把鱼雷换成炸弹，或者把一种炸弹换成另外一种。然而南云忠一此时犹豫不决了，没有做出坚决而明确的决定发起一次对舰攻击，也许他认为自己能够同时应付两种任务。7点45分他向舰队发信号，"准备攻击敌军舰队目标。还未更换鱼雷的飞机把鱼雷继续留着"。[23] 然后，在短暂的思考后，他又用无线电要求"利根"号的水上飞机，"确定敌军舰只类型并保持接触。"

　　有一种可能是，南云忠一认为"利根"的水上飞机并没有发现美军航母。无论如何，似乎是从中途岛而来的飞机发动最后一次攻击，促使了南云忠一做出保留部分重新攻击中途岛的能力的决定。尽管美军飞机的攻击失败了，但却打乱了日军舰队的队形，并进一步让南云忠一的战术态势分析能力下降。在7点58分，"利根"的水上飞机报告称，敌军舰队航向从150度转向180度。南云忠一命令，"报告船只类型。"8点9分，水上飞机回复，"敌舰队由5艘巡洋舰和5艘驱逐舰组成。"这似乎让南云忠一稍稍放心了一下，尤其是在8点29分，从中途岛而来的"空中堡垒"扔下的炸弹溅起了最后一朵水花但没造成任何伤害。日军飞机马上就要完成重新加油和挂弹。危险时刻似乎过去了。

　　之后在8点20分，就在"空中堡垒"出发时，"利根"号之前一直不紧不慢的水上飞机用无线电报告，"敌军后方似乎有一艘航母伴随。"这证实南云忠一犯下了错误，而且接下来的1小时20分将会展示这个错误有多严重。不过"利根"号的水上飞机机组不应承受识别危险不及时的全部责任。1942年6月4日，中太平洋北部阳光明媚但是有一些云层。从中途岛起飞的美军飞机发现，他们看到的日军战舰以令人困惑的速度出现而又消失。因为云层限制了他们的视野，令他们无法看到全景。"利根"号水上飞机也有类似的经历。

　　尽管情有可原，但是报告不完整的后果是灾难性的。在7点28分到8点55分之间的1小时27分钟内，根据第一次看见美国特遣队到"利根"号的水上飞机最后一次发来不详（"10架敌军鱼雷轰炸机正向你飞来"）报告的信息，如果思维更加清醒的话，南云忠一本可以让他的舰队进入防御状态，让轰炸机和鱼雷机准备好进行一次对舰攻击，让重新加满燃料的空中战斗巡逻队起飞。但事实是，当危机来临时，南云忠一手下的大部分零式战斗机还在加油或在高空中，其他飞机要么在下层甲板或还没下降到下层甲板，而 4 艘航母的甲板也布满了加油软管和散放的弹药。

指挥"企业"号和"大黄蜂"号的斯普鲁恩斯没空优柔寡断，于 5 点 34 分接到"卡特琳娜"关于日军接近的报告后便积极行动起来。首先他决定拉近两军的距离，让飞机起飞时离日本舰队不到 100 英里。当斯普鲁恩斯得知南云忠一攻击了中途岛后，他决定提早放飞飞机，以便在南云忠一的飞机正在降落或进行加油补充弹药时发起进攻。这是个精准的判断。在 6 点过后没多久，尽管他起飞的飞机要飞 175 而不是 100 英里，斯普鲁恩斯仍然决定把起飞时间从早上 9 点提早到 7 点。弗莱彻指挥的"约克城"号（第 17 特遣队）在第 16 特遣队以北，他决定暂不出手。他认为在珊瑚海海战时他发起进攻过早，因此不打算重蹈覆辙。

斯普鲁恩斯的打击机群中，来自"企业"号的飞机数量和"大黄蜂"号的几乎相等：16 架"无畏"式俯冲轰炸机，29 架"蹂躏者"鱼雷轰炸机和 20 架护航的"野猫"战斗机。最先升空的飞机被命令在舰队上空盘旋，直到所有飞机都起飞，以便集中发起攻击。但是在 7 点 45 分，斯普鲁恩斯担心前面起飞的飞机耗尽燃料于是命令他们出发进攻日军。到 8 点 06 分，所有飞机都已上路。此时空中有 6 个中队："企业"号的第 6 轰炸机中队、第 6 侦察机中队（轰炸机）和第 6 鱼雷机中队，以及"大黄蜂"号的第 8 轰炸机中队、第 8 侦察机中队和第 8 鱼雷机中队，由第 6 和第 8 战斗机中队中那些没有执行战斗空中巡逻任务的战斗机护航。

在 1942 年，从航母上起飞几乎是种特技表演。飞行员在发动机达到最大转速后，松开刹车沿着飞行甲板加速，在越过船舶时往后拉操纵杆，此过程中引擎失灵或操作不当都会让他坠海。不过幸好，第 16 特遣队的飞机都顺利起飞了，在完成编队后，67 架"无畏"式俯冲轰炸机，29 架"蹂躏者"鱼雷轰炸机和 20 架"野猫"战斗机向南云忠一舰队的大致位置出发。

不过外部因素使得这波飞机没有一起抵达日军舰队上空。在一开始的时候，斯普鲁恩斯因为担心盘旋消耗了宝贵的燃料，所以派出 4 个中队先行出击。之后他们在向目标出击时，南云忠一接到侦察机的警告有美军飞机接近，在 9 点

05 分把航向从东北转向东南。9 点 20 分，当"大黄蜂"号的俯冲轰炸机到达指定位置时，他们发现海面上什么都没有，第 8 轰炸机中队的指挥官因此认为南云忠一舰队一定是朝中途岛去了，因此转向带领部队向南面前进。但是这些飞机不久耗尽了燃料，其中 15 架迫降在中途岛，其余飞机返回了母舰。但是所有的"野猫"战斗机用光最后一滴油后坠入大海。

　　"大黄蜂"号的鱼雷轰炸机中队，由海军中校约翰·沃尔德伦率领，虽然与俯冲轰炸机失散但最终还是到达了目标海域附近，并发现了海平面另一端有冒烟的烟囱然后前去查探。当他们从低空接近日军航母以便投放鱼雷时，遭到了进行战斗空中巡逻的 60 架零式战斗机的攻击。几分钟之内所有 15 架"蹂躏者"被击落，仅有 1 名飞行员幸存。他们一次命中也没有取得。第 8 鱼雷机中队之后紧跟着"企业"号的第 6 鱼雷机中队，他们同样也失去了战斗机的掩护。在机动到有利的位置后，第 6 鱼雷机中队吸引了刚刚消灭第 8 鱼雷机中队的零式战斗机，很快也遭到了屠杀。14 架飞机中有 10 架被击落，同样一次命中也没取得。最后，在 10 点钟左右，来自"约克城"号的鱼雷机中队 VT3 抵达。他们同样在低空遭到日军战斗机的拦截，12 架飞机中有 7 架被击落，同样没有取得任何命中。

　　鱼雷轰炸机的牺牲不是毫无意义的。因为它们为了投放鱼雷而下降到低空，让进行空中战斗巡逻的日军战斗机不得不脱离能保护舰队的高空位置。当 10 点 25 分，另一波美军飞机从 14000 英尺高空进行轰炸时，南云忠一的 4 艘航母完全没有了防备。它们的甲板上挤满了准备起飞反击美军的飞机，飞机上还挂着加油软管，鱼雷和炸弹到处都是。"赤城"号是第一个被击中的。南云忠一的参谋长草鹿龙之介报告"发生了可怕的火灾，到处是尸体"。一颗来自俯冲轰炸机的炸弹击中了"赤城"号的中部升降机，穿入机库甲板引爆了一个鱼雷弹药库。第二枚炸弹击中舰尾部停放飞机的地方。草鹿龙之介继续报告，"飞行甲板上有一个大洞，就在中部升降机后面。升降机本身像融化的玻璃一样扭曲着，正在掉进机库中。飞行甲板以奇怪的形状向上卷起。飞机头朝下立起来，冒着青紫色的火焰与黑烟，鱼雷开始爆炸，使得火势无法控制。整个机库区像燃烧的地狱，火焰很快蔓延到了舰桥上。"[24]

　　"赤城"号的遭遇与情报无关，纯粹是不走运。第 16 和第 17 特遣舰队获得的情报实际上与"赤城"号的厄运更没多大关系。美军83架鱼雷机在发起三次攻击后，共计损失了37架，掩护的战斗机也损失不少，但对日军舰队毫无伤害。"企业"号的俯冲轰炸机纯粹是因为偶然进入南云忠一舰队的上空才得以有所成就，因为日军战斗机不在本该在的地方，南云忠一的舰队是被美军俯冲轰炸机偶然发现的。尼米兹为在中途岛周围与日军遭遇所部署的准备中，包括了潜艇警戒线。其中一艘潜艇"鹦鹉螺"号在准备发动攻击时，被日军驱逐舰"岚"发现，然后后者开始反复搜寻并投下深水炸弹不过没起作用。之后"岚"号全速返回与舰队主力会合，在海面上留下了白色的航迹。率领"企业"号"无畏"式俯冲轰炸机中队的海军中校克劳伦斯·麦克拉斯基于9点55分看到了"岚"号的航迹，他考虑之后决定沿着航迹搜寻。10点20分，麦克拉斯基看见了"赤城"号、"苍龙"号和"加贺"号正往西北方向航行，"排成大约8英里直径的圆形阵型"，"飞龙"号则在更前面的位置。它们原本紧密的、互相掩护的队形在鱼雷机的攻击之下变得松散。麦克拉斯基转头发起攻击，率领俯冲轰炸机从14000英尺高空以70度的角度俯冲下来。在末端时他们的速度已经超过了零式——此时零式为了驱逐鱼雷轰炸机已经飞得太低，无法获得一个防御高度。

日军的三艘大型航母相继中弹，首先是南云忠一的旗舰——"赤城"号，然后是"加贺"号。甲板上停满的飞机，散布的加油管，弹药库和机库被500磅和1000磅炸弹点燃。最后，来自"约克城"号推迟起飞的俯冲轰炸机被浓烟所吸引，也赶来向"苍龙"号投下了炸弹，造成后者多处伤害，其中一枚炸弹让其中部升降机向后卷向舰桥。

从6月4日10点25分，南云忠一准备发起对舰攻击起，到10点30分"企业"号的第6轰炸机中队发起攻击，日本征服太平洋的计划在顷刻间化为乌有。日本6艘大型航母中的3艘遭到重创，第4艘也将在24小时内丧命于美国海上力量之下。6月5日清晨，"鹦鹉螺"号的鱼雷攻击终结了"苍龙"号，之前正是日军对于这艘潜艇的拦截无意中引导斯普鲁恩斯和弗莱彻的俯冲轰炸机找到了南云忠一的舰队。同一时刻，"飞龙"号被"企业"号在6月4日下午放飞的俯冲轰炸机所击中并遭受重创。

日军的失败也不是一边倒。从珊瑚海海战的致命伤中挺过来，并在6月4

日送出致命攻击的"约克城"号，于同日正午被尚存的"飞龙"号的飞机所发现。尽管它的空中战斗巡逻战斗机竭力阻拦，但"约克城"号仍遭受了致命打击。在其船员弃舰之后，一支损管小组又回到船上，控制航母缓慢驶向珍珠港。6月5日，山本五十六此前在中途岛计划中部署的，准备伏击尼米兹舰队的潜艇部队中的一艘，发现了正在缓慢向东行驶的"约克城"号。在机动到拦截位置后，日军潜艇发射了4枚鱼雷，其中2枚命中。经过一番绝望的挣扎之后，"约克城"号在6月6日早晨倾覆沉没。

　　1942年6月4日的中途岛战役，被美国人兴高采烈地认为是一场戏剧性的胜利，日本人不情愿但对此也没多少质疑。开战之前，日军所占尽的各种优势，在几个小时，实际上是几分钟的激烈战斗后被一笔勾销。日本帝国长期谋划的在中太平洋和南太平洋建立一个坚不可摧的据点，而且打造一支足以击败任何反击力量的世界级舰队的努力，在几个小时的残酷战斗后付诸东流。

　　不过中途岛战役美军多大程度上是依靠情报取得胜利还是个问题。当时知道内情的人，以及后来相关细节公之于众后大部分人都是这么认为的。海军部情报处及其在夏威夷和墨尔本的情报站的功劳，首先是确定了日本决定将海上进攻轴线从南方海域——针对澳大利亚——转向中太平洋，其后又确定了中途岛是其进攻目标，然后又确定了日军发起作战的大致时间范围，最后甚至弄清了日军准确的战斗序列。在5月31日，尼米兹发出的13/1221无线电报开头是，"据估计进攻中途岛的日军将有4艘航母（'赤城'号、'加贺'号、'飞龙'号、'苍龙'号），2艘'雾岛'（级战列舰），2艘'利根'级巡洋舰和12艘驱逐舰……"与南云忠一舰队实际配置几乎一致。中途岛上的雷达站、搜寻飞机等传统情报收集工具，则在南云忠一舰队发起第一次攻击之前，就获得了其确切的位置和前进速度。这一信息帮助中途岛上的西马尔德上尉用轰炸机和鱼雷攻击机发动攻击，并帮助弗莱彻将两支特遣队部署到可以发起舰对舰攻击的位置上。

　　尼米兹及其下属指挥官获得的有关日军进攻中途岛的情报异常准确：目标、时机、实力、接近方向、进攻发起位置，基本就是一份敌军信息需求"勾选表"，但是在这些最非同寻常的成果中，更加不寻常的部分来自密码分析。但是需要认清的是，尽管美国人从密码分析中收获颇丰，但结果并非一早注定。即便在弗莱彻向南云忠一的位置派出飞机后，双方的胜负仍悬而未决，概率和偶然事件仍会决定最终的胜利。

斯普鲁恩斯决定冒险让"大黄蜂"号和"企业"号"全军出击"，派出了他的每一架俯冲和鱼雷轰炸机。尽管机组人员都收到了情报，但是仍有很多人没找到目标。南云忠一后来虽然遭到了很多诋毁，但是在"大黄蜂"号的飞机到来之前，他还是根据侦察机的报告做出了正确而谨慎的决定改变航向。结果美军飞机在预定的遭遇地点发现海上空无一人，他们被引导到了错误的地方去搜寻日本舰队，结果错过了战斗，而他们的护航战斗机则在返航途中未能找到母舰。第16特遣队的鱼雷轰炸机，在出击路上与俯冲轰炸机走散，仅靠运气在极度受限的视野中发现了南云忠一舰队，但此后被日军战斗机消灭。在这一阶段的战斗中，南云忠一有充足的理由认为自己正在赢得战斗。接下来发生的事情进一步支持了这一看法。"企业"号的鱼雷轰炸机一开始同样错过了南云忠一舰队的位置，不过也在视线极限范围内发现日军战舰。当然，他们之后也在发动攻击时被日军战斗机所消灭了。

此外，南云忠一在这一阶段战斗中本可以让零式战斗机返回母舰补充弹药——他们离母舰十分之近无须补充燃料。到10点25分，4艘日本航母尽管在躲避美军第16特遣队的鱼雷机攻击时，队形变得有些分散，但是毫发无伤而且准备放飞攻击机袭击美军航母。在这个过程中，通过侦查报告和观察美军飞机的靠近路线，南云忠一实际上也可以推测出美军航母的位置和距离。

接下来发生的则是受随机因素影响的事件。首先鱼雷轰炸机发动的正面攻击，把高空中的日军吸引到了海平面上，就在这个时刻美军俯冲轰炸机开始从14000英尺高空俯冲下来。第二件事是真正的偶然事件，第6俯冲轰炸机中队发现了对美军"鹦鹉螺"号潜艇发起攻击未果，正与舰队主力会合的"岚"号驱逐舰的尾迹。机智的美军指挥官麦克拉斯基意识到可以借此找到南云忠一舰队。第三件事发生在美日舰队交战之前，是南云忠一因为犹豫不决而浪费时间。

可怜的南云忠一，作为勇猛的驱逐舰指挥官他在训练和经验方面，都不具备在三维空间进行复杂而快速的相对速度计算能力，而这正是成功的航母舰队指挥官所必需的。外部观察者在复盘时可以看出，当"利根"号的侦察机发现美军军舰处在日本航母舰载机的攻击范围内时，南云忠一应当按照友永丈市的请求，立即取消对于中途岛发起第二次攻击的命令，让飞机做好对舰攻击的准备。在 7 点之后尽管指挥"飞龙"号—"苍龙"号打击群的山口多闻用灯光信号不断催促，南云忠一仍无法下定决心，结果致使在交战时航母甲板上还满是加油管、散放弹药和正补充弹药的飞机，直到三小时后麦克拉斯基的第 6 俯冲轰炸机中队呼啸而下，在不到五分钟的时间内击沉了日军四艘航母中的三艘。

战争的结果，最终都是取决于武力而不是计划或者情报。当然从长远来看，一个具有智力资源优势的强国，如果这一优势能在工业、技术和人口方面体现出来，它将必然会压倒那些在这一方面处于劣势的国家。军事历史上不存在在长期的冲突中，武力弱于对手的国家取得最终胜利的例子。日本帝国在全国人口不到美国三分之一，工业实力也远远弱于后者的情况下，自大地认为他们辛苦打造出来的大批现代化战舰与飞机，在具有武士精神的水手和飞行员操纵下，能够克服这一差距。日本在中途岛赌上了一切，也输掉了一切。

然而中途岛战役证明，即便拥有最好的情报也不一定保证取得胜利。得益于罗彻福特及其破译员同事们不懈的努力，日军的计划清晰地摆在尼米兹、斯普鲁恩斯和弗莱彻面前，几乎是所能提供的最为清楚的信息了。尽管如此，美军还是迷路了。假如麦克拉斯基的直觉差点，南云忠一的思维更加敏锐点，那么很可能是第 16 和 17 特遣队的航母，而不是南云忠一舰队在 1942 年 6 月 4 日中太平洋的海面上熊熊燃烧。尽管日本终将失败，但美国还要付出多少时间呢？

参考文献

1. 休·斯特拉坎著，《第一次世界大战》（*The First World War*），第 1 卷，牛津，2001 年，第 458 页。

2. 罗纳德·斯佩克特著，《搏日雄鹰》（*Eagle Against the Sun*），伦敦，1985 年，第 42 页。

3. 同上，第 46—47 页。

4. H.P. 威尔莫特著，《前途未卜的帝国》（*Empires in the Balance*），伦敦，1982 年，第 71 页。

5. 史蒂芬·布迪安斯基著，《智慧的较量》（*Battle of Wits*），纽约，2000 年，第 120 页。

6. 同上，第 32 页。

7. 《重游珍珠港，1924—1941 年的美国海军通讯情报》（*Pearl Harbor Revisited.United States Navy Communications Intelligence,1924—41*），美国海军历史中心，华盛顿海军工厂，2001 年，第 17 页。

8. 罗纳德·勒温著，《美国人的"魔术"》（*The American Magic*），纽约，1982 年，第 42 页。

9. 《重游珍珠港》附录 A，"1941 年 12 月 6—9 日截获的信息"，第 53—56 页。

10. 罗纳德·斯佩克特《搏日雄鹰》，第 153—155 页。

11. H. 肖勒克著，《一个无价的优势》（*A Priceless Advantage*），美国海军历史中心，华盛顿海军工厂，2001 年，第 9 页。

12. 同上，第 11 页。

13. 同上，第 5 页。

14. 同上，第 6 页。

15. 同上，第 8 页。

16. 同上，第 9 页。

17. 同上，第 10 页。

18. 罗纳德·斯佩克特著，《搏日雄鹰》，第 166 页。

19. H. 肖勒克著，《一个无价的优势》，第 10 页。

20. 同上，第 12 页。

21. 阿瑟·马德著，《老朋友：新敌人，皇家海军与日本帝国海军》（*Old Friends: New Enemies，The Royal Navy and the Imperial Japanese Navy*），第 2 卷，牛津，1990 年，第 93 页。

22. 约翰·温顿著，《太平洋战场的"超密"》（*Ultra in the Pacific*），伦敦，1993 年，第 58 页。

23. 沃尔特·洛德著，《中途岛：不可思议的胜利》(*Midway: the Incredible Victory*)，瓦尔，2000 年，第 119 页。

24. 休·碧切诺著，《中途岛》（*Midway*），伦敦，2001 年，第 149 页。

第七章

---★---

大西洋战役：情报，只是战争的要素之一

英国二战情报领域的官方历史学家，哈里·欣斯利爵士教授，对情报的重要性做了轻描淡写的描述。他坚定地认为，情报并没有帮助赢得战争，但缩短了战争。[1]他认为这一点在大西洋战役中尤为明显，首先是阻止 U 艇在 1941年后半年完全控制大西洋，在 1942—1943 年冬季也是如此，最终为在"1943年 4 月和 5 月在大西洋击败 U 艇，在 1943 年下半年瘫痪 U 艇的指挥体系使其再也无法接近盟军船队航线发挥了重要作用"。[2]这一成就，被欣斯利教授严格地置于更加广阔和更加复杂的背景中，使人印象深刻，因为英国凭借在情报领域的优势，挺过了 U 艇对其维持战争能力所依赖的海上补给线发动的攻击。而且，如果英国没有在从法国沦陷到日本偷袭珍珠港之间的 17 个月中坚持下来，希勒特可能就完成了对西欧的征服，并有可能击败了苏联，使得美国无从进入欧洲大陆。

输掉大西洋战役将可能是场灾难。对此没人能比温斯顿·丘吉尔有更加清晰的认识，在他的官方二战史中写到过，"战争中唯一使我感到害怕过的是 U 艇的威胁……潜艇战多大程度上能降低我们的进口和运输量？它是否到了能将我们的生活摧毁的程度？这里没有装腔作势或多愁善感，只有在海图上缓慢而冰冷地画出的线条，就好像绞索一样。"[3]

绞杀的过程本来很慢，但是假如希特勒的潜艇部队司令官，海军上将邓尼茨获得足够的时间，结局将会是确定的。在第一次世界大战时，邓尼茨就已是 U 艇指挥官，在间战期间德国被禁止拥有潜艇部队，他开始进行如何用摧毁商业的手段消灭一个敌人——即英国——的理论研究。邓尼茨进行研究的工具是一艘鱼雷艇，这是《凡尔赛条约》所允许德国拥有的。早在 1936 年，当希特勒成功地让英国同意德国重建 U 艇部队后，邓尼茨已经通过在海上的演练，设计出了一种鱼雷艇攻击方案，构成了应用于大西洋战役的"狼群战术"的基础。不管目标是一支商船队或一支战舰中队（"本身相当于一支船队"），这一战术都要求"狼群"在白天以分散的警戒线队形与敌接触，保持最大的目视接触距离，然后等到天黑在夜幕掩护下，发起鱼雷攻击。邓尼茨认为，水面航行的 U 艇算是一种鱼雷艇，所以鱼雷艇能做到的潜艇也能做到。[4]

在第二次世界大战爆发时，德国再度拥有了一支 U 艇舰队。但是它的规模很小，只有 56 艘，其中 30 艘还是小型的近海潜艇。主要的远洋潜艇 U–7 型总共只有 18 艘。这个型号的潜艇有 220 英尺长，在水面以柴油机动力航行时能够达到 17 节的航速，在水下以电动机为动力时航速为 7.5 节。U–7 型安装了一门 3.5 英寸火炮，四具船艏鱼雷发射管和一具艉部的鱼雷发射管，总共有九枚备用鱼雷。U–7 型的艇员有 44 人。在 1939 年，更大的 U–9 型开始服役，但是尽管安装了口径更大的火炮，且拥有六具鱼雷发射管和 16 枚备用鱼雷，1.15 万英里的航程也大于 U–7 型的 8500 海里，邓尼茨却认为它不如 U–7 型适合商船队袭击战，因为 U–9 型下潜更慢、机动更差。1939 年时，德国只有八艘 U–9 型潜艇。[5]

在战争之初，U 艇通过在前往英国的常规航线上巡逻来发现目标，它们需要绕过苏格兰北部才能到达，因为英吉利海峡从战争爆发开始就被封锁了。U 艇独自进行巡逻，白天通过潜望镜观察海面，晚上则浮出水面。起初在航线上执勤的少数——通常低于 15 艘——U 艇之间，几乎没有合作，而邓尼茨也没怎么去协调它们之间的行动。

U 艇指挥官的目标英国商船队当时总吨位仍排名世界第一，总共有 3000 艘远洋商船，总运载能力达到 1700 万吨。由于英国三分之一的食物和煤炭之外的大多数原材料依赖进口，所以这支船队的任务十分繁忙。1939 年英国的年度进口量为 5500 万吨，并需要通过出口成品和半成品来支付进口费用。英国是世界主要贸易大国之一，十分依赖于进出口海运贸易，所以对海运的拦截将很快导致英国物资短缺，并使英国威信扫地。击沉商船亦会造成永久性的损失。因为英国本土和大英帝国所有造船厂的年造船量仅为 100 万吨，相当于 200 艘常见尺寸的商船或油轮。

邓尼茨热衷于学习海上贸易，十分熟悉英国的弱点所在，而且根据第一次世界大战的经验，他坚定地认为——实际是狂热地信奉，一支扩充过的 U 艇部队，在不受传统规则限制下发起攻击，可以终结英国进行战争的能力。1914—1918 年年间，德国海军共击沉了 4837 艘协约国船只，总吨位超过 1100 万吨，其中大部分是英国商船，而且大部分是被潜艇在 1917 年之前击沉的。而德国当时下水的 365 艘潜艇中，损失了 178 艘。

1939 年 8 月 28 日，当希特勒完成入侵波兰的准备时，邓尼茨向德国海军司令雷德尔上将提交了关于扩充 U 艇部队的建议。他希望获得 300 艘 U 艇，以及一些在任何时候都可以维持 50 艘攻击潜艇在航线上巡逻的，充当补给舰的大型潜艇。邓尼茨用其他方式计算出，如果每艘潜艇每个月击沉 3 艘商船——这是第一次世界大战时的效率——那么一年之内英国半数的商船将会沉到海底喂鱼，这也超过了英国商船队的补充速度。英国将因此陷入糟糕的境地，正如 1917 年底德国差点实现的那样，然后被迫投降。9 月 6 日在与英国开战六天后，邓尼茨在一次会议上还提出希望 U 艇建设计划一直由同一个军官控制，并推荐自己就任这一职务。"这一任务现在成为重中之重，应当由一位具有潜艇作战理论知识和实践经验的军官来指导。"[6]

雷德尔反对这一提议。他认可邓尼茨的才华与奉献精神，但希望其担任现有 U 艇部队的日常指挥官，尽管他也保证将尽快大规模扩大潜艇部队。雷德尔这么做也许有合理的理由。邓尼茨外表上不讨人喜欢，缺乏幽默感而且喜欢钻牛角尖，但毫无疑问具有领导才能。邓尼茨的 U 艇船员，包括一些具有非凡航海素质的，一开始就担任劫掠船船长的手下，总是十分尊敬他，渴望得到他的认可并尽职尽责地坚守岗位。U 艇里的生活十分糟糕，拥挤而充满异味，永远不是太热就是太冷而且湿淋淋的。食物储存不了多久，衣服永远干不了，厕所肮脏，而且空气大部分时间简直难以呼吸。U 艇生活的特点就是漫长而无聊，尤其是在战争临近时，潜艇不得不花很长时间用水下航行前往巡逻地点。最重要的是，潜艇作战十分危险。被征召进入 U 艇部队的 4 万水手——不像美国或英国的潜艇部队是志愿入伍的——有 2.8 万人死于行动中，大多数是在皇家海军、皇家加拿大海军和美国海军的护航船只及其配属的空军或海军航空兵的打击下，随着潜艇沉入大海的。

反潜战

第一次世界大战期间，德国建造了 365 艘 U 艇，在海上损失了其中的 178 艘，尽管当时协约国还缺乏任何有效的水下潜艇探测手段。当时采用的声学法，以及用飞机和飞艇在浅水区搜寻潜艇等办法几乎总是无效。大多数被击沉的 U 艇，至少有 88 艘是水雷的牺牲品。战舰或商船的撞击取得了击沉 19 艘的战绩，17

艘是在英国潜艇的攻击下沉没的。而用专门的反潜武器深水炸弹所击沉的 U 艇，只有 30 艘。[7]

深水炸弹通常含有 40 磅高爆炸药，通常是从船艉直接抛下或者从船舷抛射出去，然后压力保险丝在下沉到设定的深度时将会引爆炸弹。深水炸弹将会制造高压波，如果它在离 U 艇足够近的地方引爆，将会使 U 艇艇身严重破裂。精准的深水炸弹是十分致命的，但精度是个难以解决的问题，在整个大西洋战役时期，尤其是在早期，深水炸弹通常只能击伤 U 艇而不是将其击沉。1942 年之后，在投放深水炸弹之后，盟军还会用"刺猬"以及后来的"鱿鱼"抛射器发射大量的触发炸弹进行"补刀"。在获得 U 艇精确位置的情况下，这种战术将十分致命。1943 年年中，另外一种武器出现了——马克 24 型的声学鱼雷。这种鱼雷由飞机投放，将直接奔向 U 艇的螺旋桨。马克 24 型在大多数时候是致命的，但是缺点是这种鱼雷被盟军认为是秘密武器，只能在特别的情况下使用。飞机同样可以投放深水炸弹，也可以向正在水面航行或正在下潜的 U 艇发射高爆火箭弹，那些横渡比斯开湾前往大西洋巡逻航线的 U 艇成为盟军反潜部队大部分战绩的来源。[8]

在 U 艇战争之初，盟军上述反潜战术和技术的进步还未出现，因此德军占了很大优势。假如邓尼茨能部署他所希望数量的潜艇，这一优势将是决定性的。德军本身之外的优势还包括对手缺乏反潜舰只。1939 年英国看起来拥有足够的护航船只。皇家海军投入了 128 艘驱逐舰和 35 艘海防舰。[9]但是大多数驱逐舰，包括优秀的"部族"级和"标枪"级，属于高速战舰，是被设计用于伴随主力舰队的，缺乏作为商船护航舰所需的续航能力。其他较老的驱逐舰则是上一次世界大战期间或一战结束后不久建造的，基本到了服役期限末期。"狩猎"级驱逐舰则是专门为护航而设计的，已经开始投入使用，但当时数量很少——只有 20 艘——对战局影响甚微。至于海防舰整体上都太老了，战力低下。新一代的护航舰——慢速但坚固，以南大西洋捕鲸船为基础设计的，以及一些较快速的巡航舰——已经在酝酿中但还没加入舰队。来自渔业部门的拖网渔船和流网渔船也被征用，但是它们太小也太慢难以承担护航任务。结果就是英国商船队在遭受攻击时，缺乏足够有能力保护它们的护航船只。

　　英国海军部在二战爆发之初就采用了护航运输队制度，与第一次世界大战时期的政策形成了鲜明对比。当时英国海军将领对此很抵触，理由却完全不成立。护航是英国海军的一项神圣使命，曾经在法国大革命和法兰西第一帝国时期保护英国的贸易免受法国舰队和游荡海盗船的袭击。但是从一战爆发时到 1917 年底，英国海军部一直错误地认为，由于潜艇能够在水下发动攻击，在护航运输队里集结大量商船只会增加鱼雷命中的概率，而当时英国海军还缺乏发现潜艇的手段。因此英国海军部得出结论让商船独自航行会更好，这样将迫使潜艇追逐单个的目标，按常理说这会增加很多困难。而每周来往英国港口的船只达到 5000 艘以上，也让英国海军的反潜单位感到力不从心。

　　这是两个没有关联的反对理由，但对第二个理由进行分析就能得到一并解决的方案。1917 年 4 月，皇家海军少校亨德森仔细分析了英国的海上贸易数据，得出结论每周抵达和离开英国的船只中，只有 120 到 140 艘是远洋船只，只有它们关系到英国的生存，其余的则是沿海和短途跨海船只，不需要保护。由于一战期间英国建造了大量的驱逐舰和其他小型战舰，为重要的商船队提供护航按理说毫无困难。1918 年 10 月，英国损失的商船吨位只有 17.8 万吨，而 1917 年平均每个月是 55 万吨——大多数被击沉的船只是单独行动的，而护航运输队中的损失不到 2%。[10]

　　因此 1939 年 9 月，英国海军部立即采取了护航运输队制度，避免了在战争第一年损失过多商船。但还有其他原因让英国不至于损失惨重，一个原因是 U 艇数量少，另一个是 U 艇被限制在靠近基地的地方活动因此远离航运线路。当年 U 艇最为出彩的战绩，实际上是在皇家海军身上取得的，尤其是 1939 年 10 月在斯卡帕湾锚地内击沉"皇家橡树"号战列舰。这次作战很大程度上归功于情报有力。一位德国船长在宣战之前访问过奥克尼群岛，他报告称他听说斯卡帕湾锚地东部通道的防御被忽略了，后来德军航拍侦察确认了的确存在一个缺口。邓尼茨向年轻而好斗的 U 艇指挥官京特·普里恩分析了在黑夜掩护下，借助涨潮进入斯卡帕湾锚地的可能性。10 月 13 日，U-47 成功地穿过了英军防线，用鱼雷攻击了"皇家橡树"号并引爆了其弹药库，船上大多船员来不及逃生就随着战舰沉入海底。从军事上来说，这次袭击意义不大，因为"皇家橡树"号是一艘过时的战舰，自我防卫的能力非常低，它的姊妹舰 R- 级战列舰在珍珠港事件之后就不得不躲在东非的港口避开日本人。尽管 U-47 的这次偷袭让皇家海军蒙羞，但也警示世人，主力舰在面对非传统威胁，尤其是处于抛锚状态时十分脆弱，之后在珍珠港、塔兰托和亚历山大这一警示再次得到验证。[11]

经过了 1939 年 9 月至 1940 年 7 月这段战绩相对惨淡的时光，德国 U 艇作战在法国陷落之后很快迎来逆转。法国刚刚投降，德国海军就迅速把鱼雷和其他潜艇作战物资送往法国比斯开湾的港口——洛里昂、布雷斯特、拉罗谢尔、圣·纳泽尔、波尔多——这些地方从此成为大西洋战役时期的 U 艇基地。第一批 U 艇在 7 月 7 日就抵达了比斯开湾的洛里昂。比斯开湾的港口为邓尼茨的潜艇部队提供了直接通往英国在大西洋的贸易航线的入口，比起从德国基地出发缩短了数百英里的路程，并且不用再担心通过北海狭窄水道时受到攻击。一拿下比斯开湾的基地，邓尼茨就开始实施他通过消灭大西洋运输船队来打败英国及其尚存的盟友的计划。邓尼茨握有优势，德国潜艇虽然在船厂建成后只能通过一条通道前往法国港口，但是数量正在增长。而英国的护航船只，以及损失商船的补充数量则增长得很慢。邓尼茨坚信，他通过摧毁英国大西洋航运贸易来赢得欧洲战争的计划，马上就要实现了。

历史好像发生了奇怪的逆转，英国海军部在第一次世界大战时期所担心的缺乏必要的护航船只的问题，在 20 年后成为现实了。在 1940 年下半年，虽然皇家海军已经全面执行了护航运输队制度，但是要用比 1917—1918 年还少的战舰保护比当时大得多的船队。1918 年，一支 16—22 艘商船的组成的远洋船队由 7 艘驱逐舰护航，而且是一流的战舰（航速超过 30 节），比 U 艇在水面发起攻击时的通常速度快一倍。而在 1940 年冬季，一支拥有 30 艘甚至更多商船的船队，只能得到 1 艘无法胜任的护航舰的保护。

一个例子就是 SC7 船队（船队一般用缩写命名，名字通常代表了出发地，然后连续编号。例如那些使用 HX 开头的，就是指来自新斯科舍省的哈利法克斯，最后到纽约的；OB，表示离开英国的；CU，表示从加勒比到英国；MK，表示从地中海到英国；SL，表示塞拉利昂；PQ，表示英国至俄国北部）。SC7 来自新斯科舍省的悉尼，由 35 艘船组成，都是慢速船只，其中 4 艘还是来自美国大湖

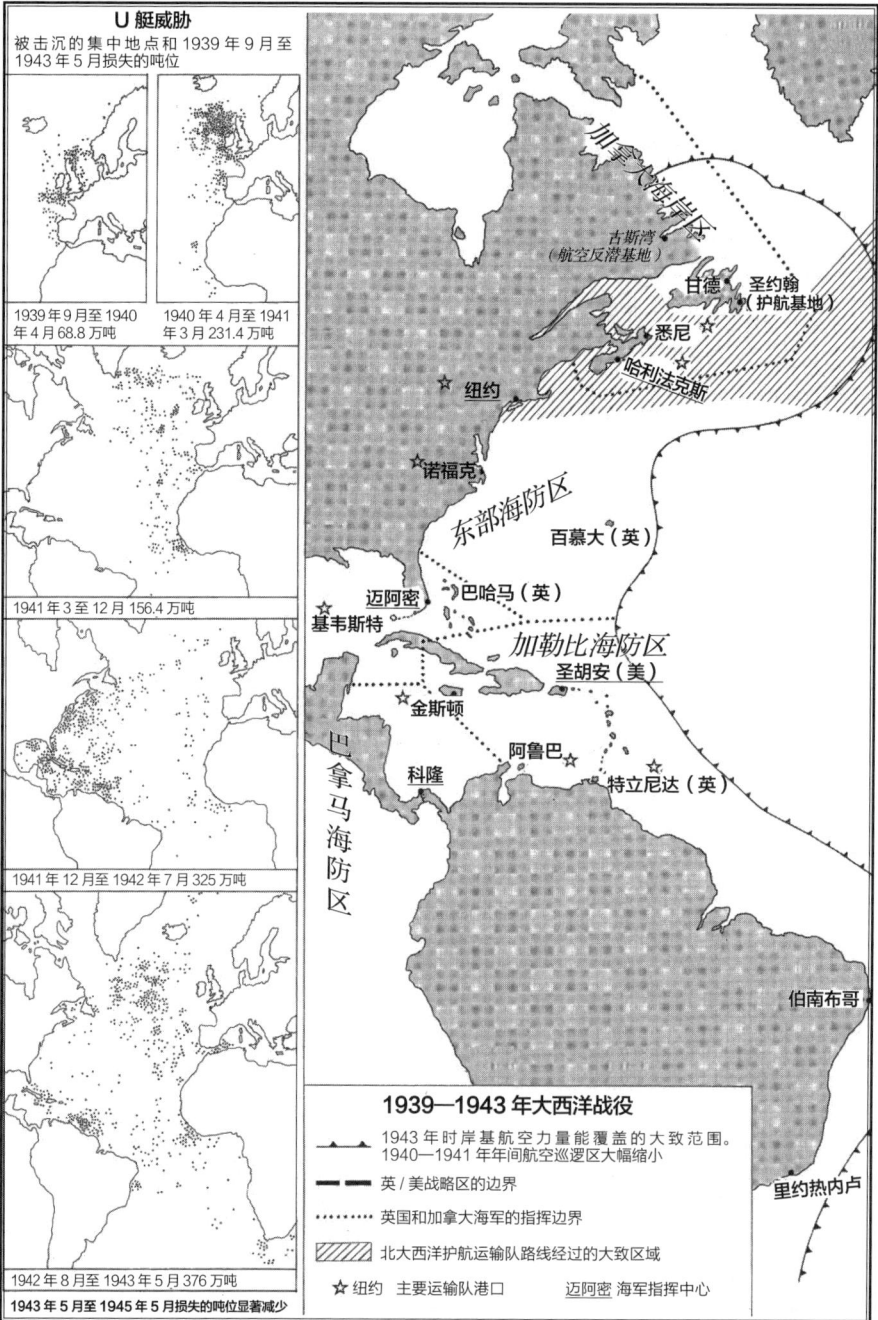

U 艇威胁

被击沉的集中地点和 1939 年 9 月至
1943 年 5 月损失的吨位

1939 年 9 月至 1940 年 4 月 68.8 万吨	1940 年 4 月至 1941 年 3 月 231.4 万吨

1941 年 3 至 12 月 156.4 万吨

1941 年 12 月至 1942 年 7 月 325 万吨

1942 年 8 月至 1943 年 5 月 376 万吨

1943 年 5 月至 1945 年 5 月损失的吨位显著减少

加拿大海防区

古斯湾
（航空反潜基地）

甘德　圣约翰
（护航基地）

悉尼 ☆

哈利法克斯

☆ 纽约

☆诺福克

东部海防区

百慕大（英）

迈阿密　巴哈马（英）

☆基韦斯特

加勒比海防区
圣胡安（美）

☆金斯顿

阿鲁巴 ☆

科隆　　特立尼达（英）

巴拿马海防区

伯南布哥

里约热内卢

1939—1943 年大西洋战役

- 1943 年时岸基航空力量能覆盖的大致范围。1940—1941 年间航空巡逻区大幅缩小
- 英/美战略区的边界
- 英国和加拿大海军的指挥边界
- 北大西洋护航运输路线经过的大致区域

☆纽约　主要运输队港口　　迈阿密　海军指挥中心

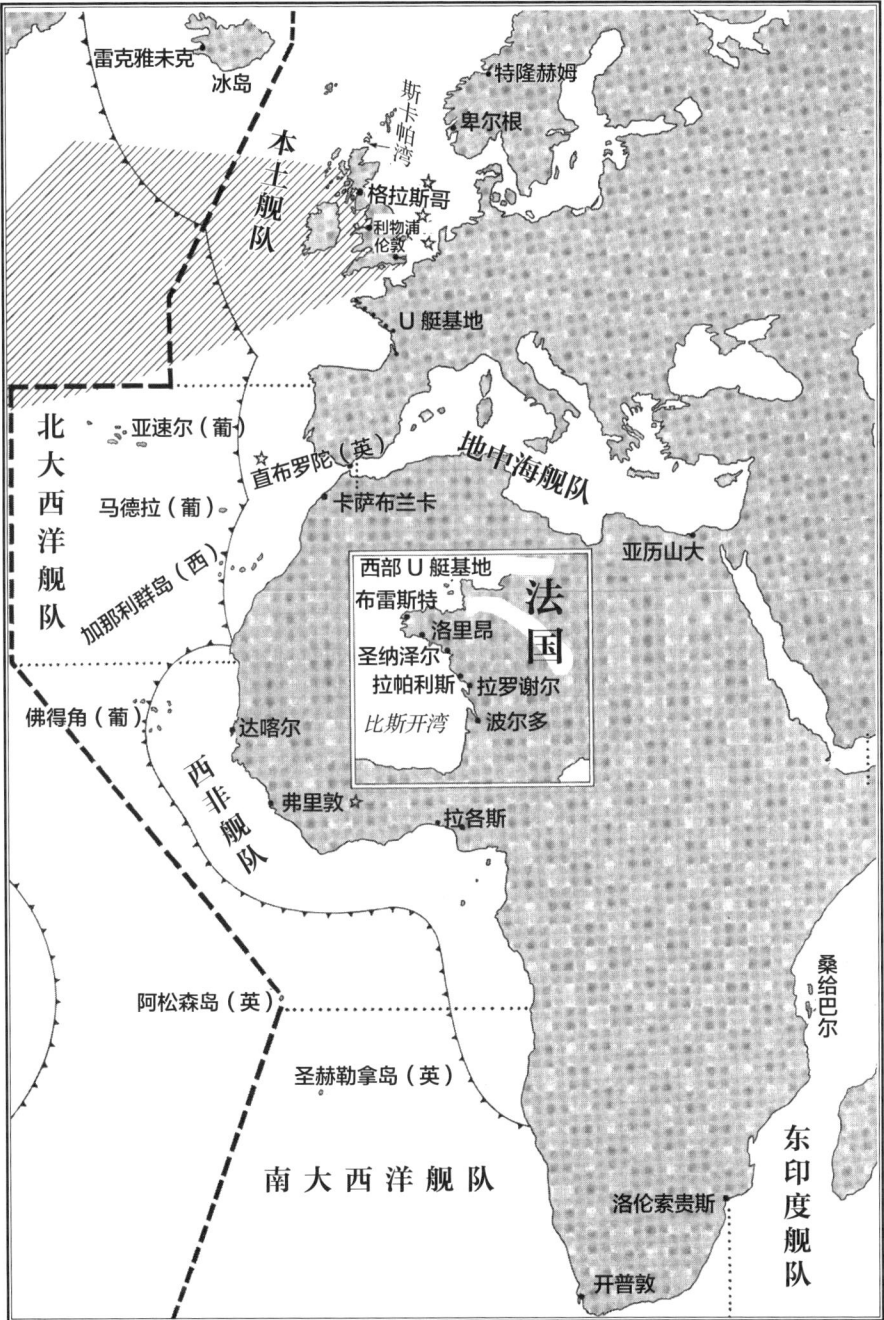

雷克雅未克

冰岛

特隆赫姆

卑尔根

斯卡帕湾

本土舰队

格拉斯哥

利物浦
伦敦

U 艇基地

北大西洋舰队

亚速尔（葡）

直布罗陀（英）

地中海舰队

马德拉（葡）

卡萨布兰卡

加那利群岛（西）

亚历山大

西部 U 艇基地

布雷斯特

法国

洛里昂

圣纳泽尔

拉帕利斯

拉罗谢尔

比斯开湾

波尔多

佛得角（葡）

达喀尔

西非舰队

弗里敦

拉各斯

阿松森岛（英）

桑给巴尔

圣赫勒拿岛（英）

东印度舰队

南大西洋舰队

洛伦索贵斯

开普敦

区的内陆货船。它们唯一的护航船只，是建于 1930 年的海防舰"斯卡伯勒"号，其最大航速只有 14 节，甚至比一艘在水面航行的 U 艇还慢。1940 年 10 月 8 日，SC7 出发后第 4 天，船队遇上了大风并在当晚遭遇 U 艇。在接下来 10 天，SC7 尽管得到了 2 艘海防舰和 2 艘护航护卫舰的支援，并有一架"桑德兰"式水上飞机加入，依然损失了 17 艘船。这种恐怖经历是很多人从来没想到过的。对于在鱼雷攻击中幸存下来的海员，即便他们能够放下救生船或者抓到一块漂浮物，也没有获救的希望。因为船队不会停下来救他们，而护航船只的职责是紧跟商船，所以沉船的幸存者们大多会被淹死或冻死。[12]

　　SC7 再现了 1917 年之前，因认为缺乏足够的护航船只保护商船，故而反对采用护航运输队的英国海军部的恐惧。邓尼茨实施的计划，设法使曾被认为是低效武器的 U 艇发挥出最大的攻击力。U 艇其实不是现代理念的产物，因为德国一直都有制造隐形武器的想法。U 艇的大多数早期型号是用于敌国战舰交战的，正如爱尔兰裔美国人 J.P. 霍兰 1900 年发明的，第一艘实用潜艇霍兰潜艇一样。但是霍兰潜艇和它之前的型号一样，原本是用来进行水下攻击的。但天才邓尼茨——他可以说是某种邪恶天才——认为潜艇的潜水功能只应用来在暴露之后保护自己免受反击，潜艇应该在水面航行，因为此时它的速度会比它的大部分目标即商船更快，而且除了一等护航战舰之外其他护航船只也很难追上水面航行的潜艇。

　　邓尼茨思想中的另一个秘诀是"狼群"。他在第一次世界大战担任 U 艇指挥官的经历使他认为单独使用 U 艇是种浪费。一战之后他开始认为成群地使用 U 艇会有更好的效果，首先通过组成一条巡逻线——类似纳尔逊对巡航舰的用法——能更好地发现运输队，然后缩短距离发起进攻。不走运的 SC7 成了邓尼茨"狼群"最早的猎物之一。"狼群"击垮了 SC7 的护航舰。在对 SC7 的猎杀过程中，一度出现过 7 艘 U 艇对付 4 艘护航舰的情况——因为"斯卡伯勒"号海防舰独自前去追猎其中一艘 U 艇 U–48 了，而且还跟丢了，直到战斗结束它也没回来。

　　"狼群"战术的另一个要点就是由总部集中控制。1940 年 6 月之后，"狼群"的控制中心设在法国的拉罗谢尔。控制的中介是无线电，正如 1914 年冯·

施佩在太平洋和印度洋攻击英国的船运时那样。无线电突破了视觉信号的局限，使得舰队指挥官不会像纳尔逊在地中海时那样受到限制，尽管组成"狼群"的U艇散布在方圆几百英里的海域，仍然能够接受集中指挥。"狼群"战术在无线电技术的支持下，对护航船队形成了极大的威胁。

不过，完美的战术是不存在的。无线电的弱点在于安全性。英国布莱切利公园通过监听站截获了U艇首发的信息，问题只剩如何破解它们。不过直到1940年底，布莱切利公园还未成功破解德国的海军密钥。与当时刚刚成立不久的德国空军不同，德国海军的无线电操作员来自成立很久的信号部队，具有严密的工作程序和严格的培训体系。不仅德国海军信号员接受的是不让他们犯错的训练——布莱切利公园从德国空军通讯中获得的丰富成果主要来自人为错误——整个德国海军的信号体系也是运作在坚信敌人正在监听的基础之上。德国海军因此不仅努力保持加密的安全性，同时开始限制传输的信息量，原理是敌人所截获的信息越少，就越难以找到破译的办法。

德国海军保证加密信息安全性的办法有两个，一是增加海军使用的恩尼格玛机的转子数量，二是设计专供军官使用的特定密钥。即便在战争之前，德国海军的恩尼格玛机操作员就有8个转子可供挑选出3个使用。从1942年2月1日开始，大西洋及地中海的U艇在改装后的恩尼格玛机中使用了4个转子。[13]而"军官"密钥实际是德军"家乡"密钥、"南方"密钥，和布莱切利公园称为"鲨鱼"密钥的"海王星"密钥的变种。军官密钥是当时最为重要的密钥，因为从1942年2月开始这一密钥被使用于大西洋的U艇行动之中。军官密钥虽然通常能被破解，但却要花上很长一段时间。[14]

限制传输内容则是通过设计出"短"信号来实现，这是一种在较长的信息内部进行加密的代码，或者只是用来回应位于拉罗谢尔（之后在柏林）的U艇总部的问询。短信号是用二合字母（两个字母组成的组合）发送，大多数是指代大西洋及临近水域的某一张海图，因德国海军在海图上把海区分割成了不规则的网格。布莱切利公园以截获的一些电文为基础，在1940年4月成功复原出了一些网格。1941年5月因U–110被英国捕获，布莱切利公园借此破解了整个北大西洋海图和地中海海图的大多数网格。德国人尽管经常审查信号系统的安全性，在 1941 年中期也开始担忧有关 U 艇位置的信号传输可能已经暴露，于是采用了一种更为复杂的短信号，将海上的位置与固定参考点联系起来，如 Franz、Oscar、Herbrt 等，字母的选择也更加随机而且加快更换频率。有一条发给 U 艇的加密命令，破解后内容是："如果你艇处于适合发起夜间攻击的状态，占领中心点分别在参考点 Franz 306 度方向 220 英里和 290 度方向 380 英里处的，（海图网格）上 160 平方英里的北方水域作为攻击区域。如果你艇不在适合的位置上，用短信号'No'回复。"[15]

但布莱切利公园很快就破解了这一改变带来的挑战，这具有重要意义，因为英国海军部可以根据 U 艇的位置信息规划护航运输队的路线，使得他们远离"狼群"出没的地方。U 艇出海时还使用其他短信号发送信息，包括目击报告、战斗报告和通知预计返港日期。其中最为有用的是有关天气的短信号，这对于邓尼茨司令部部署 U 艇至关重要。矛盾的是，英国护航运输队及护航舰队指挥官喜欢恶劣天气，因为这能阻止 U 艇的攻击。天气短信号后来为英国人提供了丰富的情报收获，因为在大西洋战役初期，布莱切利公园发现 U 艇的天气报告，会被德军的海岸气象站以一种英国人已经掌握的密码重新播发。之后由于这些报告都是用 3 字母组合编写，因此布莱切利公园发现了 U 艇操作员并没有在他们的恩尼格玛机机上使用第 4 个转子，这就极大简化了破解过程。[16]

布莱切利公园与大西洋战役

温斯顿·丘吉尔承认，他宁愿德军直接入侵不列颠也不愿继续与德国潜艇对抗。这情有可原——入侵英国，具有亚里士多德在《诗学》中提到的事件、事件的时间和地点的"统一性"。而反潜战则时刻在进行，伤害巨大、充满不确定而且看起来没有尽头。只要邓尼茨的潜艇还在大西洋水域，英国就一直需要护卫运送必需品的船队，就会有船只被击沉，就会有船员淹死，就会有货物损失，战争的胜负就悬而未决。

尽管大西洋战役看起来这般模样，但和任何伟大的战役一样，回顾起来它仍有自己的时间线和形态。它可以被分为五大阶段。第一个阶段是从 1939 年 9月到 1940 年 7 月，邓尼茨的 U 艇和皇家海军之间的战斗并不是严格意义上的大西洋战役，因为德国缺乏进入广阔海域的前进基地，因此 U 艇的活动区域被局限在英国周围。多数时候执行任务的潜艇不到 10 艘，经常少到只有四艘。虽然 U 艇的损失也很小，在二战爆发后的 10 个月里只损失了 19 艘，但是同样地战绩也很可怜。邓尼茨部署 300 艘 U 艇，希望每月击沉 10 万吨（以当时远洋商船的平均尺寸看，大约 20 艘）英国商船的梦想，看起来就是天方夜谭。

第二个阶段，是随着 1940 年 7 月法国陷落以及德法停战，德国获得法国领土的占领权，包括大西洋沿岸的港口的一段时期。邓尼茨立刻在洛里昂附近的克涅瓦尔城堡建立了自己的潜艇指挥部，并把潜艇部队从波罗的海和北海狭窄的水域转移到比斯开湾。U 艇击沉吨位起初有所上升，但不久后又开始下降了，因为英国皇家海军投入了更多的护航力量，而且邓尼茨被迫把大部分新建 U 艇用于训练。在整个二战期间，德国海军从未忽视训练。新的潜艇及其艇员在奔赴"前线"之前，需要在波罗的海训练长达一年之久。

大西洋战役的第三个阶段开始于 1941 年 4 月，也就是温斯顿·丘吉尔提出"大西洋战役"这个说法的第二个月。当时邓尼茨已经拥有了足够的经过训练的 U 艇艇员，能在北大西洋中部组织起巡逻线和开展"狼群"作战，尽管不断增加的皇家海军护航舰只与海岸司令部飞机在把 U 艇赶往大洋深处，远离那些通往英国的航线。U 艇的战绩在增加，英国海军部在指引护航运输队远离 U 艇巡逻线方面也取得了相当大的成功，这归功于布莱切利公园的破译工作。例如 1941 年 9 月，当时有 32 艘 U 艇在北大西洋巡逻，其中 12 艘一无所获，只有四艘的击沉战绩超过一万吨或二艘商船。

而当 1942 年 1 月，大西洋战役第四阶段开始时，邓尼茨突然改变了策略。他把 U 艇从北大西洋中部撤出，把"狼群"和巡逻线解散并让潜艇单独行动，在普遍经验丰富的艇长指挥下，向美国东海岸及加勒比海的沿海船运发起攻击。U 艇指挥官形容接下来的六个月是他们的"欢乐时光"。目标不计其数，因此 U 艇的战绩也十分惹眼——1942 年 1 月份，在美国水域行动的 26 艘 U 艇击沉了 71 艘货轮或油轮，总吨位近 41 万吨，而自己无一损失。2 月份情况糟糕一点，18 艘 U 艇击沉了 57 艘船只，总吨位 34.4 万吨。在 3 月份拿下 40.6 万吨的战绩后，31 艘 U 艇于 4 月份击沉了 133 艘船只，总吨位爬升至 64 万吨。当年夏季的总体情况也相差不大。到 8 月底，美国人在最终采取有效的反潜措施之前，U 艇已经击沉了 609 艘船只，其总吨位达 312 万吨，而参战的 184 艘 U 艇中只损失了 22 艘。[17]

邓尼茨能取得如此战绩，是因为美国海军一开始难以理解地重蹈了英国海军部在 1914—1916 年的覆辙——拒绝设立护航制度。美国海军作战部长欧内斯特·金上将认为比起单独航行的船只，护航能力弱的船队只会为 U 艇提供更多的目标，所以任由美国沿海航运自生自灭。为他辩护的人提到，金上将把他能收集到的护航船只用在了护送往英国运送美国部队的船队，而且无一损失，同样他还要在太平洋应付一场与日本的生死对决，这也占用了美国海军中每一艘可用的战舰。但不管怎样，美国存在一种反护航偏见是毫无疑问的，在第一次世界大战期间和第二次世界大战之初，美国海军的"U 艇猎杀"单位几乎没有发现任何可以攻击的目标，尽管按道理和从经验上来说他们本不该如此。到1941年，皇家海军已经完全相信如果要发现并击沉 U 艇，他们就不得不先向 U 艇"提供"可以进攻的目标，但这些目标又要能保护自己，简而言之，就是需要处于密切而强大保护之下的船队。

"欢乐时光"的结束迫使邓尼茨需要再次让 U 艇冒险攻击护航运输队。大西洋战役从 1942 年 9 月到 1943 年 5 月的第五阶段，也是高潮阶段就此开始。这是海战史上恐怖的一幕，大量商船沉没，无数水手失去生命，一切都发生在北大西洋天气最为恶劣的时节。这个时候德国海军和对手——英国皇家海军、皇家加拿大海军、美国海军及各自配属的空中力量——之间的海上较量，按照海战的经典术语，是邓尼茨被迫出战。作为海军军官，他一辈子都坚信他的潜艇部队与敌军水面舰队终有一战并必将获胜。但 1942 年他在这条道路上遇上了挑战而且最终功败垂成。

布莱切利公园在大西洋战役的胜利中扮演的角色，虽然重要但也复杂。它不单单需要向敌人发起"攻击"，也要面对敌人的挑战，因为德国海军也有自己的拦截和破译部队——电子侦听部门（Beobachtungs dienst，或叫做B-dienst），在对付皇家海军的加密通讯时也取得了相当不错的成绩。因在第一次世界大战期间有效地破解了德国的密码，英国海军情报部门内弥漫着一种不可一世的自满情绪，并延续到第二次世界大战。英国人认为破译是一种对敌人的单向作战，即便一开始他们并没能破解恩尼格玛密码。同样因为他们愚蠢地鼓吹自己在 1914—1918 年间的成就，让德国人决心一雪前耻。早在 1939 年战争爆发很久之前，电子侦听部门就开始破译当时英国海军部的密码，一种用 5 位数字组成的，采用数学超级加密法的密码。因为大意，英国皇家海军更高级的加密方式 Naval Cypher 也被德军破解。这个过程并没有什么意外之处：一位英国保密军官使用 Naval Cypher 加密的信息时，用海军密码发送了出去，而随着后者被破解，前者也迅速失效，然后一直被破译解读直到 1940 年 8 月 26 日。[18]

电子侦听部门的英语分部门在战前就征用了 900 多人，到 1942 年时这一人数已上升到 5000。电子侦听部门位于德国海军在柏林的总部，由一开始被请来测试恩尼格玛机安全性的无线电技术专家威廉·特拉诺所领导。密电是否安全是在整个战争期间深深困扰德国人的一件事。德国人经常审查密电的安全性，正如英国人也在做的一样。但是两国海军都很自信不会被破译，而德国人的理由更加充分。他们正确地推断出，即便是英国人能够获得恩尼格玛系统四大要素——机器本身、转子设置表、用于在海图上设定网格的标志和图表——他们仍无法解读信息。德国人不去考虑英国人获得四大要素的可能性，转而根据一项在 1942 年进行的追加调查的结果，又采取了新的措施防止恩尼格玛机操作员图省事走捷径。对于英国人更不利的是，德国人还调整了 U 艇的恩尼格玛机，加入了新的第四个转子，这样加上反射器的功能，恩尼格玛机的密码组合又扩大了 26 倍。[19]

结果就是在 1942 年 2 月 1 日到次年 12 月之间，布莱切利公园已经完全无法破译恩尼格玛了，导致被击沉的船只数量到了堪称灾难的程度。且德军又破译了英国海军密码也让形势雪上加霜。英国人正确推断出其海军密码的替代品——Naval Cypher 2 号加密法，以及第一版 Naval Cypher 已被破译，而且后者自从 1941 年 9 月以后已无保密可言，因此英国海军部在 1941 年 12 月采用了新的 Naval Cypher 3 号加密法，但这仍是一种超级加密密码，安全性依然不好。这种密码的加密方法很传统，从数字组合本中选择数字，添加到主体密码本的提示组合数字中，然后用减法进行解密。这一密码本被分发给了来往北大西洋航道的皇家海军、皇家加拿大海军和美国海军。

1942 年 1 月间，电子侦听部门成功地还原了 Naval Cypher 3 号的密码本及其使用的减法表。结果德军能够破译护航运输队 80% 的通讯，而且通常是在船队收到信号后动身出发之前的 20 到 30 个小时内。这一时间足够提醒 U 艇赶到护航运输队航线上就位，因为一支护航运输队的平均速度在 7 到 8 节，而在水面航行的 U 艇起码可以在 16 节以上，意味着巡逻线上的 U 艇和"狼群"能以猎物的两倍速度移动。在 24 小时内，一支船队可以前进 180 英里，一艘追猎的 U 艇可以在接触猎物并下潜之前航行 360 英里将其拦截。

邓尼茨按照自己在二战前在鱼雷艇上的经验对 U 艇指挥官进行训练，使他们在夜幕降临之前能保持与目标的最大可视距离，在预判的船队前进路线上等待。天黑后 U 艇浮出水面，如果有条件甚至会在船队的内部上浮，艇艏和艇艉的鱼雷管同时齐射，然后在护航舰只赶到之前下潜逃脱。根据第一次袭击对护航运输队造成的混乱情况，U 艇也许还会发动第二轮攻击。

U 艇面临的第一个困难是如何确定船队的位置。从 U 艇围壳上观察，最多只能看到 10 英里之外，因此一条 10 艘 U 艇组成的巡逻线可以监视 220 英里宽的海域。邓尼茨试图获得德国空军第 40 轰炸机联队第 1 大队的支持，利用该大队的"秃鹰"远程轰炸机扫描更广阔的海面。但是 1941—1942 年，英国的空中巡逻队越来越积极，不但把 U 艇赶往中大西洋，同时也使得 U 艇超出了"秃鹰"的作战半径。德国人还尝试在 U 艇上使用用缆绳连接在围壳上的旋翼机进行观测，但发现由于太过危险而不切实际。而一支有 50 艘船的船队，正面宽度只有 2400 码。在广阔的大西洋中——起码有 900 万平方英里可进行作战——一支船队所覆盖的区域和一条 U 艇巡逻线都显得十分微不足道。其中一方很容易错过另一方，这是多数时候的情况。例如 1943 年 1 月 1 日至 5 月 31 日，大西洋战役的高潮时期，86 支护航运输队中的 48 支全程都没被 U 艇发现。[20]

恶劣天气也在一定程度上保护了护航运输队，因为这影响到了 U 艇的观察或者被迫需要下潜到潜望镜深度以下躲避风暴。当然，特意改变船队的路线，远离 U 艇巡逻线和"狼群"依然是最为有效的办法。实际上布莱切利公园 Hut 8

部门的主要任务就是提供此类情报，这也是布莱切利公园对于大西洋战役的胜利的主要贡献，因此也可以说确保了英国立于不败之地。

著名密码学历史学家戴维·卡恩，在他关于 U 艇作战的《掌控"恩尼格玛"》一书中，对于英国人重新规划航线的背景有精彩的描述。书中讲述了 1943 年 4 月 SC127 护航队——代号源自船队从加拿大圣劳伦斯河口悉尼市布雷顿角岛出发，前往英国利物浦——的故事。这段航程从新斯科舍省哈利法克斯开始算的话，直线距离是 4000 英里。英国人计划的航线不仅包括了多次转向，而且后来的实际路线，为了绕过已知的 U 艇陷阱也远比计划中的长。

SC127 包含的船只超过 50 艘，排成了 13 列纵队，由 5 艘加拿大战舰护航。一开始它向东以 5 至 7 节的航速航行，然后稍微转向东北，驶向大洋中一个被英国海军部贸易活动科命名为 F 点的地方。4 月 16 日，当 SC127 出发时，英国布莱切利公园和美国的海军部情报处都在破译邓尼茨向 U 艇发送的无线电指令，以及 U 艇发送的加密报告。不过两大监听机构都已清楚当时有超过 60 艘 U 艇（实际上是 63 艘）在大西洋活动，而且其中 25 艘正在圣劳伦斯湾以东 SC127 的路线上。这些 U 艇组成了一条 650 英里长的巡逻线，在格陵兰岛最南端的法韦尔角正南方方向，沿着"向北→向西→向南→向东→向北"的顺序游弋。

4 月 18 日，邓尼茨 17 日发出的命令被盟军密码破译人员——不是英国的就是美国的或者二者皆有——所破译，该命令要求 U 艇组成一条新的巡逻线，代号"白颊鸟"。尽管按照新的保密措施，里面只用 U 艇艇长的名字代替了所提到的 U 艇，但所用的密钥却是已经被破解了的。但比较难弄清的是 U 艇的位置，虽然不管是布莱切利公园或者海军部情报处都已经全面还原了德国海军海图网格名称的内部加密系统。此外，由于德国电子侦听部门已经能正确破译英国海军的 Naval Cypher 3 号密码，所以从英国海军部发往 SC127 的信息中，德国人也知道了 SC127 意识到了"白颊鸟"的存在。

不过，邓尼茨依然有些自大地认定，SC127 会保持既定的航向。这可能是因为邓尼茨也在关注跟在 SC127 后面的 HX234 护航队的动向，而后者刚刚做出了一个明显的规避性质转向，然后他推测英国人不会命令两支船队同时偏离预定的前进路线，认为 HX234 的转向只是为了吸引"白颊鸟"离开 SC127。关于这一点他的确错了。4 月 20 日，SC127 在其快要抵达预定的纽芬兰雷斯角正东的 F 点时，转了一个大弯——不是继续向东北方向前进，而是几乎转向正北在纽芬兰东面航行，因此避开了德国海军有 26 艘潜艇正在等待的那个网格。

"白颊鸟"未能发现 SC127 让邓尼茨有所警觉，他下令组成另外一条巡逻线，代号"啄木鸟"（当时 U 艇总部流行用鸟的名字做代号），由于推测 SC127 的前进方向有误，"啄木鸟"被部署到了南面。SC127 因此毫发无伤且轻松地完成剩下的路程。SC127 的走运还因为"白颊鸟"发现了 HX234 并开始发动攻击。另一个仓促组成的"狼群"，代号"乌鸫"则继续对 HX234 进行攻击。一个意外情况是，由于 SC127 转向北面，当时正值 20 世纪北大西洋最恶劣的冬季，大量冰山被带到远至纽芬兰的地方，SC127 开始遇上冰山和浮冰。冰山的威胁迫使 SC127 慢了下来，因此德国人按照推测的 SC127 速度，而在大西洋中部以东集结另一批 U 艇准备进行猎杀的计划也落空了。

4 月 22 日，SC127 回到了之前美国船队与航线科指定的航线，此时盟军密码破译员再度破译了邓尼茨的通讯内容，但是这次有一到两天的延迟。因此SC127 再度向东，从丹麦海峡中部的 U 艇陷阱北部外围绕了过去。4 月 25 日，美国舰队司令部将 SC127 的指挥权交给了总部位于利物浦的英国西部水道司令部。4 月 26 开始，从冰岛起飞的远程飞机也飞来提供掩护，任何靠近的 U 艇都将被迫下潜到水面以下，因此无法跟踪船队。在 SC127 最后三天的航程中，从4 月 29 日到 5 月 1 日它一直得到空中掩护。5 月 2 日，SC127 在派遣船队中的22 艘船前往冰岛和苏格兰后，抵达了利物浦。在提心吊胆的 17 天航行中，它没有损失一艘船只。[21]

SC127 能够躲过攻击，很大程度上要归功于布莱切利公园和海军部情报处能够监听邓尼茨对 U 艇的指示。但是他们仍然还没完全统治电磁领域，布莱切利公园还没解决德国电子侦听部门能够破解英美之间通讯内容的问题。一直到1943 年 6 月英国替换 Naval Cypher 3 号密码之前，英国都无法完全确保在大西洋战役中的信号安全问题，而且在此之后布莱切利公园以及海军部情报处才完全破解德国海军版的恩尼格玛密码。不管怎样，SC127 能够穿过 U 艇指挥部设下的陷阱，就已经证明了局势已经开始转变。

1943 年 3 月中旬，SC112 和 HX229 两支船队离开纽约，之后陷入两个狼群"强盗大亨"和"袭击者—司机"的猎杀网遭到屠杀。两支船队的 90 艘商船在 20 艘战舰护航下，被击沉了 22 艘，而德国人只损失了 2 艘 U 艇。其中一艘还是在远离战场返回基地途中，在比斯开湾被一架英国反潜机击沉的。

围绕 SC112 和 HX229 的战役——两场战役常常作为整体一起讲，SC127 和 HX234 几乎也是这样——是盟军在大西洋战役中损失最大的一次，并且之后被视为大西洋战役陷入危机的标志。如果 SC112 和 HX229 的遭遇再度重演，邓尼茨就将赢得战争。但实际上，之后的战斗开始变得对邓尼茨不利。在 3 月末，SC123 和 HX230 这两支船队得到了一艘新式的"吉普"航母的保护，击败了两个"狼群"（"海狼""海魔"），在返回英国之前只损失了一艘商船。期间 HX231 和 ONS176 同样遭到了"狼群"追杀但是损失不大。在 1943 年 4 月，尽管盟军损失了 31.3 万吨的船只但也击沉了 14 艘 U 艇。5 月，邓尼茨派遣了三个"狼群"——"啄木鸟""乌鸦"和"公羊"——共计 60 艘 U 艇去攻击 ONS5 号护航运输队。在跟踪 ONS5 的 10 天中，狼群击沉了 12 艘商船，但自身也付出了 11 艘 U 艇被击沉的代价，甚至在一个晚上就损失了 7 艘 U 艇。在 5 月底，德军已损失了 34 艘 U 艇，迫使邓尼茨承认这种交换比已经无法继续忍受。"5 月在大西洋击沉一万吨船只（大约等于两艘船）就会损失一艘潜艇，但是不久之前（他指的是 1942 年战果最丰硕的时期）损失一艘潜艇的同时就可以击沉 10 万吨的商船。所以 5 月份这种损失已经到了一个无法忍受的水平。"因此他下令"潜艇暂时转移至较少受到飞机威胁的区域"——这些"飞机"指的是远离那些从护航航母起飞的飞机，从英国飞往比斯开湾上空的飞机和从冰岛、爱尔兰和北美飞往之前位于中大西洋的"空中缺口"的飞机。这等于是承认了失败，实际上是完全失败，因为尽管新式武器和新潜艇技术会让德国潜艇继续击沉商船，但他们已经无法回到 1942 至 1943 年年初的水平，更别想之前他提出的一年击沉 900 万吨商船的"制胜"目标。邓尼茨已经失败了。

密码战在击败 U 艇的战斗中发挥了什么作用？从 1943 年中期开始，德军就失去了破译英国通讯内容的能力，这使得德军处于极度劣势之中。在 1943 年初电子侦听部门最好过的日子里，它能在盟军船队动身之前，为邓尼茨提供提前最多达 30 小时的预警，并且能即时破译船队 90% 的通讯内容。在对 Naval Cypher 3 号密码毫无道理的、费时费力的安全性审查后，英国人设计出了改进型超级加密法，Naval Cypher 5 号密码，并分发给英国和美国舰队，电子侦听部门就发现自己耳聋眼瞎了。不管怎样，到这个时候电子侦听部门已经做出巨大的贡献。邓尼茨无法获得英国人和美国人所拥有的那种远程空中巡逻能力，单靠 U 艇巡逻线他永远无法击沉足够的护航船队。海洋太大了，U 艇的数目又太少。它们需要被引导到盟军船队的航线上才能有所作为，而这从 1941 到 1943 年都是由电子侦听部门帮助实现的。

即便如此，就算在大西洋战役最为黑暗的时期，从东往西或相反方向的船队大多数能不受阻拦地抵达目的地。在 1939 年的四个战争月份里，横跨了北大西洋抵达不列颠岛的多支船队总计 700 多艘船中，只有 5 艘被击沉。比起离开英国的船队，击沉前往英国的船队能对英国的战争能力造成更大打击，因为虽然同样损失船只，前往英国的商船还带着货物，而离开英国的船只通常是空载，顶多装载用于支付进口货物的出口货物。1940 年有 5433 艘商船抵达英国，133 艘在途中被击沉。1941 年，有 12057 艘抵达，被击沉 153 艘。护航运输队中被击沉的船只，即便是在头三年护航能力低下的情况下，也只有 291 艘被击沉，或者说等于总航运量的 0.2%。

1943 年，也就是护航船队与 U 艇爆发最大规模战役的一年，邓尼茨投入了超过 300 艘潜艇，而且组织了多达 40 艘潜艇的大型"狼群"，但依然有 9097 艘商船成功横渡大西洋，被击沉的只有 139 艘；1944 年，12007 艘抵达，11 艘被击沉；而在战争最后的五个月，5857 艘抵达英国，6 艘被击沉。在 1943 年至 1945 年中，838 支船队的 35449 艘船中只有 325 艘被击沉，损失率只有 0.9%。[22]

需要指出的是，这些数字不包括驶离英国后被击沉的船只、在北大西洋以外的护航船队中被击沉的船只以及不在护航队中被击沉的船只（最后一项其实非常多），也不包括损失于空袭、水面舰艇攻击和触雷的船只。但是上面的数据也没有考虑到许多船只多次横渡大西洋，和上面的船员一样这些船每次也面临着被击沉的风险。而且这些数据只统计在关键航线上，就是来往于北美和英国之间的北大西洋生命线上的，载有战争物资包括重要的食物、燃料和原材料的船只——简而言之，就是在二战最黑暗的日子里，把丘吉尔折磨得不轻的大西洋战场。

深入研究潜艇战的历史学家克莱·布莱尔通过数据已得出结论，丘吉尔的担忧被夸大了，而且邓尼茨即便在拥有 300 潜艇的时候，也没能让英国陷入 1917 年的确面临过的饥荒问题，甚至没能在潜艇战中打败盟军的反潜部队。实际上，布莱尔坚定认为借助布莱切利公园以及之后包括海军部情报处破译的信息，通过规避性质地改变航线，避开 U 艇的巡逻线，就能大幅减少护航运输队与"狼群"遭遇的概率从而减少损失。布莱尔写过，"到 1941 年底时，很明显英国人已经不能完全指望船队能继续避开 U 艇了。除了增强防御性质的护航力量，他们还需要向 U 艇建造船厂、训练区域、基地和出发区域如比斯开湾及其他地方，派出进攻性质的空中和水下力量，以更高效地猎杀 U 艇。"[23]

到 1943 年中期，英国、美国和加拿大采取的各项措施已经极大地提高了在船队附近和大洋航道上击沉 U 艇的速率。1943 年 5 月，49 艘前往北大西洋护航船队航线巡逻的 U 艇，被击沉了 18 艘，战损率超过了三分之一。其中很多 U 艇的艇长是第一次以指挥官身份出海，但也有 11 艘的艇长经验十分丰富，但总体来说，这 49 艘 U 艇也只击沉了 2 艘商船。[24]

除了恩尼格玛密码被破解，还有什么因素让邓尼茨消灭护航运输队的美梦破灭？实际上有很多，从盟军通过征用和租用船只成功地扩大了向英国输送物资的船队，到为护航船只安装高频测向（HF/DF）装置和厘米波雷达等先进技术设备，也包含了水下武器的进步、增加护航船只的数量、改进护航船队的质量和组织、引入护航（"吉普"）航母、部署更多反潜机到 U 艇进入大西洋的路线上，以及派遣超远程飞机前往大西洋中部的"空中缺口"，改进水下探测手段和其他措施。

商船队的扩大

二战爆发时，英国有一支包括了 3000 多艘船只，总注册吨位 1750 万吨的商船队伍，温斯顿·丘吉尔将其命名为"商船海军"。到 1941 年底，当美国（拥有 1400 多艘商船，总注册吨位 850 万吨）参战时，"商船海军"已经损失了

1124 艘船只，包括搭载英国战争物资的中立国船只，总吨位达 530 万吨。但是同时英国也从德国占领的挪威、希腊和荷兰等国获得了 483 艘船，还征用了 137 艘从敌军手里缴获的船只。英国船厂同期还建造了总吨位大约为 200 万吨的船只，因此从 1939 年 9 月到 1941 年 12 月珍珠港事变爆发时，"商船海军"实际上增长到了 3600 多艘船，总吨位为 2070 万吨。回头看起来，船主们似乎都默许船只被征用加入大西洋战役，船员们自身也没有怨言。不论是经济利益的还是个人安全的风险他们都愿意承担，这一现象只能用布莱尔已经证实的英国的损失率实际相对较低来解释。[25]

　　如果把大西洋战役简单地比作丘吉尔和邓尼茨之间的斗争，那么在 1939 年 9 月到 1941 年 12 月这段时间，可以看出丘吉尔在船只建造和征用方面胜过了邓尼茨。如果单以击沉吨位这个邓尼茨偏好的成功指标来衡量，英国也一直在领先。在 1941 年 12 月之后，美国强大的工业能力成为打破平衡的砝码，英美联盟的优势再也无法被撼动。在吨位之战最前沿的是美国传奇工业家亨利·凯泽，他在 1932 年之后的罗斯福重建计划中，以平民工程师的身份参与了修建胡佛大坝和其他重大工程。在被要求使用他的"时间与动作"技术建造船只后，凯泽设计了一种标准商船，即"自由轮"。这是仿造自英国的一种通用货轮，在预制部分部件的基础上，美国东西海岸的造船厂可以大批地进行生产，最快 4 天就能建好一艘。按照凯泽的办法，"自由轮"的平均建造时间是 42 天，在整个战争期间共建造了 2710 艘。这一数目包括了"自由轮"的改进型"胜利轮"，比起前者 11 节的航速，"胜利轮"的航速可以达到 18 节。凯泽还设计了 T2 油轮以及其改进型 T3，还有不少护航航母。当把凯泽船厂的产量与 U 艇在大西洋的击沉战绩进行比较，很显然邓尼茨打赢吨位战争的希望完全落空了。和第一次世界大战的情况一样，德国的敌人的造船能力超过了 U 艇的击沉效率。不管邓尼茨如何鞭策 U 艇指挥官们，统计数字到 1943 年时已经完全对他们不利。[26]

护航船队的反击

　　但是单靠生产速度超过损失速度来打反潜战，怎么看都是一件毫无意义而且打击士气的事。英国海军部在开战之初，就正确地想到如何发起反击并让德国人的损失大于收获。尽管它的核心政策是确保"船队及时而安全地抵达"，即一项从开战第一天坚持到停战的政策，而且英国海军部对于护航船队的首要要求是赶跑纠缠的 U 艇，偶尔试图将其消灭。起初由于护航舰船的匮乏，能做到的也只有提供保护。另外护航舰艇的舰长和船员还缺乏经验，缺乏足够的武器和有效的探测手段。开战时英国有 180 艘驱逐舰，其中 60 艘是参加过一战的老古董，其他的最晚也是建造于 1927 年。由于其中多数需要参与舰队行动，没有一艘为了反潜任务进行过认真的改装。这些驱逐舰拥有过多的鱼雷发射管和火炮，而且讽刺的是它们的大型引擎在长途横渡大西洋时会消耗过多燃料。正如丘吉尔一开始就坚持的，英国海军真正需要的是较小的舰船，但有更好的续航能力，对海面攻击的武器可以少一点但能携带更多的深水炸弹。英国人的第一个应急产物是"狩猎级"驱逐舰，最终建造了 86 艘，但在实际使用中发现这种战舰需要频繁补充燃料而且在北大西洋的风暴中稳性很差。包括用加勒比海的基地换来的 50 艘战舰在内的美国驱逐舰，经过改装后更加成功，不过皇家海军更喜欢通过租借法案获得的美国海岸警卫队的 10 艘海岸巡逻舰，这是一种宽敞且耐波性极佳的船只。另一个仓促的对策则是使用轻型护卫舰，这是一种以南极捕鲸船为基础设计出来的优秀海船，尽管结实耐用，但太慢太小且火力太弱，无法担任护航舰队的骨干。最终英国向护航舰队提供的新一级的护航舰和护卫舰，实际上像是小型的驱逐舰，拥有超过水面航行的 U 艇的速度但燃料消耗经济性更好。[27]

就在皇家海军为了凑齐足够的护航舰队而努力时，皇家加拿大海军的规模扩大了 20 倍成为世界第三大海军，英国人也在研发和改进反潜的技术和战术。英国反潜体系的核心是位于伦敦海军部的"作战情报中心"（OIC），下属四个部门，其中 U 艇追踪室居于主导地位；从 1941 年开始，U 艇追踪室由罗德格·温领导，他很快与在布莱切利公园的海军人员建立了紧密联系，并成了恩尼格玛解密电文的优秀翻译者。作战情报中心通过保密电报与电话线路和西部水道司令部进行联系。西部水道司令部一开始位于普利茅斯，后来搬到北大西洋船队的主要目的港的利物浦。西部水道司令部的领导人是性格外向的海军上将马克斯·霍尔顿爵士，主要负责在欧洲这一边指挥大西洋战役。西部水道司令部的控制室墙壁上面挂着一幅巨大的海图，上面显示着频繁更新的护航船队、U 艇巡逻线和"狼群"位置的信息。"在 1941 年访问英国军事机构的所有美国人，都对于英国人在大西洋战役中实现的高水平协同感到印象深刻。从战时内阁到海军部和空军部，到布莱切利公园和 OIC 和德比别墅（西部水道司令部），所有的人都在全力为一个目的而工作。"[28] 德国一方则没有达到这种水平。正如在其他可以直接进行比较的作战领域一样，英国的民主制度在大西洋战役中比德国的独裁制度更加高效。德国 U 艇作战的指挥中充满了猜忌和倾轧，尤其是在争取希特勒的支持时。而英国人虽然执行了最为严格的保密措施，还是把信息分发给了所有需要知道的人。邓尼茨则把指令控制在位于布列塔尼科尔内瓦尔的一小群人之间，直到英国突击队的一次袭击提醒他需要转发给柏林。采用这种为了维护部门利益而秘不示人的做法的结果是，德国 U 艇部队的技术和战略一直停留在开战之初。

邓尼茨不应受到忽视艇员训练的指责。因为即便在大西洋战役的前景越来越暗淡时，新服役的 U 艇及其艇员仍然要花上一年时间在波罗的海安全海域，为袭击盟军船队做"热身"。在邓尼茨手下，U 艇的战术一成不变——他一直坚持他作为《凡尔赛条约》之后的海军军官时构思出的"单一想法"：将潜艇当作水面鱼雷艇，一直巡弋到一支被拦截的船队的视野极限范围处，然后在夜幕降临时发起集群攻击。他几乎没有考虑到对手改变防守技术的能力。这是个严重的错误，因为英国人随着大西洋战役的深入，在美国人和加拿大人的协助下做出了多方面的改进，采用了比德国人更多的新技术作为应对，并最终以超出德国人的聪明和才智取得了胜利。

起初英国船队的护航舰只由于数量不够，常常 4 艘战舰要保护一支最多有 60 艘商船的船队，通过阻止单艘 U 艇靠近船队来应对攻击。有时它们能够赶走 U 艇，并凭借潜艇探测器（即 Asdic，于 1918 年由加拿大科学家罗伯特·威廉·波伊尔领导盟军潜侦测调查究委员会——Allied Submarine Detection Investigation Committee——研发的回声探测装置，后来又被称为声呐）持续发动进攻，但是由于不能离开船队太远，护航战舰通常被迫放弃追杀潜艇。早期的护航反潜战绩令人沮丧——1940 年他们只击沉了 12 艘，但前往英国的船队损失了 133 艘商船。

随着护航战斗加剧，英国人发明了护卫群战术，于 1941 年新成立的护卫群以 B 为前缀的代表英国，C 代表加拿大，之后 A 代表美国。每个护卫群都有一个识别号码，包含接受一名指挥官统一指挥一起行动的 6 到 8 艘战舰，开始以积极的方式应对 U 艇威胁。到 1941 年时，英国和加拿大已经知道 U 艇接受的训练是在夜间发动水面攻击，后来这点也传授给了美国人。他们也知道，不管有没有"超密"提供的情报预警，U 艇发起攻击的第一个夜晚通常是船队损失最大的时候。当发现第一枚德国鱼雷时，盟军就知道发起攻击的 U 艇会试图在船队之间浮出水面游弋，因此它们会立即组成船队屏障，转向船队内部并发射照明弹（"雪花"）照亮战场。如果发现 U 艇，它们就会用炮火攻击或准备直接撞击；如果发现 U 艇下潜，护航战舰就会赶来用声呐搜索然后投放深水炸弹。这样做，除了希望能击沉 U 艇也想让 U 艇不敢浮出水面，且会放慢速度甚至远离攻击范围，这样船队就能摆脱和潜艇的接触，通常这时候船队也会进行紧急转向。

但是如果跟踪的 U 艇过多，靠转弯是无法摆脱它们的。船队转弯后只会遭遇别的 U 艇，因而不得不用战斗解决问题。在白天，阳光会迫使 U 艇下潜，这样它们的速度就会低于商船，一支船队如果应对得当再加点运气就能逃之夭夭。护航战斗的第一晚因最为惨烈而出名。而随着护航战舰的增加，就有条件组成护卫群，接下来的晚上就会让 U 艇感到越来越难受。

随着护航舰只增加，以及它们的船员越来越熟练，情况就对盟军越来越有利。到 1943 年底，一些护卫群已经变得十分老练，其中由海军上校弗雷德里克·约翰·沃克指挥的第 2 护卫群就无人能出其右。他发明的一种名为"匍匐"的战术，克服了在对潜艇发起攻击前的最后 100—200 码，声呐会失去潜艇踪迹的问题。当声呐波束在潜艇船体上发出的独特"砰砰"声停止时，冷静的德国艇长会意识到盟军反潜船只已经十分靠近，并抓住机会做出剧烈的摆脱动作，通常能够奏效。沃克想到，如果用两艘战舰，一艘在一定距离外用声呐对 U 艇持续跟踪，另一艘则安静而缓慢地靠近目标直到到达 U 艇上方，U 艇就会被突然投下的深水炸弹打个措手不及。投弹时机的信号通常是用灯光、旗语或新式的舰艇间通话系统（TBS，一种美国人的发明的通话系统，被沃克频繁使用）无线电发出的。

　　从1944年1月31日到2月19日，沃克的6艘轻型护卫舰，"鹪鹩"号、"啄木鸟"号、"野鹅"号、"喜鹊"号、"鹬"号和"燕八哥"号（沃克的座舰），用"匍匐"战术在西部水道击沉了6艘U艇。六个月之前邓尼茨把撤出北大西洋中部的U艇再度派往此地。6艘U艇中，只有最后一艘的艇员得以逃出并获救，其余5艘连人带艇一起消失于深海。

　　沃克的护卫群把握住了机会，因为大量驶向英国的船队把U艇吸引了过来。成功的反潜作战通常发生在船队附近。丘吉尔在1939—1940以及美国金上将在1942年所青睐的，用"猎人—杀手"战斗群简单进行搜寻的战术，除了把战舰分散到空旷的海面上毫无意义。只要U艇保持潜行或者在看到攻击者后快速下潜，那么再多的情报也不能指引反潜舰只找到目标。这种模式唯一的一次改变发生在二战中期，当时邓尼茨派遣补给潜艇前往大洋深处为攻击潜艇补充燃料。美国的护航航母在消灭攻击潜艇及其补给潜艇方面十分成功。1943年10月4日，美国"卡德"号护航航母的飞机发现了U-460号补给潜艇正在给三艘U-7型潜艇加油，在马上击沉了U-460之后又击沉了U-422。不过一如既往"卡德"号不得不跟随船队前往直布罗陀而没能继续攻击。

　　能够提供U艇位置信息的另一工具是高频测向系统（Huff-Duff），这技术虽然发明于二战之前，但直到1943年才变得完善并得到广泛使用，它能探测到U艇哪怕是最短的无线电通讯并显示在屏幕上。由于它是种被动探测手段，目标在信号被拦截后不会得到预警，这提高了在不惊动U艇的情况下发动攻击的机会，尤其是在U艇视线不佳的情况下。在短距离内高频测向十分精准。但是高频测向系统由于初期的问题，过了很长时间才获得护航指挥官的信任。他们一开始更偏好使用高频厘米波雷达，后者与高频测向技术几乎同时出现。271型厘米波雷达的各型号在8000码内能清晰地发现目标，还能让德国的探测装置失去作用。由于德国人自己还没有研发出厘米波雷达系统，也就认为英国人也不大可能发明出来，结果让U艇的生存机会变得更加渺茫。[29]

　　1943年，围绕着航行在北大西洋中部航线上的船队的最终战斗中，U艇的损失到了令德国人无法忍受的程度。尽管组建了大到有50艘U艇的"狼群"，也依然无法突破盟军护航舰队的反潜网。在1943年10月中旬对ON206和

ON520 船队的战斗中，U 艇只击沉了一艘失散在护航舰队之外的商船，自己却在两天内被击沉了 6 艘。

空中反潜

在 1943 年 10 月 16—17 日被击沉的 6 艘 U 艇中，有 4 艘是飞机的战果。比起训练有素且装备精良的护航舰船，当时飞机对于 U 艇来说已经越来越致命。专业反潜中队的机组人员都经过高水平训练，而且经过四年的战争也积累了丰富的经验。起初他们的作用不过是在白天迫使 U 艇下潜，虽然早期反潜机也能携带深水炸弹。但是到了 1943 年，出现了更好的飞机，也出现了更好的装备，这些飞机已经能够在远离船队的地方成功发现并击沉 U 艇。邓尼茨的大洋部署中的弱点在于比斯开湾，因为几乎所有的 U 艇从法国西海岸的防弹堡垒前往北大西洋时，都需要横渡整个海湾。它们一开始通过这里时采取的是白天下潜晚上水面航行的方式，既能为电池充电也可以提高航速。在战争的头三年，他们可以在这里安全航行。在战争头 26 个月中，只有 1 艘 U 艇在比斯开湾被飞机击沉，之后由于布莱切利能够获得精确的情报，英国海岸司令部配备早期型号搜索雷达的第 2 反潜机中队也参与了在比斯开湾对 U 艇的猎杀。

海岸司令部发现所谓的比斯开湾攻势是无效的。他们所用的飞机都是从轰炸机司令部退役的型号，上面的搜索设备很差，甚至连进攻武器的效果也很有限。1942 年情况有了改观。最重要的突破是出现了一种目视搜索装置，以发明者的名字命名为"利式探照灯"。这种装置正常情况是安装在"惠灵顿"中型轰炸机上面，而且可以转动，当机载雷达发现目标后轰炸机会准备对 U 艇进行照射。当确定潜艇没有机会下潜后探照灯才会打开，然后飞机沿着光束俯冲而下投弹。此时投掷的深水炸弹会落在下潜的 U 艇周围，或者扔进下潜后形成的水涡中。

从 1943 年春开始，针对试图通过横渡比斯开湾，或者从德国港口绕过不列颠群岛进入北大西洋的 U 艇的空袭，成功率越来越高。例如，5 月 5 日 U-633 在一架"桑德兰"水上飞机的攻击下沉没。5 月 8 日，一架"哈利法克斯"重型轰炸机用深水炸弹击沉了补给潜艇 U-490。5 月 31 日，U-563 在比斯开湾先后遭到一架"哈利法克斯"和另一架轰炸机的袭击，最后被两架"桑德兰"击沉。

同一天，U-440 在几乎进入大西洋时被一架"桑德兰"用深水炸弹击沉。[30]

当然伤害不是单向的。在 1942 年底，邓尼茨开始为 U 艇配备额外的高射炮，并下令"在水面作战"。这不是平等的战斗，因为对 U 艇来说，尤其是在夜间被利式探照灯发现时，要远比攻击者脆弱得多。尽管如此多的飞机在向 U 艇发起直接攻击时被猛烈的火力击中，但凭借非凡的勇气，飞行员依然敢于发起近距离攻击。可以理解的是，盟军反潜机常常要在空荡荡的海面上搜索几百个小时才能发现 U 艇，然后在这激动的时刻，它们会飞到离海面上的 U 艇几百英尺的地方，确保投下一串深水炸弹能把 U 艇送到海底。而这就让 U 艇有时候能用高射炮击落反潜机，当场杀死飞行机组或者任他们在救生筏上面慢慢死去——同样的事情也会发生在被空袭击沉的 U 艇艇员上。不像那些在护航船队附近被迫弃船的同行，这些人还有机会被护航船只救起——就像 1942 年 3 月 9 日，U-99 被英国海军上校沃克击沉后，王牌艇长奥托·克雷齐默尔和大部分艇员获救——而在大洋深处上被飞机击沉的 U 艇，其艇员要么立即死去要么穿着救生衣在死前多遭罪一段时间。而被 U 艇按照"从水面攻击"的命令用高射炮击落的，或者被从法国西海岸基地赶来的战斗机击落的反潜机，机组人员在弃机后的命运也是如此。对于双引擎的"惠灵顿"轰炸机机组人员来说，在被击伤后等待他们的是悲惨的命运，因为这种飞机在被打掉一个引擎后就再也无法保持高度。克莱·布莱尔估计，有 29 架飞机在向猎物攻击时却被击落，其中 3 艘 U 艇奋起自卫后仍被击沉。

不过总的来说飞机多数时候占上风。1943 年 4 月至 9 月，在盟军对比斯开湾的协同进攻中，有 30 艘 U 艇被击沉，有 19 艘受伤被迫返回港口。"在水面作战"被证明无异于自杀，U 艇即使结伴而行也一点都不保险。此外 1943 年更致命的空对海（对潜）武器出现了，包括了古董舰载机"剑鱼"经常使用的空射火箭弹，以及安装在陆基"蚊"式战斗轰炸机上的 6 磅反坦克炮。两者都能穿透 U 艇的耐压艇壳，造成致命伤害。然而，"最致命潜艇杀手"的称号属于马克 24 型鱼雷（被人们称为"闲逛的安妮"），这是美国的一种声学鱼雷。这种鱼雷能追踪水下潜艇螺旋桨由于空泡发出的噪音。1943 年 U 艇部队也开始使用同类型的声学鱼雷"鹪鹩"，它能够跟踪护航战舰的引擎和螺旋桨噪音，不过盟军在被击沉了几艘船只后，就发明了安装在船尾的拖曳式噪音诱饵。U 艇没法安装噪音诱饵，因为这样反而会暴露行踪。由于马克 24 型的秘密没有泄露，被飞机打个措手不及的 U 艇在试图通过快速下潜时却成了最好的猎物。"马克 24 型使用起来很奇特……在任何结果的迹象显现出来之前总要焦急地等上一阵，有时长达 13 分钟。当击中的迹象出现时，只能看到海面短暂地波动一下。"[31]

水下发生的事情细思极恐。与深水炸弹不一样，深水炸弹能严重击伤潜艇迫使其上浮而不会将其击沉，而马克 24 型是一种撞击武器，会破坏耐压壳导致潜艇内部快速大量进水，以至于里面的人毫无逃生的希望。而经过数百个小时毫无收获的搜索之后，飞行员一定会因为这一次杀戮而体验到满足感，但是即便是最冷血的飞行员，想到遇难者的遭遇也一定会不寒而栗。少数从正在下沉的潜艇中成功逃脱的人，留下了一两段记述，他们提到人们在尖叫声中奋力逃生，同袍之情不复存在，每个人都只顾自己逃命，恐慌而又盲目地四处寻找逃生通道。

到 1944 年，U 艇已经是在打一场必输的战争。邓尼茨试图投入可以长时间隐蔽巡航的潜艇——通气管型 U 艇，这是一种可以在水下换气的型号，以及使用过氧化氢的沃尔特电动潜艇，更是不用与外界换气——都没成功。通气管型 U 艇由于容易损害耳朵鼓膜而被艇员厌恶，为此只能降低 U 艇的下潜速度，这又抵消了 U 艇理论上的优势。至于沃尔特潜艇过于简陋根本无法达到预期的效果。经过了四年时间，尽管曾经在大西洋两岸兴风作浪，U 艇部队最终还是走向失败。

德国在二战前培养的潜艇精英开启了针对盟军航运的作战，又在最后大部分阵亡或被俘。他们的后辈虽然在 1940—1941 年沉重地打击了英国的航运，而且 1942 年在美国海岸横冲直撞，最终也落得一样下场——很少人能挺过 1943 年的护航大战。虽然邓尼茨从未降低训练标准，但 1944 年参战的新手指挥官和艇员都为缺乏经验而付出了惨重代价。因此，在越来越老练的英国、加拿大和美国护卫群和他们配属的空中单位面前，U 艇还是无情地沦为了牺牲品。在 1943 年 5 月到 1945 年 5 月之间参加作战的 591 艘 U 艇当中，有 138 艘是在首次作战时，或者是在新任艇长首次指挥战斗时被击沉的。1945 年 5 月 17 艘试图逃往挪威的 U 艇，除了一艘刚服役的之外，全部被击沉。[32]

潜艇战开始之初，因英国护航舰只数量不足，探测设备原始，水下攻击武器简陋等因素，成了一场不对等的较量。而随着英国、加拿大和美国的护航队中装备了越来越多的驱逐舰、护航舰、护卫舰和轻型护卫舰，以及更加关键的护航航母，最终还得到了陆基飞机的大力支持，潜艇战逐渐转变成一场大型反潜会战。在六年的残酷交战中，盟军引入了一系列越来越高效的探测装置和水下武器，包括能确定潜艇深度与方位的声呐，厘米波雷达和高频测向装置，以及各式各样的深水炸弹，里面装满的是威力非常大的铝末混合炸药，此外还有多个型号的碰撞炸弹抛射器，特别是"鱿鱼"和"刺猬"。美国人还发明了可由飞机投放的马克24型鱼雷。

作为应对，德国U艇部队规模虽然大幅度扩充，从1939年的57艘到1945年5月总共建造了1153艘，但实际上的进步非常有限。U-7型及其缩小降级版U-9型，构成了U艇远洋部队的主力，它们之前的试验型号总是有各种令人不满意的地方。它们的武器，在修正了初期的缺陷后就再无多大进步，只有"鹪鹩"声学鱼雷是个例外，但是它出现时"狼群"已经无法靠近盟军的护航船队。U艇的被动探测装置——水听器，能够在远距离探测到船只噪声——虽然优秀，但德军从来没有研发出主动探测装置，比如厘米波雷达。虽然厘米波雷达发射的波束可以被追踪，但仍很有用。U艇自己的雷达告警装置，如"梅托克斯"，则很粗糙而且不受使用者信任。因此U艇的艇长，就像纳尔逊时代的巡航舰舰长，整个战争期间只能依靠目视搜索，并通过组成巡逻线的方式来扩大搜索范围，和纳尔逊时代没什么两样。无线电帮助U艇艇长在发现敌人后可以召唤其他潜艇，稍微扩展了一点他们的搜索范围，但由于通讯可能被拦截，以及U艇在水面航行时比护航船队快得有限，因此U艇巡逻线无法延展得太长。正如邓尼茨自己也多次提到的，即便是位置设置得最好的巡逻线，在面对可以利用情报避开U艇陷阱的船队时，常常在极限距离就会被护航船只发现，巡逻线上的其他U艇因此为了到达攻击位置要追赶数百英里。比起在围壳上观察的U艇艇长，远程飞机能在更大范围内发现护航船队，但德国所能向U艇部队提供的此类飞机要比盟军少很多。而且德国的"秃鹰"轰炸机不仅航程不如大西洋战役中的主力飞机B-24"解放者"，还因基地局限在法国而进一步限制了它的活动范围。相反"解放者"的基地遍布北爱尔兰、英格兰南部康沃尔、冰岛和北美，因此其超远程型号甚至能监视整个北大西洋。

情报天平

在整个大西洋战役期间，盟军——首先是英国和加拿大，之后包括美国——享有战术情报优势。从一开始他们就有声呐装置，从 1942 年开始又有了高频测向装置和厘米波雷达，而范围在不断扩大的空中巡逻则是从 1939 年就开始了。盟军在大西洋战役中的严重失误，与 1939—1941 年缺乏护航舰只，以及 1942年头六个月美国拒绝成立护航队有关。然而，尽管 U 艇收集的情报仅限于通过巡逻线进行目视搜索，而这还有只有那些靠近法国的潜艇才能享受到，但辅以"秃鹰"轰炸机提供的信息，盟军护航队及其配属的巡逻机一直得以占据上风，且这种优势在整个战争期间一直在扩大。最终盟军的战术情报优势已无可撼动。

因此有关情报因素在大西洋战役中的重要性大小的问题转向了战略层面：电子侦听部门对布莱切利公园。电子侦听部门是个杰出的机构，在大部分情况下它是依靠人力运作，而不像英国和美国的同类机构拥有大量机电设备，德国的破译员在数个长时间段内取得了瞩目的成绩。在破译原先的（皇家）海军密码后，他们利用其中的线索试图破译 Naval Cypher 加密法，而到了 1940 年 4 月他们已经能破译英国无线电通讯中多达 30% 的内容。但是在 1940 年 8 月海军密码及其加密方式都被替换了，两者的新版本让电子侦听部门的收获降低了不少。直到 1941 年 6 月，盟军采用 Naval Cypher 3 号加密法用于跨大西洋通讯后，电子侦听部门的收获才回到原来的水平；在 1942 年 12 月，电子侦听部门可以破译盟军 80% 发送的信息。从 12 月 5 日英国人开始更加谨慎，到 1943 年 2 月，电子侦听部门再度陷入黑暗但他们很快又找到了解决办法。"有时候在船队按照命令动身之前的 10—20 小时内命令就已被破译。"在 1943 年 6 月之后，英国人分发了全新的密码才使得无线电通讯最终变得安全。[33]

而英国和美国的密码分析机构也经历了类似的柳暗花明。英国在 1940和 1941 年的一些意外收获——1940 年 2 月俘获的 U–33，4 月俘获的巡逻艇VP2623，1941 年 3 月在突袭挪威罗佛敦群岛时俘获的武装拖网渔船"螃蟹"号——提供不少帮助。1941 年 5 月和 6 月，在"切断"行动中，盟军俘获了气

象船"慕尼黑"号和"拉登堡"号，于 5 月 9 日又俘获了 U-110。以上每一个
战利品都贡献了一些材料——要么是恩尼格玛机的零件，或网格海图，或加密
本——这些一旦和布莱利公园已经掌握的信息结合起来，就能进一步破解德
国的密码。因此 1941 年 2、5、6 和 7 月份德国的通讯已经可以被部分或全部破解。
而被布莱切利公园称为"海豚"的德国密钥更是可以在不超出 36 个小时内被破
解。第一台投入使用的"炸弹"机为破译工作提供了很大帮助，主要是在验证
恩尼格玛可能的密钥方面。当然英国人也要好好感谢粗心的德国密码机操作员，
他们转发的由造船厂加密的电文或者天气密电都很容易破解。[34]

　　1942 年 2 月之后，布莱切利公园就无法破译 U 艇的无线电信息了，因为 2
月 1 号开始德国人采用了一种被布莱切利公园称为"鲨鱼"、德军称之为"海王星"
的新恩尼格玛密钥。一直到 1942 年 12 月，布莱切利才恢复对恩尼格玛密电的
实时破译。这一时期恰逢电子侦听部门成功破译了英国的海军密码，两个因素
相加让德军在大西洋战役中的战果到达巅峰——于 6 月份击沉了 129 艘，于 7
月份击沉了 136 艘，于 8 月份击沉了 117 艘，总击沉吨位超过了 400 万吨。[35]

　　然而自相矛盾的是，在被 U 艇战争历史学家称为"最伟大的护航战役"的
1943 年前五个月时间内，英国人经常能实时破译恩尼格玛密电，而且英国贸易
部能引导部分船队远离 U 艇巡逻线。另外尽管英国人损失惨重，但 U 艇的损失
也在上升，直到德国人也承受不了，迫使邓尼茨在 1943 年 5 月把潜艇撤出北大
西洋，在实际上承认了失败。

　　那么为何欣斯利称布莱切利公园在大西洋战役中取得了无可争议的成就？
欣斯利原先在布莱切利公园工作过，他对于是他促成了英国政府密码学校的建
立的说法十分谦虚。他尤其反对"布莱切利公园赢得战争"的观点，事实也是
如此。但是他对于布莱切利公园在对抗 U 艇时取得的成绩的评价，需要对照克
莱·布莱尔客观且有大量文件支持的评估中得出的结论，即参加跨大西洋运输
队的船只中，有 99% 安全抵达了目的地。护航运输队的 43526 艘船只中（当然
其中很多不止一次横跨大西洋），只有 272 艘被 U 艇击沉。其他很多被击沉的
船只通常是在单独行动或脱离船队（要么是前出，要么是掉队）时被击沉的。

　　盟军商船海员们付出了惨重代价。单英国商船海军的 12 万水手中就有 3 万

命丧于 U 艇攻击。U 艇艇员的伤亡率则更高：应征的 4 万人中死了 2.8 万人，大多数死于被击毁的 713 艘潜艇中——其中被飞机击沉了 204 艘，战舰击沉了 240艘，护航航母的舰载机击沉了 39 艘；水面舰艇和飞机合力击沉了 84 艘；因触雷、事故和其他意外——如 U 艇之间相撞——而损失的数目则有多个说法。[36]

从长远来看，大西洋战役的结果证明它与其他众多作战环境一样，情报固然重要，但重要性仍不及战斗本身。在轻松时刻，如 1942 年前六个月 U 艇在美国东海岸渡过的"欢乐时光"，不是战略情报而是运气为 U 艇提供了猎物。在更加困难的时期，尤其在 1943 年初"伟大的护航战斗"时期，布莱切利公园有能力引导船队避开邓尼茨设下的大多数陷阱，但真正挫败潜艇战的是坚韧的商船海员，护航运输队对命令的坚决执行，以及护航舰队坚定的反击决心。现代人对于大西洋战役的看法是，这是一场真正的战斗，一方发起进攻，另一方接受挑战并防守或回击，最后取得胜利。总的来说，大西洋战役如果没有密码破译员也会赢，但他们的付出让胜利的天平更加倾向于防守的一方。

参考文献

1. 哈里·欣斯利与阿伦·史蒂凡合著，《破译者》（*Codebreakers*），牛津，1993 年，第 11 页。

2. 同上，第 12 页。

3. 温斯顿·丘吉尔著，《第二次世界大战》（*The Second World War*），伦敦，1949 年，第 529 页。

4. 彼得·帕菲尔德著，《邓尼茨》（*Donitz*），伦敦，1964 年，第 101 页。

5. 英国国防部编，《大西洋的 U 艇战争》（*The U-Boat War in the Atlantic*），第一卷，伦敦，1989 年，第 1 页。

6. 同上，第 3—4 页。

7. 约翰·特雷恩著，《大洋的战争》（*Business in Great Waters*），伦敦，1983 年，第 142 页。

8. 同上，第 618—619 页。

9. 《简式舰船年鉴》（*Jane's Fighting Ships*），伦敦，1940 年，第 60 页。

10. 约翰·特雷恩著，《大洋的战争》，第 54、119 页。

11. 彼得·帕菲尔德著，《邓尼茨》，第 201 页。

12. 约翰·特雷恩著，《大洋的战争》，第 266—268 页。

13. 哈里·欣斯利及其他人所著，《二战时的英国情报》（*British Intelligence in the Second World War*），伦敦，1981 年，第 1 卷第 336 页，第 2 卷第 179 页。

14. 同上，第 2 卷，附录 4，第 3 和 6 部分。

15. 同上，附录 9，第 681 页。

16. 同上，第 2 卷，附录 19，第 751—752 页。

17. 克莱·布莱尔著，《希特勒的 U 艇战争》（*Hitler's U-Boat War*），第 1 卷，《猎手》（*The Hunters*），纽约，1996 年，第 727—732 页，第 695 页。

18. 大卫·卡恩著，《掌握恩尼格玛》（*Seizing Enigma*），伦敦，1991 年，第 211—212 页。

19. 同上，第 16 章中多处。

20. 哈里·欣斯利及其他人著，《二战时的英国情报》，第 3 卷，附录 8。

21. 大卫·卡恩著，《掌握恩尼格玛》，第 20 章。

22. 克莱·布莱尔著，《希特勒的 U 艇战争》，第 1 卷，第 424 页，第 2 卷，《猎物》（*The Hunted*），第 712 页。

23. 同上，第 1 卷，第 421 页。

24. 同上，第 2 卷，第 743—744 页。

25. 同上，第 1 卷，第 418 页。

26. 约翰·特雷恩著，《大洋的战争》，第 629 页。

27. 克莱·布莱尔著，《希特勒的 U 艇战争》，第 1 卷，第 741—745 页。

28. 同上，第 247 页。

29. 同上，第 2 卷，第 791—792 页；特雷恩《大洋的战争》，第 314—315 页。

30. 同上，第 2 卷，第 519—520 页。

31. 约翰·特雷恩著，《大洋的战争》，第 619 页。

32. 英国国防部编，《大西洋的 U 艇战争》，第 108—109 页；克莱·布莱尔著，《希特勒的 U 艇战争》，第 2 卷，附录 2。

33. 大卫·卡恩著，《掌握恩尼格玛》，第 211—213 页。

34. 哈里·欣斯利及其他人著，《二战时的英国情报》，第 2 卷，附录 19。

35. 克莱·布莱尔著，《希特勒的 U 艇战争》，第 2 卷，附录 18。

36. 同上，第 2 卷，第 710—711 页。

第八章

★

人力情报与秘密武器

　　大众对于情报机构本身及其如何运作与有何作用的主要印象与秘密特工有关。任何在幼年时玩过法国陆军棋这一战争游戏的人，对于特工的印象都会十分深刻：一个看起来邪恶的平民从草丛中探出身来窥视着武装齐备正大光明参加战斗的士兵。而著名小说家约瑟夫·康拉德在其作品《布鲁斯·巴丁登计划探案》中所塑造的贪财如命、与社会为敌的主角，在一个多世纪里增强了人们心中特工的邪恶印象。不过大多数英国作家描述的特工是浪漫的且充满爱国主义的——吉卜林的《吉姆》中，特工是"大博弈"时期的帝国公仆；约翰·布肯《三十九级台阶》中的理查德·汉纳，身着光鲜衣服追捕国家的敌人；赫尔曼·西里尔·麦克尼尔的布林道格·德拉蒙德，怀疑每一个外国人。之后的作家，以约翰·勒卡雷为甚，改变了这一形象，承认特工角色的不确定性，并引入了双面特工的概念，鉴于当时英国接受过大学教育的阶层对于叛国的普遍看法，这一切都是可以理解的。

　　不过，认为"情报"主要是间谍行为的"产品"——勒卡雷喜欢用的一个词——的看法，仍然很顽固。这一看法在恩尼格玛的秘密公开后依然存在，尽管这段历史反映了英国情报机构在二战期间提供的最为有价值的情报，是通过监听和破译敌人的加密信号获得的。这同样适用于英国在第一次世界大战时，以及美国在1942—1945年间取得情报成就一样。然而英国和美国的小说读者当时太过于着迷"战地特工"的幻想，无法让他们改变对于情报工作本质的看法。间谍而非监听者在大众印象中成了了解敌人信息及其邪恶意图的主要来源。

　　大众几乎不了解特工在实际工作中的局限性。特工存在叛变，以及被敌人反间谍措施发现的危险。外人同样很少知道的是从事实际间谍活动所承受的沉重压力：如何发现任何值得知道事情，更加重要的是，如何把这些事情报告给大后方。英国于1940—1945年在德国欧洲占领区进行颠覆活动的特别行动处，以及同时期美国战略情报局的特工们的回忆录，描绘了与小说家笔下十分吸引人的浪漫的特工生活完全不一样的事实。特别行动处和战略情报局的特工们处理的是微小的信息碎片，而这些信息通常是无关紧要的——咖啡馆里听来的闲言碎语，看到的通过桥梁的货车数目，换乘火车时瞥见的士兵肩章等。这些碎片经过整理后，必须以看得懂的形式记录下来，用无线电发射器发送出去，而无线电操作员早已清楚，这样的操作可能被敌人监听人员用定位装置找到，从而在发报时被逮捕。

在希特勒控制下的欧洲进行间谍活动几乎毫无浪漫可言。这项工作的日常就是偷偷摸摸、如履薄冰，时刻担心被人出卖。德国反间谍组织十分善于发现间谍网络，抓获其中的间谍人员并诱使被抓获者出卖其他人。事实证明，女人比男人更善于避开德国人的监视，因为她们更低调更懂得回避难题。但是被盖世太保抓获的女特工仍然很多，当然被抓获的男性数量则更大。不过不管男女，他们的命运终点都在集中营。

德国的秘密武器

但是盖世太保的严密运作体系中仍有漏洞，尤其是在保护德国的秘密武器计划方面。由于德国的无人武器，就是后来英国人称之为 V–1 和 V–2 的武器，需要在波罗的海和波兰的非德国人聚居区进行必要的测试，而且由于德国严重缺乏劳动力，秘密武器项目基地不得不雇佣大量他国劳工尤其是建筑工人，因此很容易走漏消息。随着时间推移，通过波兰人控制的情报网络和目击者报告形成了大量关于德国秘密武器进展的情报。然而英国人一开始并不关心这一问题。1940 年 9 月德国对英国进行了持续的空袭，这使得面临被入侵威胁的英国人更关心当下的安危，而不是将来可能面临的危险。

不过早在 1939 年 2 月，即二战爆发之前七个月，英国著名科学家亨利·蒂泽德领导的防空科学调查委员会就已决定要成立一个情报部门，而年轻的物理学家雷金纳德·维克多·琼斯被任命为这个部门的负责人。一开始琼斯接到的指令是收集有关细菌和化学武器的信息，当时这些武器被认为是严重的威胁。10 月份他的工作重心发生短暂转移。一份报告称，在波罗的海沿岸东普鲁士的但泽和柯尼斯堡之间的一个实验站，德国人正在测试一种能携带 320 磅炸药，射程达到 300 英里的"火箭炮弹"。[1] 由于这一情报来自流言，于是和其他脑洞大开的武器情报一起被忽略了。但是在 11 月 4 日，另一份报告送到了琼斯的办公桌上，而这份报告出自英国驻挪威首都奥斯陆大使馆的海军武官。

现在我们已经知道，后来被称为"奥斯陆报告"的这份报告有 2000 多字，很明显是由一位专业的科学家撰写的，详细介绍了德国正在开发的 9 种武器或者武器系统，完全不像是道听途说。这些武器有的很常规，例如新型轰炸机、航空母舰，有的则不然；报告还指明了新式武器的测试地点。在不寻常的武器中提到了一种遥控的反舰滑翔炸弹，一种无人飞机，一种火箭推进的"遥控炮弹"，声学鱼雷和防空近炸引信。报告中提到的两个测试地点之一是位于波罗的海沿岸的佩内明德。[2]

原版"奥斯陆报告"在很多年里一直很神秘。然而最近有一种说法——一种还未被普遍接受的说法——报告的作者是一位德国科学家，汉斯·弗雷德里克·梅耶，德国著名电气公司西门子的研发主任。[3]梅耶反对希特勒的种族政策，他有一个在英国通用电气公司工作的朋友，柯布登·特纳。梅耶因为如何处理一个认识的女人的一半犹太人血统小孩而大伤脑筋，梅耶告诉了特纳这件事。就在二战爆发时，特纳试图为小孩弄一个离开德国前往英国的签证，他找了英国军情六处在英国驻柏林使馆的负责人弗兰克·弗利帮忙。但特纳诱使梅耶写下了我们所知的"奥斯陆报告"，用以回报签证的事情。1939 年 11 月 1—2 日，梅耶在前往奥斯陆出差时用打字机写下了这份报告，并最终在两天后送到了琼斯手里，但是琼斯手上的报告没有署名。

尽管琼斯被"奥斯陆报告"给震惊到了——他形容说"我所见过的最为令人惊讶的陈述"——不过由于没有证据支撑也没有进一步的说明，这份报告也可能是谎言。1940—1942 年，英国情报部门主要精力放在其他事情上面，而在科学领域主要关注德国在航空无线电导航、坦克技术和水下作战方面的进展。

但是琼斯正确地判断"奥斯陆报告"当中还是包含了令人警惕的信息。尽管很含糊，但是报告用各种形式预先透露了至少 4 种将对盟国造成巨大杀伤的武器：按重要性从高到低排列为反舰滑翔炸弹（HS293），声学鱼雷（"鹪鹩"），火箭推进炮弹（后来被证实名称是 A-4 导弹，英国称之为 V-2，所有弹道导弹的鼻祖），以及 FZG-76 或者"飞行炸弹"（现代巡航导弹的鼻祖）。正当 1940—1942 年"奥斯陆报告"躺在英国的一个书架上睡觉时，德国科学家却正忙着把里面提到的武器实现量产化。

因为英国人——之后还有美国人——刺激了他们。1942 年皇家空军轰炸机司令部加入了美国第八航空队的战略轰炸行动，如果他们当年没有实现突破第三帝国的空中防线并开始摧毁德国的大城市，那么希特勒可能就不会决定投入必要的资源制造他的"复仇武器"，用于摧毁对手的城市尤其是伦敦，并且在1944—1945 年也用于攻击安特卫普。盟军轰炸不仅对德国的居民区和工厂，也对物质文化遗产造成了严重破坏，不仅干扰了也结束了普通德国人平静的日常生活，盟军轰炸也直接击碎了希特勒及其纳粹党对于保护德国人民的承诺。当柏林、汉堡、科隆和德国其他人口中心弹如雨下时，对于空袭英国失败后反应不大的希特勒，却火急火燎地要进行报复。戈林的常规轰炸机已经让他失望。1943 年，他开始寻求用非常规武器进行反击。

1942 年年底英国的科学情报部门因为送到伦敦的一份由一位丹麦化学工程师写的报告，而再次关注德国的秘密武器。这个工程师在柏林的一家餐馆偶然从他人谈话中听到有一枚火箭从斯维诺乌伊希切——离"奥斯陆报告"中提到的佩内明德不远——发射出去，携带 5 吨炸药飞行了超过 130 英里。1943 年 2 月，其他渠道提供的第二份报告对火箭性能有不同的描述，但是特别提到了是从佩内明德发射的。[4]

德国本身没有多少海岸线。在丹麦半岛以西，德国的海岸线延伸到弗里西亚群岛形成的一块区域，成了厄斯金·奇尔德斯第一部严肃间谍小说《金沙之谜》的背景地点。这部小说写于第一次世界大战即将爆发之前，提醒英国德意志第二帝国对其海岸有不轨的图谋。丹麦半岛以东，波罗的海内部，不仅是德国传统商业港口同时也是有闲阶级夏季休闲的去处——错落在冷杉林中和白色沙滩上的小渔村。德国年轻的顶尖火箭专家沃纳·冯·布劳恩曾带着全家来此度过假，他当时正在寻找火箭试验场地，他母亲于是推荐了这个偏僻而又人口稀少的地方。[5] 1936 年德国开始火箭研发工作，到了 1943 年英国人对此开始愈发感兴趣时，德国相关机构的规模已经扩大了非常多。它包含了两大场地，在德国空军控制下研发"飞行炸弹"的西佩内明德，以及 V-2 火箭也就是德国人称为 A-4 的武器的测试地，德国陆军基地东佩内明德。此外德国还在此建设了一座机场；一座劳工营地，里面大部分不是德国人；实验室、车间；用于为 V-2 火箭的燃料提供紧缺的必要原料的液氧制备站，以及一片供科研人员居住的居民区。

　　年轻的科学家彼得·瓦格纳曾被从东线的一个防空单位召回德国去佩内明德工作，留下了关于佩内明德生活的描述——某些方面这里像布莱切利公园，而且火箭科学家们都很年轻，接受过高等教育，普遍来自中上阶层。瓦格纳来自一个中产家庭，在寄宿学校接受的教育。冯·布劳恩的背景和阿尔伯特·斯佩尔类似，后者在 1943 年从希特勒的私人建筑师一跃成为帝国军备部长，直接负责 V-1 和 V-2 的生产。冯·布劳恩和斯佩尔都是青年才俊，拥有广泛的兴趣与可观的社会保障。经过三年的陆军生涯直到刚刚被提升为军官后，瓦格纳被调到了佩内明德附近的像大学一样的研发机构中，这里的男女工作人员与他背景相似，拥有博士学位和良好的教养，在这里工作对他来说就像愉快的休假一样。"我从来没听过一句严厉的话：每个人都会帮助其他所有人，而且大家都很幽默"；"大家都不怎么在意军衔"；"实际上，在这里工作十分愉快"。[6] 同样的描述也适用于布莱切利公园。但是两者的区别还是有的。布莱切利公园里，虽然有大学公共休息室般的氛围，充满内行之间的笑话，业余的话剧表演和地下恋情，但仍然执行着最严格的安全规定。一旦离开工作场所，没人会谈及自己的工作，否则惩罚就是被立即撤职。相反在佩内明德，"不瞎打听"不是一个原则。"实际上在人多的地方——例如在食堂和其他公共场所——发生的讨论很多也和技术有关。每个人自由地谈论他的工作，内部安全条例简直不存在。除了讨论技术或者说公事之外，没有什么其他的闲聊话题。"

　　这种工作方式本身就很容易出现泄密情况，有意思的是本来英国人有着爱说闲话和不守规矩的名声，而德国人则是缺乏幽默感和严守纪律的模范。佩内明德的确存在消息泄露现象，而拥有 1 万名员工并保守了 28 年秘密的布莱切利公园却没有。正是这种泄密让英国人意识到佩内明德隐藏的危险，一开始是丹麦工程师在柏林餐馆中听到的不经意的谈话，之后在 1943 年 2 月有情报提到了佩内明德，最终在当年 3 月得到验证。3 月 22 日，两位在北非与英国第八集团军交战时被俘的德国将军，被一起带到了一间装有窃听器的房间。这两个人分别是路德维克·克吕维尔和冯·托马将军，他们已经几个月没见过面了。久别重逢之后，他们便轻松随意地闲聊起来。冯·托马提到参观过一个测试场地，在那里负责"巨型火箭"的军官告诉他这种火箭能进入平流层并有无限的射程。[7] 克吕维尔与冯·托马的谈话记录副本被提交给英国空军部科技情报处的负责人琼斯。他向上级表达了自己的担忧，要求获准进行一次调查，并且为避免引起德国人警觉要求不公开调查结果，直到调查完成。当他的建议被提交到丘吉尔的总参谋长伊斯梅将军时被拒绝了。伊斯梅认为像对英国发动火箭袭击这样重要的事情不能仅限于科学领域，应该交给一个拥有更多知识背景的调查员。参谋长们认可了问题的严重性，支持他的意见。1943 年 4 月 15 日，伊斯梅致信丘吉尔："自从 1942 年底以来已经有五份报告揭示了基本事实，尽管细节还不准确。"[8] 参谋长们提议由邓肯·桑迪斯担任这一调查员。桑迪斯是丘吉尔的女婿，从英国陆军唯一的火箭团（一个防空单位）退役后成了国会议员，当时正担任供应部国务大臣，负责武器研发。丘吉尔立即同意了——桑迪斯是一个有能力有精力的人，他在 4 月 20 日开始着手此事。

就在此前一天，位于白金汉郡梅德纳姆（离布莱切利公园不远）负责研究航拍照片的中央判读处，接到了英国空军部要求他们在所有搜集到的相片中搜寻德国秘密武器项目迹象的命令。第一个搜寻的地区是法国西北部，因为英国空军部通过研究认为德军可能会把远程大炮、火箭飞机或"一种从管子发射的火箭"将部署在离伦敦 130 英里范围内的地方。[9] 桑迪斯表现出了惊人的洞察力，他在此基础上要求扩大搜索范围。根据他在防空火箭方面的经验，他认为德国任何正在开发的武器都必须经过测试，需要在远离人口密集地区进行，而且不会在占领区，且离大海不远。这些限制条件套在德国短短的海岸线上后，佩内明德就浮现了出来，而且此地已经出现在特工的报告中，于是成了近距离航拍侦察的首要目标。

皇家空军的摄影侦察机曾经飞越过佩内明德，但是只是作为对敌人领土进行全面调查的一部分，并非专门针对佩内明德。现在就不一样了。彼得·瓦格纳之后在其关于佩内明德的回忆录中记录了，在波罗的海美丽的夏季时节，"蚊"式战斗轰炸机经常从头顶上飞过。他坦然地把这当作了风景的一部分，没有对侦察机表现出任何敌意。因为 1943 年德国的天空满是英国和美国的飞机，但是大多数是飞往柏林。[10] 但是在 4 月 10 日，皇家空军仔细地航拍了佩内明德，其中很多建筑物被识别出来，但后来发现辨识有误。5 月 14 日和 6 月 12 日，皇家空军又再度对佩内明德进行航拍，但辨识人员在判读时又出现了更多的错误。直到 6 月 23 日，经过辨认才有证据反映了火箭的存在。这些问题不能归咎于照片判读人员——他们一开始需要识别的"物体"在胶卷上只有 1.5 毫米长，此外照片里还有很多让他们搞不清的东西。在英国没有人知道，佩内明德在开发的复仇武器是两件，而不是一件，因为"飞行炸弹"同样也属于火箭。而在英国，防务科学机构内部的天才们之间充满了尖酸和个人化的争执，其中一些人不认为火箭可能存在。

复仇武器

原始的火箭武器其实已经存在了几个世纪，而将其作为进入太空的工具的想法也有上百年历史。无人驾驶飞机，也就是我们现在所说的"巡航导弹"在第一次世界大战之前就已被人构思出来，而且 1907 年脉冲发动机在法国已被注册为专利，这正是 1944 年德国用在"飞行炸弹"上的动力源。但是巡航导弹要到 20 世纪初才可预见具有可行性。1926 年，美国人罗伯特·哈金斯·哥达德发射了第一枚使用液体燃料的火箭，但性能一般。同时代的罗马尼亚裔德国人赫尔曼·奥博特正在拓展火箭推进理论，尽管他的工作是理论上的而非试验，却极大影响了一个德国年轻人，沃纳·冯·布劳恩，后来他被普遍认可为大气层外火箭之父。凭着对火箭专注的热情，冯·布劳恩引起了另外一个偏执狂，瓦尔特·多恩伯格的注意，后者已经成功地从德国陆军那里获得用于火箭研发的资金。在希特勒上台之初，德国进行重新武装的第一波浪潮中，冯·布劳恩和多恩伯格启动了德国火箭计划并把地点设在佩内明德。冯·布劳恩负责设计，多恩伯格进行实践。多恩伯格在一战时是一位炮兵军官，后来被培养成了一名科学家，而且在大学时期他将火箭视为一种规避《凡尔赛条约》禁止德国拥有重型火炮的规定的手段。他说服上级认可了这一想法的价值，为此从 1936 年开始，德国从每年的国防预算中拨款 2500 万英镑（相当于现在的 4000 万美元）给佩内明德。[11]

佩内明德最初是一个陆军基地。A-4（V-2）及其之前的型号都被视为等同于重型火炮，因此将由陆军的炮兵部门指挥与使用。在取得波兰战役、法国和低地国家战役以及入侵俄国初期的辉煌胜利后，希特勒及其将军们失去了对火箭的兴趣。直到从 1942 年皇家空军炸平吕贝克开始，英国对德国城市的持续轰炸才使得火箭重获关注。佩内明德的预算得到提升，而德国空军意识到研发无人武器最符合元首的口味，也试图拥有可与陆军同类武器匹敌的火箭。阿格斯公司当时正在设计廉价而简易的巡航导弹。但最后德国空军却把研发合同交给了生产轻型飞机的费舍尔公司，其之前有名的产品是观察和联络机费舍尔"鹳"式。费舍尔的第一个巡航导弹型号在 1942 年底发射成功的。[12]

　　费舍尔飞行炸弹，后被称为 V-1 或者飞行炸弹，但是一开始的名称叫作FZG-76（FZG 是德语"防空靶向装置"，即 Flakzielgerat 的缩写，这是一个欺骗名称），之后为了欺骗英国人，又被称为 Fi. 或 Phi.103，这是飞机型号的简称。V-1 的前部有一个装了一吨高爆炸药的圆筒，通过碰炸引信起爆。V-1 弹体上安装了两个短翼。其尾部总成上方安装了一个脉冲喷射管，由弹体内的油箱向其提供低等级航空汽油。一个活门装置能让喷射进入燃烧室的燃料有规律爆燃，使得导弹的速度超过每小时 400 英里。它就像一架自杀式无人飞机，航程在 150至 200 英里。在飞到预定地点后，一个简单的切断装置会停止燃料供应，使得导弹在惯性的作用下继续运动进而撞向地面。V-1 可以从斜坡上发射（英国人第一次发现后称之为弹射器），由过氧化氢高锰酸钾进行反应后推动，或者十分少见的，V-1 可以由飞机在空中发射。V-1 廉价可靠，按照 1944 年的币值，一发仅仅只要 150 英镑左右。

　　假如 V-1 生产得到优先考虑，而且在 1943 年就开始大规模生产，毫无疑问将会对伦敦和英国其他南部城市造成严重破坏；它也可能打乱英国南部港口的航运，甚至打断任何从英国南部向欧洲大陆反击的计划。德国组建了第 65 集团军来执行 V-1 作战，根据第 65 集团军最初制定的计划，至 1944 年 1 月份将生产1400 枚飞行炸弹，到 4 月份达到 3200 枚，到 5 月份达到 4000 枚，到 9 月份达到最高产量 8000 枚。如果这个计划实现了，并成功发射导弹，伦敦就会遭遇相当于每 4 天一次的千机轰炸，与战略轰炸高峰时期多数德国大城市的遭遇差不多。

　　不过这个生产计划无法得到满足。假如德国秘密武器的总投入中没有被过多投入到 A-4（或者 V-2）上面，这个计划还是可能实现的。A-4 十分昂贵（按

1944 年币值算每枚 1.2 万英镑），相比之下 V–1 就很便宜。另外 A–4 的设计很复杂，但 V–1 很简单。即便 A–4 的原型在 1942 年 10 月 3 日就已试射成功，但只有第 4 个型号通过了测试，在其性能达到可靠程度之前，还需要进行 6.5 万处修改。A–4 遭遇到了各种挫折，包括制导系统失灵和火箭本身解体等。不过最大的缺陷是燃料爆炸问题，解决这个问题耗费了相关人员数个月的时间。有几次火箭在发射后没多久就爆炸或者干脆在发射台上就爆炸了，不过这样倒可以迅速搜集数据进行评估。但大多数爆炸发生在飞行阶段，离测试靶场还有几十英里的时候，碎片散布范围十分大甚至掉到了海里，导致冯·布劳恩及其团队很难找到爆炸的原因。

制造飞行炸弹的费舍尔公司尽管制造出了现代巡航导弹的始祖产品，但在当时他们却只是想制造一种便宜且简单的无人飞机。飞行炸弹是一种十分具有潜力的武器，而 A–4 显然不是。即便 A–4 达到了完善的程度，仍然太过复杂且太过昂贵，难以大规模生产，投送的弹头也太小，不足以产生决定性的作用。对德国来说不幸的是，元首完全被 A–4 迷住了。结果与给予飞行炸弹优先生产权，或下令 V–1 和 V–2 项目各自独立进行相反，希特勒同意让两个项目同时进行，并互相竞争。两个项目各自背后的德国陆军和空军的利益冲突加剧了这种消极竞争。阿尔伯特·施佩尔正确地认识到了 V–2 将浪费大量的稀缺资源，影响到了德国常规飞机的制造计划，试图缩小或者甚至停止 V–2 计划。但这么做等于直接忤逆元首，并直接触怒在试图主导德国对外战争时顺便夺取 V–2 项目控制权的希姆莱和他的党卫军。

在第一次测试发射成功后的两年多里，复仇武器计划秘密推进着，冯·布劳恩在努力完善自己的设计，英国人逐渐也觉察到了，通过搜集到的信息碎片，对于德国复仇武器的性质有了基本的了解。英国人蒙在鼓里这么久并不意外。V–2 是一种真正的革命性武器，它不需要复杂的发射系统，而之前任何远程武器被认为都需要此类设施。V–2 实现了稳定而不翻滚的飞行姿态——此前业内对此的看法是远程火箭根本做不到这点——它本身搭载的自动引导系统，再一次突破了人类认知。最重要的是，它用的是液体而非固体燃料，而传统观点认为只有固体燃料可以提供必要的动力。另外它还是单级火箭，这方面传统观点认为为了实现从较慢的发射速度过渡到高速弹道需要两级火箭，或者必须有附加的助推火箭。

V-2 最终呈现出来的样子是从圆柱体中部开始的头尾逐渐变细、头部尖锐、尾部安装了四个尾翼。V-2 在发射位置立起来后有 50 英尺高，直径 6 英尺，重 28557 磅，其中 1630 磅是含有阿马托炸药的弹头，9565 磅是液氧与乙醇占四分之三的燃料。在发射时，一台涡轮泵在过氧化氢分解作用的推动下，把燃料输送到燃烧室，然后燃料被点燃。液氧和酒精被分开导入燃烧室，酒精同时还作为燃烧室的冷却剂。第一次点火将会启动火箭发动机，当发动机运转顺畅时第二次点火将使火箭从发射台升空。制导系统一开始是通过喷口内的 4 个小石墨燃气舵控制方向，之后则是通过 4 个外部主舵。两种舵都是通过伺服电机受陀螺仪控制。另外一个装置会在火箭到达正确高度时改变火箭姿态，进入平飞状态，然后另一个装置——一开始是通过地面无线电信号，之后是通过火箭自身搭载的速度测量仪器——会在火箭到达预定的下降地点时，关掉火箭发动机。V-2 最终会以四倍音速击中目标——在此之前，对手只能大致预测 V-2 的目标而无法预警。[13]

从军事角度说，V-2 的致命之处是其发射平台，用其制造商命名的梅勒拖车。今天梅勒拖车可以被称为移动发射架，一种可以将 V-2 垂直竖起来的拖架，并在火箭的排气管的喷嘴下方安装了圆锥形的平台来承受火箭的推力。梅勒拖车简单、有效、不贵以及重要的是毫不起眼，因此使得参与情报搜集的英国科学家被蒙蔽了好几个月。他们一开始认为一种大气层外火箭只能从一根大型管子里发射，或者要采用多级形式，同时需要一个大型的，固定的发射平台。但不管是哪样，他们都预测要用固态燃料作为推进剂，如果火箭是多级的话那么至少第一级肯定要用固体燃料。很少人承认火箭可能使用液体燃料，因为液体燃料被认为只适合用于小型短程火箭，而且一开始没人想到梅勒拖车是做什么用的。他们的看法也是可以理解的——梅勒拖车和 V-2 本身一样，也代表了一种革命性的理念。冷战时期，美国和苏联都在用梅勒拖车的迭代产品发射中程导弹，形成战略威慑力。

关于复仇武器的争论

到了 1943 年初，关于德国秘密武器的发展，英国已经积累了足够的证据来提醒高层来自无人武器——或其他远程武器——的危险。其中就包括雷金纳德·维克多·琼斯，正是他在 1940 年闪电战时期，向英国秘密情报局（军情六处）以及空军部提醒了德国无线电引导系统的存在，也是他得到了丘吉尔的支持并被后者称为"打破僵局的人"。还有供应部炮弹研发部门的负责人 A.D. 克鲁博士，其地位相当于德国装备部的阿尔伯特·施佩尔；丘吉尔的个人军事参谋军官，伊斯梅将军；联合情报小组委员会，负责协调军情六处、军情五处（英国国内安保部门）以及海外颠覆机构特别行动处；英国政府的科学顾问委员会。但是关键的发起人是彻韦尔勋爵（弗雷德里克·亚历山大·林德曼教授），时任英国财政部主计长，同时长期担任丘吉尔的个人科学顾问，以及邓肯·桑迪斯，即从 4 月 20 日开始担任负责调查德国秘密武器的委员会的主席，该委员会一开始名叫 Bodyline，后来又改名为 Crossbow。

丘吉尔信奉"创造性张力"是行政效率的一条原则，培养公职人员之间的竞争用以产生动力来研究问题和积极提出重要解决方案。这是一条合理的原则，如果用在正常人身上的话。但是桑迪斯和彻韦尔完全不是善类，或者他们与丘吉尔之间的关系也不算正常。桑迪斯是个有野心的年轻政客，其人性情暴躁，对丘吉尔有一种极端的孝顺态度。彻韦尔则是才智出众且富有的单身科学家，也希望成为丘吉尔的独家科学顾问。尽管他是英国皇家学会的会员，同时也是牛津大学教授、德文郡居民，但从来没有多喜欢英国。他似乎一直没法摆脱他的异国情调，尽管他也是个热血的英国爱国者，却是在德国长大和接受教育。在丘吉尔的艰难岁月里他一直忠心追随，小心守护着自己作为丘吉尔个人科学顾问的身份。[14] 桑迪斯被任命为德国秘密武器研究委员会的首脑很快令彻韦尔不满。观察家注意到——尽管毫无疑问他是言行谨慎的异性恋者——他对桑迪斯有种女性化的敌对情绪。结果令人遗憾的是，因为桑迪斯早期认同纳粹德国试图开发一种远程火箭的观点，彻韦尔就用他渊博的科学知识中的每一点来反驳：例如液体燃料无法控制、远程火箭一定是多级的、它的发射场地一定大到无法隐藏，以及远程火箭可能只存在于不靠谱的外国特工的脑子里。他不加掩饰地表达了他经过深思熟虑的看法，远程火箭是一个"骗局"。[15]

从 1943 年 4 月皇家空军的侦察机第一次特意飞越佩内明德，到 1944 年 6 月 13 日第一枚无人武器（一枚飞行炸弹，而不是火箭）落在英国土地上，期间关于德国秘密武器的情报研究，总是被参与调查的各方之间的分歧所长期困扰。值得称赞的是，彻韦尔从未否认巡航导弹（飞行炸弹）的可能性。实际上，他认为如果存在一种具有威胁的无人武器，那它很可能是以巡航导弹的形式出现。但是由于特工关于 V-1 的报告来得迟，同时关于火箭威胁的证据虽然模糊且有误导性，但出现更早数量也更多，英国人因此受到误导内部产生分歧。德国秘密武器项目的弱点在于想要用一点资源做很多事，而且德国投资的多级远程火炮（"高压泵"）和火箭推进防空导弹"瀑布"项目又进一步误导了英国人。英国人的情报反制措施的弱点在于缺乏有关火箭或者巡航导弹技术的实用知识，以及对于自己试图要弄清的对象缺乏清晰的认识。英国针对在 1943 年 4 到 7 月间获得的大量情报又需要进行繁重的分析工作，但由于这些情报的多样性和不精确性，所有参与情报分析的人都能找到可以证明威胁存在或者完全相反的证据。

情报贡献者中有一个被称为"赫伯特先生"的被俘的德国坦克技术军官，他热心地与审问者合作因此被任命为英国公务员并且在英国供应部工作。对于任何被问到的问题他都能提供信息，最终他提到了德国秘密武器项目。他宣称他曾经参与了一种重一百多吨的炮弹的研发，可以从管道或斜坡上发射出去。1943 年 4 月被俘的一位德国空军试验单位的高级军官称，他的上级罗威尔上校曾被召往贝希特斯加登面见希特勒，讨论用火箭和喷气发动机推进的飞机在即将到来的夏季轰炸英国的相关事宜。而"赫伯特先生"在再次接受审问时，想起他曾目睹过一种重 60 吨的火箭的发射，并听说还有一种重 25 吨的火箭。他提到阿斯卡尼亚公司和佩内明德参与了这些项目，而他提到的另外一些间接信息后来都被证明是准确的。[16] 6 月 1—5 日，伦敦收到四份报告，从不同的角度证实了英国人已有的情报。它们提到了德国空军的试验站雷希林，也提到了佩内明德所在的乌瑟多姆岛，指出它是一个德国陆军而非空军机构（重要信息，因为火箭是一种陆军武器）。而且最后一份报告提到了 3 枚火箭的发射，这种火箭长 50—60 英尺，从 7 号测试坑中升空，在佩内明德的航拍照片中清晰可见，一度让判读者大惑不解。报告中的说法带有误导性，因为火箭实际是从停在开阔地的移动发射架发射的，但可以看出报告强调英国人应当关注佩内明德。

这一大堆信息只是让英国调查员们坚定了各自的态度，但仍没有弄清事实。他们的立场如下：邓肯·桑迪斯十分肯定德国人在研发一种火箭武器；雷金纳德·维克多·琼斯态度不确定但也不否认某种武器的存在；彻韦尔勋爵坚决认为火箭在技术上没有可行性。彻韦尔勋爵振振有词：火箭升空需要巨大的推力；实现这种推力就需要在一枚十分巨大的火箭内加注大量的固体燃料；如此巨大的火箭需要一个显眼的发射平台，要么是一门"大炮"或者一个巨大的斜坡，而当时还没发现此类构造的存在。因此德国的火箭并不存在。他驳斥了德国人可能使用液体燃料的说法——看起来他没有研究过戈达德战前在美国做过的试验，也不了解不久前英国人艾萨克·鲁贝克为壳牌汽油公司所作的实验——理由是，无法控制气体从火箭中流出，因此无法实现导向。在与他的看法相反的证据变得无可辩驳之前，他一直坚持己见。

与此同时，航拍侦察中发现的"圆柱状"或"类似鱼雷的"物体越来越多，相关人员经过判读认为其尺寸为"高 38 英寸直径 8 英尺"、"高 40 英尺直径 4 英尺"、"35 英尺长一端是平头"（我们现在知道那是因为弹头还没安装）、"一个圆柱体一端逐渐变小另一端有三片径向尾翼"。1943 年 6 月 23 日的航拍任务带回的胶卷上有两个"像鱼雷"的物体，两者都是 38 英尺长，直径 6 英尺并带有三片尾翼。这些照片对关于佩内明德威胁的争论的走向十分关键。[17]

6 月 28 日，桑迪斯在一份报告中总结了证据："德国远程火箭毫无疑问达到了先进的研发状态——佩内明德正在进行频繁试射。"战俘和特工的报告暗示德国火箭射程为 130 英里，意味着它可能会在法国北部离伦敦最近的加来地区发射。英国已经发现在法国北部的维桑德国人正建设可疑的设施——实际上那只是大型混凝土堡垒。然而报告再次过高估计了火箭的重量，认为其重量在 60 到 100 吨之间，携带最多 10 吨的弹头，而且依然认为火箭采用的是固体燃料。

考虑到英国人经过如此众多的正确评估后依然得出这种结论，实在是不幸，因为持续的判断错误会让彻韦尔更加否定这种怪物火箭的存在。6 月 29 日英国内阁防务委员会（作战）在白厅的地下指挥中心与丘吉尔见面。桑迪斯、彻韦尔和琼斯，以及帝国总参谋长都在场。会议一开始就展示了最新拍摄的佩内明德照片，桑迪斯称这是火箭存在的确凿证据。彻韦尔再度从技术角度进行质疑，他警告照片中的物体可能是诱饵，最后总结称如果德国真有秘密武器，那它可能是一种无人飞机。丘吉尔问琼斯有何看法时，琼斯站在了桑迪斯一边，这让彻韦尔不满。在此之前琼斯一直心怀不安，因为同为牛津校友他似乎应该站在彻韦尔一边。现在他宣布自己相信火箭的存在。彻韦尔最后一次提出反对，称如果火箭是真的，那么波罗的海的瑞典渔民一定会看到它发射时的"闪光"。既然没有关于"闪光"的报告，那么火箭就是不存在的。但是他的反对意见，是基于他固执地认为要达到发射速度就需要点燃大装量的固体发射药。委员会最后决定不考虑德国人是否克服了使用液体燃料的困难。相反，它认可了火箭的可能证据并做了三个决定：继续对法国北部离伦敦 130 英里范围内的地方，用各种手段进行更加积极的调查；一旦在以上地方发现了火箭发射场地就立即进行攻击；轰炸佩内明德。

1943 年 8 月 17—18 日夜间佩内明德遭到轰炸——英国皇家空军司令部派出了 433 架"斯特林""哈利法克斯""兰开斯特"重型轰炸机，还同时派八架"蚊"式对柏林进行伴攻。当天早些时候美国轰炸了德国南部的施韦因富特。德军当时已经提高警惕——他们已经破译了英国的一种低级密码，知晓将会有一次夜间轰炸——但是他们预计盟军目标是另一座北方城市不莱梅，或是柏林。当晚天空晴朗，但佩内明德上空有部分云层（干扰了部分轰炸的精准度）。而轰炸柏林的"蚊"式轰炸机，在飞越丹麦上空时投下雷达干扰铝箔，将会引诱德军夜间战斗机分散防御力量。

午夜过后不久，英国轰炸机部队的先导飞机就在佩内明德投下了目标指示弹。一些指示弹偏离了目标，结果轰炸的瞄准点偏向了南边，远离乌瑟多姆岛顶端的测试区域。目标指示出错的结果是，轰炸机被引向外国劳工营地，炸死了数百人。但是依然有很多炸弹命中了实验室、火箭工厂和科学家的居住区。大约有 120 名科学家和技术人员遇难。轰炸过后，德军决定把技术设施和部分人员搬到巴伐利亚的科黑尔——彼得·瓦格纳是被转移的科学家之一——而 A-4（V-2）的生产被转移到位于北豪森的哈茨山中的一处地下中心工厂。北豪森工厂大部分将由外国劳工建设与维护，但是佩内明德的劳工营地被炸不仅杀死了向伦敦提供德国秘密武器情报的人——有几个来自卢森堡——也终结了他们与英国情报机构相对自由的联络状态。但是，A-4 的情报源没有彻底断绝。A-4 的靶场被转移到了波兰南部的偏远村庄布利兹纳，就在布格河和维斯图拉河的交汇处，因此波兰特工在接下来几个月里，继续向 Crossbow 委员会报告情况，使其掌握德国无人武器的发展进度。[18]

同时，由于对"远程大炮"的报告感到不安，以及认为在加莱地区和瑟堡半岛上的神秘建筑与德国的秘密武器计划有关，盟军于 8 月 27 日对位于加莱地区瓦唐的一座可疑混凝土建筑发动攻击。美国陆军航空队将其几乎完全摧毁——后来发现这里是一处火箭弹药库，并非发射场。其他设施，包括位于西拉库尔的一座掩体和米摩耶克斯堡的一座"高压泵大炮"阵地，在 1944 年被盟军的精确轰炸摧毁。

飞行炸弹的确认

A-4（V-2）的测试和生产从波罗的海转移到布利兹纳和哈茨山后，佩内明德并没有停止开发秘密武器。飞行炸弹（FZG-76 或 Fi.103）研发设施在 8 月 17—18 日的袭击中并未受损。无人飞机的测试依然在进行，从 1943 年 12 月到 1944 年春相关的情报——由中立的瑞典人和丹麦、波兰反抗军所搜集——持续不断地被送到伦敦。这是不可避免的，因为不像火箭可以隐藏发射过程，而且火箭速度也超过了音速并在撞击后解体，飞行炸弹则暴露了太多的存在迹象。飞行炸弹是在低空以亚音速飞行，身后发射出一道清晰可见的喷射火焰并发出独特的脉冲声音（因此 1944 年 6 月 13 日它开始袭击伦敦后，伦敦人称之为"嗡嗡虫"），因此它在飞越波罗的海时，沿途众多岛屿都会注意到，而有时进行射程更远的测试掉落在波兰内陆时，也会被波兰人看到。由于末端速度较慢，它同样会在坠毁的地方留下大量证据，如果没有安装弹头的话。实际上英国收到的第一份关于"带翅膀的炸弹"的报告就是来自巴黎地区的波兰情报网。第一次世界大战后，众多波兰人在法国定居下来，以矿工这一职业开始新生活。[19]有些人从家乡那里得到了一些消息，并在 1943 年 4 月转达给了伦敦。6 月 23 日，军情六处收到一个受雇于佩内明德的卢森堡人的报告，里面称"一种雪茄形状的导弹从一个人工立方体发射出去（并）肯定它的射程有150公里但250公里也有可能"。一到两周后，军情六处通过瑞士获得了"一份肮脏且破烂的草图"，展示的是正在发射的无人飞机。而作者还是之前那个卢森堡人，他已设法逃出了佩内明德的强制劳动营（因此可能救了自己一命）。[20]军情六处通知它的瑞士办公室这份草图"因为揭示了佩内明德的内幕而具有难以估量的价值"。[21]

重要的一点，这些来自欧洲占领区的情报都不是英国人提供的。欣斯利的著作第二卷第125页第8行里揭示了非常重要的一点，"即便在德国内部长期保持特工活动存在是可行的……"这实际上是承认，尽管英国在二战时拥有两个庞大的间谍机构，历史悠久的军情六处（即秘密情报局）和因为二战而成立的特别行动处（专注于颠覆和情报收集），它在第三帝国内部却没有直接控制的特工。有关德国的情报要么来自德国人（数量十分之少），或者来自在德国工作或有能力在德国旅行的外国人，尤其是波兰人和捷克人。尽管分别在1938年和1939年被占领，捷克斯洛伐克和波兰通过在英国的流亡政府，依然能够继续在纳粹控制的欧洲从事情报活动，收集信息，担任信使并向伦敦发送信息。英国人就做不到这一点。英国在德国内部的情报网，毁于1939年11月9日灾难性的芬罗事件。当天德国人在德国—荷兰边界诱捕了两名英国秘密情报局军官，由此开始将英国情报网络连根拔起。同样的事情在1938年德奥合并后在奥地利也发生过。英国在荷兰的情报网更是早在1935年就被渗透和破坏。[22]因此由于奇特的关系逆转，英国成了捷克和波兰两个只在政治意义上存在的、流亡伦敦的政府的情报顾客，依靠后者在欧洲内部进行某些重要的无线电通讯，以及获得后者所能搜集到的人力情报。军情六处在德国陆军武器局可能有一个德国联络人，一些消息通过他从瑞士发往英国。[23]英国同样通过挪威人更加直接地获得一些情报，因为他们能维持与苏格兰的海上直接联系，丹麦人和荷兰人也是如此；但是特别行动处在荷兰的情报网，却被德军情报机关阿勃维尔深入渗透。英国在北欧唯一可靠的常规情报来源是英国驻斯德哥尔摩大使馆，但那是战争后期的事情。在二战早期，瑞典和上一次世界大战一样明显是亲德的。

不管怎样，人力情报在确认德国复仇武器一事上，发挥的作用胜过了英国其他针对德国的情报行动，这是由于相关目标外表看起来极为独特，尤其是飞行炸弹，以及德国对于外国劳工的依赖，而后者十分热衷于打听消息，留心不同寻常的地方而且支持同盟国，而且往往十分英勇。今日我们所说的"国家技术手段"——当时的样式是航拍侦察——同样发挥了重要作用，而且破译恩尼格玛所获得的相关情报虽然数量少但意义重大。德国空军低级的信号安全水平使得布莱切利公园得以监听德军专门观察秘密武器飞行的一个特别单位的通讯。从 1943 年 7 月开始，布莱切利公园从中获得的情报越来越频繁提到一种无人飞机，迫使伦敦承认德国人正在同步研发远程火箭和飞行炸弹。7 月 25 日来自另一个英国大使馆的一份报告就明确提到这一点。[24] 8 月一份报告提到德国空军新成立的一个团，即由瓦赫特尔上校指挥的第 155 高射炮团，将被派往法国负责使用"无线电控制炸弹"，同时控制"弹射器"炮兵阵地。之后第 155 高射炮团被确认是飞行炸弹作战单位。8 月 27 日英国驻斯德哥尔摩大使馆的武官向伦敦转交了一些坠落在波罗的海博恩霍姆岛的飞行炸弹的模糊照片，但凭此还不确认是什么。他还补充说他听说飞行炸弹将是由"弹射器"发射，而且它的引擎是由柏林的阿格斯公司制造的。这两条信息后来都被证明属实。

与此同时，在英国，政府高层关于"火箭"的争论还在继续，彻韦尔勋爵和以往一样试图证明远程火箭没有可行性。但是英国人的担忧已经转向"无人飞机"，因为通过评估和实际掌握的情报，英国人有理由相信它将是首先威胁到英国领土的秘密武器。6 月 23 日拍摄到的佩内明德照片显示机场上有四架无尾飞机——后来被证实是 Me-163 火箭推进战斗机（英国人称之为 P30）的原型。8 月 27 日军情六处在德国陆军武器局的联络人提供的报告，让所有相关人员接受了德国人正在开发一种飞行炸弹的事实。[25] 不过飞行炸弹的特性、会造成什么威胁以及什么应对措施才有效仍有争议。9 月 7 日和 14 日被破译的恩尼格玛电文经过翻译后发现提到了一种无人飞机。直到这个时候英国人才知道，德国空军实验信号团第 14 连的两个支队，瓦赫特尔大队和昆虫大队正在佩内明德附近观察测试飞行。两支部队的报告被布莱切利公园破译后，里面清楚地提到了一种无人飞机，而不是一种火箭，而且认为其速度为每小时 216—420 英里，射程为 120 英里，下降率为每 40 秒 6500 英尺。[26] 此后不久，11 月 13 日在佩内明德上空拍摄的照片，以及相关人员对 7 月 9 月的照片再次进行检查时，均发现了一种小型飞机，其翼展为 20 英尺，由喷气发动机推动。它被命名为 P20——为了区分之前的 P30（Me-163 火箭战斗机，此时已经确认）——而且被认为就是英国人长久以来一直担心的德国人正在开发的飞行炸弹。

透过其他渠道，飞行炸弹的威胁性质已经开始变得清晰起来。英国人和美国人为准备"霸王行动"而对法国北部进行的例行航拍侦察，发现了与海岸防御明显不相关的建筑工程，军情六处和特别行动处的特工同样注意到了奇怪的建筑。到 1943 年 11 月，82 处此类设施已被确认，其中 75 处位于滨海塞纳省和加莱地区，九处位于瑟堡半岛。它们看起来像一道长 150 英尺的斜坡，一端呈曲线，而且都对准伦敦。根据它们的形状，英国人将其命名为"滑雪场"。

斯塔福·克里普斯爵士，英国飞机生产部长同时也是 Crossbow 委员会会议的与会人，此时建议应当对这些设施每天进行轰炸。盟军后来也的确进行了轰炸，但是这是在一段时间之后。克里普斯在 10 月底至 11 月初的介入，不但没有帮上多少忙，反而在实际上分散了本应集中于首要任务的精力。克里普斯智慧过人，但他是个大律师而不是科学家，他在 11 月 2 日的一篇报告中试图调和桑迪斯派和彻韦尔派的矛盾，就是认为德国正在同时开发飞行炸弹和远程火箭的观点，与认为远程火箭不可行但准备承认飞行炸弹存在的观点之间的矛盾。克里普斯对证据的分析是细致的，但不幸的是，在结论中他按照重要性排列提出了四种而不是两种可能性：（1）一种更大型的 HS293（"奥斯陆报告"中提到的滑翔炸弹，而且德国已经用其击沉了意大利战列舰"罗马"号）；（2）无人飞机；（3）比 A-4 要小的火箭；（4）A-4。克里普斯报告的结论虽然有点怪，却导致了桑迪斯的观点受到了重视。尤其是在克里普斯问询之初桑迪斯向他提交的备忘录中，桑迪斯认为，"滑雪场"不可能是火箭发射场，但是与飞行炸弹有关，克里斯普和其他人也同意这点。到了 11 月底，英国空军部（负责搜集飞行炸弹的情报）和中央判读处（负责审查航拍照片）都倾向于支持这个观点。1943 年 12 月 1 日这一看法得到确认，在对刚刚拍摄到的佩内明德照片进行重新检查时，英国人发现一座早在 1942 年就已建成的斜坡，"一个微小的十字型物体正处于倾斜轨道的末端——这是一架正处于发射位置的小型飞机"。[27]

　　这一照片平息了争论，但彻韦尔还不信服。尽管这证明了他长期坚持的观点，即如果德国正在开发一种无人武器，它将会是一种飞行炸弹，他继续否认火箭的存在。他否认德国火箭能携带超过半吨的弹头。彻韦尔认为可能向伦敦发射的复仇武器数目被夸大了，因为他怀疑德国能否每个月生产 650 件以上的自动导航仪（实际上 V–1 的制导系统要简陋得多），以及其他原因。尽管如此，相信他的人越来越少。英国政府开始全力投入三项反飞行炸弹措施：第一，确认它会造成何种威胁；第二，摧毁"滑雪场"场地；第三，组织主动防御，利用火炮、战斗机、气球拦截网和其他任何装置来击落 V–1。

　　针对德国秘密武器的技术评估在某段时间内受到了一种观点的干扰，即飞行炸弹尽管不是一种大气层外的火箭，但可能是火箭推进的，彻韦尔和另外一些人坚持这一观点。之后布莱切利破译的电文实际上又延续了这一困惑，因为从波兰测试场地布利兹纳拦截的电文里，提到了三种不同的燃料、T- 燃料、Z-燃料和 Ei。后来慢慢才知道了 Ei 是指低级汽油，是 V–1 的脉冲喷气发动机的燃料，而 T- 燃料（过氧化氢）则用于发射，而 Z 燃料（高锰酸钠）则是 V–2火箭燃料的配方之一，V–2 同样也在布利兹纳进行试射。这些报告，来自布莱切利公园在 1944 年 2 月和 4 月，利用已被破译的德国空军"温柏"密钥破译的电文形成的。

　　人力情报带来了下一个重要转折。1944 年 4 月 16 日，英国海军部海军情报局接到了驻斯德哥尔摩大使馆海军武官的报告，称 3 月 15 日波罗的海一艘货船的船长目击了两枚飞行炸弹（描述为火箭炮弹）在飞行。它们是从 10 英里之外的一处海岸设施发射出去的，被看到的位置是往北 54 度 10 分，往东 13 度 46 分（在佩内明德往东一点）。它们的尺寸如同一架小型战斗机，身上有较短的迷彩机翼而且"在火箭喷管推进下高速飞行，火箭喷管一分钟内大约喷射 300 次"（船长用手表估算的）。4 月 24 日伦敦向斯德哥尔摩海军武官发送的问题得到回复，称一个圆柱体作为独立单元固定在机身上方，机身没有（制导用的）天线，发出的噪声是"一系列爆炸声，而不是持续的轰鸣声"。这种细致的约翰·布肯式的观察被证明十分精准：后来弄清了，"爆炸"实际上是由"威尼斯百叶窗"装置自动开合把空气吸入脉冲喷射管产生的。[28]

当时尽管一定有不少人研究过了这份报告，但是英国的德国秘密武器情报团队却十分迟钝，没能意识到瑞典船长所目击的物体的性质。直到更多来自瑞典的情报才让真相逐渐大白。在1944年5月底，被派往瑞典的英国科学家获准检查两枚坠毁的飞行炸弹，一枚是由瑞典海军从海底挖出来的，另一枚则是于5月13日坠毁在瑞典领土上的。瑞典人还提供了有关另外两架坠毁的无人驾驶飞机的信息。它们的特点一致，都是中单翼飞机，翼展16英尺，由钢铁制成，都被设计成可以大规模生产，使用低等级汽油驱动一个冲压发动机。"赫伯特先生"在1943年接受审讯时就提到了，其学名叫"冲压式空气喷气发动机"。飞行炸弹的导航系统包含一个方向舵和两个升降舵，由三个陀螺仪控制，其中一个陀螺仪作用于一个罗盘。"看起来上面并没有无线电设备。"这些描述都是准确的。飞行炸弹的制导系统极其简陋。在发射之后，它就将按照预定的航向和高度飞行，在飞完了预定的距离后燃油切断装置将关闭引擎使炸弹坠向地面。6月8日之后，英国空军部获得了这些消息，英国就掌握了飞行炸弹的所有重要特点，除了弹头的装药量，因为那些被德国人失去控制的飞行炸弹都没有装弹头。但这一点很快就不是秘密了：6月13日，第一枚V-1击中伦敦，摧毁了东区的一座铁路桥。经过计算其弹头重约一吨。

飞行炸弹能够完成任务，并不是因为盟军空军没去摧毁它们的发射场。在一个法国特工报告说，他受雇的承包商在8个地点建设了他认不出是什么的建筑物后，盟军于1943年11月3日专门对多个"滑雪场"进行了航拍。对之前航拍的照片和11月3日之后拍摄的照片进行再次判读时，相关人员发现在法国北部有95处此类建筑物，到11月底他们发现这些建筑与之前在佩内明德发现的一处无法解释的建筑相似。12月1日正是在这一建筑上，航拍判读员发现了"侏儒飞机"。由于已经弄清楚"滑雪场"有何用途，盟军因此决定必须将其摧毁。但是不管是轰炸机司令部的哈里斯元帅，或者美国第八航空队的斯帕茨将军，都不愿意从对德国城市的战略轰炸中，分出部分部队执行其他任务，尽管他们的上级坚持如此。1943年圣诞前夕，672架"空中堡垒"在24个"滑雪场"上面投下了1472吨炸弹。第二年春天，英美的战术航空军继续攻击飞行炸弹发射场，但是到了4月份由于英国总参谋部对飞行炸弹的持续威胁十分担忧，战略轰炸机部队再次上阵。到 1944 年 6 月 12 日，就在飞行炸弹开始袭击伦敦的前一天，盟军轰炸机向多个发射场共投掷了 2.3 万吨炸弹，另有 8000 吨扔向了疑似的飞行炸弹弹药库。这些炸弹比"闪电战"期间德国在伦敦投放的炸弹总量多了一半。[29]

这些轰炸被证明毫无效果。德国 V–1 和 V–2 发射部队的指挥官埃里希·海涅曼将军一直质疑"滑雪场"太过于显眼和脆弱。在 1943 年 12 月遭受轰炸后，他决定放弃这些发射场并在其他地方重新建造，这些地方只打了一些地基，最后需要使用时才用预制件完成建设。他还决定不再建设大型的存储设施，而是直接利用天然洞穴存储秘密武器和燃料。然而为了欺骗盟军侦察，"滑雪场"的维修工作仍在进行，同时采取了更加严格的安保措施。结果对德国人来说是很令人满意的。尽管通过航拍侦察和特工报告，盟军情报军官最终确定了 66 处"改造的发射场"，依然没法说服上级对这些目标发动攻击。他们认为对"滑雪场"的轰炸已经足够，而对于"改造的发射场"，等到这些地方发动新的无人武器轰炸攻势后再攻击也不迟。因此，盟军只是在 5 月 27 日用战斗轰炸机进行了一次攻击。

但是德国复仇武器的威胁从未消失。1944 年 6 月 10 日，来自比利时的情报称，运送 100 枚"火箭"的列车已通过根特前往法国—比利时边界。6 月 11 日最新的航拍情报揭示 6 处改造过的发射场有"大量活动"，其斜坡上正在铺设铁轨，相关设施建筑也已经建成。6 月 12 日，英国空军助理参谋长向总参谋长警告，德国人正在"全力准备让无人飞机发射场提早开始运作"。就在第二天，飞行炸弹袭击了伦敦。这一轮袭击一直持续到 1945 年 1 月 1 日。

英国人制定了周全的应对计划，用高射炮、战斗机和拦阻气球在一开始就取得了一定战果——高射炮和拦阻气球在 6 月袭击的某一天中就击落了 8—10 枚，战斗机也击落了 30 枚，而且因为技术故障，当日最终只有 50 枚飞到伦敦。7 月份，击中伦敦的飞行炸弹数目跌至每天 25 枚，到了 8 月每天就只有 14 枚。但是这大部分要归功于盟军此时在法国的推进。9 月 1 日之后，由于德军第 155 高射炮团撤往比利时和荷兰，大多数攻击英国的飞行炸弹是由飞机投放的。1944 年 12 月 24 日，德军飞机发射了 50 枚飞行炸弹攻击曼彻斯特，其中只有 30 枚飞越了英国海岸线，最终仅一枚击中目标。

北 海

波罗的海

1943 年 8 月 17—18
日，英国轰炸机司令部
攻击佩内明德

黑尔戈兰岛

佩内明德

罗斯托克

汉堡

斯塞新

布莱切利

伦敦

波林 斯维盖特
莱伊

文特诺 佩文西

英吉利海峡

瓦唐（圣奥梅尔）

布鲁内瓦尔（费康）

佩内明德

机场

飞行炸弹测试区
（盟军不知情）

主火箭试验点火区

发电站

试验火箭车间

佩内明德

V2 火箭生产车间

小规模试验台

新住宅区

克勒斯林

安全边界

卡尔斯哈根

★ 第一个发射场在遭到英国袭击
之后被废弃

• 1943 年 6 月之前英国修建的
海岸雷达站

特拉森海德

奇诺维茨

林肯 V1（2 次）☆

莱彻斯特 V1（1 次）☆

北 海

诺维奇
V1（13 次）☆
V2（24 次）

牛津 V1（12 次）
V2（1 次）☆

伊普斯威奇
V1（93 次）☆
V2（13 次）

V2 总部设在贝赫达尔
直到 9 月

莱茵河

雷丁
V1（295 次）
V2（8 次）☆

伦敦 V1（2420 次）
V2（1517 次）

9 月之后 V2 总
部搬到达菲尔德

1944 年 12 月 15 日时
盟军的前线

南安普顿 V1（80 次）

朴茨茅斯
☆

梅德斯通
V1（1444 次）
V2（64 次）

拦截气球

英吉利海峡

塞纳河

V1 总部设在
迈宋拉菲特

巴黎

1944 年 8 月 25 日
盟军前线

V1 和 V2 攻势

|||||| 主要发射区域 ☆ 命中地区

荷兰的 V2 发射场

1944 年 6 月纳粹德国拟在比利时设立的发射场，
但由于 9 月盟军的推进导致没能投入使用

这一枚炸弹杀死了 100 多名平民。V-1 是一种杀伤力很大的武器，伦敦人和其他被 V-1 轰炸过的城市居民憎恨并恐惧这种武器。它靠近时能让人听到其独特的脉冲节奏，它开始下降时则变得沉寂，然后就是撞击地面后的巨大爆炸声。据官方统计，由 V-1 杀死的人的数量有 6184 人，重伤的有 17987 人。袭击期间，总计有 8892 枚 V-1 通过地面设施、1600 枚通过飞机被射往伦敦，其中 2419 枚落在了伦敦民防区（25—30 枚落在南安普顿和朴茨茅斯港，1 枚落在曼彻斯特），另外 1112 枚落在英国其他地方。有 3957 枚在飞行途中，被战斗机、高射炮击落（大致各自击落一半）。拦阻气球拦截了 231 枚。高射炮的成功归功于在炮弹上使用了美国的近炸引信。这种引信内安装了一部微型雷达，当雷达侦测到目标进入有效杀伤范围后就会引爆弹头。[30]

V-2 接替 V-1

到 1944 年 9 月初，英国总参谋长相信德国无人武器的威胁已经过去。所有在袭击伦敦射程内的飞行炸弹发射场都已被占领。但这种想法缺乏根据，因为德军不久之后采用了空中发射的方式，而佩内明德正在开发一种轻量版的 V-1，可以直接从德军基地袭击英国。不过英国人的判断大体正确。只有 235 枚空射的 V-1 穿透了英国人的防御，其中只有 91 枚是轻量版的，当中有些造成了严重伤亡。但是到 9 月初时，飞行炸弹的攻势的确已经过了顶峰时期。

然而几乎在同一时刻，佩内明德为希特勒用复仇武器报复的承诺而贡献的另一份礼物登场了。1944 年 9 月 8 日下午 6 点 43 分，一枚火箭——之后确认是从荷兰海牙发射的——落在了伦敦的奇斯威克，杀死及重伤 13 人。16 秒后另一枚火箭击中伦敦东区的埃平森林，但是没有造成人员伤亡。

两枚火箭的爆炸起初被误认为是飞行炸弹造成的，虽然没有人目击到也没有雷达侦测到飞行炸弹，不过当时它们的特征已经提前被英国人通过情报完全掌握了。在 7 月 18 日举行的一次会议上，雷金纳德·维克多·琼斯向出席的丘吉尔展示了一份文件，上面总结了当时已知的有关德国火箭的信息。其中的证据包括了波兰人关于在布利兹纳发现与来自佩内明德的相似的火箭发射的报告，以及破译的德国人观测火箭飞行的详细报告的电文，最重要的是 1944 年 6 月 13

日不慎掉落在瑞典境内的一枚火箭的残骸。两名英国技术专家获准对残骸进行了检查，之后残骸被送往英国。这批物件的到来让英国人陷入迷茫，因为他们曾经认为 V-2 只是"瀑布"防空火箭的运载工具，但是眼下这些火箭残骸十分完整，足以看出 V-2 火箭包含了涡轮增压器，这证明火箭采用了液体燃料，以及内部导向叶片和一些无线电控制设备。把所有证据放在一起，就能推断出德国人在 6 月份已经进行了 30—40 次火箭发射，而且 V-2 已经到了可以部署的状态，"好到至少可以对伦敦发动零星的轰炸"。丘吉尔怒不可遏，突然敲着桌子大声说："我们被打了个措手不及！"[31]

丘吉尔当然会发怒。彻韦尔勋爵一再否定火箭的可行性已经耽误了不少时间，而且之后和所有的情报机构一样，英国的德国秘密武器情报小组中出现一种趋势，即有关人员刻意对其他人隐瞒证据，只是为了在交出证据之前确认其重要性。之后英国人还发现，从两名战俘口中获得的情报并没有多少可信度。最后，至少早在 1943 年的佩内明德航拍照片就已经显示了处在发射位置的火箭，只是英国人误认为是和发射相关的"塔"。

不过，英国情报专家的失误也情有可原。因为他们的失误是无知而非迟钝，这是英美两国当时在航空方面落后的结果。在二战前和二战时期，两国的航空科学在设计和研发战斗机和轰炸机方面十分成功——但只是在传统飞机类型中。然而，当他们在生产比德国同类型飞机更优秀或者至少性能相当的"喷火""飞行堡垒""兰开斯特""野马""蚊"式，拥有了将德国的城市夷为平地的战略轰炸机部队时，德国的航空设计和研发达到了一个更高的和革命性的水平。1936—1944 年，德国制造并试飞了第一架实用的直升机 Fw-61，第一架涡轮喷气飞机 He-178，第一种巡航导弹 FZG-76 或 V-1 和第一种大气层外火箭 A-4（V-2）。[32] 这些惊人的成就大部分是完全保密的。只是由于比起美国，德国的工业规模太小，所以没有能力在第二次世界大战中统治天空。

在上面所有四种武器中，A-4 的进步最为令人印象深刻。当智力超群的科学家彻韦尔勋爵还坚持液体燃料火箭不现实之时，沃纳·冯·布劳恩已经在完善第四种此类火箭的型号了。冯·布劳恩起初只是个单打独斗的热爱火箭的学生，后来得到了德国陆军的支持，也从德国政府获得资金，掌握了如何通过燃烧液体产生并控制大量的热气体，并在排气管中加入导向装置的技术，以及降低火箭的上升速度直到它能够进入一个由自身搭载的制导系统控制的弹道。1932 至 1942 年年间，当 A-4 首次试射成功时，可以毫不夸张地说冯·布劳恩在年仅 30 岁时就发明了洲际战略弹道导弹和航天火箭。

无怪乎英国科学情报机构在 1943—1944 年仍然坚信火箭只能依靠固体燃料推进，因此只能以较慢的速度进行短距离飞行，而且他们在模糊难辨的特工报告、毫无头绪的航拍照片、破碎的破译电文、战俘的道听途说等杂乱交织的信息谜团中找不出头绪。由于不掌握敌人拥有的大量科学和技术知识，英国专家被“打个措手不及”十分正常。他们不知道，也想象不出他们在找什么。他们就像机械计算机时代的人却要去理解电子计算机的原理一样。

对英国人来说幸运的是，A-4 的后期发展遇到了很大困难。早在 1942 年 10 月 3 日，一枚没有弹头的 A-4 就进行了一次完美的飞行，当时 A-4 以标志性的慢动作起飞成功“就好像被人用杆子推上去一样”，然后优雅地倾斜进入弹道，最后以每小时 3000 英里的速度消失在视野中。但此后到 1943 年冯·布劳恩就不断遭遇挫折——八到九成的发射都以失败告终。有时火箭直接在发射点就掉回地面，或者在刚到达 3000 英尺高度时就爆炸，或者在进入大气层时解体，或者在撞击目标区上空时弹头分离继续飞行而弹体掉落。解体使得对失败原因的分析十分困难（但这让波兰本土军的抵抗战士捡到了大量可以交给伦敦的残骸，曾有一个波兰人带着火箭部件绕了 200 英里路到达一个机场，让等在此地的一架联络机带回）。A-4 火箭的问题根源来自振动导致的故障，尤其是火箭内部的继电器受到很大影响。进入大气层时的振动破坏了火箭的结构。最终冯·布劳恩对火箭设计进行了 6.5 万处修改，包括对包含 1 吨重弹头的前锥进行完全重新设计，使得 A-4 的性能一致性达到了合理水平。

但当 A-4 性能变得稳定时，德国人原计划的“复仇”作战开始日期已经过去很久。飞行炸弹作战因发射场地已被占领，实际上已经失败，而 V-1 尽管是一种廉价简单但十分有效的武器，却有着射程短和需要固定发射平台的缺陷。A-4 可能更加难以消灭。它本身的复杂性和造价昂贵的缺点却被简单的发射系统所弥补了，只要建造甚至找一块几平方英尺可以承受其排气推力的硬化地面就可以发射。实际上在某些方面，能够运载和竖起导弹的梅勒拖车，其理念与火箭本身一样优秀。梅勒拖车的各种衍生型号至今仍是所有中程弹道导弹系统的一个关键部分。

A-4 仅有的弱点在于对于存储设施和某些辅助工厂的依赖。A-4 的生产集中于北豪森的哈茨山中的地下工厂，其顶部有 300 英尺厚，使用奴隶工人。直到 1944 年底，盟军才知道这个工厂的存在，但被认为是无价值的目标。因此当 1944 年 7 月，英国人最终意识到 A-4 的威胁时，唯一能够将其消灭的手段就是轰炸 A-4 的存储设施和关键部分尤其是液氧的生产设施。然而，当时英国情报机构掌握的 A-4 的大多数"大型发射场"，已经遭到过猛烈轰炸并严重损毁。无论如何，失去在法国和比利时的基地很快迫使 A-4 建造的相关人员撤往荷兰，这里正是多恩伯格一直中意的地方，在德国大后方的勉强支持下，他们在这里利用简易的发射场进行作战。德军撤退时还被迫提早放弃了两大液氧供应地——比利时的列日和德国萨尔的韦特林根——还减少了对难以识别和定位的小型发射场的使用。[33]

幸存的 A-4 辅助设施提供的燃料只够维持轰炸行动。尽管如此，它们仍然支撑 A-4 火箭以不断缩减的数量一直发射到 1945 年 3 月 27 日。而让 A-4 发射部队得以幸存的，是其极其简单的使用方法。只要 15 分钟就可以把梅勒拖车固定住——可能是在郊区的某条街道上——然后把导弹竖起来。然后罐车开始为导弹加注燃料，一台移动发电机同时用电缆向导弹供电。然后发射人员躲到一条临时挖出的堑壕里。之后位于一辆装甲车内的指挥小组最终启动发射程序，点火 54 秒钟后人员就可以撤离了。梅勒拖车到达发射场地一小时内就可以完成发射并转移到下个地方。无怪乎盟军空中力量所有针对 A-4 发射小队的行动，一次都没成功过。

唯一能够降低 A-4 攻击效果的手段，就是用各种人力情报实施欺骗，这在战后的情报文献中受到很高赞誉。二战前和二战时期，德国对英国的渗透情况如下：1940 年之前在英国拥有 70 名特工，其中一些是战争爆发前的"原地特工"；战争期间又有 220 人进入英国，其中 120 人是意图通过英国前往其他国家。德国人之所以能够组织这种水准的渗透，是因为从纳粹占领区一直不断有人逃往英国，大约每年 7000 到 9000 人，绝大多数是以移民或其他的方式，试图与逃亡的家庭团聚的人。[34]

　　英国的反间谍机构几乎把每年混在逃难人群里的所有德国特工都揪了出来。据说只有 3 个人躲过了侦察，还有另外 5 个人在被抓后一直拒绝招供。从被逮捕的德国特工中，英国人挑了一些组建了一个双面间谍机构，其中一些人还携带着阿勃维尔（德国国防军情报局）提供的无线电设备，或者其他可以与基地联系的工具。此外，这其中有一个被英国人称为"三轮车"的反水间谍获得了很高的信任，获准前往里斯本与他的德国控制人商谈。在 1944 年之前，双面间谍只是向德国提供一些后者喜欢听到的信息，如困守孤岛的英国人士气低落，虽然也有一些人通过让德国人对假的盟军作战序列深信不疑，为 1944 年诺曼底登陆的准备工作提供了协助。但和人类几乎所有低水平的人力情报作业一样，双面间谍发送的日常报告都是平淡无奇的。他们向控制人提供的报告，和战时那些深谙一方或另一方或双方情报机构需求的、以提供信息为糊口手段的情报贩子们提供的材料，没有什么区别。《惠特克年鉴》、《不列颠百科全书》、旧报纸、英国广播公司环球广播——都是这些脑洞情报员的"产品"素材。当中最著名的人士被英国人称为"加博"，他成功地让德国人相信自己是一个亲纳粹的英国居民。一开始他只是在里斯本活动，向他的阿勃维尔控制人保证"在格拉斯哥有人可以为了一升酒而做任何事"。之后他又效忠于英国，来到了他名义上的行动地区，建立起了由 27 个完全虚构的特工组成的谍报网，而这些"人"的开销则完全是阿勃维尔用现金支付的，最终达到了 3.1 万英镑。在二战末期，他获得了大英帝国成员勋章，并安然地、未受到两位前情报雇主任何一方的报复地开始退休生活。[35]

　　加博（真实名字是胡安·皮约尔·加西亚，一个西班牙公民）在向德国人提供了大量由他的英国控制人精心编造的、关于在德国攻击下英国的内部信息的同时，并没有组织所谓的威尔士民族主义狂热分子进行破坏活动。因此很自然，德国人开始要求他收集关于复仇武器效果的第一手信息。这令英国情报机构遇到在战时最难处理的难题。早在 1941 年 1 月，英国各式情报机构在确信当时英国境内没有德国特工逍遥法外并继续工作后，决定成立一个机构（不久被称为"双十委员会",含义来自罗马数字 X X,看起来是两个交叉),通过传递假消息来欺骗德国潜伏特工的控制人,使他们不清楚特工是否已经被抓并招供或者甚至主动自首。双十委员会理事之一,J.A. 马里奥特对其目的定义为,向德国人提供"大量不准确信息,以便阿勃维尔根据这些信息向德国最高统帅部提交的报告具有误导性甚至本身就是错误的"。[36]

接下来发生的,印证了最好的间谍小说作者约翰·勒卡雷在其作品中对于情报机构的描述的准确性,虽然不是完全一致但至少在本质上相符。双十委员的核心,除了"加博"和"三轮车"这两个特例外,还有逃到英国的波兰空军军官布鲁图,从挪威乘船逃到英国的穆特和杰夫,这三个真实的人物都是在阿勃维尔派遣下潜入英国的。同时还有完全虚构的"鲻鱼"和"木偶",两个都是贪婪的英国商人;"气球",一个被解职退出现役的陆军军官;"布朗克斯"和"明胶",两个分别在外交部和军中有朋友的女人。尤其是"明胶"的朋友对于看管官方文件十分松懈。这些被及时送往柏林的文件的内容,都经过双十委员会每个成员的设计。这些特工递交的大部分内容都是"鸡饲料"——真实但是毫无用处的逸闻——但是在 D 日之前提供的编造的盟军部队番号,尤其是"加博"经手的,对于西线德军误判盟军登陆地点产生了重要作用。

正是复仇武器的出现,才让双面间谍系统发挥了最大作用,尽管此前英国政府高层再三犹豫是否要动用双面间谍。在 V-1 开始袭击英国后不久,英国政府就意识到通过传递关于 V-1 精度的假情报,就有可能让德国人缩短 V-1 的射程,因此 V-1 的平均弹着点(MPI)就会转移到英国人推测的德国人设定的 MPI 伦敦塔桥的东面和南面,落在伦敦开阔的乡下郊区。德国人本身也十分急于知道 V-1 的弹着点,并真的下令"加博"在 V-1 袭击开始前离开伦敦以便能安全地汇报破坏情况。他被要求汇报一些详细的技术细节——布鲁图和虚构的"塔特"也收到了类似的命令——这与无人武器的撞击爆炸时机有关。英国人发现只要报告飞行炸弹落地的准确时间但错误的地点——向北或向西偏得太远——就可以让德国人把 MPI 从伦敦人口密集的中心转移到相对稀疏的郊区,这样就能降低人员伤亡。这一策略在内阁里引发了激烈争吵,虽然多数人不同意这种"扮演上帝"决定谁生谁死的做法,但还是被压制了。这一策略持续到了 A-4 袭击阶段，而且看起来取得了一定效果。讽刺的是，在 V-1 袭击时期牵着德国人鼻子走的其实主要不是双面间谍，而是一个单干的情报贩子，英国人称他为"奥斯特罗"。"奥斯特罗"在马德里开展业务，依靠报纸报道和自己的想象力向德国人出售了不少"情报"。他事迹之一是让德国人相信大本钟被摧毁了——"奥斯特罗"的独立创作能力能够让任何间谍小说作者肃然起敬。更重要的是，1944 年 9 月 6 日，德国空军对伦敦进行了自 1941 年 1 月以来的第一次航拍侦察，似乎证实了"情报"的真实性。这次侦察也让 V-1 的发射单位第 155 高射炮团因为这个战果而受嘉奖。[37]

双重间谍体系似乎的确让 A-4 火箭的 MPI 从瞄准点偏移了。双十委员会控制下的另一个神秘人物"宝藏"，在 10 月份发送的报告看起来成功地让德国人把 MPI 从伦敦中心以东转移到了泰晤士河河口。英国的官方历史学家认为，如果没有这一改变，"A-4 杀死的人数会增加 1300，受伤人数将增加 1 万，另外 2.3 万栋房屋将会被毁——更不用说对经济和国家生活的破坏了。因为德国人认为他们击中的是威斯敏斯特到码头之间的地带。"[38]

因此从通俗意义上讲，"间谍活动"至少在英国人抵抗复仇武器的作战中发挥了作用。但这只是各种情报工作中的一部分，其不仅包括了各种完全不同的人力情报——匿名变节者的"奥斯陆"报告、双面间谍、抵抗组织报告和直接的间谍活动——还有今日被称为"国家技术手段"的航拍侦察，以及大量的理论分析工作。

要对情报布局中不同要素进行重要性排列并不容易。很显然"奥斯陆"报告十分重要，尽管在很多方面不够具体，但它的确指明了德国军事科研的方向——尤其是提到了制导和无人武器——而且它所没提到的和提到的一样重要。其中包括，例如它没提到纳粹德国试图研发核武器，考虑到纳粹政权对于这个计划拖延的、不坚定的和分散的投入，这或许问题不大。此外"奥斯陆报告"在提醒了英国人之后，在 1939 年之后的几年里却几乎被遗忘了。一直到 1942 年底其他情报送来后，英国人才重新重视德国发展无人武器的传言。可能"奥斯陆报告"提供的最有价值的线索就是提到了佩内明德是复仇武器的测试场地。

那到底是什么促使了英国人寻找有关德国无人武器的更加靠谱的证据？如

果我们相信官方的说法，会发现这像约翰·布肯的小说情节一样。读过《三十九级台阶》的人会记得，被追杀的美国人斯库德告诉理查德·汉纳他如何发现隐藏的德国间谍组织"黑石"的——"我在奥地利提洛的阿亨湖边的一家旅馆得到了第一条线索。这让我开始调查并在布达佩斯的一家皮货店，在维也纳的'陌生人'俱乐部和莱比锡的一家小书店搜集到了其他线索。最终于10天前在巴黎我完成了证据的搜集。"

根据英国的官方历史，第一份关于"火箭"的实质性报告，是1942年12月18日军情六处从一个"为了自己公司的业务而到处旅行"的化学工程师那里得到的。虽然不管是工程师本人还是他的国籍都没有得到证实，但是很显然他"在柏林的一家餐馆里偷听到了柏林工业大学的冯纳教授（Professor Fauner）[之后被证实是方纳教授（Professor Forner）]和一名工程师斯特凡·赞纳斯之间的谈话"。[39] 他们谈到一种能携带五吨炸药并有200千米射程的火箭。在军情六处的指示下，这个化学工程师又提交了另外关于火箭特性的报告，其中包括了它将在施韦茵蒙德（佩内明德附近）进行测试的细节。

之后"化学工程师"就从记录中消失了，这进一步证实了众多研究纳粹德国的历史学家的看法，即虽然有被盖世太保发现的危险但纳粹德国内仍有许多身处重要位置的人同情同盟国的事业。这也是为什么1945年之后很多人经历过"去纳粹化"，没有缘由地恢复了社会地位，取回了个人财产。[40] 这位"化学工程师"对于任何后续的奖励都是应得的，因为1942年12月在柏林的餐馆中，他的桌子恰好在"方纳教授"边上，直接促使英国人决定对佩内明德进行了多次近距离航拍侦察，并最终在1943年8月17—18日进行了大规模轰炸。

有人认为，英国对于佩内明德的轰炸过早了，应当好好准备一下或者应当重复更多次。事实是：直到1943年中期，英国人才获得足够清晰的航拍照片确认佩内明德场地是德国的秘密武器中心（在库莫斯多夫和雷希林还有其他候选场址）。8月17—18日的轰炸，尽管由于标记失误大部分炸偏了——这种事在轰炸机司令部已见怪不怪——但依然造成了严重破坏，逼迫德国人把大部分研究和生产工作转移到德国中部和南部，以及波兰腹地更遥远或更不易受打击的地方。而多次轰炸的话，即便佩内明德仍然拥有众多高价值目标，也将付出很高的代价。8月17—18日的轰炸，600架参战的飞机中有40架被击落，损失率达到7%，远超过轰炸机司令部认为"可接受的"程度。

在此之后，情报部门已经无法提供多少帮助。他们已经确认了威胁并为攻击指引了要害之处。在佩内明德大轰炸之后，德国人已经把重要的秘密武器生产工作转移，此时情报部门在推算出德国发起秘密武器作战的日期之后，只能试图让它们的攻击偏离目标。而在这项工作中，透过双面间谍运作他们取得了很大成就。

复仇武器作战的荣耀——如果一种针对平民的作战方式还有荣耀的话——属于德国人。V–1是世界上第一种巡航导弹，V–2（A–4）则是所有大气层外导弹和太空火箭的技术始祖，这两种武器都远远先进于英美在1939—1945年间制造的航空武器。之后成为美国公民，并获得"太空计划之父"美誉的沃纳·冯·布劳恩是一位科学天才。生产V–1的则是一流的航空技术人员。如果希特勒有远见地给予核武器研究和其他秘密武器计划同样的重视程度，那么配合V型武器，纳粹德国就有可能赢得战争。纳粹的核武器研究计划在德国大量研究机构的相互倾轧之中消失了。德国的核武器计划没有自己的多恩伯格，没有冯·布劳恩，没有类似佩内明德的机构也没有足够的资金。[41] 总之，世界侥幸逃过一劫。

参考文献

1. 大卫·艾文著，《镜花水月》（*The Mare's Nest*），伦敦，1964 年，第 13—14 页。

2. 哈里·欣斯利及其他人所著，《二战时的英国情报》（*British Intelligence in the Second World War*），伦敦，1981 年，第 1 卷，附录 5。

3. 迈克尔·史密斯著，《佛利：拯救了 10000 个犹太人的间谍》（*Foley: the Spy Who Save 10000 Jews*），伦敦，1999 年。

4. 大卫·艾文著，《镜花水月》，第 34 页。

5. 彼得·魏格纳著，《佩内明德的风洞》（*The Penenemunde Wind Tunnels*），纽黑文，1996 年。

6. 同上，第 27 页。

7. 大卫·艾文著，《镜花水月》，第 35 页。

8. 同上，第 38 页。

9. 同上，第 43 页。

10. 彼得·魏格纳著，《佩内明德的风洞》，第 10 页。

11. 同上，第 34—40 页。

12. 巴兹尔科利尔著，《保卫联合王国》（*The Defence of the United Kingdom*），伦敦，1957 年，第 353—355 页。

13. 大卫·艾文著，《镜花水月》，第 140—141 页。

14. 托马斯·威尔逊著，《丘吉尔和他的科学顾问》（*Churchill and the Pro*），伦敦，1988 年，第 2—4 页。

15. 大卫·艾文著，《镜花水月》，扉页。

16. 同上，第 45—47 页，第 53 页。

17. 哈里·欣斯利及其他人著，《二战时的英国情报》，第 3 卷，第 1 部分，第 369 页。

18. 同上，第 385 页。

19. 同上，第 390 页。

20. 同上。

21. 同上。

22. 哈里·欣斯利及其他人著，《二战时的英国情报》，第 1 卷，第 57 页，第 277 页。

23. 哈里·欣斯利及其他人著，《二战时的英国情报》，第 3 卷，第 1 部分，第 289 页。

24. 同上，第 379 页。

25. 同上，第 391—392 页。

26. 同上，第 402 页。

27. 同上，第 412 页。

28. 同上，第 428 页。

29. 巴兹尔·科利尔著，《复仇武器之战》（*The Battle of the V-Weapons*），伦敦，1964 年，第 45—46 页。

30. 巴兹尔·科利尔著，《保卫联合王国》，附录 45。

31. 哈里·欣斯利及其他人著，《二战时的英国情报》，第 3 卷，第 1 部分，第 446 页。

32. F.H. 吉布斯·史密斯著，《飞机》（*The Aeroplane*），伦敦，1960 年，第 14 章。

33. 诺曼·龙马特著，《希特勒的火箭》（*Hitler's Rockets*），伦敦，1985 年，第 187 页。

34. 哈里·欣斯利及其他人著，《二战时的英国情报》，第 4 卷，第 184 页。

35. 迈克尔·霍华德著，《英国二战时的情报》（*British Intelligence in the Second World War*），第 5 卷，1990 年，第 18—20 页，第 231—41 页。不得不说，加博是一个天才的反集权主义者和坚定的亲英分子。

36. 同上，第 5 卷，第 12 页。

37. 同上，第 177—179 页。

38. 同上，第 183 页。

39. 哈里·欣斯利及其他人著，《二战时的英国情报》，第 3 卷，第 1 部分，第 360 页。

40. 私人信息，来自 D.C. 瓦特教授。

41. 大卫·艾文著，《病毒之屋》（*The Virus House*），伦敦，1967 年，书中多处。

终章

★

1945 年之后的军事情报

自从第二次世界大战结束以来，战争形式发生了天翻地覆的变化，最主要的原因是核武器的发展有效地阻止了大国之间爆发全面战争，而本书的主题就是此类战争中的决策行为。全面战争对于大国之间来说已经十分危险。但这对普通人来说，并非意味着世界变得更加安全。相反，据估计自 1945 年以来死于战争的人数仍超过了 5000 万，与第二次世界大战相当。然而大多数的遇难者是死于小规模的、偶然爆发的冲突，其中很多甚至都难以称之为内战。在过去的50 年中，收割生命的主要元凶已经不是 1939—1945 年间的空中轰炸、大规模坦克战和步兵之间无休止的消耗战，而是在频频发生的各种冲突与屠杀中使用的各种廉价轻武器。

即便在此期间爆发的少数几次战争中，大规模传统战争也很少，而且数量呈下降趋势。因此，虽然 1950—1953 年的朝鲜战争几乎单纯是坦克和步兵的战斗，且 1956—1973 年发生的几次阿以战争也类似，但是冷战时期规模最大的战争——越南战争，其特征是正规军之间的战斗非常少。虽然 1980—1988 的两伊战争再度出现了惨烈的厮杀，伊朗由于缺乏重装备并且使用未成年征召兵发动自杀进攻，使得这场非对称作战与 20 世纪的其他战争几乎没有相似之处。1991 年，伊拉克由于在大规模的地面战斗中失败而被迫放弃对科威特的非法占领，但伊拉克军队比起坚守阵地更希望赶快投降，因此很难说他们真正参加了战斗。在 2003 年的第二次海湾战争中他们的表现没有改观，在这次战争中情报工作对于联军尽早锁定伊拉克政府的领导层发挥了重要作用。

除此之外，战后的军事历史中，很少出现前几章中讨论的战争结果受到作战情报影响的例子。在核战争时代情报部门的忙碌前所未有，吞噬的资金也登峰造极。但是为了确保安全，投入情报工作中的很大一部分金钱与精力，并不是为了在短期或特定环境中取得胜利。精密的早期预警设施——雷达站、水下传感器、太空卫星系统、无线电监听塔——从建设到维持和运行无一不耗资巨大，这些设施的机动辅助手段，尤其是空中监视部队也同样是吞金巨兽。由此收集来的情报，被专业人士分类为信号情报，它们与通讯情报和电子情报混杂在一起，需要数千个分析人员和电脑技术人员的处理与判读。这些人员的工作很少对外公布，而且公众似乎对于当代情报活动中真正关键的部分没有兴趣。这并不意外，因为即使受过高等教育的外行人，也会对情报技术的复杂性望而却步。只有最为专业的专家才有可能理解当今情报部门是如何运作的。在软件帮助下，感兴趣的普通读者也有可能理解恩尼格玛机的原理，以及密码分析员如何解决破译的难题。现代密码是将大量质数应用于语言所产生的，这是属于最高等级的数学领域，据称就算是现存的最强大的计算机也无法破解。

因此毫无疑问，情报界只有在出现安全漏洞时才会引起外界注意，近年来典型的例子是某个情报人员因为贪婪或欲望，或者某些在征募时未被发现的人格缺陷而"就地反叛"。虽然令人震惊的英国"剑桥"间谍事件被曝光已经是很多年前的事情，这种反叛事件仍没有断绝，美苏情报部门都深受其扰，可以推定他们在各自机构的范围内都已做好此类情形发生后的应对策略。

在近年来或当下的军事行动中，人力情报的影响也涉及了了公众利益，而且这种影响也显而易见。在以色列四次成功击退阿拉伯邻国的战争以及众多的小规模冲突中，人力情报毫无疑问发挥了主要作用。在以色列竭力保证国家的生存时，由于周边国家的犹太人响应号召归附，以色列情报部门得以征募同时会说犹太语和阿拉伯语的爱国行动人员，而且他们能够以本地人士的身份通行于前定居国。因此以色列几乎不曾出现人力情报泄密。在越南战争期间，美国中央情报局向越共发动了一场大规模的破坏作战，主要是刺杀身处南越乡村的越共领导人。这一代号"凤凰"的行动现在依然不为外界所知晓。虽然美国早已输掉越南战争，但"凤凰"行动的效果依然还是有启发性的。

近年来唯一能够完整展示情报如何影响作战结果的常规战争例子，是 1982 年英国和阿根廷之间的福克兰群岛战争，其中涉及了情报复杂性的几乎每一方面：信号情报、电子情报、通讯情报、人力情报和航拍或成像情报。从 19 世纪以来，英国与阿根廷对包含南乔治亚岛、格雷汉姆岛和南设得兰群岛、奥克尼群岛和三明治群岛在内的福克兰群岛或马尔维纳斯群岛的主权一直存在争议。福克兰群岛的人口全都是英国人（其他岛屿实际上无人定居），但是阿根廷人普遍深信这些岛屿属于自己。阿根廷有一段混乱的政治史，它曾经是一个极为富有的国家，在 19 世纪因此吸引了大量移民，其中包括希望在欧洲之外过上好日子的贫穷的意大利人，以及人数虽少但主导当地商业与其专业阶层的英国人。

阿根廷在 20 世纪中期遭遇了严重的经济衰退。民众的不满帮助了胡安·贝隆上校的民粹主义政权上台，但又因治理不善在 70 年代激起了一次军事政变。而上台的军政府发觉自己逐渐不受民众支持时，决定通过收复福克兰群岛来扭转命运。因为收复马尔维纳斯群岛（阿根廷人对福克兰群岛的称呼）是一项可以团结所有阿根廷人的事业。

英国人对于阿根廷对福克兰群岛的声索早已习以为常。一开始英国并没有认真对待阿根廷于 1981 年再度提出的主张。双方在纽约的联合国总部内进行谈判，英国人发现谈判并不紧迫而且阿根廷人的情绪看起来很正常。但英国人所不知道的是，以加尔铁里将军为首的阿根廷军政府已经决定，最迟在 1982 年 10 月将入侵福克兰群岛，因为阿根廷预计到时皇家海军唯一一艘驻守在当地的船只，早已列入退役计划的“坚忍”号破冰船就会撤回国内。到 1982 年 3 月时，阿根廷还未做任何军事准备而且也没有出现外交危机的迹象。之后一个偶然事件似乎改变了事件进程。阿根廷一个废品回收队抵达了福克兰群岛的属地南乔治亚岛的利斯，宣称是前来拆解一个旧的捕鲸站。这些收破烂的升起了阿根廷国旗，但是并没有从当地唯一的英国官方机构，英国南极科考局当地分站那里获得许可。当英国人闻讯而来后，他们降下了国旗但并没有解释自己出现的理由。阿根廷人的领头人康斯坦丁诺·大卫杜夫在当时及之后都否认得到阿根廷海军支持，但是有情报说他在登陆之前与阿根廷海军官员会过面。他一上岸，英国外交部就感觉应当有所行动，但英国国防部很不情愿，因为他们认为在远离本土 8000 英里的地方作战已经超出了英军能力。在外交部压力之下，国防部向首相撒切尔提交另一份计划，而后下令“坚忍”号和来自福克兰群岛首府斯坦利港的一队陆战队前往南乔治亚岛待命。

“坚忍”号的意外到来让阿根廷军政府一时慌了神。如果阿根廷废品回收队被赶走，等于阿根廷颜面丧失。但“坚忍”号的出现又使阿根廷面临军事挑战，而军政府几个月来并没有为此做过准备。阿根廷人说了些无关痛痒的话后，派出一艘海军船只接走了大部分废品收集人员，之后又派出一队陆战队前去“保护”还没走的。这下子轮到英国人左右为难了。英国政府向自己和美国的情报部门问询阿根廷有何意图，但是没有得到明确回复。由于预算紧缩，军情六处已经关闭了布宜诺斯艾利斯的情报站，而英国政府通讯总部、美国中央情报局及其信号情报方面的姊妹机构国家安全局，所能提供的信号情报都无法构成完整的真相。

接下来一周英国依然犹豫不决，虽然英国政府已经决定不会容忍阿根廷人对其南大西洋附属岛屿进行任何进一步干涉，但它又不愿采取任何可能激怒阿根廷的措施。最终有人帮英国政府做出了决定。3 月 26 日，在因为经济紧缩计划而爆发的街头示威的压力之下，以及更加害怕在英国因为南乔治亚事件而提出的外交抗议面前退缩而引起公众不满，阿根廷军政府决定将入侵福克兰群岛的时间表提前，并立即发动作战。

福克兰群岛实际上没有设防。在岛上总共 1800 人中，只有 120 人属于福克兰群岛防卫队，但是他们缺乏训练而且只装备了轻武器。正规的军事武装仅有英国海军 8901 特遣队，一支只有 40 人的海军陆战队——在增援力量到达之后，这一数字翻了一倍。除了当时在南极的“坚忍”号，皇家海军在南半球已无任何其他船只。4 月 21 日，阿根廷武装部队开始登陆，并势如破竹。虽然英国总督雷克斯·亨特爵士在接到伦敦关于阿根廷军将从海上入侵的警告后，已经派出 12 人增援南乔治亚岛的 8901 特遣队。但一支由 150 名突击队员组成的阿根廷军先遣队在登陆后不久，就突破至总督府附近与之发生交火。两个小时后，自知抵抗无望的亨特爵士下令投降。不久之后，总数 1.2 万人的阿根廷登岛部队的前锋开始登陆，同时阿根廷空军控制了岛上机场。

这一消息立即在伦敦引发了一场重大政治危机。4 月 2 日是星期五，第二天英国议会破天荒地第一次在周末召开了紧急会议。英国议会的共识是，如果英国政府不能展示抵抗阿根廷人的决心和能力，那就得下台。对于拥有钢铁意志但未行使决定权的女首相撒切尔来说，幸运的就是她已经制定了应对措施。阿根廷在准备入侵阶段产生的大量无线电通讯已经提醒了她，她在一个星期前，即 3 月 29 日便下令派遣一艘潜艇前往南大西洋。更重要的是，她在星期三晚上下令集合一支海军特遣队立即出发前往南大西洋，这被证明是福克兰群岛之战中的关键决定。撒切尔夺回福克兰群岛的决心从未被质疑，但促成这一决定的，是海军上将亨利·里奇爵士在议会下院里接受撒切尔咨询时，确认英国海军有能力夺回福克兰群岛，而且英国海军在下个周末就可开拔。他还向撒切尔保证能够取胜。回到办公室后，里奇下令"特遣队应做好准备并起航"。

　　英国特遣队第一分队在5月5日星期一启程，同时它的后续部队正在仓促集合中。3艘潜艇将担任先锋，其中2艘为核动力，1艘为常规动力。在接下来数周跟进的是，搭载20架"鹞"式战斗机和23架直升机的2艘航空母舰，23艘驱逐舰和护卫舰，2艘两栖船只，6艘登陆舰，75艘大到邮轮小到拖网渔船的运输船，以及21艘油轮。运输船和油轮的绝大部分是从民船队伍中租用和征用的。

　　最终英国舰队搭载的部队包含了整个第3突击旅（辖第40、第42和第45突击队，皇家海军陆战队，皇家炮兵第29突击团和皇家工兵第59突击中队），配属他们的还有伞兵团第2和第3营，皇家骑兵团的2个轻型装甲车连，13个防空连，突击后勤团和旅属直升机中队。此外还有大量特种部队参战，包括特种舟艇队（SBS）的3个小队，特种空勤团（SAS）的2个中队。之后出发的还有第5步兵旅（苏格兰卫队第2营，威尔士卫队第1营和第1及第7廓尔喀步枪营）和一些火炮及直升机。皇家空军共投入了17个中队，包含战斗机、轰炸机、直升机、侦察机和空中加油机。

　　在空中和海上加油是本次行动的一项基本需求，因为特遣队缺乏一个比位于中大西洋的阿松森岛更近的基地。在斯坦利港被重新夺回之前，空中加油还不是很重要，因为这段时间内不会有太多的远距离飞行任务。然而，战舰的所有燃料和其他补给，就不得不在途中从补给船获得了。

　　特遣队在集结时的最大难题是时间，不仅因为需要用武装行动对阿根廷人尽快做出回应，而且6月底南大西洋的冬季即将开始，亚极地天气将迫使英国舰队撤离。从完成船坞内维修到为士兵准备保暖衣物都必须尽快完成，而最初似乎很多需求都无法得到满足。

　　不仅物质准备需要加快，行动的计划和情报的搜集也不能落后。这两件事内在相互联系又相对独立。在福克兰群岛周边，英国没有基地也没有盟友。长期以来，智利与阿根廷的关系不好，它虽然倾向支持英国，但又不愿意冒险公开提供支持，而大多数南美国家支持阿根廷对于福克兰群岛的主张，但这是基于地区团结的初衷。收复福克兰群岛这一仗怎么打？很明显有一场两栖登陆战，

巴西

乌拉圭

福克兰群岛

★ 阿根廷空军基地

布宜诺斯艾利斯

阿根廷

智利

马德普拉塔

别德马

南 大 西 洋

里瓦达维亚海军准将城

德塞阿多

东福克兰岛 **福克兰群岛**

里奥加耶戈斯

斯坦利

西福克兰岛

里奥格兰德

沙格岩

利斯港

合恩角

南乔治亚岛 吉列维根

福克兰属地（英）

科罗内申岛

南三明治群岛（英）

南奥克利群岛

劳利岛(阿)

库克岛

（1976 年后成为阿根廷基地）

南 冰 洋

葛拉汉地

南极洲领地

英国宣称拥有且阿根廷和智利宣布部分拥有

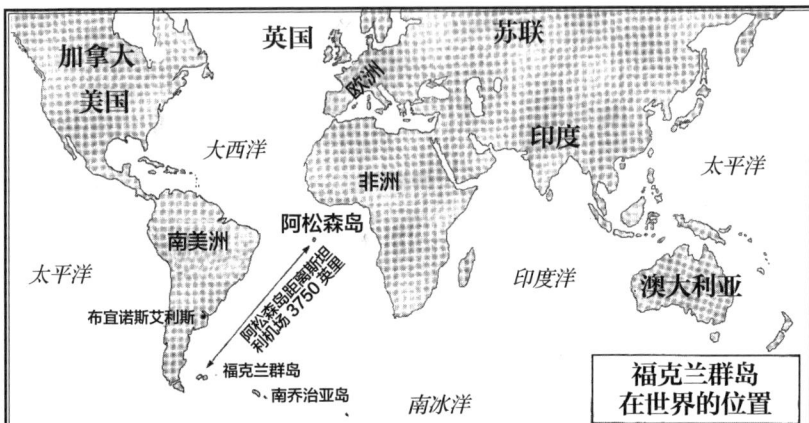

福克兰群岛
在世界的位置

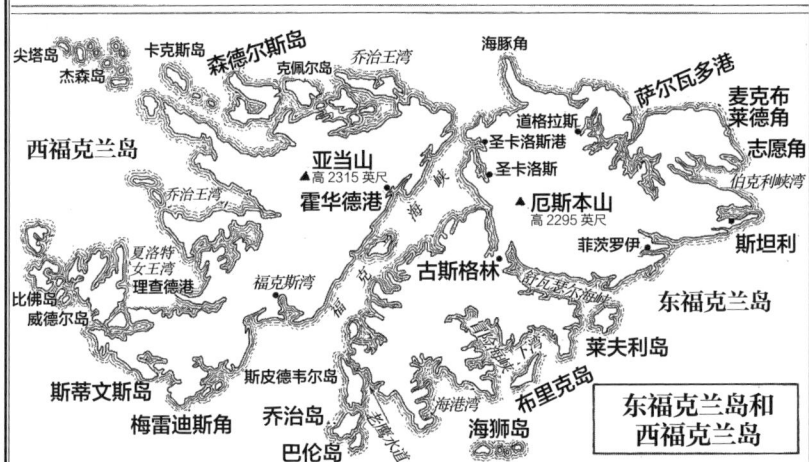

东福克兰岛和
西福克兰岛

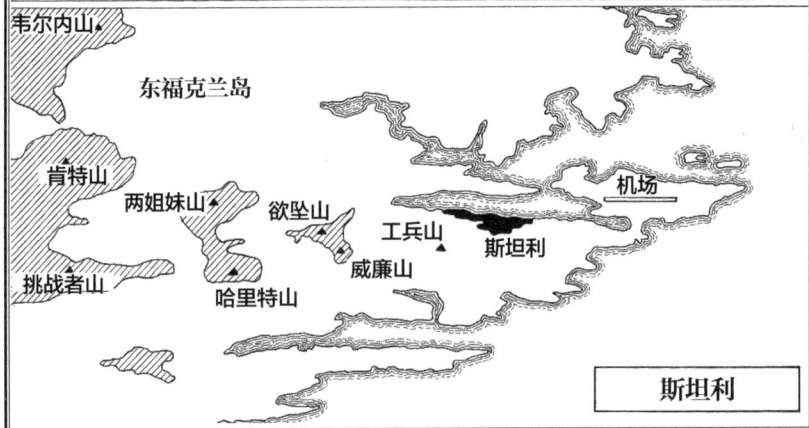

斯坦利

但登陆部队只能从特遣队的船只，而不是另一块陆地发起进攻。这将迫使英国舰队靠近岛屿，起码在部队上岸时需要，而且白天时还需要留在附近，以便让航母舰载机提供支援。令人担忧的是，福克兰群岛虽然离阿根廷本土有 400 英里远，但并没有远到处于阿根廷陆基飞机的航程之外。英军一旦登陆，就会暴露在空袭之下。更令人不安的是，直到入夜向东撤回大洋深处之前，英军的战舰和运输船也十分脆弱。

与阿根廷开战的风险有多大？事实证明，无论在事件之初还是后来的发展过程中，这都是一个难以回答的问题。英国没有一个人真正清楚，实际上，英国根本没人能掌握关于阿根廷武装力量的有用信息。因经济原因，军情六处在南美的情报站被关闭到只剩一处，这个情报站位于布宜诺斯艾利斯，但是其负责人单单因为收集政治情报就已疲于奔命。英国各军种的武官，本应汇报各自的阿根廷对手的情况，但近几年来，他们几乎被迫成了英国防务工业的推销员。实际上，驻外武官是一个上升无望的英国军官的职业终点，一份平淡的军旅生涯的告别礼物。这不是特指驻阿根廷的武官，而是普遍如此，只有那些被派往苏联的军官才有责任收集情报，而且本身具有相应的能力和受过专门的训练。

在一个相对开放（阿根廷曾经如此）的社会中收集相关信息并不难，也不会产生外交礼仪上的冲突。如随手可得的军事杂志就包含了有价值的信息片段，如果加以整理很快就能获得战斗序列的信息。从当地报纸中关于在役人员的故事和当地驻军牵涉的社会事件中也能收获不少。部队历史同样是丰富的情报来源，因为一支部队常常会在同一个兵营里待上数十年。阿根廷的陆军、海军的机构相对稳定，而且对于那些专为搜集情报而来的人来说，这些部队并没有用专业保密措施隐藏关于自身的驻地、实力或任务的信息。

简而言之，伦敦国防情报局的档案里，在 1982 年 4 月时本应记录了关于阿根廷陆海空三军的详细信息，在事实上并没有，其档案柜里空空如也。因此特遣队的军官们不得不窘迫地在公共图书馆里翻阅大众读物，如《简氏舰船》和英国国际战略研究所的《军事平衡》，然后收获寥寥。《军事平衡》里对于阿根廷这种国家只花了不到 3 页纸的笔墨，《简氏舰船》的厚度甚至跟一本画册差不多。同时阿根廷最为重要的战舰，"五月二十五日"号航空母舰，即原本的英国海军"可敬"号，能从 1943 年服役至今确实很可敬。而阿根廷最大的三艘驱逐舰也是由英国设计或建造的，因此《简氏舰船》能提供的不比皇家海军知道的多多少。陆战队和陆军兄弟们在查阅《军事平衡》时只会更加沮丧。因为书中很少提到阿根廷陆军有多少个单位，以及各个单位的装备数量，对于各单位的实力没有任何介绍，而且也没有单位的名称和说明他们平时的驻扎位置。在 1982 年 4 月初忙乱的日子里，信息缺失给英国人造成了严重的战略误导。阿根廷最好的三支部队是第 6、第 8 和第 11 山地旅（贝隆碰巧也曾是一名山地步兵军官），由于他们所受过的训练和对寒冷气候的适应，显然应该是用于福克兰群岛作战的最好选择。但是，由于阿根廷军政府担心智利借机渔利，便加强了在双方争议的合恩角地区的阵地，因此没有调动阿根廷山地旅，而是从温暖的乌拉圭边界调来了一些二流部队。英国政府通讯总部曾经监听了阿根廷山地旅的无线电通讯，确认即使在阿根廷向福克兰群岛进发时，他们仍在遥远的南方。英国特遣队军官很显然完全可以通过公开渠道获得这些信息，但实际上却一无所知。

英国海军同样两眼一抹黑。负责指挥战舰和老式航母"竞技神"号的桑迪·伍德沃德将军，对于面临的风险只有大致的认识。他认为风险来自三方面：其一是阿根廷的陆基飞机。其中一些装备了法制的掠海反舰导弹"飞鱼"（伍德沃德的一些战舰上也有），这种导弹很难用电子反制措施干扰而且直接命中的后果十分致命。其二是阿根廷的水面舰队。英国人通过无线电监听得知其已经出海，并围绕着"五月二十五日"号和前美国重巡洋舰"贝尔格拉诺"号组成了两个战斗群，看起来像要发起钳形攻势。其三是阿根廷的潜艇。柴电潜艇虽然难以探测，但是伍德沃德认为英国部署在此地的核潜艇能让对方不敢轻举妄动。在这些之外，阿根廷水面舰艇已被警告不要进入英国围绕着福克兰群岛划定的禁区否则将受到攻击（阿根廷的"贝尔格拉诺"号虽然在禁区外但仍被英国"征服者"号核潜艇击沉了）。另外英国特遣队还希望通过在阿根廷本土与福克兰群岛之间部署驱逐舰和护卫舰作为雷达哨舰，提供早期预警并通过发射可以模拟比被锁定的舰只更大的目标的"铝箔"，来干扰任何来袭导弹。

实际上，阿根廷的柴电潜艇没能成功向特遣队发起攻击。阿根廷水面舰队则因为"五月二十五日"号上面的设备出现故障失去部分功能，而转身离开禁区然后在"贝尔格拉诺"号沉没后返回港口。但是携带"飞鱼"的飞机却给英国特遣队造成了沉重打击，其他飞机也用更加常规的武器，几乎快要取得海战胜利，不但几乎守住了福克兰群岛，还让英国人蒙羞数十年。

阿根廷的空射"飞鱼"导弹，实际是另一种舰载导弹 AM–39 的改进型。挂载这种导弹的飞机"超级军旗"和导弹一样都来自法国。英国人正确地判断阿根廷人只有 5 枚 AM–39，但错误地认为对方只有一架"超级军旗"——其真实的数目是 5 架。与"飞机—导弹"组合一样重要的，是能在英国特遣队进入攻击范围后，向里奥格兰德基地内的"超级军旗"提供预警的海上侦察机。阿根廷使用的是过时的美国侦察机，SP-2H"海王星"。它在因为地球曲率而形成的海平线之外徘徊，但通过有规律地跃升能保持对英国特遣队的雷达监视。"超级军旗"在飞向目标时，会掠海飞行以躲避英军雷达，直至靠近到可以发射"飞鱼"为止。飞行员只需要爬升一到两次，然后短时间内"超级军旗"会使用自己的雷达锁定目标并自动为导弹输入参数，使其飞向正确方向。在发射之后"飞鱼"会通过自身的高度计保持掠海飞行，最后通过自身雷达发射的波束对准目标船只。

伍德沃德将军及其幕僚得到的错误信息显示"超级军旗"的航程只有 435 英里，无法攻击于福克兰群岛以东的英国特遣队。实际上借助阿根廷的两架 KC-130 加油机，"超级军旗"是能到达发射位置的。5 月 4 日，"贝尔格拉诺"号沉没两天后，两架从里奥格兰德基地起飞的"超级军旗"逼近了英国特遣队——指引他们的"海王星"号曾被英国雷达探测到，但被认为是在搜寻"贝尔格拉诺"号的幸存者。"格拉斯哥"号和"考文垂"号作为雷达哨戒舰此时部署在特遣队以西，在"超级军旗"爬升到海平线以上做最后的航线修正时，雷达探测到了它们的信号。英国战舰发射了铝箔，使得在海面之上仅 6 英尺飞行的两枚"飞鱼"被自己的航向修正系统所带偏。而 20 英里之外的"谢菲尔德"号此时正在用无线电与卫星通讯，这使得它无法接收到姊妹舰的警告或者使用自己的雷达。因此，它的船员没有意识到危险的来临，也就没有启动干扰措施或进行机动规避。随后，一枚"飞鱼"击中了它的前引擎室，尽管这枚导弹的弹头没有爆炸，却引发了一场夺走众多生命并迫使幸存者弃舰的大火。

伍德沃德立即把特遣队撤往福克兰群岛以东更远的地方，并在这里等到登陆开始的 5 月 21 日。而负责夺回福克兰群岛作战，即"共同作战"行动的诺斯伍德联合指挥部，开始疯狂地寻找改进情报收集的手段和直接打击阿根廷空中威胁的办法。这期间，阿根廷陆海空三军产生了大量的通讯信息，不仅被英国政府通讯总部通过位于阿松森岛两船村的监听站所拦截到，也被在此关键时刻决定向英国伙伴提供全力支持的美国国家安全局，和新西兰位于怀乌鲁的一个监听站所截获。[1]美国慷慨地向英国提供了卫星情报：由"白云"海洋监视卫星、锁眼卫星 KH-8 和 KH-11 所提供的电子和成像数据。此外，还有由 SR-71 高空侦察机偶然飞越阿根廷时所收集到的数据。

空中监视的局限性在于其间歇性——"白云"每天只能在同一个地点上面飞过两次，而当它"正准备发挥作用"时，英军已经遭受了损失。空中监视本来可以向英国人发出阿根廷入侵舰队起航的警告，使其能够及时做出应对的，而一旦阿根廷舰队到达福克兰群岛，"白云"就帮不了多少忙了。

在阿根廷使用"飞鱼"攻击成功之后，空中监视的局限性迫使诺斯伍德指挥部决定在情报工作方面从被动转向主动。既然传统的警告手段——包括卫星监视——已经无法使英国特遣队避开威胁，英国国防部便寄希望于采取行动把威胁消灭在源头：投入特种部队搜寻并把使用"飞鱼"的单位消灭在它们的基地之中。

特种部队是英国对于现代军事领域的独有贡献。他们的起源可以追溯到丘吉尔于 1940 年 7 月发出的"点燃欧洲"的命令。这一命令直接促成了特别行动处的成立。丘吉尔的想法后来被证明是错误的，他认为在欧洲的德国占领区使用非常规部队发起秘密攻击，能够在内部对敌人造成破坏。他设想这将由被占领国的爱国者来完成，由英国特工负责提供武装和指导。丘吉尔的计划虽然在很大程度上恢复了欧洲战败国的民族自豪感，但没有明显削弱纳粹的力量。然而他关于组建非正规部队的概念有一个间接的产物，就是永久性地改变了国家使用军事力量的方式。受到特别行动处的启发，英国军队在第二次世界大战中期成立自己的非常规部队，并为其提供在敌军领土内部行动所需的装备和训练。按照丘吉尔的直接命令，首个此类单位被组建起来，这就是后来的突击队，一种由海登陆的突击部队。在伞兵团内也有类似的部队，他们的装备和训练则是为在敌军后方空降作战所准备的。

1940—1942 年，特别行动处、突击队和伞兵团的设想，也启发了中东战区一些思想活跃的英军军官成立特种部队的想法：与其招募当地平民作为非正规士兵，不如自己转变成非常规作战的专家。结果就是诞生了一系列特种单位，如远程沙漠作战大队、波普斯基秘密部队、黎凡特纵帆船中队和特种空勤团。当二战结束后，这些部队大多变成了英雄传说。只有特种空勤团命运不同。战争期间它十分成功，在沙漠深处敌人以为安全的地方袭击机场，在欧洲大陆为空袭指引目标。尽管在 1946 年被撤销，但为了对付马来西亚丛林中的武装力量，1948 年它又被重建去执行秘密行动，并因此积累了许多特种作战方面的经验。到 80 年代，它已经成为英国军方用于在国内外对付恐怖分子和有组织犯罪的工具，其实质是转变成了英国政府的特工从事秘密行动。当然，它同样也向常规作战中的正规军提供特种作战支持。特种空勤团虽然规模很小——其严格的招募程序把人员规模控制在 400 人左右——但它的能力是与其人数不成比例的。它最擅长的任务之一是秘密观察。特种空勤团的成员懂得如何"隐身"在自然环境中，如何在"隐蔽所"中"潜伏"下来，克服极大的不适并带回有关敌人位置和活动的目击报告。诺斯伍德指挥部在"共同行动"之初就决定，由于通过信号拦截与空中监视获得的情报很少，有必要派遣特种空勤团深入敌后进行观察并汇报。这个任务很快又扩大为直接攻击敌人暴露的，被认为将对英国远征行动造成严重威胁的阵地。

一开始诺斯伍德就决定要有所行动。南乔治亚岛虽然离福克兰群岛有 800 英里远，但是英国人将此地的阿根廷军队视为一种挑衅，并认为在准备收复福克兰群岛的漫长过程中，可以借此地练练兵。在 3 至 4 月间，英国特遣队南下时，英国政府越来越感到有必要用胜利的消息来舒缓公众的情绪。南乔治亚岛刚好是个合适的目标。因此皇家海军"安特里姆"号驱逐舰，搭载着一支由皇家海军陆战队和特种空勤团组成的混合部队前往南乔治亚岛。这支部队在恶劣的天气下携带着不足的装备登上了岛，整个过程有惊无险，在 4 月 21—22 日完成了任务。代替之前的废品收集队驻守在此的阿根廷军队轻易就投降了。英军陆战队和特种空勤团在战斗中没有伤亡，但好几次差点因为事故闹出人命。

　　突袭南乔治亚岛之后，特种空勤团和皇家海军陆战队的同类型单位特种舟艇队一起投入了福克兰群岛作战的初期行动。在之后的阶段，特种空勤团也全面参与了战斗，并尝试在阿根廷本土进行一些目前仍未公开的行动，并试图在阿根廷空军刚出击时就发出预警，也试图用突袭直接阻断阿根廷飞机出动。

　　英军第一次大规模特种作战行动是针对福克兰群岛发起的。6 支特种舟艇队小队和 7 个特种空勤团四人巡逻队乘坐直升机从战舰上登岛，特种舟艇队专门负责为英国特遣队选择适宜登陆的海滩，特种空勤团则搜集关于阿根廷军部署的信息。一支特种空勤团巡逻队在布拉夫湾潜伏下来，这里是群岛的主岛——东福克兰岛的西海岸，后来成为辅助登陆点。还有一支潜伏在最初和主要的登陆地达尔文附近的圣卡洛斯湾，三支巡逻队占领了可以俯瞰东福克兰岛首府斯坦利港的位置。另外三支部署在人口稀少的西福克兰岛——特种空勤团在此取得了第一个击毙战果。5 月 14 日，D 中队的 54 个人乘坐直升机在此登陆，一支于三天前渗透到此的巡逻队带领他们前往攻击卵石岛上的机场。阿根廷空军在此部署了 11 架“普卡拉”攻击机，并配有 100 名守卫。跟随特种空勤团的还有来自皇家炮兵第 29 突击队的前沿观察员，他们负责为靠近海岸的护卫舰指引炮火。在炮击掩护下，特种空勤团通过安放炸药摧毁了阿根廷军的所有飞机，然后全身而退。阿根廷军除了损失所有飞机外，还有一名军官阵亡，两名士兵受伤。

　　随后英军特种部队又进行了两次独立行动。一次在 5 月 21 日，即英军在圣卡洛斯湾的主要登陆日，特种部队负责夺取俯瞰通往海滩的通道的范宁海德山；一次在 5 月 25—27 日，特种空勤团前去夺取俯瞰斯坦利港的肯特山上面的警戒阵地。两次行动都顺利完成。范宁海德山上的阿根廷人被特种舟艇队所赶跑。特种舟艇队在主要登陆行动展开时，也向坎帕蒙塔湾、鹰山、约翰逊港、圣卡洛斯和圣卡洛斯港派出了巡逻队。[2] 5 月 20 日，阿根廷调动部队反击桥头堡遭到特种空勤团的沉重打击，后者找到并摧毁了阿根廷军停放的 4 架“支奴干”和“美洲豹”直升机。从登陆之后到 6 月 14 日阿根廷军投降，特种空勤团和特种舟艇队两支部队的 22 个小队一直参加了岛上的作战。

　　然而 5 月 4 日“谢菲尔德”号被“飞鱼”击沉之后，掌控特种部队的人想要让特种部队以某种方式提供"飞鱼"攻击的早期预警，或者消灭携带"飞鱼"导弹的"超级军旗"。这两个任务都要求特种部队进入阿根廷本土。5 月 17—18 日，一支特种空勤团监视小队试图搭乘直升机渗透到里奥格兰德基地附近，他们的任务是评估基地的守卫状况，然后隐秘撤往智利——那里已经安排了人手接应他们。但是就在直升机着陆时，飞行员认定飞机被发现了必须立即撤往智利。在匆忙向西飞的过程中，他放下特种空勤团队员让他们自己步行穿越国境，自己在智利境内降落后放火把飞机烧了。对于自己出现在智利境内，英国机组人员解释是迷路但智利人并不怎么相信，但他们后来还是被遣返了。而特种空勤团入境后被一名卧底特工发现，然后被带到圣地亚哥在那里一直藏到战争结束。[3]

第二个导致英军放弃消灭里奥格兰德基地内的"超级军旗"的因素是，越来越多的详细信息证明这个行动会以灾难告终。这一计划需要 3 支特种部队总计 45 个人，乘坐 C-130"大力神"运输机在机场跑道硬着陆，然后消灭守卫，摧毁"超级军旗"，杀死飞行员（如果当时他们还在宿舍里的话），最后急行军穿越荒野进入中立国智利。在外交上这一行动的可行性十分低。在发现手头的当地地图要么是 1939 年的或者是从《泰晤士报地图册》上复印的之后，特种空勤团队员更加没信心。在他们离开英格兰之前的最后一次任务简报会上，两位经验丰富的军士宣称他们希望留在后方，显然这种行为在特种空勤团历史上是闻所未闻的。面对特种空勤团队员的质疑，高级军官感觉必须取消行动。一些军官认为应当把抗命者解职，另一些认为士兵们的理由十分合理。[4]

英军上层在知道存在极大风险的情况下，仍然要求准备行动的原因是，5 月 25 日两架"超级军旗"经过空中加油后，飞到福克兰群岛北部，从英国人意想不到的方向靠近并成功发射了"飞鱼"导弹。一发被铝箔干扰掉入海中，另一发被集装箱运输船"大西洋运输者"号巨大的轮廓所吸引并直接命中。"大西洋运输者"号随后着火沉没，上面还有重要的重装备，包括 3 架"支奴干"重型运输直升机，10 架"威塞克斯"直升机。这些飞机原本将负责把步兵从滩头运往斯坦利港，但在飞机损失后，英军步兵只能徒步行军了。

在击沉"大西洋运输者"号之后，阿根廷人就只剩一枚"飞鱼"了。另外在 5 月 21—23 日，在英国特遣队和阿根廷军进行的传统空战中，阿根廷空军损失了 23 架飞机，或者说全部实力的三分之一。阿根廷飞行员在整个战争中都表现出了极大的勇气和出人意料的作战技巧，但在圣卡洛斯湾上空的战斗中他们彻底失败了。他们原本计划在 6 月 8 日对布拉夫湾发动一次规模更大的攻势，但是当时英军地面部队已经占领了环绕斯坦利港的高地，而港中的阿根廷驻军已经显示出了投降的迹象。

有一些未经证实的说法指出，5 月份英国特遣队的防空能力增强，是因为一支特种空勤团小队渗透进了阿根廷本土且未被发现，以及英国核潜艇在阿根廷近海进行警戒。[5] 当然在战斗最为激烈的三个星期，即 5 月 21 日—6 月 14 日，英国早期预警系统发挥如何至今还不清楚。它的成功靠的不仅是运气，因为英国的空中掩护并不充裕，最初只有 36 架"鹞"式战斗机，而舰队的导弹防空系统并不完整。阿根廷的巨大损失，包括 31 架"天鹰"攻击机和 26 架"幻影"战斗机，证明了英军早期预警的成功是系统性的而非单靠运气。[6]

英国特遣队的两次严重情报失利，都要归结为人为因素。在重夺南乔治亚岛的辅助行动中，为了将一支特种空勤团小队从一个因为天气恶劣而无法坚守的阵地中撤出，先后有两架直升机坠毁，直到第三架直升机才历尽艰难把特种空勤团和之前两架飞机的机组人员救出。如果不是之前一位具有探险经验的陆军军官向行动计划者保证行动的可行性，这一系列拯救行动本不该发生。这一事件是一记警钟，即专家的意见与其他任何形式的情报一样都有可能存在缺陷。第二次失利更加严重。战争之初，一架来自"无敌"号的"鹞"式战斗机在袭击西福克兰群岛的"普卡拉"攻击机基地时（5 月 4 日）被击落。阿根廷情报官员发现了英国飞行员身上的简报，经过破译得知英国舰队在福克兰群岛以东的位置。在此之前，英国舰队一直隐蔽于大洋之中，但保持在能攻击福克兰群岛的距离内，以此希望获得岛上的制空权。5 月 4 日，也就是"谢菲尔德"号被击沉当天，伍德沃德将军被迫把舰队撤到阿根廷军攻击范围之外，只有在绝对必要时才会接近岛屿。

英国人之所以参战是相信通过武力展示能够迫使阿根廷人以外交谈判的方式退让。在"谢菲尔德"号沉没、第一架"鹞"式战斗机被击落之后，英国人不得不正视这是一场真真正正的战争。5 月 21 日英军登陆之后，相信阿根廷人的抵抗很快就会崩溃的乐观情绪在上涨，因为阿根廷的征召兵不是精锐的英国正规军的对手。然而地面战斗的前三个星期内双方实际处于僵持之中。通过情报策划，阿根廷人甚至可以用"飞鱼"攻击英国的航母或大型运兵船，并扭转战争。实际情况是，阿根廷没有英国人所享有的美国卫星监视或信号情报优势，而且自身的情报资源也很缺乏，因此只能靠揣测和运气作战。而这两者并不一直在他们一边。

20 世纪最后一场大规模战争，是以美国为首的联军与伊拉克之间的海湾战争。比起马岛之战，联军享有比英军更加有利的情报条件。除了丰富的和持续的信号情报之外，联军还进行了频繁的临空侦察，以及动用各种形式的卫星监视手段。由于伊拉克人在远离国境的科威特领土上部署部队，联军还有途径获得大量和精确的作战地区地图，作战人员因此对于所获得的战略情报的数量和质量甚为满意。

不过，联军对于即时获取的战术情报，满意度却要低很多。由于在战争之初伊拉克空军就逃往伊朗避难，因此就没有进行早期空袭预警的必要。唯一需要预警的是伊拉克发射的"飞毛腿"导弹，它瞄准的是联军在沙特的基地和以色列国土，所以联军更加需要的是"飞毛腿"发射车位置的信息。联军的早期预警系统运作良好，数次帮助将飞行途中的"飞毛腿"击毁。"飞毛腿"发射车——一种梅勒拖车的变体——的位置被证实基本无法确定。尽管不少联军特种部队渗透进了伊拉克领土，但没有发现和摧毁任何发射车。伊拉克有能力隐藏和保护高价值武器不被联军的内部和外部情报搜集手段所探测到。这也是本书成书时的 2002 年，伊拉克危机再度浮现的根源之一。

萨达姆·侯赛因无视联合国的权威，拒绝与执行联合国 1441 号决议的武器视察员合作，这一例子说明即使是获得授权的间谍行为，也难以获得有关相关现代武器系统的情报。伊拉克土地上的武器视察员虽然人数不少（至少 100 人），且表面上享有不受限制的行动和进出自由，但一直到 2003 年 3 月底，他们在努力搜寻伊拉克本该按照联合国决议销毁的（他们坚信伊拉克并没有执行），以及隐藏在多个地点的化学和生物武器材料时屡屡受挫。而萨达姆被认为正在开发的核弹头，经过搜索同样不见踪影。高级武器视察员汉斯·布利克斯博士抱怨，他和他的团队无法完成任务——向联合国报告伊拉克已经完全遵守 1441 号决议的规定——因为伊拉克当局拒绝提供全面合作，尤其不允许单独审问参与武器项目的伊拉克科学家。不管是布利克斯博士还是要求给予视察员更多时间的西方反战抗议者，似乎都认为他们要搜索的目标很可能被很好地隐藏起来了，因此武器视察使命注定要失败。这种情况前所未有。联合国迫使一个潜在的国际法违反者开放边界，允许得到联合国官方支持的视察员调查其涉嫌的不当行为，但最终调查员无法消除关于这个国家的意图和能力的不确定性。简而言之，在最优的条件下情报工作也照样会失败。

　　同期进行的"反恐战争"中，联军的情报工作也同样举步维艰，尽管原因不一样。说是"战争"其实不准确，因为这场"战争"过于非对称，其中一方并没有使用常规战争手段向另一方施加压力的能力。"基地"组织，控制并领导了原本分散的伊斯兰原教旨主义恐怖分子，虽然名义上叫"基地"实际上却没有明显的基地，而且当2002年初塔利班政权在阿富汗垮台之后，它也没有了领土。"基地"在很多伊斯兰国家中也是非法组织，连独裁政府都担心"基地"组织，批评它们不遵守伊斯兰教的原教旨，影响自己的权威。"基地"组织成员的规模和构成很神秘，除了几个自称的难以辨别真伪的头目之外，其领导层的身份也不为外界所知——如果这个组织真有一个指挥体系的话，那肯定隐藏得很深。"基地"组织的优势之一，就是它看起来就是好几个信仰相近的独立群体联盟，而不是一个单一实体。虽然众所周知它掌握了大量资金来源，但财务情况依然十分神秘，因为显然它是按照穆斯林世界传统的，虽不正式但很安全的口头协议进行交易。它不拥有大型而复杂的武器，更偏好简易的武装——正如在2001年9月11日他们用来劫持民航飞机所用的武器一样——或者使用塑性炸药等在恐怖袭击中易于隐藏的武器。和所有在1945年之后出现的恐怖组织一样，"基地"组织似乎从西方国家特种部队，如特别行动处和特种空勤团在二战时期的行动中学到很多。1940—1944 年，欧洲德国占领区中的抵抗组织发明并扩散了大部分现代秘密战争技术，大量关于如何反抗纳粹的文件就是秘密战争的教科书。其中所描述的技术包括被俘人员如何对抗审讯，当然这对于会使用酷刑的盖世太保来说经常无效。不过对付现代的西方反恐组织却很有用，因为文化上现代社会已不能接受酷刑，各国国内和国际法也加以禁止。尽管"基地"组织有数百名特工人员被抓获，但有报道显示美国人未能破解他们的反审讯手段。

进入"基地"组织内部的唯一突破口，是在其必要的联络手段上找到的。正如这本书所提到的，内部通讯几乎一直被证明是任何地下组织的薄弱环节，不管它采用了什么办法确保安全。迄今为止，"基地"组织仍然相信，全球巨量的移动电话和卫星电话通讯会使西方监视组织无从下手，似乎认为内部人员之间的信息交换能隐藏于每天数十亿的其他信息中。幸运的是，这已被证明是一厢情愿。现代的扫描和传输点定位手段，已经使得西方拦截机构能够隔离和监听数量越发庞大的重要信息，并锁定嫌疑人和确定他们的活动地点。

然而对"基地"组织及其他原教旨主义者网络来说，最有效的攻击手段仍是最古老的情报收集方法，间谍——充满勇气，能流利使用复杂语言并能在其他文化环境中像当地人一样来去自如，努力与敌人交好并最终被接受的特工。这一环节被以色列人进一步完善，他们的情报机构有一个优势，可以招募来自阿拉伯土地上的古老犹太社区的难民，这些人不但能熟练使用原来居住地的语言，对提供新家的以色列也绝对忠诚。西方国家就很难招募到这种人员。伊斯兰教是其信徒之间的强大的纽带，即便是第二代或第三代穆斯林移民，尽管在每个方面对他们的西方居住国也会很忠诚，但仍然对于背叛其他穆斯林、向当局举报狂热的原教旨主义者感到十分反感。在美国很难招募到伊斯兰背景的特工，因为既缺乏大型或传统的穆斯林社区，也很少有掌握合适语言的非穆斯林公民。在昔日的帝国之中，如英国和法国，情况可能会好一点，尤其是英国的情报机构，由于在 19 世纪需要对殖民地的异见者进行监视，因此保留了大量关于这些国家的语言学和人种学的知识与技能。

英国情报机构面临着非同一般的任务。这种任务和布莱切利公园或海军部情报处的业务不一样，这两个机构需要最顶尖的智力人才，严格地开展日复一日的无线电监控、截获和破译工作。新一代的反间谍高手从任何方面都不像"恩尼格玛"传奇中的学者或象棋冠军。他们不会是知识分子，也不是凭借着理性的力量或者数学分析方面的天赋来战胜对手。相反，他们依靠的是移情和掩饰的能力，来发现、渗透并赢得目标群体的信任。他们的工作更加类似于卧底警察，努力使自己成为犯罪团伙中值得信任的成员，这种生活面临着各种危险还需要降低自己的道德标准。在北爱尔兰恐怖组织（既包括共和军分子也包括亲英国组织）内安插卧底的经验，使得英国安保和特种警察机构熟悉了如何进行此类卧底行动。但是实践总是比理论更加困难，对于对付宗教狂热分子来说尤为如此。即便是意识形态上的恐怖分子，例如北爱尔兰传统共和极端派民族主义者，有时也容易在诱惑和威胁面前妥协。北爱尔兰共和军分子通过敲诈勒索来筹集资金，于是沦为犯罪团伙，产生了腐败效应，虽然它的"军事"精神不包括为"志愿者"所面临的风险负责。作为对比，伊斯兰原教旨主义者看起来经得起金钱诱惑，表现出了为达目的而自我牺牲的精神。他们在接受审讯时采取的是完全沉默的准则，个人也受到类似宗教兄弟会的约束。当然，不会被渗透和不会被摧毁的组织是不存在的，每个组织都有自己的弱点和易被突破的成员。但是西方的情报机构可能需要几十年时间才能学会如何打入神秘的境外组织，而将其边缘化并消灭则要更久。

这种挑战迫使西方情报机构在卫星监视和计算机破译普及的时代，重新捡起看上去已经过时甚至原始的反间谍手段。吉卜林笔下的吉姆，作为一个由大师级小说家创造出来的令读者喜欢的角色，在现代社会仍有生命力，也可看作是一个反原教旨主义者的模范特工，他有能力掩盖自己的欧洲身份，并以令人信服的穆斯林信使身份来去自如。在某些场景下，印度教勇士和佛教圣人追随者的身份，比起任何高等数学博士学位更加有用。布肯笔下的斯卡德，追踪着一条接一条的线索，从布达佩斯的一家皮货店一路来到巴黎的后巷，途中隐藏起自己的身份并披上新的伪装，似乎能比现代社会情报领域的科班生更加适应现在的社会。但如果在反恐领域，文学作品虚构的故事能比正规学院教育提供更有效的指导，那岂不是很讽刺？不过虽然讽刺但这并非不可能。秘密世界一直是处于虚构与现实之间的地带，一边是梦想家和幻想家而另一边是实用主义者和理性主义者。

西方列强或许会庆幸，在两次世界大战的困难时期中，针对情报收集的中心目标如敌人的通讯和秘密武器项目，都有具体的办法可以对付：监听、破译和人工监视，辅以各种欺骗手段。而新出现的但是缺乏具体应对手段的情报目标，已经使他们尝到了苦涩的味道：不受中央权威制约的带有侵略性的信仰体系，不忠诚于定居国的无国籍移民。在这种背景下恐怖组织得以招募反西方的恐怖主义特工。另外他们的招募地域很难清楚地确定下来，招募者通常伪装成移民社区中新来的一员，这里的居民中很多是单身的年轻人，或者通常是非法越境的没有合法身份的人，招募者躲在一大群无身份的流浪人员当中可以有效避开当局的注意。

2001 年可怕的 911 事件表明，即便拥有广阔海洋和守卫森严的边境保护的美国，也难以免于受到恐怖主义的渗透。与西欧毗邻的一些国家里，有几十万急于离开家园的年轻人，而且西欧国家受制于本国的民权立法，即便事实清楚也无法将这些非法移民遣返回原籍国，何况西欧国家的边境比美国更加疏于管控。西欧国家面临的安全问题不仅在规模和烈度上没有先例，而且难以遏制。嫌疑社区持续扩大，暴力活动的密谋者和潜在执行者因此可以隐藏其中，获得更大的掩护和自由来为恐怖袭击做准备。他们的资金不是问题，因为恐怖分子们拥有渠道获得来自来源国的，通过勒索等各种形式筹集的资金，还可直接在移民社区收取保护费和接收用于"圣战事业"的捐款。"反恐战争"或许不是个恰当的表述，但是假装一场与"圣战者"之间的历史性战争不存在也是愚蠢的，因为伊斯兰原教旨主义者就是这么定义西方基督教王国和伊斯兰世界之间的关系的。在过去一千多年时间里这一战争已经以各种面目出现过，而且并没有决定最终的胜负。一个世纪之前，西方似乎已经取得永久优势，因为区域间的技术差距似乎已经把伊斯兰置于一个不可逆转的落后与虚弱的状态。穆斯林可能会说，安拉是不可辱的。出于自己坚定不移的信仰，自视为圣战士的穆斯林会认为不用考虑技术的差异，单靠反唯物主义的力量发动圣战就可逆转形势——穆斯林原教旨主义是完全反智的。因此，西方对世界基于"理性"的看法与之完全相反。这就是西方情报世界难以渗透进原教旨主义者组织，并将其在内部瓦解的原因。

参考文献

1.　奈杰尔·韦斯特著，《福克兰群岛之战背后的秘密战争》（*The Secret War for Falklands*），伦敦，1997年，第20页。
2.　阿拉斯泰尔·芬兰的文章，《英国特种部队与福克兰群岛之战》（*British Special Forces and the Falklands Conflict*），出自《防务与安全分析》（*Defence and Security Analysis*），2002年12月，第319页、332页。
3.　奈杰尔·韦斯特著，《福克兰群岛之战背后的秘密战争》，第144页。
4.　同上，第145—147页。
5.　阿拉斯泰尔·芬兰著，《英国特种部队与福克兰群岛之战》，第826页。
6.　马克·黑斯廷斯与西蒙·詹金斯著，《福克兰群岛战役》（*The Battle for the Falklands*），伦敦，1983年，第316页。

结论

★

军事情报的价值

　　战争归根结底是种行动，而不是思维游戏。公元前 331 年，马其顿人在高加米拉击败了波斯人，并不是因为他们采用了突袭的方式——波斯皇帝大流士在战斗前夕试图贿赂亚历山大，使他放弃进攻——而是因为他们攻击十分猛烈。1565 年，圣·约翰骑士团从土耳其人手中拯救了马耳他，不是因为他们事前知道了土耳其人即将到来，而是因为他们在五个月的围城战中坚守到底。英国和印度军队于 1944 年击退了试图通过科希马赫英帕尔入侵印度的日军，不是因为情报已经揭露了日军的计划，而是因为其顽强、无畏的战斗战胜了侵略者。1945 年美军拿下冲绳岛，靠的不是情报提供的日军布防信息——整个小岛成了一个防守森严的要塞——而是因为美国海军陆战队付出几千人阵亡的代价，一寸一寸地攻下一个又一个碉堡。在这些著名的和决定性的战役中，没有一场是靠情报赢得胜利的，勇气和无惧自我牺牲的精神才是致胜关键。

　　战争归根到底不是一种智力竞赛而是残酷的肉体对抗。战争总是容易走向消耗战，这是种互相造成流血比谁能承受更久的竞赛，消耗越接近极限，智力活动就越不重要。尽管如此，参与战争的各个层级的人中，从指挥官到前线的士兵，很少试图通过消耗来赢得胜利。所有人都希望以更少的代价获胜。智力活动能提供减少损失的办法，能发现敌人作战方式中或防御体系中的弱点——通过细致的侦察，希特勒"大西洋壁垒"中最适合登陆的地点在 D 日之前就被发现了。智力活动也能揭示敌军武器的缺陷或者提出反制的办法——英国在 1939 年之前对雷达的重视与投入，成了不列颠之战中的关键。智力活动也可以揭露敌人掩饰的意图或者秘密的武器——预警信息对在 1944 年成功对付飞行炸弹的作战中发挥了主要作用，如果不包括 V-2 火箭的话。智力活动也可以揪出内部的叛徒——如果我们进行回顾会发现，冷战时期西方情报通过耐心地分析查出国家机密是如何被泄露给苏联，以及应该对此负责的人，填补了国家安全上的漏洞。智力活动也能揭示敌人战略的企图——如 U 艇作战是为了掐断英国关键的生命线。智力活动也让某人在 1917 年想到通过简单重组航运就可以让 U 艇作战失效。智力活动也可能以最富创意的方式，让敌人的整个隐秘角落大白于天下，就像从 1940 年开始，布莱切利公园对于恩尼格玛密码的破解产生的效果一样。

　　破解恩尼格玛的故事，及其产生的情报"超密"，还有美国破解日军密码得到的情报"魔术"的故事，具有很强的戏剧性，对于我们理解二战也有十分重要的意义。如果没有对"超密"和"魔术"的了解，我们不可能书写二战的历史。而且，实际上所有在1974年之前撰写的二战史，也就是在"超密"被首次公开之前，都因为这一空白而存在缺陷。[1] 尽管在宣传方面十分低调——"超密"历史的官方作者 F.H. 欣斯利，就受到了很严格的限制——"超密"为同盟国赢得战争提供了巨大帮助。正如欣斯利主张的，它在实质上缩短了二战的进程，因为它能提供关于德军每日，甚至是每小时动向的信息，如 U 艇部队的战术安排，北非战场上德军的补给情况，甚至有战略意义的战区级别情报，又如1941年德军以空降作战夺取克里特岛的计划。"魔术"对于太平洋战场的意义也是如此。在欧洲和太平洋两大战场，能够破译敌人通讯是多数时候盟军独有的优势。

如果理想的军事情报工作存在，那它应该是这样的：能够探知对手的能力与意图，以及具体某项计划在何时、何地、以何种方式展开以及要达成什么目的，并隐藏己方同类的信息，同时确保对方没有察觉自己已无秘密可言。"超密"以及"魔术"在有些时候就符合这个标准。1942年6月中途岛战役之前，美国人就处在这种优势地位。1941年5月，在德军入侵克里特岛之前的英国人也是如此。

然而正如我们所知道的，英军依然输掉了克里特之战。虽然有多种理由可以来为英军辩护，但是单看情报这一优势英军似乎就不可能输掉这场战役。本书已经提到，英军在岛上的指挥官弗拉伯格将军认为空降作战只是德军之后从海上入侵的前奏，或者说他难以承担暴露"超密"的风险，或者二者皆有。但不管是判断有误或是因为焦虑而麻痹，他都没能部署部队牢牢控制马莱迈机场和重要的高地。实际上，这两个理由都无法完全令人信服。弗莱伯格的确担心来自海上的入侵，他也承受保护"超密"的秘密所带来的巨大压力。不管怎样，利用现有的兵力，特别是老练而坚定的新西兰部队，他仍有可能守住机场，如果他向此地指挥官强调必须寸步不让的话。相反的是，机场守军指挥官虽然是个勇敢而久经沙场的老兵，却认为可以先撤退重组部队，再在第二天早上发动反击，以便让手下得到急需的喘息时间——可惜第二天一早，一切就已无法挽回。同一时间，绝望中的德国人利用新西兰军队防线上的暂时松动，上演了军事历史上最大的一次生死反转。因为在塔伦蒂斯河的干河床上硬着陆已经使德军空降突击团损失掉大部分，但这次攻击基本被新西兰人瓦解。5 月 21 日早晨，德军开始使用容克 -52 运输机运载第 5 山地师以同样的方式抵达克里特岛，在枪林弹雨中直接降落机场，并无情地丢下那些在跑道上被击中的人。容克 -52 的死亡之旅本来会是一场灾难；但是新西兰人的火力已经不足，他们离机场也太远，中间还有太多不怕死的德国人。德军在付出无数的人员和设备损失后，成功地在要害之处建立了兵力优势，夺取了机场，并将以此作为最后全面夺取克里特岛的出发阵地。

1941 年 5 月 20—21 日的克里特岛战斗，验证了有关情报如何影响战斗结果的最为重要的一条真理：不管在可能的遭遇战之前获得了多么好的情报，假如双方势均力敌，结果仍然是由战斗本身来决定的。而且，即便是假设双方实力大致相等，那么最为重要的因素仍然不是情报，而是意志。新西兰士兵具有一流的素质，他们被在沙漠中的对手隆美尔称为"自己见过的最好的士兵"。然而在克里特岛，新西兰人碰上的是宁愿全部阵亡也绝不放弃的另一群士兵。德军第 7 空降师和第 5 山地师的士兵们在这次战斗中犹如狂战士一样，依靠无畏的勇气最终扭转了局面。

1942 年 6 月 4 日的中途岛战役则提供了另外一个视角：即使情报看起来是胜利的原因，但如若进一步仔细考察就会发现其他的一些因素，比如在中途岛战役中的偶然因素，才决定了战役的走向。1942 年美国处于与 1940—1941 年的英国类似的不利地位：尽管有能力破译敌人的秘密通信，但由于之前的多次战败而处于军事上的极度劣势。美国人损失了战列舰舰队，丢失了大量重要领地，而且在一些关键武器的数量上处于下风，尤其是航空母舰。值得赞赏的是，即便在国防开支缩减的情况下，美军在珍珠港事件之前依然破解了日本的海军密码 JN–25A，而且在 1942 年再次成功地破解了更加复杂的 JN–25B。通过一系列的监听破译工作和对日军意图进行合理推断，以及至关重要的是，通过一次欺骗行动——假称中途岛缺水——美军正确地判断出日军下一阶段的扩张不会是向西进入印度洋，也不是向南入侵澳大利亚，而是由日本本土向东攻占中途岛，也就是美军控制下的离日军最近的前哨。美军将太平洋舰队仅存的 3 艘航母秘密部署在中途岛附近，突然向逼近的日军 4 艘航母发动攻击并取得了胜利。

然而航母舰队是由两部分组成的，航母本身和它们搭载的舰载机部队。一艘航母沉没之后，其所搭载的舰载机尽管还在天上却已无家可归，飞行员只能寻找其他可以降落的地方，或者在找不到落脚之处的时候抛弃飞机。一艘没了舰载机的航母不会比任何货船更具威胁。6月4日早晨，日本航母打击部队遭到美军6支舰载机中队中的5支的突袭但成功将他们全部击落。美军第6支舰载机中队迷路了，它的指挥官坚持搜索直到燃料几乎不够返航时，发现了日军一艘攻击美军潜艇未果正在全速追赶大部队的驱逐舰。这艘驱逐舰在晴朗的天气下在深蓝色海面上留下航迹，为美军舰载机部队提供了指引。美军飞机一路尾随发现了日军航母，然后从1.2万英尺高空发动了俯冲轰炸，而此时日军执行战斗空中巡逻任务的战斗机，已经下降到低空拦截美军最后一波鱼雷轰炸机，美军俯冲轰炸机得以毫无拦阻地向目标发起攻击。5分钟内，日军4艘航母中的3艘被相继击沉。

中途岛战役中美军俯冲轰炸机取得成功是一次伟大的海战胜利，说是最为伟大的海战胜利也不为过。当天稍晚些时候日军仅存的第四艘航母也被击沉，为这一胜利画上圆满的句号。尽管如此，却没人能断言中途岛战役是全靠情报取得的，虽然表面上看似如此。6月4日在美军第5支舰载机部队被消灭之前的一系列事件，实际是美军根据情报优势采取行动的结果，而最后的决定性事件，即第6支舰载机部队向毫无防备的日军航母发动攻击，却是一系列偶然事件导致的。如果不是美国"鹦鹉螺"号潜艇误入日军舰队航线，"岚"号驱逐舰也不会被派去对付它，美军俯冲轰炸机也不会跟随返航的"岚"发现日军航母，最后只能因为燃料告罄而无功而返。

此外，还有其他复杂因素掺杂其中。尤其是日军侦察工作不力和日军指挥高层思路混乱。如果"利根"号的水上飞机能更早更准确地发现美军特遣队，日军航母就能在放飞舰载机之前得知美军航母的存在。如果在战斗打响之后，南云忠一中将的思维能更敏捷理智，尤其是不受到来自中途岛的美军陆基飞机的干扰，他本可以更早地向美国航母发动攻击，同时把甲板堆满弹药、燃油管线和加满油的飞机——后来的事情证明这些飞机如同燃烧弹一样致命——的航母转移到一个免受攻击的位置上。尽管中途岛战役以美军取得大胜告终，而信号拦截与破译单位看起来在其中扮演了至关重要的作用，但其实历史完全可能是另外一副模样：美国太平洋舰队被自己的十分成功的情报行动带入一场巨大的失败之中。

战争中充满了各种偶然，而且战争中没有什么事是简单的——中途岛之战符合了这两个特点，1914 年德国巡洋舰队在太平洋和南大西洋的战斗进一步证明了这一点。从表面上看，冯·施佩本来可以带着他的小舰队从中国毫发未损地返回德国，甚至如果小心选择目标的话，返回途中他还可以给敌人的运输商船造成可观的杀伤。浩瀚的太平洋为他的行动提供了良好的掩护，而即便是进入了只有太平洋一半大的大西洋，他在北大西洋恶劣海况的掩护下快速奔向目的地，也可能毫发无损。德国海军的秘密补给系统（Etappen System）将会安排补给船和运煤船在途中的中立港口或偏远锚地有效地为施佩提供补给。南美洲在两洋的沿岸港口都有着德国商人和德国的同情者。对于冯·施佩和他的部下来说，是很有希望干净利落地返回祖国的。

另一个有利因素是当时的无线电技术仍有缺陷。马可尼发明无线电才刚过去 13 年，但是其成就已经预示一个新的时代已经到来。而有线电报在 1828 年首次证明了自身的实用性之后，至今已经联通不同的国家数十年，联通不同大陆则更久。1850 年英国和法国之间的海底电缆建成，1866 年英国和北美的海底电缆建成。在此之后，各地区相互联通的速度加快——到 1870 年，英国与非洲之间的电报电缆建成；1872 年连接到印度；1878 年连接到澳大利亚和新西兰。首个全球无线电网络甚至只用了 10 年就建成了。不过这个网络有几个缺口，例如澳大利亚和新西兰既没有和印度也没有和非洲建立直接联系，为了确保对方能接收到，无线电信号经常需要经过中继或者通过电缆传输。无线电还容易受到大气干扰，同时缺乏定向功能并容易被监听。

在拦截和消灭施佩舰队的过程中，无线电几乎没有提供什么直接帮助，因为施佩大多数时候保持了无线电静默（尽管 1914 年 10 月 4 日，施佩用已被破译的密码发送的电文被萨摩亚岛截获，显示他正由马克萨斯群岛驶向复活节岛）。另一方面英国人的失误也帮了施佩一把。正是克拉多克派遣"格拉斯哥"号前往科罗内尔港试图利用有线电报获得消息，暴露了英国舰队的行踪，导致了科罗内尔海战的发生。当然，无线电对于施佩舰队的间接影响是有害的。假如施佩不是为了摧毁无线电通讯站而攻击福克兰群岛，他就不会直接撞上斯特迪的舰队。霉运和鲁莽最终葬送了施佩舰队。如果他避开福克兰群岛，小心翼翼地沿着南美洲东海岸北上，在避开英国商船的同时接收补给，他可能会在离德国很近的地方才被发现，此时完全可以全速而英雄般地回到祖国。到这一航程的最后阶段，他才需要运气的帮助，来避开在苏格兰以北海域的英国巡逻舰，但是冬季时在这一纬度海域，他还是很有希望成功的。1941 年沿着和他相反方向航行的德国战列舰"俾斯麦"号，尚且能在数天内避开英国本土舰队的搜索，而此时雷达探测和远程航空侦察等手段已经应用于海战。还有，布莱切利公园通过一个被破译的德国空军密钥，已经能够解读"恩尼格玛"密电，提供实时情报：当时德国空军的一位高级军官，向在"俾斯麦"号上服役的儿子询问预计目的地在哪，后者给出的答案是布雷斯特。这就帮助英国人破解了"俾斯麦"号去向的疑团，并将追击作战指引到了正确方向。

浩瀚的海洋，多变的天气以及曲折海岸提供的掩护，完全可以令一支舰队"消失"，一艘船也可以行驶很远而不被人看到。实际上，在珍珠港事件数个月之前，一艘日本船只故意沿着偷袭计划中的航线从本土驶向夏威夷，在数个星期的路途中都没有碰到任何其他船只。因此尽管拿破仑的舰队有数百艘之多，1798 年纳尔逊毫无意外依然无法找到它们。地中海是一个相对很小的海域，在其中航行的人都知道会有多长时间看不到其他船只。只有在港口附近才能看到其他船只，即便如此，它们也很快会因为改变航向而消失在海平线另一端。海岬、半岛和岛屿也经常会挡在船只之间，使其很快互相失去联系。

因此纳尔逊在土伦港之外，因为风暴失去了拿破仑入侵埃及的舰队的踪迹，而且再也没能找到敌人去向也是可以理解的。法国人有几个解释得通的目的地，包括爱尔兰、西班牙、那不勒斯、君士坦丁堡和安纳托利亚（土耳其）。这些目的地大致可以分为东和西两条完全相反的路线。纳尔逊当时做了一个相对有把握的猜测，即排除了拿破仑西去的可能性。纳尔逊对于拿破仑去向的正确判断，不仅是基于对可能性的计算，也来自人力情报的支持——包括商业间谍的报告，以及在欧洲法国控制区内流传的各种传言。因此他制定的追击和消灭法国舰队的策略是符合逻辑的。纳尔逊来回搜索法国舰队可能的落脚点，询问碰到的船长并跟踪线索。纳尔逊急于让拿破仑远离那不勒斯和西西里岛的心态，使得他未能赶在法国人之前抵达马耳他岛。但此后他不仅走上了正确的道路还抢在了目标的前面，在夜间超过了拿破仑的入侵舰队并抢先抵达亚历山大。纳尔逊的错误是，在一场缺乏情报的作战中，他没有选择等待直到在一个之前到过的地方获得了可靠的情报为止，而是不断改变航向。

对于一个现代情报官员来说，研究尼罗河口战役的价值在于，能更清楚地认识到比起有线、无线电报出现之前的指挥官所拥有的手段有了怎样的进步。即便有了电报和无线电，1914 年英国人在追击"格本"号和"布雷斯劳"号时仍然空手而还。但是如果哪怕有最简单的电缆系统，也可以让纳尔逊在第一次到达亚历山大后安心留下来等待拿破仑到来，并因此让这次作战画上句号。事实上，如果当时英国人拥有同样的情报资源，也可能实现同样的目的。如果英国人能在地中海沿岸维持一个特工网络，并持续向亲英或者中立港口——如那不勒斯、西西里、马耳他、土耳其控制的克里特和塞浦路斯——派出船只，纳尔逊也就不用哀叹缺乏巡航舰或者被迫使用战列舰去执行侦察任务。但是，英国之所以在地中海缺乏情报网络，是因为法国势力的突然崛起，使得地中海周边弱国充满恐惧。如果不通过一场重大海战胜利，英国是无法扭转这一局面的。这就是说，想要提早取得尼罗河口战役的胜利，就得提早打响这次战斗。而这，正是纳尔逊的困难所在：没有情报怎么开战？我们在如今当然可以找出解决纳尔逊情报困境的对策。而在当时的情况下，纳尔逊的行动并不比现实条件所允许的要差。在宽广的大海里，率领缓慢的船只，搜索已经踪迹全无的敌军本来就是一件费时的事情。

浩瀚的大洋同样是英国进行反 U 艇作战的战场。这一作战的第一阶段发生在 1915—1918 年，英国当时比起 20 年后更加接近被饿死的境地，但最终终结了 U 艇的攻势。英国人靠的不是情报工作，不是进攻性的手段，而只是对 U 艇作战模式进行了分析：一位思维清晰的低级军官发现，把商船组成船队可以把远洋商船被击沉的数量控制在可承受的范围。这一想法原先曾被英国海军部否定，但最后被证明切实可行。随后商船被击沉的数量开始下降，即便是在当时商船队的护航船只只有最原始的声学搜索设备和简陋的反潜武器的情况下。1939 年二战爆发时，英国皇家海军已经有了后来被称为声呐的水下主动搜索装置，不过 1918 年以来反潜武器却进步得非常有限。另外相对于商船的实际航行数量，护航船只的数目已经下降了。因此护航力量薄弱的船队从一开始就遭受了重大损失。英国海军部采用一系列措施来减少损失：加快护航船只的建造并加以改进；从轰炸行动中调拨部分飞机用于海上护航与搜索任务，尽管这一直受到皇家空军的抵制；改进反潜武器和搜索设备；在 U 艇出入港口的航道上布雷；开展反潜情报战。情报行动意图通过指引船队避开已确认的 U 艇的出没区域，以及引导护航力量——水面船只和反潜机——攻击单独的 U 艇来为船队提供保护。反潜情报战的主要手段是无线电定向和破译 U 艇与基地之间的通讯。但是，布莱切利公园直到 1941 年 5 月才破解了 U 艇的密电，而且由于 1942 年大多数时间德国的电子侦听部门也能破译英国船队的密码，以及德国人更改恩尼格玛机的使用程序造成的情报空白期，布莱切利公园的收获变得没有用处。

尽管遇到各种困难与失利，英国人在规划船队路线方面依然是成功的。只有少数船队遭到了攻击，而且在北大西洋漫长的，基本都是恶劣天气的冬季中，U 艇经常无法组成"狼群"或者巡逻线，即便在基地的指引下它们也常常找不到盟军船队。

最终击败 U 艇的不是英美的情报突破，而是发生在海上的战斗。到 1943 年春季，盟军综合运用了一些新的或改进的反潜措施，而 U 艇对此毫无对策——盟军在船队航线上的持续空中监视，使得 U 艇再也无法自由地在海面巡航；盟军在法国大西洋沿岸港口外的气势汹汹的空中巡逻，迫使 U 艇只能在水下以低速前往大西洋；护航航母为船队提供的密切保护，击沉了试图发动攻击的 U 艇，敢于在水面航行的 U 艇也常常被击沉；成倍增加护航船只，为发起集群攻击让船员接受了更好的训练和装备，击沉那些机动到攻击范围内的 U 艇；改进型雷达和无线电定向技术帮助护航船只找到视野外的，在船队周围游弋的 U 艇。最终邓尼茨被迫向手下承认优势的天平已经倾向严重不利于 U 艇的一边，德国 U 艇部队只有撤出行动地区才能避免毁灭于消耗战之中。大西洋之战最终变成了一场真刀真枪的战斗，并以盟军的胜利而告终。

相比之下，针对德国复仇武器的战斗才是一场真正的情报战。因为在这场战斗中，正是情报提醒了盟军威胁的存在，也是各种情报——人力、信号和图像情报——提供了一开始的应对办法，但这场战斗并没有以明显的胜利告终。二战开始后的四年内，优势一直在德国一方。德国人在战争爆发之前就已经开始制造一种能携带弹头的大气层外火箭，到了1942年底德国陆军已经成功地解决了发射和飞行过程中的推进问题，并能引导火箭到达目的地。德国空军受到陆军火箭项目的成功的刺激，也在开发而且基本完善了一种巡航导弹设计。两种武器都极大地领先了所在的时代，以盟军武器发展状况来比较的话，德军在火箭方面没有对手。

从情报的角度看，与复仇武器的较量中值得研究的是盟军在弄清威胁状况和决定采取何种应对措施时所遇到的困难。对外行人来说，科学界最受尊敬的一面是科学从业者对于新想法的开放性，和科学家在追求新知识时勇于抛弃偏见。外行人认为，科学是理性的舞台，不受成见的束缚，圈子里是纯粹的知识分子，他们时刻愿意否定过去，踏上实验和理论的发现之旅。但是科学史上几乎每一个转折点都在与这种美好的想法产生"悖论"。科学家也会像神学家一样带有偏见，尤其在他们支持的理论受到质疑的时候。在身居重要职位时，没有一个现代科学家会比温斯顿·丘吉尔的个人科学顾问林德曼教授即彻韦尔勋爵更加充满偏见了。他认为远程火箭只能依靠固体燃料推进，这意味着这种火箭将会体型庞大，而且需要非常显眼的发射台。对于理论上更加紧凑的液体燃料可以在受控的情况下作为推进介质的意见，他断然给予否定。他有数学计算来支持自己的观点，而且由于十分坚信自己的观点，他利用自己的特权地位来嘲讽和诋毁那些在官僚体系中处于下级的，持有相反观点的科学家。

但是严酷的事实证明了他大错特错，可是证明这一点的证据要花几个月的时间才能积累起来。最终直到德国火箭和无人飞机的无法辩驳的照片证据，和之后的这些武器的飞行目击报告，以及最终这些武器的真实碎片被摆在面前时，彻韦尔勋爵才被迫承认了自己的错误。幸运的是，这个时候与他意见不同的人已经争取到了一次听证会，并成功说服英国总参谋长批准对佩内明德的复仇武器中心发动一次袭击。虽然这次袭击并没有摧毁德国的秘密武器计划；当然也没有消灭德国复仇武器科学家。尽管如此，这次袭击还是让德国秘密武器计划出现倒退和延迟，使得德国人在努力完善 V–1 和 V–2 遇到困难时进一步受阻，把英国遭到此类武器攻击的时间推迟到了诺曼底登陆之后。这导致这些武器的众多发射场被盟军占领，并因此让德国人打消了通过远程武器轰炸盟军登陆部队出发地来延缓战败的企图。复仇武器计划在情报领域还有另外一个值得关注的地方，即人力情报在影响某方面观点时具有非同一般的优势。人力情报在本书探讨的大多数战例中几乎没有任何作用。虽然因为纳尔逊在尼罗河口之战中自己担任起了情报官，使得人力情报发挥了重要作用，而且人力情报在"石墙"杰克逊的谢南多厄河谷作战中发挥了关键作用，但对于反 U 艇作战、克里特岛和中途岛战役来说，人力情报的作用微乎其微。讽刺的是，在德国秘密武器科学家和同盟国对手之间的高科技较量中，人力情报却至关重要。据称来源不明的"奥斯陆报告"提供了第一条有关线索。如果事实如此，那么就是一位不知名的"化学工程师"偷听到的内容导致了盟军的后续行动。在此之后，尽管航拍情报提供了最早的确凿证据，佩内明德设施内的外国劳工间谍的报告，以及波兰地下组织的观察报告提供了德国复仇武器升空的直接证据。但如果没有这些报告，以及包括那位亲眼看见德国秘密武器的船长在内的瑞典中立者提供的证据，伦敦对于德国飞行炸弹和超音速火箭最终的威胁程度会没有概念。针对德国复仇武器的情报行动，让在别处无足轻重的人力情报证明了自己的重要性。

尽管当时还没有相关定义，1862 年人力情报依然直接或间接地帮助杰克逊在谢南多厄河谷中，在处于劣势的情况下进行了成功的作战。从任何大规模军事行动的角度来说，这场战斗都很难确定是属于旧时代还是新时代。在同一时期，杰克逊属于未来，他拥有铁路和铁路沿线的电报线路。但实际上，电报和铁路在杰克逊的机动过程中却没有发挥什么作用。因为尽管最后杰克逊是依靠铁路把部队从谢南多厄河谷撤往里士满，但之前在他跟北军东躲西藏的过程中却很少用到铁路；电报虽然被杰克逊用来在河谷内部以及与之外的上级指挥部联系，但一直断断续续。杰克逊在谢南多厄河谷的表现，与深得拿破仑信任的法军将领能做到的差不多，虽然他的才智的确高过北军高层。杰克逊独自评估战场形势，不向上级请求命令，根据以近距离观察为基础的情报做出决策。就像一个前电报和铁路时代的指挥官一样，杰克逊最关心的是掌握所在战场的地理特点，并加以利用。作为一位对地形有独特直觉的人——这点和另外一位沉默寡言、坚忍顽强的将军尤利西斯·格兰特很像——杰克逊得到了天赋异禀、自学成才的制图师杰迪戴亚·霍奇基斯的大力帮助。在现代社会，各类地图随手可得，人们很难想象早期旅行者会遇到的困难。尽管在美国内战之前200年，阿巴拉契亚山脉以东早有人定居，或者至少有人探险过、旅行过，可奇怪的是大部分地方都没有在地图上标记出来或者陌生人根本不知道它们的存在。尽管在谢南多厄河谷中也有公路以及与之交叉的铁路，南军依然缺乏峡谷的地形图，南军军官也不知道具体的地形细节。杰克逊是在西弗吉尼亚长大的，知道河谷地区的地形轮廓，但他要求霍奇基斯勘察战场，制成一份显示大多数重要地形，尤其是水道、桥梁和山地隘口的军事地图，以便掌握地形细节。霍奇基斯的成果成了杰克逊手里的王牌。杰克逊能通过接二连三的局部地区胜利，来挫败一直拥有优势兵力的对手，不是依靠运气或蛮勇，而是经过精心的计算。杰克逊就是自己的情报官，就像尼罗河口之战时的纳尔逊。两者不同之处是，尽管杰克逊也被局限在一个相对狭小的战场中，但他是作为被追击的对象而不是追击者，任务也是避免与敌人进行决战，而不是反过来打敌人一个歼灭战。

　　本书探讨的所有例子都涉及了严格意义上的军事情报：如何使用情报把敌人带入一场有利于情报优势方的战斗（尼罗河口之战、福克兰群岛之战、中途岛战役和大西洋战役）或者使情报优势方免于在不利条件下作战（谢南多厄谷战斗），也展示了成功的情报行动却未能避免不利的作战结果的例子（克里特岛战役，反德国复仇武器的作战）。本书的目的在于证明：无论情报如何得力，胜利仍然是不确定的。归根结底，战斗的胜利靠的是武力，而不是故弄玄虚或先知先觉。这与现在流行的看法相反。我们不断听到，情报的优势是战争中胜利的关键，尤其是在反恐战争中。毫无疑问，在缺乏指导性情报的情况下开战，就会盲目发起打击，伤害无关或者错误的对象。这些都没说错，在前电气时代的陆军和海军，由于缺乏情报常常都无法找到对手，或者说难以迅速找到对手。而双方一旦遭遇，掌握更多信息的一方也许能够在更为有利的条件下作战。然而，承认事先情报的重要性之外应当看到，当双方通过情报成功地找到敌人之后，情报对于战斗结果的影响就非常小了。情报通常也许是获胜的必要条件，但不是充分条件。

当前高估情报在战争中的重要性的原因有两个：一是混淆了间谍活动和反间谍活动与作战情报本身；二是将作战情报与颠覆等通过秘密手段赢得军事优势的手段混为一谈。作战情报和间谍活动是在不同的时间框架内运作的。间谍活动一般是但不一定全是国家行为，是一个持续的过程，而且历史悠久。它的另一面即反间谍活动也是如此。各国似乎总是试图了解其他国家政策中的秘密，尤其是外交政策，同时也包括商业和军事秘密，也在保护自己的此类秘密不致外泄。间谍活动的手段众所周知：派出间谍，或者收买处于重要位置上的外国人，使用密码或暗语，维持一个破译和监听机构。相比之下，作战情报是一项战时的具体而快节奏的活动，而且仅限于一段相对较短的敌对状态时间内。针对德国复仇武器展开的情报活动表明，当一开始只有稀少和含糊的证据时，大多数人会无动于衷，而一旦证据变得没有争议时人们才会认真起来，而在盟军占领法国北部的 V-1 发射场之后，英国人又再度变得松懈，错误地认为德国复仇武器的威胁已经得到控制。

作战情报间歇性的特点部分源自军事情报人员在陆军和 / 或海军的等级体系中所处的位置。他们通常是作战参谋的下属，而且很少有人毕生从事情报工作。实际上大多数人想要调到作战部门。毕竟谁都想独当一面而不是听命于他人。在任何情况下，参谋军官在任何部门都很难建立声望，尽管其中仍有一些出名的参谋军官和参谋长——拿破仑的贝尔蒂埃，希特勒的约德尔，丘吉尔的阿兰·布鲁克——但几乎没有著名的情报军官。二战中最著名的应当是 E.T. 威廉姆斯，即蒙哥马利的第八集团军在北非和诺曼底时的情报主官。他曾是牛津大学的教师，参军后成为国王龙骑兵卫队的一名中队指挥官，二战后，仍然年轻的威廉姆斯回到了牛津大学继续教书生涯。[2] 一战时最有名的情报军官，建立情报机构 "40 号房间" 的阿尔弗雷德·尤因爵士，曾是剑桥大学的教师。作为平民时，他还曾是英国海军教育总监。

相反，当今世界的间谍与反间谍舞台上面的都是全职的专业人员。中情局和军情六处都是正经的国家机关，随着时间的推移，它们已经变成令人生畏的官僚机构。苏联的克格勃至少在某个方面成了一个影子政府，负责对敌国进行间谍活动和挫败外国间谍阴谋的同时，还要维持苏联体制的内部稳定。对于以上这些组织，一个普通人是有可能（实际上经常如此）在经过精心选拔后被征募，然后一般接受某种特定技能的训练，再开始一生的职业生涯。由于间谍是一份全职工作，他们自然会在日常生活中寻找或创造行动的机会。而实际上，在战时间谍活动的严重威胁与重大军事威胁一样，都间歇性地影响到了国家安全。情报机构通过对其他同类机构进行间谍活动来扩大自己。实际上，如果被问到间谍是干什么的，最不会出错的答案就是搜寻正在搜寻情报的其他间谍。两大监听机构——英国政府通讯总部（GCHQ，布莱切利公园的继承者）和美国国家安全局（NSA）——都掌握着重要秘密，这都是他们通过监听和破译获得的。在最为成功的时候，他们能向自己的政府报告其他国家最为隐秘的事情。他们充满猜疑地保护所知道的秘密，甚至对伙伴国家的情报机构也守口如瓶。

没有故事能比被一再流传的，冷战初期的"剑桥间谍案"更能表现"硬"情报机构（美国国家安全局，英国政府通讯总部），对于"软"情报机构（美国中央情报局，英国军情六处）的蔑视了。唐纳德·麦克林、盖伊·伯格斯、金姆·菲尔比、安东尼·布兰特、约翰·凯恩克罗斯和他们的攀附者们都是来自上流家庭的优雅年轻人，在昂贵的学校和顶尖的大学接受教育，并在进入英国外交部或情报机构之前就变成了苏联间谍。1945 年之后，这些人最终都受到怀疑，而且其中三人，麦克林、伯格斯和菲尔比叛逃到了苏联，引发了媒体的轰动。他们对于原雇主以及英美两国之间的信任造成了巨大伤害，这种伤害需要很长时间才能修复。实际上，很长时间内美国人认为英国的情报机构存在根本性的缺陷，甚至是腐败。直到很久之后，美国人自己的中情局和军事情报系统内部也发生了一系列的严重安全事件，而且当事特工是出于贪婪而非意识形态原因走上歧途，双方的关系才恢复平衡。

不过，至少两名剑桥间谍——伯格斯和菲尔比——造成的伤害是表面而非实质性的。盖伊·伯格斯是个性格浮夸的同性恋者和无可救药的酒鬼，在英国外交系统里从未上升到高层。尽管他来自传统的英国家庭——父亲是普通的海军军官，他本人在健康出问题之前也在达特茅斯接受过海员训练——他的个性和举止却很叛逆。他是一个装腔作势、爱出风头的反传统人士。虽然他在伊顿公学学业出色，但在剑桥却虚度光阴因此之后难以谋得职位。由于战争时期标准放宽，他在英国广播公司（BBC）找到了一个临时职位，并借此进入了英国外交部新闻办公室。随着他决心以苏联间谍的身份在职业生涯中取得进一步发展，他的魅力也在提升，帮助他被提拔为国务大臣的个人助理。但这没有持续多久，由于一时冲动激怒了老派人士，他被调到了一个专门的信息部门，之后又被调到英国外交部远东司，在那里他继续四处得罪人，最终被调到了英国驻华盛顿大使馆。在那里他的职位低得可怜。奇迹的是，尽管多年胡作非为，英国外交部仍然没有把他踢走的打算。任何经历过那个时代的人，都会很快理解这是类似对淘气孩子的宠爱保护了伯格斯，不过现在的人很难认同。从某种意义上说，周围人对无法无天的伯格斯的放纵，本质是在乎自己的体面，不想因为批评伯格斯而让人觉得自己自命不凡。

无论如何，伯格斯是否能接触到会伤及祖国的秘密还有疑问。他的副手金姆·菲尔比的情况相同。菲尔比是个忠诚的共产主义信仰者，从剑桥开始了他的记者生涯，二战爆发时在伯格斯的帮助下，他被调到了特别行动处。从这时候开始，他打入了英国秘密情报局，并在英国外交部的掩护下行动。作为一个情报军官，菲尔比毫无疑问向俄国出卖了大量英国的反间谍和颠覆活动信息，并导致了大量反苏特工丧命，尤其是 50 年代初在英美安排下渗透进"铁幕"的阿尔巴尼亚人和乌克兰人。然而菲尔比并不能接触到战争计划或核武器的情报。他是一个典型的监视其他间谍的间谍。小说家约翰·勒卡雷的作品描写的几乎都是情报机构之间的较量，而这正是菲尔比所处的环境的特点。

唐纳德·麦克林则是一个不同的而危害更大的叛徒。1945 年时他还是一个在英国驻华盛顿大使馆工作的，很有前途的年轻人，并被任命为英美核开发委员会（联合政策委员会）的联席秘书，同时获得了可以不受监管进入英国原子能委员会总部的通行证。他因此到底获得了什么信息仍是一个谜团。这些信息可能比英国科学家阿伦·努·梅和德裔英国人克劳斯·富赫斯提供给莫斯科的信息的价值要低，上述两人也是忠诚的共产党员但比剑桥间谍们的出身要低微。但是两位科学家拥有亲自进入洛斯阿拉莫斯核实验室（世界上第一颗原子弹就是在这里研发出来的）工作的便利，因此毫无疑问也是在广岛遭到原子弹轰炸之前，斯大林获知原子弹机密的来源。麦克林没有科学背景，因此与核武器泄密一事没有关系。但是由于身居重要位置，他的叛变导致从冷战初期开始一直到往后很多年，英美之间严重互不信任。

英国新闻界分析人士安德鲁·博伊尔用一个词"气候"形容了剑桥间谍事件的影响，也很好地解释了公众为何一直持续对这一事件很感兴趣。[3] 伯格斯、麦克林和菲尔比不仅来自上流家庭，接受过高等教育但背叛了自己的阶层，他们同样属于社会精英，结识不少掌握权力的人，在光鲜的权力机构中也如鱼得水。尽管三个人都举止不端，嗜酒如命，性方面也公开与当时的规范相悖：不仅伯格斯在英国把同性恋视为犯罪的情况下与同性滥交；麦克林身为已婚男子也常常与同性发生即兴性行为；菲尔比虽然是异性恋者，但对待女人却傲慢自私。他抛弃了正怀着他们第五个孩子的第二任妻子，使其在孤独中死于酒精和药物，然后在被情报部门解职后又把一个记者的妻子发展成自己的第三任妻子，在逃亡莫斯科后又与麦克林的妻子私通，而在后者看穿他的真面目离他而去后，最终娶了一个比他小很多的俄国女子为妻。剑桥三间谍不仅都是叛徒，在不同方面也有相同之处：都是自私自利的怪物。所以不奇怪他们对于淫荡的生活如此着迷。

既然间谍活动的本质是表面一套背地一套，那么剑桥三间谍会这么令人厌恶也毫不奇怪了——虽然他们也有下属，也有效仿者，但是没人能像他们那样恬不知耻。叛国毕竟还是件令人不安的事，以至于那些在纳粹时代和冷战时期出于普世的理想（如追求真理或民主自由）而背叛祖国的人也很难不受鄙视。因为老练的间谍以谎言保护自己，以低调来推进工作，他的行为就与传统的英雄形象相反。传统的英雄应当是个战士，在敌人的打击面前要挺起胸膛。而间谍则回避战斗，因为完全不被注意到才说明他的工作做到了最好。

这就产生了一个悖论。英国人在 19 世纪发展出了一套在秘密世界、被美国人也效仿的特殊行事方式：不仅包含了间谍的双面性特点也加入了英雄伦理。英国一直是个人口弱国但是个战略强国。作为一个人口不多但掌控着世界上最重要海上航线的国家，英国自然会想要在敌人的软肋运用今日被称为特种和颠覆部队的力量。这一实践可能始于 1808—1914 年的半岛战争，英军在葡萄牙和西班牙招募并训练当地人加入英国人指挥的非正规部队。皇家卢西塔尼亚（葡萄牙）军团就是这类组织。英国人不仅直接资助西班牙军队，例如那些在 1808 年政治崩溃后尚存的军队，也支持那些在法国占领区内填补西班牙军队后撤后产生的真空地带的游击队。西班牙游击队虽然从未威胁到法军的占领或法国的统治，但是法国人却一直无法顺利治理西班牙。

同一时期在印度，英国人反其道而行来平息混乱，重建中央政府。名义上是为了支持没落的莫卧儿王朝，英国人广泛利用非正规力量对付那些在莫卧儿帝国境内四处侵掠，并打败了莫卧儿军队的武装。通常来说，在成功平叛之后英国人会把叛军中的勇士收编进自己的武装。到了 19 世纪中期，英国在印度已经有两大军事组织：一个是自己掌控的正规军，虽然是从印度人当中征兵但按欧洲的模式编的组；另一个是配属正规军的，没有固定形式的非正规军混合体，他们身穿当地服装，遵守当地的习俗戒律，而且在一小部分几乎完全融入当地的英国军官领导之下。这些部队包括舒亚·沙阿根廷军团，海得拉巴军团和旁遮普非正规军。

1857 年，当印度正规军发动反英起义时，英国人主要是通过发动非正规军来进行镇压。当印度大起义结束后，旧的印度正规军几乎完全被拯救印度于解体的非正规军所代替。印度非正规军依然保留了少量的英国军官——在 1911 年，英国国王成为印度皇帝，标志着英国对印度统治到达顶点那年，英国军官只有 3000 人——而且他们大多数时候都身穿当地服装，讲印度方言，并会因为自己融入士兵的风俗和文化中而感到自豪。

英国人在印度的统治办法最终被用于大英帝国的其他地区，即当地驻军大部分来自当地人，英国人只进行粗放管理。国王非洲步枪营、皇家西非边防军、索马里骆驼军团、苏丹防卫军都是由英国人指挥的本土军，英国人不是以武力而是效仿当地的权威模式来行使权力。[4]法国人在其非洲殖民地也部分实现了这一效果，他们在摩洛哥山区组建了土著穆斯林军队 Goum，在撒哈拉组建了骆驼军 Meharistes，这些部队比起他们的英国同行更加本土化。[5]但是法国人从未像英国人那样完全接受帝国自我管理的理念。英国人有一个独特的想法，认为一个帝国可以通过当地士兵和年轻白人军官团之间建立的纽带来维持，因为后者已经穿上了当地的服装，说着当地的语言。这个想法有些道理，这种方式建立起的纽带十分牢固，能够承受最严峻的考验。但是英国人过于自信了，认为维护帝国权威甚至扩大帝国边疆的做法，在对付欧洲国家的战争中也能奏效。维多利亚晚期的英国人对于帝国理想十分着迷，以至于认为这一理想对于殖民帝国的臣民也有不可抗拒的吸引力。没有人比温斯顿·丘吉尔更加沉迷于此。尽管对丘吉尔来说奇怪的是，他毕竟在布尔战争时期在南非经历过南非白人对于英国帝国主义的反叛战争。

丘吉尔在布尔战争期间既是记者又是军人，他对布尔人的精神怀有很深的钦佩之情。布尔人为了维护他们的小共和国的独立，即便在客观上已经被强大的对手打败，但内心仍不屈服。这让丘吉尔得出两个结论。首先，通过宽容可以把布尔人从仇敌转变为亲密的朋友——这一点在一个人身上得到了验证，杰出的布尔人游击队领袖杨·斯穆茨在人民投降后，成了战后南非的亲英领导人，以及丘吉尔的坚定政治盟友。第二个结论是，带着自由精神从事游击战的人，可以削弱占优势的占领军，牵制它的行动，改变它的战略，并最终通过非严格意义上的军事手段迫使其在政治上做出重大让步。这一想法最终在丘吉尔的世界观中具有了普遍价值。他没有对此进行具体分析，没想过一个更加文明或更加残忍的军队对于游击战的反应会有何不同。他似乎赋予了游击战自主的价值，并开始认为游击战勇士通过秘密行动并在爱国平民的支持下，可以取得成功。这一看法虽然来源于布尔人，也受到了丘吉尔在 1918—1921 年对付爱尔兰人的经历的影响，这一时期他再次结识了另外一个成功的游击战领导人麦克·柯林斯并对其十分钦佩。无论如何，在1940 年英国陷入空前危机而他成为首相的时候，他已经经历过了两次游击战争，其中一次英国在付出极大代价后成功将其镇压，另一次英国则毫无疑问失败了。因此丘吉尔自然而然地认为游击战可以有效地削弱海峡另一边的纳粹政权。

1940 年 7 月 24 日，丘吉尔向当时英国政府的经济战大臣休·道尔顿下达指示"点燃欧洲"。根据这一指示，英国在苏联以西的欧洲纳粹占领区内建立了一个颠覆机构网络，之后在日本占领的远东地区也如法炮制。在这个网络中的主体机构是特别行动处，它的主要任务是向敌占区渗透特工小组，通常是利用伞降，然后如果当地存在抵抗组织的话则与之取得联系，之后联系后方空投武器和补给用于间谍和破坏活动。特工小组都配备了可以与基地联系的无线电。因一些较小的国家——如比利时、荷兰、丹麦、挪威——其当地条件不适合游击战，特工小组主要任务是设置报告组织（在荷兰这一任务成了一场灾难，德国人在早期就渗透进了组织而且利用英国人的无线电诱捕后来降落的特工）。在法国，特别行动处组织了全国性的网络，其中不仅有负责报告信息的人员，还有接受英国训练和武装的抵抗组织，尤其是在 1942 年 8 月德国在法国实行强制劳动之后，抵抗组织扩张很快。法国人的抵抗组织出现得相对较慢，并且一开始就按照意识形态分成不同阵营。特别行动处的外勤军官不得不在法国抵抗组织之间小心处理政治问题，因为法国共产党试图建立一支自己掌握的秘密武装，并主要听命于莫斯科，同时在伦敦的戴高乐试图联合所有抵抗组织并将其纳入自己的自由法国部队。在希腊和巴尔干半岛，自从反抗土耳其统治以来就有悠久的抵抗传统，因此在 1941 年 4—5 月德军入侵之后当地游击队很快遍地开花。当地抵抗组织同样也按照意识形态划分了阵营，这给老百姓带来了严重灾难。在南斯拉夫，特别行动处首先接触的是保皇党组织祖国军（切特尼克）。该组织的领导人德拉查·米哈伊洛维奇却认为，切特尼克的正确战略是积蓄力量，直到发动一场反对占领军的大起义。而德拉查的对手，在约瑟夫·铁托领导下的共产党游击队，倾向于开展全国性战争，目的是发动人民并掌握一支可以在占领军失败或撤离后建立共产党政府的武装。在现实中铁托一直在与纳粹作战，而切特尼克却很消极，因此特别行动处中本来就有十分多共产党卧底的巴尔干分部，在 1943 年 4 月转而支持共产党游击队。在希腊，特别行动处从未支持共产党，因为丘吉尔十分在意斯大林对于希腊的染指。尽管如此，希腊共产党的坚决抵抗使其在 1943 年成了希腊抵抗组织的中流砥柱，因此特别行动处提供的一些武器也不可避免地落到他们手中。

结果希腊于 1944 年解放之后陷入了长期内战，直到 1948 年才完全平息。在南斯拉夫，切特尼克和共产党游击队的冲突也导致了内战。两场内战给各自国家都带来了大范围的平民死伤，占领军的报复行为因为经常落到无辜平民头上更加剧了这一惨剧。南斯拉夫在二战参战各国中，人口损失比例是最高的，其中大部分又是国内斗争的受害者。同样，希腊也因内斗损失惨重。

在特别行动处支持下的，在欧洲纳粹占领区开展的游击作战在当时及之后很长时间里，被誉为反抗纳粹战争的重要组成部分。特别行动处的故事极大地助长了有关情报战的"神话"，使人认为情报是制胜的神秘手段，它比常规作战成本更低但更致命。在大战停息后的头几年里，人们对特别行动处充满了想象。特别行动处的突出人物——在法国占领区的抵抗网络组织者、空降到南斯拉夫和希腊的联络官——被誉为二战时的"阿拉伯的劳伦斯"，不仅一样具有魅力而且能力更强。

特别行动处的英雄人物不应当被忘记。那些空降到法国的特工每天冒着暴露的危险执行任务，展现了杰出的勇气，尤其是诸如维奥莉特·绍博、努尔·爱娜雅特·汗等女性，她们成为谍报界传奇可不仅仅只是因为她们都能说法语，而且她们事迹和最终结局令人惋惜。[6] 在巴尔干地区的特工，在苦寒冬季进入深山，每天冒着被俘的风险，同样展现出非凡的勇气。然而如果我们盘点一下，把他们产生的客观军事价值与他们所支持的反德战争引发的后果相比较，就会不可避免地产生对丘吉尔"点燃欧洲"这一意愿的正当性的质疑。

丘吉尔对于在全欧洲范围内发动反抗德国占领军的起义的设想，是有根本性缺陷的，其弱点来自被扭曲的秘密战争理论与实践，同样也是来自对"情报"理论和实践的扭曲理解。丘吉尔是个英国绅士，不仅信奉公平对决的想法而且把敌人当作一个值得尊敬的对手，而且也相信与英国交战的国家也有同样的想法。在过去的确如此，当时其他欧洲国家的军队也是由绅士阶层指挥的。不仅是欧洲军队，与丘吉尔同时代的伟大的战争理论家 J.F.C. 富勒，把 1899—1902 年的布尔战争称为"最后的绅士战争"。南非的布尔人，虽然在正面战场上决心抵抗到底，但在正面作战失败之后坚持的游击战中依然遵守了绅士规则。他们不杀俘房也不伤害非战斗人员。布尔人在坚持三年后虽然失败了，但是他们一直没有放弃荣誉法则。

丘吉尔虽然站在英国一方参加了布尔战争，但当时作为年轻的议员的他却在议会下院维护布尔人。最迟到 1940 年他已经认为，在欧洲的德国占领区可以重现 40 年前在英占德兰士瓦发生过的，类似布尔人的抵抗现象。他设想纳粹德国士兵面对抵抗不会付诸暴行，正像以前他的英国同胞们在未被征服的南非土地上的选择一样。可惜的是，丘吉尔完全没有考虑到 1917—1939 年期间，欧洲大陆上因为世界大战和政治变革引发的道德巨变。他没有意识到，推翻德意志第二帝国稳定存在的基石——最主要是君主制和货币制度——不仅会导致产生一个宣扬仇恨的政权，还会致使传统道德被抛弃。他没意识到，鼓动反抗一个像纳粹一样自以为是的政权，会为参与者招来残酷的反扑。

抵抗运动形式多样，是种令人敬佩的举动。它让战败国和被占领国保留日后借助英美的力量，推翻德国统治恢复独立与民主的希望。但是在短期内，抵抗运动虽然体现了国家荣誉，除了给带头人士和被迫卷入斗争的人带来苦难，没有什么实际意义。毫无疑问抵抗运动几乎没怎么伤及德国占领军。诺曼底登陆之前德国驻扎在法国的 60 个师中，没有一个担负镇压抵抗的任务。他们驻守在海岸地区，等待盟军入侵，而内陆安全主要交给盖世太保和法国警察与民兵等分散组织负责。而在捷克斯洛伐克甚至是不愿意合作的波兰，德军也没有安全问题，这两国的本土军也奉行米哈伊洛维奇在南斯拉夫的策略，即一直等到有利于发动全国起义的时机成熟为止。而当这一时刻到来时，他们被俄国解放者出卖了，俄国人更乐意让德国人代替自己消灭波兰抵抗组织。

回顾一下，把"抵抗"（对付敌人的隐蔽行动，通常按照反对集权主义占领或压迫性政治接管的概念，伪装成一种解放运动）与"情报"（针对对手的间谍与秘密通讯系统发动攻击）相混淆，会让这两项工作一无所获还招致损害。以法国人在 1940 年之后反抗德国占领的行动为例，其抵抗运动是完全光荣的，它让国家主权的观念得以保存，为合法政府的恢复提供了可能性。但正如法国大部分抵抗运动一样，它也是无效的。情报，从攻击一个敌国的秘密通讯、监视和间谍系统的层面来说，在战时也是光荣和必要的。只是，在和平时期它也一直在进行。

在二战时期将情报与抵抗运动互相混淆是一个反常现象，对英国来说尤其如此。德国人自从 1866—1971 年统一战争以来一直信奉一种法律主义化的观点。在这种观点影响下，德国人无论在哪里遇到抵抗，都会以极端严厉的手段作为回应：1914 年在比利时德军枪毙了数千"义勇军"，其中有女人与小孩；

1939—1944 年德国在残酷镇压占领区的行动中，采用了各种手段，包括转运在法国抓获的俘虏，以及在东欧对游击队进行整体灭绝。[7] 英国人相反，出于各种原因选择煽动抵抗运动。原因之一是 1940 年 6 月之后英国的军事力量十分虚弱，因此支持采用任何可能取得战果的作战方法。另一原因来自其自身经历。作为帝国主义者，英国深知帝国内部的反叛将会有效地分散正规军的实力。但是关键原因可能是，不论处于军事体系的哪个阶层，英国人血液中就流淌着非正规作战的传统。大英帝国很大部分是靠非常规手段打下来的，比如由英国军官率领征召来的部落勇士去打败另外一些部落勇士，这一点在非洲和印度尤其普遍。在这一过程中，英国为最偏爱的民族建立了一套等级制度，但是是出于军事而非贸易目的，而这些民族的名字也出现在皇家海军最为强大的"部族"级驱逐舰上——"锡克人""祖鲁人""马塔贝勒人""阿散蒂人""旁遮普人""索马里人"。指挥锡克人与索马里人的英国军官敬佩他们的军事素质，以掌握士兵们的语言和了解士兵们的习俗为荣，坚信部落勇士的作战技巧加上欧洲的人的领导构成了一个不败的军事组合。[8] 但解释不通的是，在英国人眼中最有效的非正规作战传统被布尔人拟人化了，布尔人的对手中的一些知名人物，最明显的是温斯顿·丘吉尔，居然把布尔人当成一个白人部落。

　　他用布尔人的术语"突击队"来命名于 1940 年突袭希特勒欧洲堡垒区后方的部队，同时期他还通过设立特别行动处，在德军占领的土地上发动布尔人式的叛乱。英国人几乎没遇到什么困难就招募到了愿意进入德国统治下的欧洲大陆的年轻军官。他们的使命是召集、武装、训练和领导当地的抵抗者，这完全是英国的军事传统因此不缺志愿者。那些前往希腊的特工，很多是杰出的古典学者，尤其受到了 19 世纪 20 年代拜伦勋爵参加希腊独立运动即对抗土耳其人的经历的鼓舞。同样的情绪也鼓舞了那些伞降到南斯拉夫的行动人员，当地多山的环境，粗劣的食物，长时间的行军，以及使用当地语言交流的需要，都使他们回想起对抗土耳其人的史诗，以及在印度西北前线的战争。从特别行动处的诸多表现形式来看，它是对帝国伦理进行重塑的产物。不同之处，它的很多成员带着战争期间牛津和剑桥大学中的那种左倾情绪，他们认为自己是和共产党游击队一样的"进步分子"，而不是来自遥远帝国的特工。

　　这完全是一种幻觉，特别行动处在西欧几乎没有怎么动摇德军对于占领区的控制，但所幸因此也没有带来多少伤害。反过来在巴尔干，它却造成非常大的伤害，英国提供的武器为共产党游击队在战后建立政权帮了大忙，而且间接地为他们的政权背书。唯有希腊避免了类似走向：假如丘吉尔没有坚持主张，且希腊共产党没有高估自己在国内的地位，那么雅典在 1944 年之后可能就会和贝尔格莱德一样成为共产党人首都。

　　尽管颠覆和情报工作都披着秘密战争的外衣，将两者混淆却给情报界带来了更大的伤害。英国在 1946 年解散特别行动处之后，秘密情报局因不理智地让自己卷入了颠覆活动，而在阿尔巴尼亚造成了灾难性的后果。秘密情报局派往支持阿尔巴尼亚反共力量的军官是金姆·菲尔比。而在波罗的海地区的情形与 1941—1943 年的荷兰类似，控制当地抵抗组织的，正是秘密情报局的针对的目标，俄国克格勃。在上述地区很多反共爱国者因此丧命。在美国，1947 年成立的中央情报局代替了在战时仓促成立的战略情报局，同时负责情报收集与颠覆活动，而在英国一开始这是由秘密情报局与特别行动处分别负责的——在一个不会透露自己知道什么、不知道什么的秘密世界中，当然轮不到外部人士来判断一个联合情报与颠覆工作的机构是否合适。中央情报局对手众多的特点，决定其有权力扩大自己的涉足范围。然而原则上来说，本书作者坚持在同一个机构里同时拥有情报收集与颠覆部门是不可取的，且认为颠覆是一种软弱的战斗方式。与常规战争不一样的是，它没有可以预测的结果，此外在民主国家，颠覆行动总是容易被合法执政者否定，也容易遭到执政者的政治对手的攻击。相反的是，情报收集可以带来赢得竞争的要素，而且如果情报工作能保密且明智地执行，就基本不会招致谴责。

　　然而归根结底，情报战也是一种对于敌人的软攻击。传统的智慧认为知识就是力量，但是知识不能消灭或转移或反击甚至扛住敌人发动的攻势，除非同时拥有知识以及客观的力量。正如大卫·卡恩简单表述的，关于情报"有一个基本观点……它是战争的次要因素"。这一点反映在 1939 年击败波兰的闪电战中，波兰的密码分析人员通过纯粹的智力投入破解了恩尼格玛密码机，这一点德国人的任何其他对手都没能做到。卡恩继续说道："波兰人全部的密码破解工作，所有令人心碎的努力和英勇的成就，都没能帮到波兰军队。情报只有借助武力才能发挥作用。"[9]

卡恩对传统观念的慎重修正具有重要意义，军人和政治家应当时刻牢记，尤其是在当今所谓的信息革命和信息高速公路时代。有关敌人能力和意图的信息从来不足以确保安全，除非除了信息之外还有抵抗的意志和力量来阻止敌人。历史上，拥有大量关于敌人的信息，消息灵通并确定未来威胁来自何方的人很多。1258年，阿巴斯王朝的末代君主怯懦地向蒙古旭烈兀投降时，就毫无疑问地"预知"了自己在巴格达的最终命运。软弱的西欧民主国家一直放纵希特勒损害的欧洲的安全，直到最后快无力回天时他们才开始反抗。1941年日本人下定了决心，无视所有现实与山本五十六的警告，认为他们可以攻击美国而不会覆灭。先知先觉并不能避免灾难。即便是实时情报从来也不够及时。最终只有力量才能决定结果。当文明国家开始在一场无法预见结果的全面反恐战争中勇往直前时，但愿他们的勇士手中的宝剑更加锋利。情报虽然能让他们目光更加敏锐，而攻击能力依然是在面对未知、偏见和傲慢等因素时，最好的保护方式。

参考文献

1.　　"超密"的秘密，最先是在1974年一本同样名为《超密》（*Ultra*）的书中被披露的，作者是皇家空军军官，弗雷德里克·威廉·温特伯汉姆，他曾是军情六处航空部门的负责人，并在1939年被调往布莱切利公园。他之所以能获得出版该书的许可——这本书其实包含一些极不准确的信息——是因为英国官方担忧"超密"的事情早晚会流传出去。波兰已经开始出现类似文章，描写的是波兰从1939年之前开始破解恩尼格玛并取得成功的故事，英国官方估计布莱切利的事情很快也将曝光。

2.　　莱因哈德·格伦享有东线外军处"一把手"的名声，这是德国总参谋部的第12号部门，主要负责收集苏联红军的情报。但是由于希特勒不喜欢不符合他胃口的事实，格伦没能坚持让希特勒接受现实，因此格伦不能被称为杰出的情报官，尽管他十分能干。1945年之后，"格伦组织"被美国人保留下来用于搜集冷战情报。之后它演变成西德的对外情报机构，即德国联邦情报局（Bundesnachrichtendienst）。

巴克勒·德·阿尔贝作为拿破仑的情报官，和威灵顿一样，通常是自己担负情报工作。巴克勒四处辗转时会携带一个紧凑的必要信息文件柜，每个小柜门上都写着里面所含内容的精炼概要。要了解格伦更多的信息，参考大卫·卡恩的《希特勒的间谍们》（*Hitler's Spies*），纽约，1978年出版。

3.　　见安德鲁·博伊尔的《叛变成风，五个为俄国当间谍的人》（*The Climate of Treason,Five Who Spied for Russia*），伦敦，1979年。这本书在现在看来虽然有点过时，但它却一直是对于剑桥间谍们的性情描写得最好的书籍。

4.　　詹姆斯·伦特著，《帝国余晖，20世纪的前线军旅生活》（*Imperial Sunset,Frontier Soldiering in the 20th Century*），伦敦，1981年出版，对于伊拉克民团、哈德拉米贝都因团和索马里侦察兵这种外籍部队有详细描写。关于印度军队的故事很多，现代著作中比较有意思的是由S.梅内塞斯将军所著的《忠诚与荣誉》（*Fidelity and Honour*），新德里，1993年出版。梅内塞斯将军在印度独立前后一直在印度军队中服役。

5.　　安东尼·克莱顿著，《法兰西，士兵和非洲》（*France,Soldiers and Africa*），伦敦，1988年出版。

6.　　马库斯·宾尼著，《为危险而活的女人》（*The Women Who Lived for Danger*），伦敦，2002年出版。

7.　　约翰·霍恩与艾伦·克莱默合著，《德国1914年的暴行》（*German Atrocities 1914*），纽黑文及伦敦，2001年，附录1。

8.　　见鲁德亚德·吉卜林的《斯托基公司全集》(*The Complete Stalky & Co*)，伦敦，1929年出版。

"'一旦开始大吵那么就等着看好戏吧……只要想象一下斯托基放开欧洲的南边界，会有大量锡克人涌入，以及可能引发的劫掠行为。'"

斯托基是吉卜林根据自己的校友杜恩史特维尔塑造的人物。杜恩史特维尔将军在第一次世界大战时曾对高加索地区进行了高调的干涉。详见约翰·霍恩与艾伦·克莱默合著的《德国1914年的暴行》一书附录1。

9.　　大卫·卡恩著，《掌握恩尼格玛》（*Seizing Enigma*），伦敦，1991年，第91页。

选用书目

构成本书实质内容的研究案例的来源可以在章节注解中找到。本书目包含了一些更加大众化的关于情报的著作，本书作者认为这些著作具有特殊价值并给予信任。本书目不包含一些经常被归入"情报"类的书籍，因为这些书籍常常喜欢用耸人听闻的名字，或者只是情报人员或者他们的控制者的故事进行汇编或者创作所谓的自传，通常很不可靠。

1. 帕特里克·比斯利著，《极特殊情报：1939—1945 海军部作战情报中心的故事》（*Very Special Intelligence.The Story of the Admiralty's Operational Intelligence Centre 1939—45*），伦敦，1977 年。

本书作者于二战时期曾在作战情报中心工作，本书具有很高的学术性和可靠性，提供了关于作战情报中心的工作方法和成就的有价值信息。本书没有涉及地中海或太平洋战场的作战。

2. 拉尔夫·贝内特著，《"超密"在西线：1944—1945 年诺曼底会战》（*Ultra in the West. The Normandy Canpaign,1944—45*），伦敦，1979 年；《"超密"与地中海战略》（*Ultra and Mediterranean Strategy*），伦敦，1989 年。

作者在布莱切利公园 3 号小屋工作时，还是一个年轻的剑桥大学历史研究生。从 1941 年 2 月到战争结束，他破解了英国所截获的经德国陆军与空军加密过的电文。他详细阐述了拦截对方通信如何影响到作战的发动。这不是一项轻松的工作但贝内特基本成功了。贝内特的书籍是关于"超密的秘密"的著作中最具独创性与最有价值的。战争结束后贝内特返回剑桥，并最终担任剑桥大学莫德林学院院长。

3. 安德鲁·博伊尔著，《叛变成风，五个为俄国当间谍的人》（*The Climate of Treason,Five Who Spied for Russia*），伦敦，1979 年。

博伊尔是一个专业作家而非历史学家，他值得关注是因为在描绘个人性格与社会氛围方面博伊尔具有出众的能力。他对于"剑桥间谍"的生动描写，尤其是针对伯格斯、麦克林和菲尔比的，具有很高的可信度，包括他对于三人的公开与私人生活中的道德观的重现。本书现在虽然已经有点过时，而且提到地点时有不准确之处，但对于任何试图理解苏联共产主义在二战前后对于受过大学教育的英国人的吸引力的人来说，是不可缺少的。

4. 彼得·卡尔沃科雷西著，《最高机密"超密"》（*Top Secret Ultra*），伦敦，1980 年。

卡尔沃科雷西来自英国一个历史悠久的希腊人社区，在伊顿公学和牛津大学受过教育，在 1940—1945 年间作为皇家空军军官在布莱切利公园工作。他的回忆录对于了解布莱切利公园的日常工作具有特别的价值。

5. 盖伊·查普曼著，《审判德雷福斯》（*The Dreyfus Trials*），纽约，1972 年。

作为一个职业历史学家，查普曼对 19 世纪末至 20 世纪初最为有名的间谍案"德雷福斯"案进行了细致的研究。这场对于一个叛徒嫌疑人旷日持久的调查，成了不执行反间谍活动程序的客观反面教材。查普曼教授作为法国历史学家而不是情报学家，其著作对于各地情报机构仍有很高的价值。

6. 罗纳德·克拉克著，《破解"紫色"密码的人：世界最伟大的密码学家威廉·弗里德曼上校》（*The Man Who Broke Purple.The Life of the World's Greatest Cryptologist Colonel William F.Friedman*），伦敦，1977 年。

弗里德曼曾被顶尖的情报历史学家大卫·卡恩称为"世界最伟大的密码学家"。在二战即将爆发之际，弗里德曼破解了日本的机器密码，即美国人称为"紫色密码"的密码，可以被认为是有史以来最伟大的破译成就。在此之后弗里德曼陷入了严重的精神衰弱，但后来完全康复并成为美国主要的密码和破译机构——国家安全局的首席技术顾问。

7. 艾琳·克莱顿著，《敌人在监听》（*The Enemy Is Listening*），伦敦，1980 年。

二战时，克莱顿是英国空军妇女辅助队的一位军官，在中东的 Y 部队服役。Y 部队负责拦截和破译战地的"低级"通讯。尽管发挥了重要作用，但 Y 部队一直被忽视。克莱顿的著作是少数研究该单位的书籍之一。

8. 巴兹尔·戴维逊著，《欧洲特别行动 ——反纳粹战争的一幕幕》（*Special Operations Europe.Scenes From the Anti-Nazi War*），伦敦，1980 年。

戴维逊曾在特别行动处在地中海战区的开罗总部工作，也曾前往匈牙利、意大利和南斯拉夫前线。他带有强烈的左翼观点，而且在英国政府从支持南斯拉夫保皇党组织切特尼克转向支持铁托的共产党游击队的过程中，发挥了重要作用。他的作品展示了短期的"颠覆"活动是如何能够轻易造成内战或暴行的爆发，并留下令人震惊的长期后果。

8. 威廉·迪金著，《危机四伏之山》（*Embattled Mountain*），伦敦，1971 年。

后来被封为威廉爵士并担任牛津大学圣安东尼学院院长的威廉·迪金，曾担任英国特别行动处与铁托游击队之间的联络官。威廉·迪金的著作被称为是一部劳伦斯式的精彩的冒险故事。

9. 威廉·迪金及理查德·斯托里著，《理查德·佐尔格案》（*The Case of Richard Sorge*），纽约，1966 年。

理查德·斯托里在威廉·迪金担任圣安东尼学院院长时是该学院的董事，并于战时在远东担任日语情报官。二者对于二战时期苏联在轴心国活动的最为重要的间谍佐尔格的研究，展现了即便处于最佳位置的间谍能发挥的作用也十分有限的情况。

10. 迈克尔·理查德·丹尼尔·福特著，《特别行动处在法国：1940—1944 年英国特别行动处在法国的行动记录》（*SOE in France.An Account of the Work of British Operations Executive in France,1940—44*），伦敦，1966 年。

本书是英国特别行动处在法国活动的官方历史，学术历史学家福特在二战时曾是秘密情报局的军官。本书极为详细地介绍了特别行动处所有在法国的网络的行动记录，以及这些网络复杂的政治从属关系。本书虽然具有学术客观性，但是关于法国抵抗运动对 1944 年英美军队在法国取得胜利所作出的军事贡献，则有夸大的嫌疑。

11. 约瑟夫·加林斯基著，《窃听》（*Intercept*），伦敦，1979 年。

对于自己的波兰同胞在二战爆发之前，在破解恩尼格玛通讯方面取得先驱成就以及他们的付出对于布莱切利公园的成就的贡献，加林斯基有着一种可以理解的高昂兴致。

12. 赫曼·吉斯克斯著，《伦敦呼叫北极》（*London Calling North Pole*），伦敦，1953 年。

吉斯克斯是德国的反间谍机构军官，在 1940—1943 年负责抓捕和"策反"空投进德占荷兰的英国特别行动处荷兰裔特工。通过十分成功的反间谍行动，德国人几乎抓获了所有到达荷兰的英国特工，并说服他们按照德国人的指示向英国汇报。德国人将这一行动称为"英格兰游戏"，该行动使得荷兰与英国之间的关系在战时乃至战后数年都十分紧张。迈克尔·理查德·丹尼尔·福特在《特别行动处在荷兰》（*SOE in the Netherlands*，伦敦，2002 年）一书中，对该事件进行了全面调查与记述。

13. 迈克尔·汉德尔汇编，《领导人与情报》（*Leaders and Intelligence*），伦敦，1989 年。

汉德尔是美国陆军战争学院的教授，也是一个高产的作家与编辑，但是他的主要研究对象是作战情报。当他不做主要作者时，就会去汇编其他顶尖情报方面的作家的成果，例如剑桥的克里斯托弗·安德鲁教授的作品。他编辑的选集中，有《战争、战略和情报》（*War,Strategy and Intelligence*，伦敦，1989 年）和《情报与军事行动》（*Intelligence and Military Operations*，伦敦，1990 年）等作品，其中的资料在过去与现在都有很高的价值。

14. 哈里·欣斯利及 E.E. 托马斯、C.F.G. 兰森和 R.C. 奈特合著，《二战时的英国情报工作。情报对于战略与作战的影响》（*British Intelligence in the SECOND World War.Its Influence on Strategy and Operations*），伦敦，1979 年第一卷，1981 年第二卷，1984 年第三卷第一部分，1988 年第三卷第二部分，1990 年第四卷。

欣斯利的这五卷作品，是关于英国二战时情报工作的官方历史，是关于情报如何影响到英国的战略与作战的最为重要的单一出版物。欣斯利似乎涉猎了所有他能接触到的领域，包括恩尼格玛是如何被破解的，"超密"是如何运作的，英国的情报工作与敌人的比较起来是成功还是失败，以及情报是如何在整体上影响到了战争。欣斯利的作品曾被批评为"众人所作以飨众人"，但这是不公平的。他的作品具有最高的价值与吸引力。

15. 迈克尔·霍华德著，《二战时的英国情报，第五卷，战略欺骗》（*British Intelligence in the Second World War, Volume 5, Strategic Deception*），伦敦，1990 年。

这是《二战时的英国情报工作。情报对于战略与作战的影响》中的最后一卷，由英国 20 世纪的顶尖军事历史学家所完成。本书生动地描写了英国如何对敌人进行欺骗，以及产生的各种效果，其中一些针对德国秘密武器的作战取得了成功。

16. 哈里·欣斯利及阿兰·斯利普合编，《密码破译员——布莱切利公园的内幕》（*Codebreakers. The Inside Story of Bletchey Park*），牛津，1993 年。

本书收集了布莱切利公园创始人的 31 篇有意思的文章，从不同角度介绍了检测系统如何工作以及那些有名的"小屋"是如何建立的。这是欣斯利所著的官方历史的必要对照读物。

17. 威廉·詹姆斯著，《海军的眼睛——海军上将雷金纳德·霍尔爵士生平》（*The Eyes of the Navy. A Biographical Study of Admiral Sir Reginald Hall*），伦敦，1955 年。

霍尔上将，在皇家海军里又被称为"闪烁者"，因为他有面部紧张性抽搐的毛病。霍尔是 OB 40（40 号房间）这一取得巨大成功的情报机构的创建者，OB 40 帮助英国海军部在一战时获得了对于德国海军的决定性情报优势。OB 40 后来因为自大而公开成绩在后来几无建树，尤其是在间战期间的密码分析工作中。

18. 雷金纳德·维克多·琼斯著，《智者的战争，1939—1945 年英国的科学情报工作》（*The Wizard War. British Scientific Intelligence 1939—45*），伦敦，1978 年。

雷金纳德·维克多·琼斯在还是一个年轻的科学部门公务员时，就在不列颠之战以及之后获得了温斯顿·丘吉尔的青睐，因为他发现了德国空军如何利用无线电波束来把轰炸机引导至英国的。"揭秘波束之人"此后在政府中被提拔到了更高的位置，并最终在 1944 年因为德国复仇武器引起的争论中，驳倒了彻韦尔勋爵。他本人在科学情报方面的记录是二战时最有价值的个人故事，但这一故事没能解释他为何在 1945 年之后就默默无闻。

19. 大卫·卡恩著，《密码破译者——密写的故事》（*The Codebreakers. The Story of Secret Writing*），修订版，纽约，1996 年。

大卫·卡恩的这一作品是关于密码分析的十足的百科全书，胜过这一领域内的任何出版物。该书的最初版本出版于恩尼格玛的机密被公布之前，后有修订版更正了其中的缺陷。这本书的篇幅（1181页）和信息量会让休闲读者望而却步，但能坚持读完的人将会获益良多。

20. 大卫·卡恩著，《希特勒的间谍们——德国在二战的军事情报》（*Hitler's Spies.German Military Intelligence in World War II*），纽约，1978 年。

本书的标题不大恰当。本书主要研究的是德国的军事情报机构在战地是如何运作的，也是少数由专业人士介绍情报产出与作战结果如何相关的作品。

21. 罗纳德·勒温著，《走向战争的"超密"》（*Ultra Goes to War*），伦敦，1978 年。

罗纳德·勒温的这一作品，是在弗雷德里克·威廉·温特伯汉姆的《"超密"秘密》（*The Ultra Secret，1974 年*）出版四年后问世的，意在对后者的严重错误进行修正，并在更大的范围内总结"超密"的成就。本书对于了解布莱切利公园十分有价值。

22. 唐纳德·麦克拉克伦著，《39 号房间——海军情报研究》（*Room39.A Study in Naval Intelligence*），伦敦，1968 年。

尽管本书出版于"超密"被解密之前，并因此只能用"X 站"来指代布莱切利公园，但本书已被形容为"有史以来关于情报的最好的书籍之一"。麦克拉克伦在二战时是英国海军情报部的一名军官，本书内容就是关于该部门如何运作的。

23. 约翰·塞西尔·马斯特曼著，《二战时的双十字系统》（*The Double-Cross System in The Second World War*），伦敦，1972 年。

马斯特曼曾是牛津大学教师，在战时是双十字委员会的主席，战后成为伍斯特学院院长。双十字委员会是一个专门炮制用于误导敌人的信息的机构。它最为重要的工作是炮制在 1944—1945 年复仇武器作战所取得的假战果来欺骗德国人。

24. 托马斯·包沃斯著，《保守秘密之人——理查德·海尔姆斯与中央情报局》（*The Man Who Kept the Secrets.Richard Helms and the CIA*），纽约，1979 年。

本书是美国中央情报局 1966—1972 年的局长，服务过约翰逊与尼克松两任总统的海尔姆斯所著的，也是一份美国中央情报局的早期历史文档，而作者曾获得普利策奖。本书文风沉稳，角度客观，不仅提供了有关情报流程与行动的信息，还涉及了情报对于政策与决策的影响。

25. 比克曼·斯维特·艾斯科特著，《贝克街游击队》（*Baker Street Irregulars*），伦敦，1965 年。

斯维特·艾斯科特与彼得·卡尔沃科雷西教授一样毕业于牛津大学贝利奥尔学院，他在特别行动处中担任过很多参谋职位，在书中简练而令人信服地介绍了特别行动处的工作方法与其中的众多人物。

26. 休·特雷费·罗珀著，《菲尔比事件——阴谋、叛国和特工部门》（*The Philby Affair. Espionage, Treason and Secret Services*），伦敦，1968年。

特雷费·罗珀后来成为牛津大学现代史研究钦定教授，彼得豪斯学院院长并被封为达克里勋爵。他本人十分熟悉菲尔比，而且他尽管只是一个低级情报军官，却能微妙而透彻地描写他的前同事。该书还包含了二战时德国情报机关阿勃维尔的首脑，卡纳里斯海军上将的一篇文章。

27. 塔奇曼·芭芭拉著，《齐默曼电报》（*The Zimmermann Telegram*），纽约，1958年。

这本书使得芭芭拉声名鹊起成为知名历史学家。她关于英国海军部在1917年如何破译德国的外交通讯，揭露德国是如何说服墨西哥进攻美国，并因此让美国加入协约国参加第一次世界大战的记述，是情报史上的一份杰作。虽然某些部分有缺漏，但该书仍然经得起时间的考验。

28. 戈登·威尔赫曼著，《6号小屋的故事》（*The Hut Six Story*），伦敦，1982年。

1939年是，威尔赫曼是剑桥大学悉尼·苏塞克斯学院的一位数学家，是二战爆发时被征召入布莱切利公园的众多科学家之一。在破解恩尼格玛过程中，威尔赫曼证明了自己，而且对重组布莱切利公园以应对战争全面爆发带来的挑战贡献很大。他的这本书除了拥有完全的权威性外，也通俗易懂地介绍了恩尼格玛的工作原理，以及布莱切利公园是如何逐渐破解它的。这本书是研究相关领域不可或缺的参考资料。

29. 弗雷德里克·威廉·温特伯汉姆著，《"超密"秘密》（*The Ultra Secret*），伦敦，1974年。

温特伯汉姆是以正规空军军官的身份在秘密情报局工作，在二战期间就职于布莱切利公园的航空部门。他似乎得到了出版本书的许可，这是第一本解密"超密"秘密的英语书籍（尽管之前特雷费·罗珀已经暗示了"超密"的存在），因为英国政府担心波兰人很快就会将其公布。由于作者大部分是凭记忆撰写本书，所以书中有着许多错误，包括事实方面的和解读方面的。

30. 罗伯特·沃尔斯泰特著，《珍珠港，预警与决策》（*Pearl Harbor, Warning and Decision*），斯坦福，1962年。

沃尔斯泰特对于日军为何能在1941年12月成功地突袭珍珠港所作的研究可谓细致与彻底。她的这本书受到了情报专家的广泛赞誉，而且尽管不乏批评，这本书依然是对于研究太平洋战争爆发之前的历史最具价值的资料之一。